U0563748

作者简介

蒋成德　江苏阜宁人，徐州工程学院学报编审。政协徐州市委常委，九三学社徐州市委委员。原徐州教育学院九三学社主委，原《徐州教育学院学报》副主编。江苏省中华诗学研究会理事，江苏省现当代文学研究会会员，江苏省瞿秋白研究会会员，徐州楹联家协会理事。出版专著《思与诗——郁达夫研究》（获江苏省高校第八届哲学社会科学优秀成果三等奖）；《思想家型的编辑家——章炳麟　梁启超　鲁迅研究》；《中国现代作家型编辑家研究》。参著《中国无产阶级革命家诗词鉴赏》。参编《中国历代诗话全编·宋代卷》（吴文治教授主编）。曾在《新文学史料》《郭沫若学刊》《深圳大学学报》《沈阳师范大学学报》《辽宁师范大学学报》等刊物发表论文数十篇。

中国书籍·学术之星文库

思想者诗人郁达夫论

蒋成德◎著

中国书籍出版社
China Book Press

图书在版编目（CIP）数据

思想者诗人郁达夫论/蒋成德著 . —北京：中国书籍出版社，
2016.8
ISBN 978 - 7 - 5068 - 5749 - 9

Ⅰ.①思… Ⅱ.①蒋… Ⅲ.①郁达夫（1896 - 1945）
—人物研究②郁达夫（1896 - 1945）—文学研究
Ⅳ.①K825.6②I206.6

中国版本图书馆 CIP 数据核字（2016）第 196749 号

思想者诗人郁达夫论

蒋成德　著

责任编辑	卢安然	
责任印制	孙马飞　马　芝	
封面设计	中联华文	
出版发行	中国书籍出版社	
地　　址	北京市丰台区三路居路 97 号（邮编：100073）	
电　　话	（010）52257143（总编室）　　（010）52257153（发行部）	
电子邮箱	chinabp@ vip. sina. com	
经　　销	全国新华书店	
印　　刷	北京彩虹伟业印刷有限公司	
开　　本	710 毫米×1000 毫米　1/16	
字　　数	395 千字	
印　　张	22	
版　　次	2017 年 1 月第 1 版　2017 年 1 月第 1 次印刷	
书　　号	ISBN 978 - 7 - 5068 - 5749 - 9	
定　　价	78.00 元	

版权所有　翻印必究

诗的澄明与思的深邃（序一）

萧洪恩

读《从文自传》时，我知道郁达夫是一个好人、好文人；读《郁达夫传》及相关研究论文时，我知道郁达夫是一个文人并有丰富的思想创获……待到读蒋成德先生的《思想者诗人郁达夫论》时，我认定郁达夫是一个抗日的英雄、民族的烈士和文学界、编辑学界的哲人。同时，读《思想者诗人郁达夫论》时我也知道蒋成德先生是一个治学严谨诚实的人。以下所言，即是读《思想者诗人郁达夫论》的感受与心得。

一、幸与不幸：全球性现代化视域下后发现代化民族的个体选择

在西方，全球性现代化运动是从文艺复兴运动开启的。文艺复兴之后的一系列的革命变革使"中世纪的幽灵消逝了"，并"在惊讶的西方面前展示了一个新世界"[①]。自此而后，"地球是圆的""人是机器""宇宙是无限的"等地理大发现、科学大进步与天文学新跃进、思想大启蒙，不仅引发了西方的殖民掠夺狂潮——全球性现代化过程中的丛林法则，推动了西方现代化的世界化进程——全球化与现代化一体两面格局的真切统一之全球性现代化的彰显，而且为资产阶级革命如尼德兰革命（1582年）、英国资产阶级革命（1640年代）、美国独立战争（1775－1783年）、法国大革命（1789年）及至俄国农奴制度改革（1861年）、日本明治维新（明治皇帝于1867年至1912年在位）等提供了世界性历史舞台。更为重要的是，对于后发现代化国家或民族来说，任何一个个体都几乎毫无例外地要在这个时代做出自己的历史选择。这是一个幸与不幸集聚的时代，而幸与不幸都决定于自己的选择——"幸"则说明人们有选

---

① 马克思、恩格斯：《马克思恩格斯选集》第4卷，第261页，北京：人民出版社1995年版。

择的自由，"不幸"则说明人们的选择会出现悲剧性后果。对于作为后发现代化国家的中国或中华民族来说，1840年鸦片战争以降至郁达夫生活的时代，就是一个"江山如此无心赏，如此江山忍付人"的时代——中国被卷入全球性现代化运动后的悲壮时代，蒋成德先生用"种族革命的悲壮"来阐明郁达夫的精神初始，正是体现出了那一时代的民族精神。通过读《思想者诗人郁达夫论》，我们看到了郁达夫"悲剧的出生"及其在中国历史上发生的从甲午战争到戊戌变法、从黄冈起义到辛亥革命的时代运动，而郁达夫则"呼吸着变革了的时代的新鲜空气，感受着先烈们的英勇与悲壮，在幼小的心灵孕育萌生了爱国的思想，憾恨自己'出世得太迟'，未能躬逢甲午中日战争这样的大难，'去冲锋陷阵地尝一尝打仗的滋味'"[1]。正是这种心灵抉择，使郁达夫最后以"客死他乡的勇气"[2]而殉国，成为"一个真正的爱国主义者"[3]。

也正是在西方兴起文艺复兴运动时，中国开启了自己的早期启蒙运动。也正是在这一时期，西方的近现代科技开始传入中国并融化而为中国早期现代化运动的内在因素。于此，利玛窦1583年（1582年尼德兰革命一年后）来华本身即具有中西方现代化起步时期的标志性意义。但是，明、清世运之变及其相应的历史回流，使中国的早期现代化运动夭折了。于是，作为一种中国式的、被动的、后发的现代化运动，无论如何都必然会从1840年鸦片战争开始起算，因为正是那场战争将中国强行卷入了全球性现代化运动的历史进程。

也正是从19世纪40年代开始，世界历史和中国历史都从此掀开了极为厚重的一页——1848年《共产党宣言》的发表宣告了马克思主义诞生，从而揭示了世界历史的科学社会主义前景；1840年鸦片战争拉开了中国现代化历史的序幕。从1840年以后的历次侵略与反侵略战争，一方面表现出了西方资本主义社会的巨大能量，另一方面也凸显了资本主义的残暴、贪婪本性。于是，中华民族就有了两大历史任务：一是实现现代化，二是反抗资本主义侵略。在这一过程中，中国人民遭受了西方资本主义的暴力压迫，并逐渐认识到"遭受这种暴力的民族只有在拥有有效的自卫手段（即自己的国家）的情况下才是安全的"[4]。为此，包括郁达夫在内的中华民族优秀成员都投入到了为新中

---

① 蒋成德：《思与诗——郁达夫研究》，第1页，北京：中国文史出版社2011年版。
② 郁达夫：《郁达夫全集》第10卷，第77页，杭州：浙江大学出版社2007年版。
③ 陈子善、王自立编：《郁达夫研究资料》上卷，第88页，天津：天津人民出版社1982年版。
④ ［以］耶尔·塔米尔著，陶东风译：《自由主义的民族主义》，第2页，上海：上海译文出版社2005年版。

国诞生而奋斗的历程中。从思想发展的角度说，"中国向何处去"的问题即成了中华民族各成员思想自觉的动力。郁达夫思考的也正是这一个问题，他的怀国之情、忧国之思、救国之志、殉国之义，也都反映出他是那个时代"民族永生的铁证"。在其所留下的文献中，如诗文有"猛忆故园寥落甚，烟花撩乱怯登楼"（1913 年，《晴雪园卜居》）；"茫茫烟水回头望，也为神州泪暗弹"（1915 年，《席间口占》）；"须知国破家无寄，岂有舟沉橹独浮！旧事崖山殷鉴在，诸公何计救神州？"（1916 年，《秋兴》）；"文章如此难医国，呕尽丹心又若何？"（1918 年，《题写真答荃君》）；"相逢客馆只悲歌，太息神州事奈何！"（1920 年，《与文伯夜谈，觉中原事已不可为矣》）……到抗日战争时期，"只有抗战是我们全民族唯一的任务，差不多也好，差得多也好，只教与抗战有裨益的作品文字，多多益善。"① "在这个全民抗战的时期里，文艺作者，要想写些与时代有关的作品，题材当然要取诸目下正在进行中的战事或与战事直接间接紧相联系着的种种现象。"② ……可以说，郁达夫自"悲剧的出生"后，就一直"悲壮地生活"在中华民族复兴的"中国梦"里。

笔者曾多次阐明，全球性现代化理论可以从全球性现代化进程、全球性现代化思维方式、全球性现代化运动、全球性现代化标准、全球性现代化动力等多个层面来理解，强调其"进程"的特征是为了凸显其历时性的"过程"特性，表明其无限的发展趋势；强调其"思维方式"的意义是为了凸显其对人们思想、观念等方面的深刻影响；强调其"运动"特性是为了凸显其影响的广泛性和深刻程度；强调其"标准"特性是为了凸显现代化的实施主体在世界范围内的选择性，并以"先进"为目的诉求；强调其"动力"特性是为了凸显全球性现代化自身的动力机制，说明全球性现代化并不是从外部寻求动力，一旦启动，自身就是动力。尽管"所有以后的现代化实例都是在某种不同的情势下发生的。在这种情势下，现代化的推动力主要是来自外部力量，即随着西欧初期的社会变迁而发展起来的崭新的国际政治、经济和思想体系的冲击力"③。

也正是在这样的时代，人们可以守旧以卫道、可以变革以自守，也可以勇

---

① 郁达夫：《郁达夫文集》第 7 卷，第 45 页，广州：花城出版社，香港：三联书店 1983 年版。

② 郁达夫：《郁达夫文集》第 7 卷，第 52 页，广州：花城出版社，香港：三联书店 1983 年版。

③ ［以］S·N·艾森斯塔德著，张旅平等译：《现代化：抗拒与变迁》，第 77 页，北京：中国人民大学出版社 1988 年版。

敢创新以迎接全球性现代化运动的挑战；人们可以依洋以自恃、可以卫国以自重，也可以"一片蒹葭故国心"以谋国家和民族的复兴。在近现代的中国历史人物中，差不多都会各自从自己的思想立场来进行相应的文化选择，而郁达夫称鲁迅"是中国作家中的第一人"①，"鲁迅与我相交二十年，就是在他死后的现在，我也在崇拜他的人格，崇拜他的精神"②。相反，对周作人、张资平等汉奸则嗤之以鼻，并因此而强调"文人的可贵，是贵在他有坚实的节操，和卓越的见识……"③。我们从《思想者诗人郁达夫论》中看到，郁达夫作品中，无论是记游、记事，还是记人，都无不体现出强烈的爱憎，因而学界说郁达夫小说的思想与艺术是"感情的直接抒写"④，爱国主义是"郁达夫思想发展的主旋律"⑤，郁达夫《沉沦》的创作思想是"个性解放与民族意识的融合"⑥，而郁达夫创作中的爱国主义思想是"爱国主义的悲壮诗史"⑦，从郁达夫作品看他对大革命的认识和态度则表明他是"一个客观冷静而又褒贬分明的批评者"⑧……正是在这个意义上，我们可以看到《思想者诗人郁达夫论》一书为我们提供了了解那一时代、那些个体及至那些事件的范本，而该书的研究对象——郁达夫恰好又可作为那一时代的精神象征之一。

二、悲与悲壮：郁达夫"生同小草思酬国，志切狂夫敢忆家"的精神品质

读书其实是读作者及其对象并在书中寻找自己，从而在阅读过程中自己创造自己、鉴赏自己，提升自己的生命境界。作为心理过程，阅读活动需要有人们对对象的感受；作为认识过程，阅读活动需要有人们对对象的理解；作为思

---

① 郁达夫：《郁达夫文集》第 6 卷，第 62 页，广州：花城出版社，香港：三联书店 1983 年版。

② 郁风编：《郁达夫海外文集》，第 490 页，北京：三联书店 1990 年版。

③ 郁达夫：《郁达夫文集》第 4 卷，第 316 页，广州：花城出版社，香港：三联书店 1982 年版。

④ 张丽英、孙秀荣：《感情的直接抒写——郁达夫早期小说的思想与艺术评析》，《华北水利水电学院学报》（社科版）2002 年第 3 期。

⑤ 张清湘：《爱国主义——郁达夫思想发展的主旋律》，《安徽电子信息职业技术学院学报》2008 年第 1 期。

⑥ 孟晓宇：《个性解放与民族意识的融合——浅析郁达夫〈沉沦〉的创作思想》，《黑龙江教育学院学报》2011 年第 6 期。

⑦ 李标晶：《爱国主义的悲壮诗史——试论郁达夫创作中的爱国主义思想》，《杭州师范学院学报》（社会科学版）1982 年第 1 期。

⑧ 惠养德：《一个客观冷静而又褒贬分明的批评者——读郁达夫作品看他对大革命的认识和态度》，《丽水师专学报》1984 年第 1 期。

维过程，阅读活动需要有人们对对象的评判；作为生命过程，阅读活动需要有人们对对象的体验。因此，笔者始终认为，阅读本身可以上升为一种生命活动，是人的生命的升华。于是，通过阅读我们所需要的知识基础——知识背景、生活积累、专业要求……以发现我们的人生不足并随时准备去丰富；通过触动我们所具的情感活动——爱、恨、情、愁……以发现我们的情感归依并随时准备去坚守；通过鉴别我们的理性导向——功利、道德、政治、经济、文化、审美……以发现我们的个体诉求并随时准备去奋斗；通过分析我们的思维形式——感受、体验、联想、分析、判断……以发现我们的认知路径并随时准备去升华……这样的阅读，我们就会得到一种丰富知识的充实快乐、体验文化的厚义深情、陶冶情操的心灵愉悦、凝炼生命的深度升华……因此，阅读特别要求我们运用自己的"真情""灵心""慧性""意志"，去感受与体悟对象的"弦外之音""言外之意""象外之境"；要透过作品中那五彩纷呈的种种现象，去"领会"隐于其中之"真意"——作品的精神，透过"有形"去达于"无形"。其功夫正在于"此中有真意，看谁领会得来"。

也正是从这个意义上，我们说阅读和鉴赏你的对象——作品，你就得谋求充当作品中的主人——赞成者或反对者或中立者。因此，人人都应是阅读活动的主人。在各项阅读活动中，我们吸取正向价值，在思想上得到启迪和熏陶，在精神上受到感染和震撼，在意识上得到净化和升华……从而使人的心灵超拔到任何时空，与人类社会相和谐、与天地万物相沟通、与自然生命相融合。因此，在阅读中可以从心灵上达到一种"天人合一""社会和谐"的圣境，从而也使我们成为自己文化生命的主人。蒋成德先生读郁达夫的作品时实现了上述目标，我们在阅读《思想者诗人郁达夫论》时，也有了这种体验。因为我们在阅读《思想者诗人郁达夫论》时，我们知道该做何种主人——在当代做民族振兴的主人，做"中国梦"的主人，做真学术的主人。你看：

——郁达夫 1896 年"悲剧的出生"后，到了 13 岁的那一年，"所谓种族，所谓革命，所谓国家等等的概念，到这时候，才隐约地在我脑里生了一点儿根"[1]。当他读《庚子拳匪始末记》《普天忠愤集》等书后，已谋求"去冲锋陷阵，参加战斗，为众舍身，为国效力"[2]。到 1918 年 7 月已认识到"日本若出兵，则……我国之亡不出数年后矣！亡中国者中国人也。余一人虽欲救

---

① 郁达夫：《郁达夫全集》第 4 卷，第 273 页，杭州：浙江大学出版社 2007 年版。
② 郁达夫：《郁达夫全集》第 4 卷，第 297 页，杭州：浙江大学出版社 2007 年版。

国，亦安可得乎？"① 至1921年的《杂感八首》其七则更是情感真挚地强调"国亡何处堪埋骨，痛哭西台吊谢翱"。而当他创作《沉沦》时，自己并不"沉沦"，因为"我的抒情时代，是在那荒淫惨酷，军阀专权的岛国里过的。眼看到故国的陆沉，身受到异乡的屈辱，与夫所感所思，所经所历的一切，剔括起来没有一点不是失望，没有一处不是忧伤，同初丧了夫主的少妇一般，毫无气力，毫无勇毅，哀哀切切，悲鸣出来的，就是那一卷当时很惹起了许多非难的《沉沦》"②。原因在于国难之时，他有一种对侵略者的恨，"山东半岛又为日人窃去，故国日削，予复何颜再生于斯世！今与日人约：二十年后必须还我河山。否则予将哭诉秦庭求报复也"③。以至于"日本是我所最厌恶的土地"④。当他从1922年留学回国直到1937年抗战爆发，最强烈的呼唤即是"祖国呀祖国！……你快富起来，强起来罢！"为此他要"为国家而奋斗"⑤。他批判封建军阀、批判蒋介石及其国民党政府、批判日本帝国主义侵华、积极投身抗日运动、积极进行抗战宣传等，并坚信"最后胜利，必然地是我们的"⑥。即使在流亡中也抱定了必死的效国决心："一死何难仇未复，百身可赎我衷辞？会当立马扶桑顶，扫穴犁庭再誓师。"（1942年，《乱离杂诗》之十一）"天意似将颁大任，微躯何厌忍饥寒？长歌正气重来读，我比前贤路已宽。"（1942年，《乱离杂诗》之十二）这样的志士，我辈若不以之为楷模，情何以堪？所以，《思想者诗人郁达夫论》中说郁达夫是"为国家而奋斗"的"伟大的殉国者"。

——郁达夫自走入社会以后，就是一个勤奋思考的思想者，特别是在抗日战争的悲壮时代，他强调"文艺假使过于独善，不与大众及现实政治发生关系的时候，则象牙之塔终于会变成古墓"⑦，他甚至为此强调"以战事为题材。作强有力的宣传文学，所谓'差不多'的现象当然是不能避免，并且也不必

---

① 于听、周艾文编：《郁达夫诗词抄》，第57页，杭州：浙江人民出版社1981年版。
② 郁达夫：《郁达夫全集》第10卷，第499页，杭州：浙江大学出版社2007年版。
③ 郁达夫：《郁达夫全集》第5卷，第12页，杭州：浙江大学出版社2007年版。
④ 郁达夫：《郁达夫全集》第3卷，第4页，杭州：浙江大学出版社2007年版。
⑤ 郁达夫：《闲情日记》，《郁达夫文集》第9卷，第128页，广州：花城出版社，香港：三联书店1984年版。
⑥ 郁达夫：《郁达夫全集》第3卷，第308页，杭州：浙江大学出版社2007年版。
⑦ 郁达夫：《郁达夫文集》第4卷，第267页，广州：花城出版社，香港：三联书店1982年版。

避免"①；而对于日本侵略者也谋求"从兽性中发掘人性"，因为"人性里带有兽性，同兽性里带有人性一样。敌人的残暴恶毒，虽是一般的现象，但兽尚且有时会表露人性，人终也有时会表现本性的无疑"②；他之做文艺作品，是因为"文艺作品，是一个全人格的具体化"③，是因为"文人的可贵，是贵在他有坚实的节操，和卓越的见识"④；他回忆鲁迅等是希望"能把暴日各军阀以及汉奸们的头颅，全部割来，摆在先生的坟前，作一次轰轰烈烈的民族的血祭"⑤，为此除肯定郭沫若是"我国文化界的一位巨人"⑥ 外，对茅盾、许地山、成仿吾等作家、诗人也给予赞扬，其中还包括对"美国的诗歌、德国的文学、法国小说家左拉、俄国作家契诃夫和批评家奢斯笃夫、葡萄牙民族诗人贾梅士、芬兰诺贝尔文学奖获得者弗兰斯·欧米尔·雪尔兰拜、美国文艺批评家保尔·爱耳玛·摩尔等"的评介；他坚信"文化是民族性与民族魂的结晶"⑦，所以即使流浪国外，也忘不了"在海外先筑起一个文化中继站来，好作将来建国急进时的一个后备队"⑧，并"希望与祖国取联络，在星洲建树一文化站，作为抗战建国的一翼，奋向前进"⑨；他坚信"民族不亡，文化也决不亡"，因为"中国民族的国民，有些坚强的决心以后，自然中华文化不会灭亡了；而文化不灭，也就是民族永生的铁证"⑩，"民族不亡，文化也决不亡；文化不亡，民族也必然可以复兴的"⑪，因而要重造新文化，其中"教育是创

① 郁达夫：《郁达夫文集》第 4 卷，第 39 页，广州：花城出版社，香港：三联书店 1982 年版。（洪恩案：当时文学界曾有一个由沈从文发起的"反差不多"运动）

② 郁达夫：《郁达夫文集》第 7 卷，第 96 页，广州：花城出版社，香港：三联书店 1983 年版。

③ 郁达夫：《郁达夫文集》第 7 卷，第 61 页，广州：花城出版社，香港：三联书店 1983 年版。

④ 郁达夫：《郁达夫文集》第 4 卷，第 316 页，广州：花城出版社，香港：三联书店 1982 年版。

⑤ 郁达夫：《郁达夫文集》第 4 卷，第 187 页，广州：花城出版社，香港：三联书店 1982 年版。

⑥ 郁达夫：《郁达夫文集》第 4 卷，第 386 页，广州：花城出版社，香港：三联书店 1982 年版。

⑦ 郁风编：《郁达夫海外文集》，第 469 页，北京：三联书店 1990 年版。

⑧ 郁风编：《郁达夫海外文集》，第 532 页，北京：三联书店 1990 年版。

⑨ 郁风编：《郁达夫海外文集》，第 597 页，北京：三联书店 1990 年版。

⑩ 郁达夫：《郁达夫文集》第 4 卷，第 287 页，广州：花城出版社，香港：三联书店 1982 年版。

⑪ 郁风编：《郁达夫海外文集》，第 469 页，北京：三联书店 1990 年版。

造新文化的冶炉"①，"没有教育，便没有文化"②，"民族复兴，就要靠民族能一代一代的有进步"③。为此，郁达夫以古人自况说："古人有抱祭器而入海，到海外来培养文化基础，做复国兴师的根底的。"④ 他批判战时的日本文化，针对日本文化的模仿性而说日本文化是"猴子文化"——"敌国的文化，本来就是模拟文化，或可以称作猴子文化。"⑤ 他指出日本文化的反动性——"日本的文化，文学，以及一切，在这二十世纪的时代里，是一种完全稀有的反动，与后退的现象。"⑥ 他批判日本的文化侵略——"自从侵入中国以来，一味的是想摧毁我文化机关，文化种子，原也如拓碑的人，既拓得了全碑之后，想把原碑打破毁去的意思一样。"⑦ 正是基于以上思考，他增强了自己的文学责任——"愿与天下之无名作家共举起而造成中国未来之国民文学"⑧，"我们虽则能力薄弱，然也想尽我们的至善，为社会谋一点福。"⑨ ……这些深刻的思想说明："郁达夫是时代造就的文化战士。他对民族文化的深情，对抗战文化的执著，对创造新文化的决心，既有深度又有力度；他于战时对日本文化的批判，既有魄力又有胆识。他的文化思想，是那个时代的产物，是他对中国现代文化的新贡献。"⑩ 自然，他是一个中国思想战线上的英勇战士。我们做人、做事、做学，自然也应以此为楷模而不怨。

三、信与信任："长歌正气重来读，我比前贤路已宽"的学术责任

中华人民共和国成立后，郁达夫研究在中国大陆基本上处于沉寂状态，直至改革开放以后才逐步兴起，21 世纪以后似乎更成高潮，其中 2010 年所发表的郁达夫研究主题论文更达 300 篇以上。

不过，郁达夫研究的成果虽然十分丰富，但从"思想"主题进行的研究

---

① 郁达夫：《郁达夫文集》第 8 卷，第 263 页，广州：花城出版社，香港：三联书店 1983 年版。

② 郁风编：《郁达夫海外文集》，第 292 页，北京：三联书店 1990 年版。

③ 郁风编：《郁达夫海外文集》，第 35 页，北京：三联书店 1990 年版。

④ 郁达夫：《郁达夫文集》第 4 卷，第 287 页，广州：花城出版社，香港：三联书店 1982 年版。

⑤ 郁达夫：《抗战两周年敬我的文化演变》，载郁风编：《郁达夫海外文集》，第 53 页，北京：三联书店 1990 年版。

⑥ 同上，第 54~55 页。

⑦ 郁达夫：《郁达夫文集》第 4 卷，第 287 页，广州：花城出版社，香港：三联书店 1982 年版。

⑧ 郁达夫：《郁达夫全集》第 10 卷，第 20 页，杭州：浙江大学出版社 2007 年版。

⑨ 郁达夫：《郁达夫全集》第 10 卷，第 268~269 页，杭州：浙江大学出版社 2007 年版。

⑩ 蒋成德：《诗与思——郁达夫研究》，第 58 页，北京：中国文史出版社 2011 年版。

却并不是很多，因而"郁达夫思想"的主题研究文献不足百篇，其中蒋成德先生又是较为代表者，其所发相关研究论文有十余篇，并专著了这部《思想者诗人郁达夫论》一书。

郁达夫曾希望自己的作品成为"这一个潮流里的特殊浪花"，并预言"在战争不止，世界大战的威胁不除去以前，自然只有增长的趋势"①。我们看到，丰富的郁达夫研究成果，如思想研究方面的论文有于昀《郁达夫的爱国主义思想》（载《语文学习》1980 年第 18 期）、罗成琰《郁达夫与中国文人传统》（载《湖南师范大学社会科学学报》1989 年第 3 期）、许清友《论郁达夫的思想与品格》（载《社会科学战线》1995 年第 3 期）、叶向东《文学与政治的悖论——论郁达夫的文学思想》（载《云南教育学院学报》1999 年第 6 期）、王玉成《从〈沉沦〉看郁达夫的思想追求》（载《承德民族师专学报》2005 年第 2 期）、王剑平《论郁达夫的爱国主义思想与浙江精神》（载《考试周刊》2008 年第 18 期）、娄成《论郁达夫的文学轨迹与思想历程》（载《作家》2009 年第 18 期）、张晓霞《论郁达夫游记散文的隐逸思想与忧患意识》（载《钦州学院学报》2011 年第 1 期）、朱毅《在路上——郁达夫出走思想探微》（载《福建教育学院学报》2013 年第 6 期）……其中作为"浪花"的蒋成德先生之《郁达夫的编辑思想及其贡献》（载《南通师范学院学报》哲学社会科学版 2002 年第 8 期）、《论郁达夫南洋时期的文学思想》（载《沈阳师范大学学报》社会科学版 2005 年第 3 期）、《郁达夫南洋时期抗战思想述论——纪念郁达夫诞辰 110 周年》（载《徐州教育学院学报》2006 年第 1 期）等论文自然具有代表性。而其专著"一如作者其人，沉稳朴实，厚重大气，它不夸夸其谈，故弄玄虚，遵循的是传统的文学研究方法，坚持从文本阅读出发，坚持论从史出。这在学术泡沫化日盛的今天，是难能可贵的"②。我们看到了书中观点的真实（信），因而充满了对蒋成德的信任与崇敬。

在一个崇尚"课题""西术"的时代，能够坚持自己的学术信念，数十年如一日，亲近、拥抱一个历史人物，构筑自己的学术天堂、慰藉自己的文化心灵，写下一批论文并形成学术专著，尽管他对自己的"第一本书""十分忐忑"，但还是"把她献出来，听凭读者诸君的评判"，的确十分可贵。仔细阅读该书以后，我们看到的是，他"最早接触郁达夫，还是恢复高考刚上大学

---

① 郁达夫：《郁达夫文集》第 7 卷，第 89 页，广州：花城出版社，香港：三联书店 1983 年版。

② 方忠：《郁达夫研究序》，载《诗与思——郁达夫研究》，第 1 页，北京：中国文史出版 2011 年版。

的时候。读到于听、周艾文编的《郁达夫诗词抄》，就喜欢上了他的诗，只是郁诗用典太多，读不大懂，只好作罢。于是研究起他的思想来，在陆续购得花城出版社的《郁达夫文集》十二卷后，写了一组文章……后来邮购了浙大新版的《郁达夫全集》和詹亚园的《郁达夫诗词笺注》，特别是詹注"，对他"研究郁诗帮助很大"，并以"招魂"的态度研究郁达夫："前妍后郁感流亡，国变妻离诗赋沧。岛隐不忘青一发，梅花最后是家乡。"① 正是这种态度，使我们有理由把《思想者诗人郁达夫论》看成是蒋成德先生对郁达夫的信仰，一个以"信"为基础的真实而感人的"信仰"。

对对象的信仰基于对对象的信任，二者结合即形成了信任、信仰者的责任与态度。郁达夫有"长歌正气重来读，我比前贤路已宽"的学术态度与学术责任感，而在郁达夫研究队伍中，如李永寿（《郁达夫的思想和创作述评》载《天津师院学报》1980 年第 5 期）、郭良（《郁达夫的美学思想在翻译选材上的体现》载《中国翻译》1988 年第 4 期）、丁亚平（《批评策略：对个性的坚持与贯彻——论郁达夫文学批评的价值世界》载《创造社国际学术研讨会论文集》1991 – 05 – 01）、李顺群（《矛盾的连续——郁达夫早期散文创作的思想倾向》载《北京第二外国语学院学报》1995 年第 5 期）、刘久明（《卢梭与郁达夫》载《华中科技大学学报》人文社会科学版 2000 年第 3 期）、李冶孜（《从〈艺文私见〉谈开去——论郁达夫前期文艺批评思想》载《太原大学学报》2005 年第 3 期）、陈玉焕（《佛教对郁达夫思想及创作的影响》载《文学教育》上 2007 年第 9 期）、李玲（《郁达夫与俄国民粹主义思想》厦门大学硕士论文 2008）、姬海英（《郁达夫文学思想探讨》载《山东教育学院学报》2009 年第 1 期）、李新东（《郁达夫与玄镇健的文学思想比较研究》载《大众文艺（理论）》2009 年第 9 期）、刘鹤（《郁达夫编辑思想探究》载《新闻实践》2011 年第 5 期）、刘岚（《谈外国文学对郁达夫文学创作及思想的影响》载《山花》2011 年第 4 期）等人基本上都是从某个方面论述的，而蒋成德先生则比较系统地阐明了郁达夫的爱国主义思想、文学思想、文化思想、编辑思想、鲁迅观等，让人们能从总体上认识郁达夫；系统地清理了"郁王离异的思想根源"，从"郁厌俗礼，王慕虚荣""郁恨黄金，王爱钱财""郁欲隐居，王喜热闹""郁憎做官，王羡厅长"等四个方面把握二者难以"白头偕老"的原因，加上对《王映霞自传》的若干史实的考证，既不仅让人们坚信郁达夫，

----

① 蒋成德：《诗与思——郁达夫研究·后记》，第 244 页，北京：中国文史出版社 2011 年版。

从而也坚信蒋成德先生及其研究。学界对郁达夫旧体诗的历史文化渊源多有论争，而蒋成德先生从《思想者诗人郁达夫论》的第七章起而至第十二章，对郁达夫诗词进行了全面梳理，包括郁达夫诗中人物的自我映象、情意指向、青衫红豆意象、郁达夫借鉴古典诗词的广泛性与艺术性、郁达夫习用古典诗词方法等内容，得出了一系列信而有据的结论——"郁达夫对古典诗词的学习，吸收，借鉴正是'转益而多师'，广收而博采，从而熔铸成自己新的创作。"① 而这一结论又是通过考察郁达夫诗中体现出的所采借作家的广泛性、文体的广泛性、名诗的广泛性、形式的广泛性等方面获得的。特别是对于郁达夫诗运用古诗方法的梳理，达20种之多——"郁达夫于前人诗词的运用，方法有二十余种之多，而法中又有法，变中又有变，手之巧，变之活，用之灵，真到了出神入化的地步。"② 这些方法包括整用、集用、调用、改用、增用、减用、断用、提用、截用、倒用、顺用、缩用、暗用、反用、翻用、仿用、化用、转用、意用、合用、杂用……最后两章，对郁达夫的诗进行研究之研究，拈出郁诗研究之大家郑子瑜先生，对百年郁诗的研究进行历史性的综述。正是通过这样的梳理与史述，我们自然可以认为蒋成德先生对于郁达夫诗的理解已达到了"澄明"的程度，这也就是我们用"诗的澄明与思的深邃"来概括《思想者诗人郁达夫论》的原因。

自然，我们永远都处于无限地接近"绝对真理"的过程中，也就是说，《思想者诗人郁达夫论》也只是"相对真理"，其中也有不无遗憾之处，如第七章"郁达夫诗词中历史人物的自我形象"之标题即不够准确，是说"那些历史人物如何看自己"吗？还是说"郁达夫通过那些历史人物来表现自己"呢？显然是指后者。若把"形象"改为"映象"，即郁达夫通过那些历史人物来表现自己的诉求，这样则意足完备。诚然，瑕不掩瑜，这些缺陷有待于蒋成德先生在后续研究中加以纠正与完善。

---

① 蒋成德：《诗与思——郁达夫研究》，第167页，北京：中国文史出版社2011年版。
② 蒋成德：《诗与思——郁达夫研究》，第173页，北京：中国文史出版社2011年版。

埋头苦研的态度与创获（序二）

王志清

在郁达夫研究热潮过后，蒋成德君有郁达夫研究的专著出版，著名为《思想者诗人郁达夫论》（中国书籍出版社2016年版）。承蒙成德兄还想到笔者，嘱我为序。我与成德兄已有十多年未见面了，读着如见其人，让我读出了满心欢喜。以为有三点可说：

其一，《思想者诗人郁达夫论》的研究态度

笔者最欣赏的是成德兄不从众，不趋炎，耐得寂寞，长期坚持。郁达夫的研究，热潮在1979年的文学复苏以后到上世纪90年代中期的近二十年间。此后的十多年，郁达夫研究趋于冷寂。这也是很反常的现象，至少与郁达夫的成就、地位不相称。郁达夫是"五四"以来新文学运动的开拓者，著名作家，著有诗词、小说、散文、评论等作品约500万字，在中国现代文坛上少有人与之比肩，二三十年代与鲁迅、郭沫若、周作人、林语堂齐名。作为一位文学巨匠，他的小说惊世骇俗，散文、旧体诗词、文艺评论和杂文政论亦不同凡响。作为一位民主斗士，凡是有文化人参加的抗日活动都有他的身影，是反帝抗日大联盟的发起人。作为这个新文学发展初期拥有最多读者的作家之一，而且又是个思想与生活上颇多争议的作家，应该说有做不完的文章。笔者以为，当下郁达夫研究趋冷，并非是郁达夫研究已走到底了，而只能用研究风向变化，或者研究落潮来解释。诚如郁达夫研究专家方忠先生所说："在文学失去了轰动效应、越来越被边缘化的今天，郁达夫研究走入低谷是一件很自然的事。"而成德兄不受研究气候冷暖之左右，不随波逐流，板凳坐得十年冷，经久积累，深入赜探，表现出一个优秀的学术研究者才有的学术品质与良知。近二十年来，蒋成德发表论文五十余篇，其中不少研究郁达夫思想的文章，在郁达夫研究领域，已经做到了相当的深度，也引起同行专家的充分关注。因此，首先给我启发与教育的是作者埋头苦研的做学问的精神与态度。

其二,《思想者诗人郁达夫论》的研究侧重

《思想者诗人郁达夫论》的侧重点在思想和诗词研究上。郁达夫的思想研究,是成德的长项,或者说是成德多年来致力且颇多丰收的研项。

郁达夫是一个文学性格十分复杂、因而饱受争议的重要作家。长期以来,郁达夫被视为思想消极的颓废伤感派作家,甚至因为他的一些早期创作关涉"灵与肉"的大胆直露的描写而被视为"诲淫"的色情作家。同时,又由于作家思想上的矛盾,其作品在喷吐炽热的爱国主义、反帝反封建热情的同时,又不时地流露出怀疑、伤感、颓废的情绪,因而长期以来,不少现代文学研究者视郁达夫的思想研究为畏途。蒋成德选择郁达夫思想研究,具有一种挑战的勇气,也反映了他研究的睿智。新版《郁达夫全集》编委会主任、浙江大学中文系教授吴秀明先生在他的《1996—2006年郁达夫研究述评》中指出:郁达夫的研究在"思想方面,与以前相比,显得较为薄弱,发表的著述也不多。除了《郁达夫南洋时期文学思想简论》外,主要集中在郁达夫的早期,如《郁达夫前期思想探索》"。吴先生接着说:"近十年来研究郁达夫爱国思想的作品主要有:蒋成德的《从种族革命的悲壮到民族歧视的哀愤——论郁达夫早期的爱国主义思想》,杨时芬的《简评郁达夫诗歌中的爱国主义精神》,张建东的《茫茫烟水回头望 也为神州泪暗弹——评郁达夫早期小说爱国主义精神》等等。其中蒋成德的《从种族革命的悲壮到民族歧视的哀愤——论郁达夫早期的爱国主义思想》十分具有代表性。该文从郁达夫少时积贫积弱的社会环境、留学日本的经历以及他的早期小说、旧体诗中的情感表露三个方面论述郁达夫的爱国思想的启蒙、发展。文中通过展示郁达夫在日本十年的经历,生动地展示出郁达夫作为中国一个弱国的子民,在日本由于弱国的原因受到歧视而无法作为的情形,进而得出结论:郁达夫早期的爱国思想是同抵御来自日本等强国的民族歧视而被激发出来,郁达夫爱国的基点是期盼国家的富强,国人不受外人歧视,他的爱国是将民族和个人直接联系起来了。从这一点上看,与《沉沦》文中最后一句话所体现的思想十分吻合,从另一个角度论证了《沉沦》代表了他早期的爱国思想。"此段引述比较长了点,意在说明两点意思:一是成德的研究主要在思想上,且已经取得了为人所关注的不俗的成果,吴先生文中所提到的三篇文章都出自成德兄之手:《郁达夫南洋时期文学思想简论》《郁达夫前期思想探索》与《从种族革命的悲壮到民族歧视的哀愤——论郁达夫早期的爱国主义思想》;二是成德的郁达夫思想研究主要是从郁达夫的小说入手的,其关于郁达夫思想的结论也是从小说中得出的。因此,蒋成德选择郁达夫的思想研究为此著的侧重是理所当然的了。成德的专著中，对郁达夫的思想作了全方位的研究，研究了他的爱国思想、文学思想、文化思想、编辑思想以及与王映霞离异的思想根源。而对郁达夫与王映霞的离异，撇开长期以来一直所持的第三者插足说，则从四个方面分析其思想原因，得出令人信服的结论，发前人所未发。

郁达夫以小说名闻天下，或者说，郁达夫研究最多也最集中的是其小说，其实，郁达夫的诗词研究真不应该这么薄弱。郁达夫的生前好友刘海粟先生说过：郁达夫的文学成就是"诗词第一，散文第二，小说第三，评论第四"。（郁云《郁达夫传·序》）郁达夫的文学创作活动发轫于诗，在他留给后人的文学瑰宝中有 600 来首诗词，诗词创作几乎贯穿了他的整个文学生涯。他的旧体诗是现代以来屈指可数的几位一流大师中最有成就和个性的经典。郭沫若是郁达夫的同学和创造社的共同发起人，他说郁达夫的诗词"实在比他的小说或散文还好"（《望远镜中忆故人》）。郭沫若在《再谈郁达夫》中说："事实上达夫是比我高，我向来都承认。……他的天资比我高，学识比我高，外国文和外国文学的修养比我高，中国旧诗的成就比我高。"夏衍也是郁达夫同时代的日本留学生，称郁达夫是"中国现代文学史上杰出的诗人、作家、伟大的爱国主义者"，"在新文艺家写的旧体诗中，我认为鲁迅、郁达夫和田汉可称三绝。他的诗明显地受黄仲则、龚自珍的影响，但不少评论家只看到他清丽凄婉的一面，这也是不全面的"。（《忆达夫》载富阳文史资料第 1 辑）。成德兄有其参著《中国无产阶级革命家诗词鉴赏》，参编《中国历代诗话全编宋代卷》（吴文治教授任主编）的经历，可见他在古典诗词上造诣匪浅。因此，他在郁达夫的思想研究上，就不仅仅是对郁达夫的小说研究了。在《思想者诗人郁达夫论》中，半数的篇幅是研究郁达夫诗词的。在对于郁达夫的诗词研究上，着重研究郁达夫与古典诗词的关系。他不囿于出自唐诗说或出自宋诗说，而是全面梳理郁诗，加以排比分类，进行整体性综合性研究，从而认为郁达夫上自诗骚，下逮晚清，他都有所借鉴，并在继承中创造出属于郁达夫自己的艺术风格。并且从郁达夫诗词中的用典，看其自我形象与对女性的态度；从其诗词中的青衫、红豆意象，研究其心理与思想。最后，则是研究之研究，即著名的新加坡学者郑子瑜的郁达夫研究，以及百年来郁达夫旧体诗研究的综述，这是目前从未有人做过的工作。成德的研究，选取的角度十分新颖，研究也深入细致，很见其古体诗的功力。这样的现当代旧体诗的研究，据笔者之陋见，于当下委实不多也。

第三点，《思想者诗人郁达夫论》的框架结构

《思想者诗人郁达夫论》35 万字，共三辑十四章，每章三到五节不等，第一辑一到六章是郁达夫的思想研究；第二辑七到十二章，是郁达夫的诗词研究；第三辑最后两章是郁达夫诗词的研究之研究。从章节数与字数来看，前两辑是均衡对等的，是平均使力的，第三辑虽只有两章，然字数亦不让前者。

不久前笔者还给研究生做了个讲座，就叫着"诗与思"。笛卡尔说："我思故我在。"海德格尔在《诗·语言·思》中说："一切的冥想都是诗，一切创作的诗都是思。诗与思是邻居。"诗即思，思亦诗，诗与思，思与诗只是表达的形态不同而已，在此意义上思与诗是没有分别的。因此，"我诗故我在"。思想的诗人与诗意的思想者没有界限。真正的诗人必然是一个优秀的思想者，而真正的思想者也肯定是一个杰出的诗人。因此，反观蒋成德的《思想者诗人郁达夫论》，第二辑与第三辑都是论诗，故可当作一辑来看。那么全书也就是两大部分，窃以为，将思与诗截然分开作两个部分来论，于结构上似乎不怎么合适。难道说其诗中没有思想了吗？其诗不合适用来研究思想了吗？为什么不从其诗中研究郁达夫的思想？而且，似乎是怕与上半部分的"思"相重复了，在下半部分关于诗的研究的八章里，竟然没有专设一章研究思想。从诗的特性看，它比小说更易于表现作者的性情与思想，也最能够看出作者的性情与思想。郁达夫留存诗词 600 余首，其创作大体可以分为四个阶段：少年时期在富杭；青年时期在日本；中年时期在国内；晚年时期在南洋。每一个阶段的思想表现均不同。如果说蒋成德此著有什么不足的话，最大的不足就在体系框架上，前"思"后"诗"的两个部分，似乎成为两张皮了。笔者在读完《思想者诗人郁达夫论》后，当即便电话与成德兄交流过这层意思。笔者深为遗憾的是，此著为什么不能分成两本书来做呢：一本是郁达夫的思想研究，一本是郁达夫的诗词研究。很好的材料，可以做大的材料，也是很有深度的研究，而且都能够做出深度来的。

读罢《思想者诗人郁达夫论》，实话直说，喜之不禁，也憾意油然，非常希望成德兄在郁达夫的诗词上做深入的研究，再拿出一部郁达夫诗词研究的著作来，我们翘首以待矣。

内容提要（代前言）

1. 郁达夫的爱国主义思想

郁达夫受时代环境的影响产生了反清意识；在帝国主义的奴化教育下，又产生了反帝思想，反清与反帝是郁达夫少年时代爱国思想的鲜明特征。因而，爱国就不能不起而推翻满清异族的反动统治；爱国也就不能不起而进行种族革命，以"驱除鞑虏，恢复中华"。这是近代中国特定历史背景下的爱国主义，是资产阶级革命派为号召人民排满反清，激扬种姓的汉民族的爱国思想。这种爱国主义思想有其鲜明的时代特征。因而，我们可以认为革命就是反清，排满就是爱国，乃是弥漫于晚清末年的一种激进的带有普遍性的爱国主义思想，它自有其历史的局限，也有其时代的色彩。郁达夫的种族革命的爱国主义思想与资产阶级革命派思想取同一的步调，具有合历史潮流的进步意义。

民族歧视，激发民族自尊；祖国贫弱，渴望祖国富强。把民族自尊与祖国富强联系起来，这已不同于清末排满的种族革命要求。郁达夫的爱国思想在这里有了新的发展。这一时期，最充分地表现他强烈的民族意识和爱国思想的，是他创作的诗及反映这段留学生活的小说。郁达夫的诗包含三方面的思想内容。首先是思乡之愁，其次是怀国之忧，第三是凭吊民族英雄。他的小说创作，《沉沦》《南迁》和《银灰色的死》等三篇小说，组成中国现代文学史上第一部小说集《沉沦》。郁达夫创作小说在看似谈情说爱的文字里，寄寓着忧国之思。而日本当局奉行的国家主义，即军国主义，军阀专权主义，狭隘民族主义，以一种大和民族的骄横和傲慢压迫中国的留学生。小说虽然不便于直接批判日本的这种军阀专权的国家主义，但从另一侧面，揭露了日本人歧视中国人的狭隘民族主义。

郁达夫在日本度过了整整十年。这既是他青春的抒情时代，又是他饱尝异族歧视的痛苦的忧郁时期。忧能启智。郁达夫在忧患中成长了起来。他的爱国思想没变，但比起少年时代来显得更其深厚、更其沉郁。少年的冲锋陷阵的冲动被忧愤沉思的性格代替；强烈渴望祖国富强的心愿也超越了单纯的种族复仇的思想。由于满清的种族压迫与日本的民族歧视具有不同的内容，前者主要是中国人民与满清统治者的阶级矛盾，后者则完全是日本帝国主义在军国主义思想指导下对中国留学生的民族歧视。前者是反对本国的满清王朝的封建统治，后者是反对日本帝国主义的民族压迫，性质的变化，使郁达夫后期的爱国主义增添了新的思想内容。

郁达夫从日本回国后，其思想仍然贯穿着反帝反封建精神。他认为封建军阀"开倒车"，蒋介石卖国，必须打倒；农民破产必然导致"农村革命"；日本入侵就要坚决和"帝国主义对抗"。从反对封建的旧军阀，到反对卖国贼蒋介石，再到反对日本帝国主义的侵略，郁达夫始终保持他的追求政治进步的不懈努力和坚持民族气节的崇高精神，他以自己的笔去"为国家而奋斗"，他的直言谠论，他的不畏强权，他的直刺"党帝"，他的痛斥日寇，都表现了他是中华民族的优秀分子。

"七·七"卢沟桥事变，揭开中国现代史新的一页。每一个中华民族的儿女，在这场伟大的民族解放战争中都经受着炼狱的考验。有的成为渣滓，终被历史的滚滚洪流淘汰；更有坚贞不屈者成为革命的中流砥柱，成为中华民族的骄傲。郁达夫就是在这全民抗战中，用他的全部生命，为国家为民族争得了光荣。早在1923年，郁达夫就对为反对俄国的农奴制度而客死巴黎的俄国革命先驱者赫尔岑十分敬仰，他表示说："我们不做便休，若要动手，先要有赫尔惨（今译赫尔岑）那么的客死他乡的勇气。"郁达夫确是象他说的那样，为鼓舞人民、宣传抗战，而远赴南洋。而南洋时期正是郁达夫思想发展的一个重要阶段。其显著特征是坚持抗战，其思想内容表现在及时分析战争形势和世界局势，以鼓舞人民抗战必胜的信心；揭露并批判日本帝国主义的侵略罪行和侵略政策与日本作家佐藤春夫等假友好真反动的嘴脸；对汪精卫的投降卖国，周作人、张资平充当汉奸文人予以痛斥。这种抗战爱国思想一直坚持到他生命的最后。

2. 郁达夫南洋时期的文学思想

郁达夫在南洋时期提出了一些重要的文学主张。他认为抗战之时文学应与政治紧密联系，要以战事为主要内容，大力提倡反映生活及时的报告文学体裁。他还认为文人要以中外优秀作家为榜样，在民族战争中培养人格、锻炼思想。

郁达夫南洋时期的艺术散文为其政论杂文的锋芒及30年代游记成就所掩，不大为研究者注意。这些散文可分为记游、记事、记人三类，这三类散文贯穿着"一切以抗战为中心"的共同主题，充满强烈的时代气息，是其整个散文创作中极富思想性的部分；在艺术上，也由早期的主观抒情趋向于客观的写实。其创作的量虽少，但仍有值得注意的价值。总的来说，南洋时期的散文，思想执著于现实，风格趋向于凝重，艺术上可说是他散文创作的第三个高峰，只是由于创作的量太少，而没能够使其特色更形彰显罢了。

3. 郁达夫的文化思想

郁达夫于抗战后到南洋主要从事抗战文化宣传，其文化思想表现在：一、民族文化不亡论；二、抗战建国，重造新文化；三、文化的继承吸收与沟通。其特征是具有时代性、现实性与前瞻性。他对民族文化的深情，对抗战文化的执著，对创造新文化的决心，既有魄力与胆识，又有深度与力度，他的文化思想是那个时代的产物。

郁达夫于战时对日本文化亦进行了深刻的批判。郁达夫认为日本文化是对中国文化的"抄袭"，缺乏创造性。随着日本发动侵华战争步上军国主义的道路，其文化也走向倒退。作家堕落，作品内容趋于反动，文化生活十分空虚；尤其是对中国文化的侵略，使日本成为毁灭人类文化的敌人。然而中国文化有五千年历史，隋唐之时曾"开发倭夷"；将来"建设东亚新文化"的责任也还在"我们的肩上"。

4. 郁达夫的编辑贡献与编辑思想

在中国现代编辑史上，郁达夫应占有重要一席，他是当之无愧的现代著名的文学编辑家。从发起成立创造社，主编《创造季刊》，到远赴南洋主编星报副刊等，他一生的主要活动，除了文学创作就是编辑事业。他主编、合编的报刊，丛书有十多种，是其一生事业中极为重要的部分。他虽没有对编辑理论作专题研究，但他撰写的《编辑者言》之类谈编辑的文章所阐发的要"造成中国未来之国民文学""文艺是为大众的""为社会谋一点福""唯真唯美""编辑责任应先尽到"坚持"实事求是"等编辑主张与编辑思想丰富了现代报刊编辑学的理论。

5. 郁达夫的鲁迅观

本章针对新生代作家的"鲁迅小说绝对比不上郁达夫，他的杂文谁都可以写""鲁迅是块老石头"、鲁迅等"老一辈的作品，他们到我们这里已经死亡"等观点，提出郁达夫对鲁迅的评价。郁达夫认为鲁迅"是中国作家中的第一人"；他的人格精神令人崇拜；鲁迅是我们"民族光辉的人物"。如果愚蠢地打倒鲁迅，我们就可能重回到做奴隶的时代。

鲁迅的《狂人日记》与郁达夫的《沉沦》是新文学史上并峙的双峰。这两部作品虽然一是现实主义的，一是浪漫主义的，然其所产生的社会影响，所表现的主题思想，所塑造的人物形象，以及所运用的表现手法，都有相当的可比较性。因而，无论从文学史的地位还是从审美的艺术角度来看，把这两部作品进行比较，都是很有意义的。

6. 郁王离异的思想根源

20世纪40年代，郁达夫与王映霞的离异是轰动文坛的一出大悲剧。关于他们离异的原因多说是第三者的插足，很少有人从思想上去分析探究两人离异的根源。事实上，在郁达夫一见钟情于王映霞并开始追求她时，两人思想的差异就已经显现出来了。本章即从郁厌俗礼，王慕虚荣；郁恨黄金，王爱钱财；郁欲隐居，王喜热闹；郁憎做官，王羡厅长这四个方面加以分析，指出两人志趣相悖、追求不一、互不理解是其离婚的主要思想原因。郁王离异是郁达夫研究中的一个重要课题，探究其离异的思想根源，对研究郁达夫的心理思想，具有十分重要的意义。

而《王映霞自传》则是王映霞晚年回顾自己一生的自述。王传既有信实的，但也有记载失误、漏洞与矛盾的地方。探究《王映霞自传》中王映霞所认为的有关郁达夫的出走、郁达夫"把我当妾姬看待"，以及《毁家诗纪》中的许绍棣，郁王婚变中"一个神秘的第三者"等等一系列问题，对重新认识王映霞其人，尤其是郁达夫与王映霞的婚变，《王映霞自传》毫无疑问是必不可少的参考资料。

7. 郁达夫诗词中历史人物的自我形象

郁达夫曾说："我是一个作家，不是战士。"作家是郁达夫的自我形象，然郁达夫的自我形象却并非只是作家。郁达夫为了"寄托理想，抒发感情"总是在不同情境下借用历史人物，寻求历史人物的某一方面与自己的契合点，把历史人物的某些事迹、特点加以强调，使自己与历史人物叠印在一起，从而由历史人物看到的却是郁达夫的自我形象。从郁达夫的诗歌中，他对历史人物典运用最多的是文人，此外尚有志士、义士、侠士、英雄、功臣、隐士等。郁达夫对这些人物在历史上的言与行、思与事注入自己的感情色彩，然后以之自况。因而，从他的诗歌中，就看到了郁达夫的多面形象，即既是文士形象，又是志士形象；既是英雄形象，又是忠义形象；同时还是隐士形象。这些不同形象就构成了一个立体的郁达夫形象。

8. 郁达夫诗词中女性人物的情意指向

郁达夫的旧体诗以七绝为主，律诗次之，体制上十分短小，因而并不以塑造人物形象为重心。但郁诗却大量借用人物，以这些人物在历史文化的衍变中已经凝定的意义，指向自己所欲言又不宜直言的人事。这种意指功能极大地增强了诗歌的意蕴，使得诗歌更含蓄更有韵味，并构成郁达夫诗歌创作的鲜明特色。本章进一步从分析郁达夫所借用的人物，深入郁达夫的情感世界，探索其对女性的态度，即对真的崇尚，对善的钦仰，对美的热爱，对节的敬佩，对侠的叹赏，郁达夫把对女性的情感凝铸成真、善、美、节、侠而加以热烈地赞美与歌颂。在方法上，郁达夫在诗中大量借用女性人物作指代，乃是出自楚辞。郁达夫是自觉地继承《离骚》"美人香草"的意象传统，但又不同于《楚辞》。郁达夫诗中的女性人物是形象而非意象，所咏美人多是妓妾下女而非《离骚》中的宓妃侠女，且美人指代的是常人而非《离骚》以美人媲君主。郁达夫对楚辞美人意象传统的改造与继承是个大胆尝试，他打破了这种意象传统的固定性与高贵性，化个体意象为群体形象，使指代人物附上作者的情感色彩与被指代人同为一体，而获得新的鲜活的生命。

9. 郁达夫诗词的青衫红豆意象

诗用意象，是诗歌基本的艺术特征。意象作为构思是"意中之象"，作为艺术形象乃是"含意之象"。这种"含意之象"的意象在诗人长期的使用过程中有的被逐渐地凝固化、范型化，而有了某种象征的意义。在郁达夫诗中，青衫、红豆就是两个频频出现的象征性意象，且一象含多意。如青衫或用其本意学生服，或用其借代意学生，或用其引申意失意者、失败者。红豆则指思乡思友思恋人。这两个意象又主要用在他留日与南洋时期。青衫红豆意象在古典诗词中的意义是比较单一的，郁达夫在运用中对传统意象既有传承，又作了一定意义的拓展。

10. 郁达夫借鉴古典诗词的广泛性与艺术性

郁达夫是中国现代作家中大量创作旧体诗词且卓有成就的诗人。他一生作诗不辍，留下了六百余首诗词，从中可以看出他"古典诗词的深厚修养"。研读郁达夫的全部诗词，可以发现郁达夫诗歌对中国古代文学尤其是古典诗词吸收与借鉴的广泛性，继承与革新的艺术性。其艺术创作的经验借鉴广泛、独重唐诗；博采众家，化为己用；方法多样，善于吸收等对今天的诗歌创作也有一定的启迪。因而，从接受美学的角度，对郁达夫的全部诗词进行研究，探讨其对中国古代文学尤其是古典诗词的吸收与借鉴，以对这一最具有国学特性、最具有民族文化特色的诗歌体裁加以传承与革新。

11. 郁达夫习用古典诗词方法通证

郁达夫对古典诗词的学习、吸收、借鉴是"转益而多师"，广收而博采，从而熔铸成自己新的创作。郁达夫诗借鉴古典诗词的方法有 20 种之多，这些

5

方法包括整用、集用、调用、改用、增用、减用、断用、提用、截用、倒用、顺用、缩用、暗用、反用、翻用、仿用、化用、转用、意用、合用、杂用等，而法中又有法，变中又有变，手之巧，变之活，用之灵，已到了出神入化的地步。

12. 郁达夫写徐州的诗

郁达夫虽籍在浙江却与徐州有着很深的关系。他曾两过徐州，一住花园（饭店），写下了数篇精美的诗文。尤其是抗战期间，他来徐州劳军，宣传抗日，慰劳将士；而与美国将军史迪威的会见，则促成了日后美国的对华经援，是郁达夫在徐州的一笔重要之举。其《登云龙山》《在警报声里》等诗文将永载徐州文学史册。

13. 郑子瑜先生的郁达夫旧体诗研究及其贡献

郑子瑜先生是一位国际著名学者，新加坡汉学大师，同时他还是郁达夫诗词研究专家。他编辑出版了第一本《达夫诗词集》，最早进入对郁达夫诗词的研究，开拓了郁达夫诗词研究这一新的领域，使得对郁达夫的研究走向全面；他开启了郁达夫南游诗主题研究与郁达夫旧诗考证研究的先河；他提出的郁达夫诗出自宋诗说为著名学者蒋祖怡、王瑶先生所认同；他在国外的日本、新加坡和我国的香港广泛地传播了郁诗。郑子瑜先生在郁达夫诗词研究领域，毫无疑问是一个重镇，是一座高峰。

14. 郁达夫旧体诗研究百年史述

关于对郁达夫旧体诗的研究，几乎与其创作同步，已有 100 年历史。这 100 年大致可分为五个时期：从 1914 年创作伊始到 1945 年郁达夫殉难为帷幕初启时期；从 1946 年纪念郁达夫逝世到 1949 年解放战争胜利为诗人逝后时期；从 1949 年新中国成立到 1966 年"文化大革命"爆发前为研究方兴时期；从 1966 年到 1976 年"文革"十年结束为大陆之外时期；从 1977 年改革开放到 2014 年整百年止为全面展开时期。每一个时期由研究的程度与范围又分为若干类。这 100 年中，郁达夫旧体诗的研究在各个方面都取得了很大的成就，与其文学创作的小说、散文鼎足而三。概括总结 100 年来郁达夫旧体诗研究的经验与局限，可以为未来的郁诗研究指出一个比较明晰的前进的走向。

目　录
CONTENTS

第二辑

第三辑

第一章

郁达夫的爱国主义思想

清末民初，中国社会积贫积弱，多少仁人志士为了民族的振兴、国家的富强，不惜流血献身。从甲午战争到戊戌变法，资产阶级改良派登上历史的舞台，上演了一出希图富国强兵却惨遭失败的悲剧；从黄冈起义到辛亥革命，资产阶级革命派成为舞台上的主角，演出了推翻两千年封建专制社会的壮丽的一幕。郁达夫正是在这个大的时代背景下出生与成长的。他呼吸着变革了的时代的新鲜空气，感受着先烈们的英勇与悲壮，在幼小的心灵孕育萌生了爱国的思想，憾恨自己"出世得太迟"，未能躬逢甲午中日战争这样的大难，"去冲锋陷阵地尝一尝打仗的滋味"①。然而，郁达夫的晚年却亲历了日本帝国主义侵略中国的中华民族史上最大的灾难，他义无反顾，投身抗战。他的爱国主义思想放射出惊人的光焰，照出侵略者的鬼脸和汉奸文人的可耻与陋劣，最后以"客死他乡的勇气"② 而殉国，成为"一个真正的爱国主义者"③。

第一节 从种族革命的悲壮到对民族歧视的哀愤

一、爱国主义思想的萌生

郁达夫生于 1896 年，这正是甲午败后，戊戌变法前这中间的一年，他在《自传》第一章称此为"悲剧的出生"。这"悲剧"既是国家的民族的，中国

---

① 郁达夫：《远一程，再远一程》，《郁达夫全集》第 4 卷，第 285 页，杭州：浙江大学出版社 2007 年版。

② 郁达夫：《赫尔惨》，《郁达夫全集》第 10 卷，第 77 页，杭州：浙江大学出版社 2007 年版。

③ 胡愈之：《郁达夫的流亡和失踪》，载陈子善、王自立编：《郁达夫研究资料》上卷，第 88 页，天津：天津人民出版社 1982 年版。

在满清统治下两百余年，日趋腐败没落，竟然以号称亚洲第一的强大海军舰队败于蕞尔小国的日本，使有着五千年文明、有过汉唐辉煌的华夏蒙受了奇耻大辱；这悲剧又是家庭的自身的，郁达夫出生于书香世家，到他出生时已经破落了，当他3岁时，又死了父亲，寡母弱子，相依为命。国弱家贫的现实，深深地刺激了郁达夫那一颗幼小的心。现实的家贫国弱，也培养了郁达夫忧家忧国的思想。他在《悲剧的出生》里这样描述自己的出生："光绪二十二年（1896）丙申，是中国正和日本战败后的第三年；朝廷日日在那里下罪己诏，办官书局，修铁路，讲时务，和各国缔订条约。……败战后的国民——尤其是初出生的小国民，当然是畸形，是有恐怖狂，是神经质的。"① 这里，所谓"畸形""恐怖狂""神经质"，正是当时"早经发生了腐溃"的社会的投影，是社会对人的扭曲与戕残，而扭曲与戕残的结果必然是对社会的反抗与叛逆。忧家忧国与反叛社会成为郁达夫爱国主义思想的基础。

郁达夫的少年时代，是中国近代史上风雷激荡的最为壮丽的时期。中国的资产阶级作为封建专制王朝的死敌，正在进行着惊天地泣鬼神的英勇革命。邹容的狱死，陈天华的蹈海，徐锡麟的死难，秋瑾的被害，这些资产阶级革命家勇敢牺牲的精神激励着少年的郁达夫，使他的思想迅速成熟起来。他开始关心时事的发展，关注革命党人的行动。他回忆说："到了我十三岁的那一年冬天，是光绪三十四年，皇帝死了；小小的这富阳县里，也来了哀诏，发生了许多议论。熊成基的安徽起义，无知幼弱的溥仪的入嗣，帝室的荒淫，种族的歧异等等，都从几位看报的教员的口里，传入了我们的耳朵。而对于我印象最深的，是一位国文教员拿给我们看的报纸上的一张青年军官的半身肖像。他说，这一位革命义士，在哈尔滨被捕，在吉林被满清的大员及汉族的卖国奴等生生地杀掉了；我们要复仇，我们要努力用功。所谓种族，所谓革命，所谓国家等等的概念，到这时候，才隐约地在我脑里生了一点儿根。"② 资产阶级革命派与资产阶级改良派的根本区别，就在于它以彻底的反满反清为目的，因而它所发动的就是彻底推翻统治汉族二百余年的清王朝。一次次起义，一次次暴动，高举的都是种族革命的旗帜。郁达夫从其前辈那里接受的正是这种种族革命的思想，其爱国意识也仅是从种族革命出发的。只要推翻清廷，结束异族统治，就是最大的爱国主义。事实上，清末有不少资产阶级革命家就持这种思想，以至

---

① 郁达夫：《悲剧的出生》，《郁达夫全集》第4卷，第257页，杭州：浙江大学出版社2007年版。

② 郁达夫：《书塾与学堂》，《郁达夫全集》第4卷，第273页，杭州：浙江大学出版社2007年版。

在清廷被推翻以后，停止了革命，走向倒退，甚至趋于反动。由于反清廷，不反封建，这就为后来的袁世凯称帝张勋复辟种下了思想的根因。郁达夫此时毕竟年幼，而排满反清的种族革命又是当时的不可阻挡的时代潮流，他有这种种族革命的爱国思想是很自然的。虽然显得单纯，但很热烈。他那颗少年的爱国之心在燃烧。他急切地寻找着符合他此时思想的书来读。他读过两本书，一本是《庚子拳匪始末记》，该书内容从戊戌政变说起，写戊戌六君子的被害，宦臣李莲英的受宠，直至英法联军入京纵火焚烧圆明园。另一本是《普天忠愤集》，该书收集了甲午前后的章奏议论，多是一些慷慨激昂的诗词歌赋的文章。这两部书对少年郁达夫的思想产生极大的影响。他真切地感受到书中记述的事件与人物，他"觉得中国还有不少的人才在那里，亡国大约是不会亡的"①，郁达夫的思想渐渐变得激烈起来。他期待着"革命的气运"的到来，一举推翻满清专制王朝。作为"一个热血青年"，"一个革命志士"，郁达夫深为"徐锡麟、熊成基诸先烈的牺牲勇猛的行为"，为"北京的几次对清廷大员的暗杀事件"所"激刺"，他贪婪地阅读如《民吁》《民主》之类"灌输种族思想，提倡革命行动"的报纸，以使自己的思想成为一个真正的革命志士的思想；他甚至还渴望"去冲锋陷阵，参加战斗，为众舍身，为国效力"②。辛亥革命终于把延续了两千多年的封建社会彻底推翻，郁达夫时年才 15 岁，虽未能直接参加武昌起义"冲锋陷阵"，只是"呆立在大风圈外，捏紧了空拳头，滴了几滴悲壮的旁观者的哑泪"③。然而，他思想的激烈，情怀的壮烈，出自一个少年，仍不能不使人由衷地敬佩。

郁达夫生于忧患，长于忧患。外敌的欺凌，异族的压迫，使他从小就感到个人的命运是与国家民族的命运连在一起的。甲午庚子的两次大难，暴露了国家的贫弱，社会的腐败；黄冈、武昌的历次起义，正说明了种族压迫的深重。因而，爱国就不能不起而推翻满清的反动统治；爱国也就不能不起而进行种族革命，以"驱除鞑虏，恢复中华"。这是近代中国特定历史背景下的爱国主义，是资产阶级革命派为号召人民排满反清，激扬种姓的汉民族的爱国思想。这种爱国思想有其鲜明的时代特征。因而，我们可以认为革命就是反清，排满就是爱国，乃是弥漫于清朝末年的一种激进的带有普遍性的爱国主义思想，它

---

① 郁达夫：《远一程，再远一程》，《郁达夫全集》第 4 卷，第 285 页，杭州：浙江大学出版社 2007 年版。

② 郁达夫：《大风圈外》，《郁达夫全集》第 4 卷，第 297 页，杭州：浙江大学出版社 2007年版。

③ 同上。

自有其历史的局限，也有其时代的色彩。郁达夫的种族革命的爱国主义思想与资产阶级革命派思想取同一的步调，具有合历史潮流的进步意义。

在中国近代史上，资产阶级领导的旧民主主义革命一方面是以排满反清的种族革命为其旋律的；另一方面也同时奏响了反帝的爱国乐章。帝国主义自鸦片战争始，就不时地侵凌中国。英国、日本以及后来的八国联军，视中国为东亚病夫，企图瓜分中国领土。在思想上，则利用宗教来麻醉中国人民，开办教会学校以对中国的年轻一代进行奴化教育。以"灭洋"为宗旨的义和团运动，就是中国人民在政治上反对帝国主义的爱国主义壮举。而反对帝国主义的奴化教育，也成为近代史上中国人民反帝的一项重要内容。郁达夫的中学时代，接受的正是美国在中国办的教会学校的奴化教育。郁达夫没有能够"冲锋陷阵地尝一尝打仗的滋味"，却在反对校长的学潮中成为风云人物。

辛亥革命的直接成果是建立了民国，尊孔读经的封建教育一时被废除，郁达夫因此进入美国长老会在杭州办的育英书院，本想借此学习西方自工业革命以来的民主与科学的新文化，然而恰恰相反，教会学校的必修课目乃是祷告与读《圣经》，强迫信神，奴化思想，郁达夫称此为"叩头虫似的学校生活"，终于因校长偏护厨子，而导致反对校长的学潮。郁达夫则是这场学潮中"强硬者的一个"[1]。他忙于撰写对外的传单、新闻记事与请愿呈文等，在斗争中一展文才，在斗争中也闪现出他反帝爱国的思想火花。斗争虽没有成功，但却引起另一所浸礼会中学的注意，他们把闹风潮的学生当作了义士，郁达夫兴奋地回忆说，这所浸礼会中学"以极优待的条件欢迎了我们进去"。然而进校以后，郁达夫仍然对这所教会学校不满，尤其对那个"奴颜婢膝，讨事外人，趾高气扬，压迫同种的典型的洋狗"[2] 教务长极端厌恶，对学校的奴化教育也感到绝望，所以郁达夫决定离开这所"牢狱变相"的"教会学校"[3]，回家自修。郁达夫从两所教会中学退出，反映了他敢于反抗、渴爱自由的思想性格。郁达夫早年的爱国主义行动是从反帝即反对帝国主义的奴化教育开始的，其爱国主义思想也就深深地打上了反帝的烙印。其后，他留学日本，远赴南洋，这种反帝爱国思想一直是他的精神支柱与行动指南。

郁达夫在少年时代写过三首《咏史》诗，其一曰："楚虽三户竟亡秦，万

---

① 郁达夫：《孤独者》，《郁达夫全集》第 4 卷，第 290 页，杭州：浙江大学出版社 2007 年版。

② 郁达夫：《大风圈外》，《郁达夫全集》第 4 卷，第 291 页，杭州：浙江大学出版社 2007 年版。

③ 同上，第 293 页。

世雄图一日湮。聚富咸阳终下策，八千子弟半清贫。"诗作于辛亥革命的 1911 年，诗的寓意是十分明显的。借咏史抒发辛亥革命推倒清廷的胜利的感情。郁达夫受时代环境的影响产生了反清意识；在帝国主义的奴化教育下，又产生了反帝思想，反清与反帝是郁达夫少年时代爱国主义思想的鲜明特征。

二、民族歧视的哀愤与对祖国富强的渴望

郁达夫说他生于日本打败中国的第三年，18 年后，郁达夫怀着异样的感情踏上日本的国土，在那里度过了 10 年的留学生活，也饱受了日本对"支那人"的民族歧视。

日本自明治维新后，国力增强；甲午一战又击溃中国，迫使满清政府签订了"马关条约"，此后日本对中国更是虎视眈眈。1901 年在八国联军的武装侵略下，又签订了丧权辱国的"辛丑条约"；民国成立后，1914 年日本帝国主义派兵占领胶济铁路沿线和青岛；1915 年袁世凯出卖主权又接受了日本帝国主义阴谋灭亡中国的《二十一条》。此时的中国任人宰割，惨遭屠戮，已失去了它在国际上的地位。日本在政治军事上步步进逼中国，在民族感情上也极端歧视留日的中国学生。郁达夫就是在这样的背景下，深深感到做一个弱国子民的悲哀。他说："是在日本，我开始看清了我们中国在世界竞争场里所处的地位，……而国际地位不平等的反应，弱国民族所受的侮辱与欺凌"，则是"感觉得最深切而亦最难忍受的地方。"① 日本的妇女在本国的社会地位是不高的，但一听说对方是支那人，则马上表现出骄矜之态，又极大地刺激了深藏民族自尊的郁达夫的心。他说：那些日本少女"一听到了弱国的支那两字，哪里还能够维持她们的常态，保留她们的人对人的好感呢？支那或支那人的这一个名词，在东邻的日本民族，尤其是妙年少女的口里被说出的时候，听取者的脑里心里，会起怎么样的一种被侮辱，绝望，悲愤，隐痛的混合作用，是没有到过日本的中国同胞，绝对地想象不出来的。"② 与郁达夫同时留日的郭沫若也说："日本人称中国为'支那'。本来支那并非恶意，有人说本是'秦'字的音变，但出自日本人口中则比欧洲人称犹太还要下作。"③

民族歧视，激发民族自尊；祖国贫弱，渴望祖国富强。把民族自尊与祖国

---

① 郁达夫：《雪夜》，《郁达夫全集》第 4 卷，第 305 页，杭州：浙江大学出版社 2007 年版。
② 同上，第 307 页。
③ 郭沫若：《关于日本人对于中国人的态度》，《宇宙风》1936 年 9 月 16 日（25）。

富强联系起来，这已不同于清末排满的种族革命要求。郁达夫的爱国主义思想在这里有了新的发展。一方面，他继续保持在国内闹学潮的"强硬者"的精神，积极响应中国留日学生反对"中日军协约"掀起罢课学潮。特别是面对日本人尾崎对中国的讽刺，郁达夫上台质询，以磊落的态度，得体的措词，充足的理由，正确的观点，使得这位日本赫赫有名的所谓"宪政之神"当场向中国留学生道歉，卫护了祖国的民族尊严；另一方面，他又在关注着国内的政治局势，希望来一场改革，以拯救国运。他在1918年7月16日的日记中这样写道："阅报识美国促日本出兵于西伯利亚防德兵与俄兵之东下，各政党虽不甚赞成，然日本素欲示勇于他族人前，早晚或将出兵于我国北境也。日本若出兵，则曩日缔结之中日协约当然将生事变，我国之亡不出数年后矣！而南方政府尚极力运动分离，亡中国者中国人也。余一人虽欲救国，亦安可得乎？"① 郁达夫的爱国主义情感在异族歧视和国之将亡的双重刺激下日甚一日。

这一时期，最充分地表现他强烈的民族意识和爱国主义思想的，是他创作的诗及反映这段留学生活的小说。

郁达夫的诗包含三方面的思想内容。首先是思乡之愁。如《乡思》（1913年）："闻道江南未息兵，家山西望最关情。几回归梦遥难到，才渡重洋已五更。"《元日感赋》（1914年）："细雨家山远，高楼雁影孤。乡思无着处，一雁下南湖。"《有寄》（1915年）："只身去国三千里，一日思乡十二回。寄语界宵休早睡，五更魂梦欲归来。"游子思乡，这是中国古代的诗歌传统。联系郁达夫所说的当时日本人狭隘的民族观，不难感受到这些思乡诗抒发的不同于古代诗人的远游思乡之情，诗的背后深藏着不满异族歧视的情愫，这使郁达夫的思乡诗具有了更为深刻的更具有现代意义的思想内容。其次是怀国之忧。如《晴雪园卜居》（1913年）："猛忆故园寥落甚，烟花撩乱怯登楼。"《席间口占》（1915年）："茫茫烟水回头望，也为神州泪暗弹。"《秋兴杂感》（1916年）："须知国破家无寄，岂有舟沉橹独浮！旧事崖山殷鉴在，诸公何计救神州？"《题写真答荃君》（1918年）："文章如此难医国，呕尽丹心又若何？"《与文伯夜谈，觉中原事已不可为矣》（1920年）："相逢客馆只悲歌，太息神州事奈何！"这些诗既为祖国的衰弱而忧伤，又冀望有人来拯救；既抒发了自己要为祖国献出一片丹心的赤诚，又感叹国事的不可救药而无可奈何。读着这些诗句，仿佛能触摸到郁达夫爱国主义思想的脉搏在跳动。第三是凭吊民族英雄。如《吊朱舜水先生》（1915年）："采薇东驾海门涛，节视夷齐气更豪。

---

① 于听、周艾文编：《郁达夫诗词抄》，第57页，杭州：浙江人民出版社1981年版。

赤手纵难撑日月，黄冠犹自拥旌旄。白诗价入鸡林重，绿耳名随马骨高。泉下知君长瞑目，胜朝墟里半蓬蒿。"朱舜水是浙江余姚人，明朝末年，参加反清斗争；明亡后，清兵南下，与黄斌卿据舟山抗清；失败后亡命日本，又与张煌言等进行光复明朝的活动，终于赍志未成，含恨客死于日本的水户。随着清末种族革命的高涨，朱舜水的精神深为那些反清的革命志士所敬佩。一些爱国的留日学生对朱舜水十分仰慕，鲁迅就曾专程拜谒过朱舜水在日本的遗迹。郁达夫正是思慕前贤，心仪其人，所以在诗中赞扬他的志气和决心，借凭吊这位英雄，表达自己的爱国主义思想和热爱中华民族的精神。他壮怀激烈地唱道："记取当年灯下约，阿连有力净河汾！"（《奉寄曼兄》）他也想去平定天下了。写于1921年的《杂感八首》，情感真挚，寄慨遥深，是这一时期最后的杰作。其七云："换酒闲坊质敝袍，年来下酒爱《离骚》。江南易洒兰成泪，蜀道曾传杜老豪。又见军书征粟帛，可怜民命竭脂膏。国亡何处堪埋骨，痛哭西台吊谢翱。"郁达夫从战国的诗人屈原，说到南宋的志士谢翱，在历史中寻找精神，把咏史与自己的忧国忧民的情思融合为一体。

　　写完《杂感八首》，郁达夫转向小说创作。他写出了《沉沦》《南迁》和《银灰色的死》等三篇小说，组成中国现代文学史上第一部小说集《沉沦》。郁达夫回忆他创作《沉沦》时的背景和心情时说："我的这抒情时代，是在那荒淫惨酷，军阀专权的岛国里过的。眼看到的故国的陆沉，身受到的异乡的屈辱，与夫所感所思，所经所历的一切，剔括起来没有一点不是失望，没有一处不是忧伤，同初丧了夫主的少妇一般，毫无气力，毫无勇毅，哀哀切切，悲鸣出来的，就是那一卷当时很惹起了许多非难的《沉沦》。"① 这段独白有助于我们理解小说的思想内容。《银灰色的死》是郁达夫的处女作，写一个留日学生客死异邦的故事。因郁达夫对它不太满意，故收在集中时仅作为"附录"。而《沉沦》则是他的代表作。小说写主人公"他"在日本所感受到的孤独，因祖国贫弱而遭受异民族歧视所发出的哀愤。"他"深深受到刺激的是"原来日本人轻视中国人，同我们轻视猪狗一样。日本人都叫中国人作'支那人'，这'支那人'三字，在日本，比我们骂人的'贱贼'还更难听。"② 看来，郁达夫在日本最刻骨铭心的哀痛莫过于听"支那人"三个字，他在好几处地方都提起过。他不忍心自己的民族自己的祖国受人贱视。伟大的中华民族在五千

---

① 郁达夫：《忏余独白》，《郁达夫全集》第10卷，第499页，杭州：浙江大学出版社2007年版。

② 郁达夫：《沉沦》，《郁达夫全集》第1卷，第70页，杭州：浙江大学出版社2007年版。

年的历史中也曾创造过辉煌。当外国人最初认识中国的时候，正是横扫六合，一匡海内的秦始皇创建的秦朝。郭沫若说"支那"是"秦"（China）的音译，是对的。那时的"支那"是东方的强国，也是世界的强国。它象征着强盛和伟大，它象征着英武、威猛和不可战胜。而当时的日本还处在野蛮之中。从秦国到秦王朝的建立，中国文化即已远播异域。"秦"（China）被译作脂那、至那、支那，而流传于远方，直至唐玄奘使西域时，印度还称中国为至那。据玄奘的《大唐西域记》一书记载说，当印度王问"大唐国在何方？途经所亘，去斯远近？"时，玄奘答道："当此东北数万余里，印度所谓摩诃至那国是也。"又说"至那者，前王之国号，大唐者，我君之国称。"印度王与玄奘的对话表明，当年从秦国至唐王朝"早怀远略，兴大慈悲，拯济含识，平定海内。风教遐被，德泽远洽，殊方异域，慕化称巨"，而且"闻其雅颂，于兹久矣①"。只是到了近代，中国才没落下来，《马关条约》签订后，日本人高呼"日本胜利！'支那'败北！"这时的"支那"已失去昔日的光彩，成为失败的同义词，而"支那人"也就成为了贱民如同猪狗了。日本人以一种战胜者轻侮凌辱失败者的心理，用辱骂性的词称呼中国人为"chanchan"（猪尾巴猪尾巴），"chankoro"（清国奴）。这时的"支那"还成了愚蠢、落后的代称。荷兰《标准范德罗字典》就这样注解"支那，即愚蠢的中国人，精神有问题的中国人等"。中国的盛与衰，使中国人处在世界的两极，郁达夫不幸而遇上中国的衰弱期。而他又是一个情感丰富，神经敏感，有着强烈的民族意识和爱国思想的现代中国知识分子，他的不能忍受小日本帝国的侮辱和歧视，其悲伤而哀愤的心情也就可想而知了。所以当小说主人公"他"也是作者郁达夫听到日本人的贱称，就在内心里渴望祖国强大起来。然而祖国自己也在呻吟之中，积贫太久，积弱太深，加之政治的腐败黑暗，根本无力给予在异邦儿女的灵魂以温暖，"他"不得不远望祖国而投身大海。小说的结尾很明显受到了留日学生革命党人陈天华事迹的影响。陈天华写过《警世钟》《猛回头》两本小册子，宣传抗清，唤醒民众，在清末产生过巨大的影响。他受到日本当局的迫害，为了惊醒世人，陈天华继谭嗣同义赴刑场之后，在日本大森海湾投海殉国，完成壮烈的义举。郁达夫在一首诗中感慨地说："方知竖子成名易，闻说英雄蹈海多。"似即指此而言。现在他在小说中把陈天华的义举移植到"他"的身上，让"他"在投海前喊出震撼心灵的声音："祖国呀祖国，我的死是你害我的！你快富起来，强起来罢！你还有许多儿女在那里受苦呢！"郁达夫借"他"之

---

① 转引自忻剑飞：《世界的中国观》，第40页，上海：学林出版社1991年版。

口，抒发自己的大悲哀、大悲痛，喊出自己爱国的心声。另一篇《南迁》，据郁达夫说是与《沉沦》一类的东西，可以把他们当作连续的小说来看。它写一个无为的理想主义者的没落，主人公伊人在遭受到一个日本学生的恶意中伤后熄灭理想的爱情之火。郁达夫在《沉沦·自序》中说：《沉沦》和《南迁》"这两篇东西里，也有几处说及日本的国家主义对于我们中国留学生的压迫的地方，但是怕被人看作了宣传的小说，所以描写的时候，不敢用力，不过烘云托月地点缀了几笔。"① 由此可见，郁达夫创作小说是颇有用心的，在看似谈情说爱的文字里，寄寓着忧国之思。而日本当局奉行的国家主义，即军国主义，军阀专权主义，狭隘民族主义，以一种大和民族的骄横和傲慢压迫中国的留学生，他们在军事上曾征服了中国，还想在精神上压垮继而征服中国。小说虽然不便于直接批判日本的这种军阀专权的国家主义，但从另一侧面，对日本人歧视中国人的狭隘民族主义予以了揭露。所以当郁达夫结束留学生活回国的时候，丝毫不掩饰自己的这种感情："日本是我所最厌恶的土地。"②

郁达夫在日本度过了整整十年。这既是他青春的抒情时代，又是他饱尝异族歧视的痛苦的忧郁时期。忧能启智。郁达夫在忧患中成熟了起来。他的爱国主义思想没变，但比起少年时代来显得更其深厚、更其沉郁。少年的冲锋陷阵的冲动被忧愤沉思的性格代替；强烈渴望祖国富强的心愿也超越了单纯的种族复仇的思想。由于满清的种族压迫与日本的民族歧视具有不同的内容，前者主要是中国人民与满清统治者的阶级矛盾，后者则完全是日本帝国主义在军国主义思想指导下对中国留学生的民族歧视。前者是反对本国的满清王朝的封建统治，后者是反对日本帝国主义的民族思想的压迫，性质的变化，使郁达夫后期的爱国主义增添了新的思想内容。这在他获悉国内五四运动爆发后所写的一段日记里有最鲜明的表现。他写道："山东半岛又为日人窃去，故国日削，予复何颜再生于斯世！今与日人约：二十年后必须还我河山，否则予将哭诉秦庭求报复也！"③ 表现了坚决彻底地反日的决心和意志。反对日本的民族歧视，寄希望于祖国的富强，是郁达夫留学时期爱国主义思想特征，标志着其思想的新发展。

列宁说："爱国主义就是千百年来巩固起来的对自己的祖国的一种最深厚

---

① 郁达夫：《〈沉沦〉自序》，《郁达夫全集》第10卷，第18页，杭州：浙江大学出版社2007年版。
② 郁达夫：《归航》，《郁达夫全集》第3卷，第4页，杭州：浙江大学出版社2007年版。
③ 《郁达夫全集》第5卷，第12页，杭州：浙江大学出版社2007年版。

的感情。"① 郁达夫从青少年时代起就为这种爱国主义感情所熏陶，在国内外社会现实的刺激下，逐渐形成一种明确而牢固的爱国思想，以此指导并影响了自己的一生。从"排满反清"不满帝国主义的奴化教育，到反对日本的民族歧视，这就是郁达夫早年所走过的爱国主义道路。

第二节　为国家而奋斗

从 1922 年留学回国到 1937 年抗战爆发，是郁达夫爱国主义思想发展的第二个阶段。这时期他留学回国，却忘不掉的是那个荒淫惨酷的岛国日本留给他的耻辱。他从心里呐喊，"祖国呀祖国！……你快富起来，强起来罢！"要祖国富强起来，必须有人去奋斗。郁达夫跨海而归，毅然地负起历史的使命——"为国家而奋斗"②。

一、批判封建军阀

当时的中国正处在一片混乱中：辛亥革命失败，国民党政府腐败无能，大小军阀争权夺势，政治黑暗，民不聊生。郁达夫回国即失业。而失业使他更看清了中国社会与政治的现实——"目下中国不正的事情太多了。开倒车，走歧路……"③

郁达夫首先把批判的矛头指向军阀官僚，他蔑称"现在在政治舞台上活动的那些外交家、理财家"不过是一批"猴子"④，指出中国的不能有所改革，不能有所进步，就因为总是有一批新猴子去代替旧的，革命总是换汤不换药。这确是揭出了中国的病症所在。郁达夫从小就耽读历史，近代中国社会现实的变化又是他亲历亲闻，所以他能够得出这个结论。他认为要想社会变得太平，就必须先把这些军阀官僚打倒，不论是旧军阀还是新军阀，统统"先杀

---

① 《列宁全集》第 28 卷，第 168～169 页，北京：人民出版社 1956 年版。
② 郁达夫：《闲情日记》，《郁达夫文集》第 9 卷，第 128 页，广州：花城出版社，香港：三联书店 1984 年版。
③ 郁达夫：《说几句话》，《郁达夫文集》第 8 卷，第 7 页，广州：花城出版社，香港：三联书店 1983 年版。
④ 郁达夫：《对话》，《郁达夫文集》第 8 卷，第 4 页，广州：花城出版社，香港：三联书店 1983 年版。

个干净再说"①，这种想法虽未免简单，但感情雄壮，义愤激烈，对军阀官僚这些"猴子"的痛恨溢于言表。

其次，郁达夫对封建军阀宣扬的所谓"国家主义"进行了批判。他认为"国家主义"实际是把国变成家，使有家而无国，这种国家主义是封建军阀主义与帝国主义思想结合的产物，它只能导致封建专制主义，走向历史倒退，甚至可能成为外国帝国主义的走狗。它与人民大众的爱国主义是根本绝缘的。郁达夫在《牢骚五种》一文中就深刻地揭露了这种所谓"国家主义"的实质："国家主义者，你们的国家在哪里？"国家主义者的回答是：我们的国家"在宣统皇上的寓里，在我的便便大腹中"。我们的国家"张作霖、冯玉祥、李景林、孙传芳、蒋介石等等就是"②。真是一针见血。中国的军阀根本就没有什么国家观念。从袁世凯到蒋介石，大小军阀没有不出卖土地、出卖主权、出卖国家的，他们其实是窃国大盗卖国贼。而封建军阀之间的长期割据混战，更使得偌大个中国没有一块土地是安定的。这种国家不是人民所要的，也是不适于艺术发展的。郁达夫从艺术的角度指出："斯巴达的尊崇蛮武，是国家主义侵食艺术的最初的记录，近世如克郎威儿 Cromwell 的清教徒式的专制，俾斯麦克 Bismarck 的铁血政治，都是表明国家主义与艺术的理想，取两极端的地位。"③ 因而"目下各国的革新运动，都在从事于推翻国家，推翻少数有产阶级的执政"。郁达夫继而愤激地指出："地球上的国家倒毁得干干净净，大同世界成立的时候，便是艺术的理想实现的日子。"④ 按照马克思主义的观点，国家最终当然是要消亡的，它是历史发展的必然。这说明郁达夫已经接受了马克思主义关于世界大同的学说。郁达夫当时批判国家主义思想，实际上揭穿了封建军阀官僚"猴子"们的假面具。

二、批判蒋介石及其国民党政府

首先，郁达夫把批判的锋芒直接指向国民党的"中央党帝"——蒋介石。郁达夫留学日本时，就接触了马克思主义学说，因而能够从政治的阶级的角度去看问题，往往看得比较准确而深刻。对蒋介石的认识就是一例。1926 年，

① 郁达夫：《牢骚五种》，《郁达夫文集》第 8 卷，第 13 页，广州：花城出版社，香港：三联书店 1983 年版。

② 同上，第 15 页。

③ 郁达夫：《艺术与国家》，《郁达夫文集》第 5 卷，第 150 页，广州：花城出版社，香港：三联书店 1982 年版。

④ 同上，第 154 页。

他与郭沫若等人投身当时大革命的中心广州，想"把满腔热忱，满怀悲愤，都投向革命中去"①，然而广州的现实却很不令人满意，政治、教育都大有问题，国民党右派势力特别嚣张。郁达夫逐渐看到了革命的危机，这里是"鬼蜮弄旌旗，在那里所见到的，又只是些阴谋诡计，卑鄙污浊"②。他感到悲哀，"一种孤冷的情怀，笼罩着我，很想脱离这个污浊吐不出气来的广州"③。他在11月12日的日记中写道："今朝是中山先生的诞期，一班无聊的政客恶棍，又在讲演，开纪念会，我终于和他们不能合作，我觉得政府终于应该消灭的。"④ 郁达夫离开广州前的1926年12月14日，在日记中再次写道："行矣广州，不再来了。这一种龌龊腐败的地方，不再来了。我若有成功的一日，我当肃清广州，肃清中国。"⑤ 表明了郁达夫对大革命、对革命策源地广州的失望。郁达夫的认识与鲁迅有惊人的一致。鲁迅在郁达夫离开广州后不久到达广州，立即发现这个地方并非如想象的那样，他说："辗转跑到了'革命策源地'。住了两月，我就骇然，原来往日所闻，全是谣言，这地方，却正是军人和商人所主宰的国土。"⑥ 鲁迅进一步深刻地指出：广州"可以做'革命的策源地'，也可以做反革命的策源地。"⑦ 郁达夫离开广州后，就写了《广州事情》一文，从政治、教育等方面揭露了广州的阴暗面，直接指向蒋介石国民党政府的统治。就在1927年4月8日，郁达夫又发表了《在方向转换的途中》这篇重要论文，对当时正在进行的大革命的性质作了阐述。文章指出："目下中国的革命，事实上变成了怎的一种状态，暂且不论，然而无论何人，对于我们中国现在大众的努力目标，至少至少在精神上，总应该承认底下的三点：一，这一次的革命，是中国全民众的要求解放运动。二，这一次的革命，是马克斯的阶级斗争理论的实现。三，这一次的中国革命，是世界革命的初步。"郁达夫的这篇文章达到当时一定的思想高度，是研究郁达夫前期思想的重要依

---

① 郁达夫：《〈鸡肋集〉题辞》，《郁达夫全集》第10卷，第302页，杭州：浙江大学出版社2007年版。

② 同上。

③ 郁达夫：《劳生日记》，《郁达夫全集》第5卷，第39页，杭州：浙江大学出版社2007年版。

④ 郁达夫：《劳生日记》，《郁达夫全集》第5卷，第40页，杭州：浙江大学出版社2007年版。

⑤ 郁达夫：《病闲日记》，《郁达夫全集》第5卷，第60页，杭州：浙江大学出版社2007年版。

⑥ 鲁迅：《通信》，《鲁迅全集》第4卷，第97页，北京：人民文学出版社1981年版。

⑦ 鲁迅：《在钟楼上》，《鲁迅全集》第4卷，第33页，北京：人民文学出版社1981年版。

据。可见他对大革命的认识与分析是比较正确的。基于这三点认识，郁达夫在文章中深刻指出："足以破坏我们目下革命运动的最大危险，还是中国人脑筋里洗涤不去的封建时代的英雄主义"，"且看你们个人独裁的高压政策，能够持续几何时。"① 这篇文章写于蒋介石发动"四一二"政变的前四天，不啻是对蒋介石的一个郑重警告。从奔赴广州到离开广州，郁达夫在短短的一年时间内，完成了对蒋介石的政权及蒋介石本人的本质认识。

就在蒋介石发动政变后不久，郁达夫为日本的《文艺战线》撰写了一篇题为《诉诸日本无产阶级文艺界同志》的文章，该文尖锐地指出："蒋介石头脑昏乱，封建思想未除，这一回中华民族的解放运动，功败垂成，是他一个人的责任。现在还要反过来，勾结英国帝国主义者、日本资本家和支那往日的旧军阀旧官僚等，联合成一气，竭力的在施行他的高压政策、虐杀政策。我们觉得蒋介石之类的新军阀，比往昔的旧军阀更有碍于我们的国民革命。"因此他提醒日本人民："目下日本的无产阶级，应该尽其全力来帮助中国的无产阶级，应该唤醒日本的军阀和资本家的迷梦，阻止他们帮助蒋介石或张作霖。"②

郁达夫写于大革命前后的一系列文章，都表明了他的革命性和预见性，以及思想的深刻性。值得注意的是郁达夫在文坛初出现时，曾被目为颓废作家，然而这是不符合实际的，在腥风血雨的白色恐怖统治下，郁达夫没有退缩，没有畏葸，在后来的《故事》一文中把蒋介石比作秦始皇，在《钓台的春昼》中则直呼其为"中央党帝"，表现了不妥协的斗争精神。其思想上的批判锋芒可与这时期的鲁迅、郭沫若相媲比。如果说鲁迅的《庆祝沪宁克服的那一边》，郭沫若的《请看今日之蒋介石》标志着他们思想发展的新高度，那么郁达夫的《在方向转换的途中》等文章也具有同等的价值，它们同是中国现代思想史上的重要文献。

其次，郁达夫还深刻地批判了蒋介石国民党政府的不抵抗主义，揭露其卖国嘴脸。当日本军队占领济南，制造了震惊全国的"五三惨案"以后，面对帝国主义的嚣张气焰，蒋介石对日妥协，下令中国军队不准抵抗。这种可耻的卑躬屈膝的态度激起郁达夫的极大义愤。他在 5 月 9 日的日记中写道："今天是'五九国耻纪念日'，日本人和蒋介石串通了关节，来占据山东，且杀死了三四千中国人，凡在山东的冯系的人都被蒋介石和日本的兵合起来杀尽了，实

---

① 郁达夫：《在方向转换的途中》，《郁达夫全集》第 8 卷，第 25、26、27 页，杭州：浙江大学出版社 2007 年版。

② 《郁达夫全集》第 8 卷，第 29 页，杭州：浙江大学出版社 2007 年版。

在是人道上的一出大悲剧。"郁达夫一语道破蒋介石的卑劣行径。蒋介石其时与国内各大军阀矛盾重重，既互相利用，又互相打击。他企图利用日本的入侵借刀杀人，消灭异己，以实现其"中央党帝"的野心。郁达夫在第二天的日记中即写道："……中国又是一块土地断送了，可恶的是新卖国贼蒋介石。"①可见郁达夫对蒋介石的深恶痛绝。"九一八"事变后，日本帝国主义灭亡中国的野心暴露得十分明显，而蒋介石仍然是"不许抵抗"，甚至抛出臭名昭彰的"攘外必先安内"的卖国投降政策。所谓"安内"就是消灭心头大患共产党和红军。作为中华民族的优秀子孙，一个有正义感有爱国心的作家，郁达夫看到日本帝国主义的铁蹄蹂躏中国的国土，万分悲痛。他曾对记者说，日本侵占东三省，"这是国内军阀间的阴谋，乃利用外国的武力，以遂消灭异己的政策"②。郁达夫以一个作家而有这样的政治敏感和政治判断，确是难能可贵的，这除了他早年的学习，懂得马克思的阶级斗争学说外，更主要的还是他对现实政治局势的认真分析与关注，对民族命运国家命运的深切关心。他在1931年11月22日的日记中还写道："近因日帝国主义者强占满洲，一步不让，弄得中国上下，举国若狂。然预料此事必无好结果，因中央政府早已与日帝国主义者签有密约也。"后来又写道："国际联盟终于一筹莫展。中国的民众，可真因此而受了大创伤。卖国政府当局诸人，实在应该被百姓来咬死。"③ 当1926年底他离开广州后写了《广州事情》《在方向转换的途中》等文章，他认为自己应当站出来替民众说话；现在他看到政府卖国，与侵略者"签有密约"，来杀害人民，觉得更应当来替民众说话了。

郁达夫对卖国贼卖国政府的憎恨达到极点。他曾在许多文章中都对蒋介石的不抵抗策略即所谓"他力主义"、所谓"声东击西"采用讽刺的笔法予以辛辣的批判。如《山海关》一文，写1933年1月3日，日本侵略军占领河北临榆县的山海关，国民党政府不思抵抗，一退再退，拱手送出国土，作者以嘲讽的口吻说，山海关本是中国的地域，日本人宽宏大量，对中国决没有领土的野心；可是中国的国民党政府比日本人还要宽宏大量，对自己的领土，更没有野心，日本人替中国人来代行管理。嘲讽中寄寓着沉痛，寄寓着愤恨。《一文一武的教训》一文，则用外国的教训揭出国民党政府不抵抗政策的可耻。东三省一让就是几千万里，而"长城一道，本来是筑以防外国的来侵的，现在却

---

① 《郁达夫全集》第5卷，第245页，杭州：浙江大学出版社2007年版。

② 郁达夫：《军阀的阴谋，消灭异己的政策》，《郁达夫全集》第8卷，第51页，杭州：浙江大学出版社2007年版。

③ 于听、周艾文编：《郁达夫诗词抄》，第131页，杭州：浙江人民出版社1981年版。

作了外国人的堡垒和界线，总算是中国人替外国人费力筑成的防御工事了。"郁达夫遂改前人咏长城的诗一首："秦筑长城比铁牢，当时城此岂知劳。可怜一月初三夜，白送他人作战壕。"郁达夫在这首诗里，对国民党政府不抵抗表示了强烈的义愤。《声东击西》与《自力与他力》这两篇文章写得更妙。前文说与蒋介石"攘外安内"相对的还有一个"声东击西"的战略。日本侵略军明明在东北，而国民党的军队却远在西南筑起了防御工事。如此逃跑主义、不抵抗主义简直可笑到极点。后文则对国民党政府中不抵抗主义者愚蠢的自欺欺人的思想予以痛击。文章说，日本入侵中国，"某院长的求神拜佛，希望菩萨来救中国，是大家周知的事实，可以不必提起，就是某委员的静待日本自毙的五年计划，也是他力宗的禅心的显露，最近则某部长又自外国传来好音，说敌若袭平津，美国必出来干涉，我们且诱敌深入吧！"接着，笔锋一转，"若再诱敌深入，决定放弃平津而待美国的来援，正和吃了砒霜药老虎的计策一样，君子虽然是君子到了极点，但是死君子在活小人的面前，究竟有点什么意义呢？"① 最终国土沦亡，人民成为亡国奴，这就是"诱敌深入"的妙策之果。郁达夫对蒋介石政府不抵抗策略的逐个批判，说明他正在实践着他归国后的誓愿——为国家而奋斗。他一介书生，在国家面临危急关头，抛却名利得失，以笔作刀枪，抨击丑恶，捍卫民族尊严，虽曾一度隐居西湖，但他的这些文章，足以使那些投降卖国的衮衮诸公感到汗颜。郁达夫不愧是一位真正有良知的爱国作家，他在民族解放运动史上也因而占有光辉的一席之地。

第三，郁达夫对农村经济的破产表示了极大的忧虑。民国以后的中国一直在新旧军阀的黑暗统治之下，辛亥革命只是剪掉了农民头上的辫子，并没有给农村带来多大变化。蒋介石的国民党政府对农民更是横征暴敛，农村经济日趋破产，郁达夫注意到了农村的这一变化，在许多文章中表示了他的忧虑。"现在中国农村已濒于破产。……农民的粮税都已预征到民国五十年；加之尚有天灾、兵灾等等祸患，人民负担之重，可想而知。因此农民在乡间，简直不能生存。"② "农村多数人民，已经枯竭得和石子一般。"③ 这就是 30 年代初中国农村的现状。郁达夫沉痛地写道："农村中的中坚分子，虽则不疯不去自尽，但

---

① 郁达夫：《自力与他力》，《郁达夫全集》第 8 卷，第 109 ~ 110 页，杭州：浙江大学出版社 2007 年版。
② 郁达夫：《中国人的出路》，《郁达夫文集》第 8 卷，第 126 页，广州：花城出版社，香港：三联书店 1983 年版。
③ 同上，第 127 页。

因积忧成疾，饥饿而死者不知有几千百人。"① 农村经济破产的原因何在？郁达夫认为，就是军阀们的征收剥夺，掳掠奸淫；就是物价同潮水似的怒升；就是印花税地税等各种名目的苛捐杂税的增加。时间是民国二十二年，而农民的粮税却预征到了民国五十年。如此，农村不破产则是不可能的。郁达夫更深刻地指出："中国农村的破产并非今日始，革命以前早就开始破产。"② 中国向来以农立国，农村覆灭，国家的经济命脉即断竭，再加之敌国的外患，则"世界上的百姓，恐怕没有一个比中国人更吃苦的"③。郁达夫以他的人道主义精神，把他的同情和关心放在农民的身上，体现了他忧国忧民的思想。

尽管农村已经破产，但郁达夫对农民仍寄予极大的希望。郁达夫认为，农民阶级是中国社会的基础阶级，在中国的封建势力没有除尽，资本主义还没有相当发达的时候，无产阶级与资产阶级斗争成败的关键，就在于农民阶级的依附。他认为大革命失败的一个重要原因，就是因为没有以农民为运动的中枢，当然他也看到了农民思想中的保守，他同时也看到了湖南农民在运动中露出的勇敢的斗争锋芒。只要努力地向农民作宣传，"帮助他们向大地主大农那里去夺回他们的剩余劳动价值"④，那么农民运动就会成功。在中国现代史上，无论是思想家还是文学家，几乎没有不关注农村问题和农民问题的，对待农民的态度是检验思想家文学家革命性的试金石。郁达夫在这个问题上虽有不尽完善或有错误的地方，但他确实看到了农民阶级所孕育的巨大的革命热情和革命力量。这在当时是很有进步意义的。

三、批判日本帝国主义侵华

这一时期，郁达夫对日本帝国主义侵略中国的罪行的谴责，是其思想的又一重要方面，为他下一时期亲身投入抗战作了充分的思想准备。

首先，他对群众的反帝爱国运动表示支持。1930 年"五一劳动节"，上海的工人和青年学生上街游行，掀起声势浩大的反帝运动，当场被捕数百人。郁

---

① 郁达夫：《东南地狱》，《郁达夫文集》第 8 卷，第 158 页，广州：花城出版社，香港：三联书店 1983 年版。

② 郁达夫：《关于中国的现状》，《郁达夫文集》第 8 卷，第 239 页，广州：花城出版社，香港：三联书店 1983 年版。

③ 郁达夫：《梅雨日记》，《郁达夫全集》第 5 卷，第 374 页，杭州：浙江大学出版社 2007 年版。

④ 郁达夫：《谁是我们的同伴者》，《郁达夫文集》第 8 卷，第 40 页，广州：花城出版社，香港：三联书店 1983 年版。

达夫在当天的日记中写道："租界上杀气横溢，我蛰居屋内，不敢出门一步。示威运动代表者们一百零七人都已被囚……。军阀帝国主义者的力量真大不过，然而这也犹之乎蒸气罐上的盖，罐中蒸气不断地在涌沸，不久之后，大约总有一天要爆发的。""今天为表示对被囚者的敬意，一天不看书，不做事情，总算是一种变相的致哀。"① 郁达夫对反帝运动的支持，对未来更激烈的斗争的预言，对被囚群众的致哀的敬意，充溢于字里行间，其立场的坚定，爱憎的鲜明，斗争的决心，都表明了他是站在广大爱国的人民群众的这一边。

其次，他号召青年学生与帝国主义对抗，激励知识分子在民族斗争中保持民族气节，投身抗日运动。他认为中国近代学生从戊戌变法到北伐，都是一直站在时代潮流的最前列，担当起反帝反封建的伟大历史任务，既有"五四"烧毁曹、陆宅第的壮举，又有"三一八"流血于国门的悲愤，更有北伐大革命的学生从军的毅勇，这是中国近代学生的光荣传统。现在当此日寇入侵民族危亡之时，青年学生们不要只停留在"请愿游行这些形式之上"，而应该"浸入到群众的里面，去作一个酵素，使他们也同样的蒸发起来，组织起来，武装起来，来和帝国主义对抗，来和为帝国主义作爪牙的军阀、统治资产阶级、奸商及一切阻挠社会前进的对象来对抗，我们才可以见得到新世界开始的曙光。"② 这段文章主旨鲜明，态度坚定。他在福州文化界，以中国知识分子的传统精神相勉励："闽中风雅赖扶持，气节应为弱者师。万一国亡家破后，对花洒泪岂成诗。"③ 民族气节乃是一个民族一个国家立身于世界民族之林的脊梁。郁达夫十分崇尚古代那些有气节的仁人志士，以此激扬自己的斗志，在日本帝国主义侵略面前，始终保持崇高的民族气节与民族精神，成就其为一个伟大的爱国主义者。也正因为以民族气节作精神支柱，他才能最后投身异域，以身殉国，完成了他那光辉的人格，为中国知识分子树立了光辉的典范。

第三，他对日本帝国主义的侵略政策作了无情的揭露。他认为日本已经由一个法治国家转变成一个武治国家，明治维新以后用流血和牺牲艰难造就的宪政将为一帮军阀武夫所破坏。日本已变成一个警察帝国，军阀的横行使他们对本国人的进步力量进行迫害，如小林的被杀；对国外则侵略扩张，如对中国东三省的占领。郁达夫在《战争与和平》一文中，历数日本帝国主义自民国建

---

① 《郁达夫全集》第5卷，第298页，杭州：浙江大学出版社2007年版。

② 郁达夫：《学生运动在中国》，《郁达夫文集》第8卷，第56~57页，广州：花城出版社，香港：三联书店1983年版。

③ 郁达夫：《赠〈华报〉同人》，《郁达夫文集》第10卷，第343页，广州：花城出版社，香港：三联书店1985年版。

立以来这二十年中侵略中国的大量事实,《二十一条》、"五卅惨案""济南惨案""九一八""一·二八"……"简单一算,除清朝割去的台湾、高丽、琉球、旅顺口等不计外,民国以后二十余年中,日本对中国的关系,总没有一年不再施行其侵略虐杀的政策。"①他不顾个人安危,在日本国土上发表讲话,力陈日本侵华政策的错误,以至引起日本警方的监视。他以泱泱大国诗人的风度,怀着良好的愿望,提醒日本人民,"中日两国不应互斗,无论如何应协力一致"②。然而,日本的侵略者当然是不会听从郁达夫的善良忠告的,战火已在卢沟桥点起。中华民族全面抗战的高潮也随之到来,郁达夫在伟大的抗日运动中进一步喊出了他自己的爱国强音,其思想发展又进入了一个新的阶段。

从留学回国到抗战爆发,这15年中,郁达夫经历了许多重大的事变,思想也随时代而发展。从反对封建的旧军阀,到反对卖国贼蒋介石,再到反对日本帝国主义的侵略,郁达夫始终保持他的追求政治进步的不懈努力和坚持民族气节的崇高精神,他以自己的笔去"为国家而奋斗",他的直言谠论,他的不畏强权,他的直刺"党帝",他的痛斥日寇,都表现了他是中华民族的一个优秀分子,他的"气节应为弱者师",更激励了中国广大知识分子抗日的坚贞。

第三节　伟大的殉国者

七七卢沟桥事变,揭开了中国现代史新的一页。每一个中华民族的儿女,在这场伟大的民族解放战争中都经受着炼狱的考验。有的成为渣滓,终被历史的滚滚洪流淘汰;更有坚贞卓绝者成为中流的砥柱,成为中华民族的骄傲。郁达夫就是在这全民抗战中,用他的全部生命,为国家为民族争得了光荣。早在1923年,郁达夫就对为反对俄国的农奴制度而客死巴黎的俄国革命先驱者赫尔岑十分敬仰,他表示说:"我们不做便休,若要动手,先要有赫尔惨(今译赫尔岑)那么的客死他乡的勇气。"③郁达夫确是像他说的那样,为鼓舞人民、宣传抗战,而远赴南洋,最后客死异地,以身殉国。郁达夫用生命写下了他最

---

① 郁达夫:《战争与和平》,《郁达夫全集》第8卷,第237页,杭州:浙江大学出版社2007年版。

② 郁达夫:《中国的现状》,《郁达夫全集》第8卷,第260页,杭州:浙江大学出版社2007年版。

③ 郁达夫:《赫尔惨》,《郁达夫全集》第10卷,第77页,杭州:浙江大学出版社2007年版。

后的爱国主义的壮丽诗篇。

一、积极投身抗日运动

抗日战争一爆发，郁达夫就积极投身到反抗日本帝国主义侵略的民族解放运动中去。1938 年底郁达夫远赴新加坡从事抗日宣传鼓动工作。他先后主编及参编了《星洲日报》日版副刊"晨星"及晚版副刊"繁星"，还主持了《星洲日报》星期版《文艺周刊》等。一段时间还主持了《星洲日报》的笔政，撰写了上百篇政论和杂文。当国内发生"皖南事变"时，他领衔发表了《星华文艺工作者致侨胞书》，抗议国民党的罪恶行径，要求团结抗日。

1941 年 12 月 13 日，太平洋战争爆发，日军在马来亚登陆，郁达夫又领衔发表了《星华文艺工作者为保卫马来亚告侨胞书》，号召各界侨胞"同日本法西斯展开无情的斗争"。之后，他出席了陈嘉庚领导的新加坡侨团抗敌动员委员会成立大会，在星华文化界战时工作团成立大会上被推选为主席，兼任该团所属战时青年干部训练班主任，在新加坡文化界联席会议上又被推选为文化界抗敌动员委员会执行委员，并兼任该会文艺组负责人。1942 年 1 月 6 日，郁达夫出席星华文化界抗敌联合成立大会，被选为理事、常务理事和主席。这是他撤出新加坡前担任的最后的职务。从上述活动可以看出，郁达夫在南洋的最初三年中所作出的劳绩。他把个人的命运与祖国的命运民族的命运联系在了一起，在母丧兄死，妻离子散的个人悲愤中，挺身于抗战宣传的最前列，把反对日本法西斯乃至全人类的敌人当做是自己的崇高而庄严的使命。

二、积极进行抗战宣传

研究郁达夫后期的爱国主义思想，除了考察他实际的活动，主要的还是他留下的大量的杂文政论的思想遗产。郁达夫写于后期的抗战宣传文章有这几方面的内容。

首先，郁达夫及时报道抗战消息，分析战争形势和世界局势，以鼓舞人民抗战必胜信心。卢沟桥事件爆发后不久，郁达夫发表了《全面抗战的线后》一文，这是郁达夫写于抗战中的第一篇文章，他向全国人民报告"中华民族全面抗战之悲壮剧"已经拉开帷幕。中华民族已经奋起抗战，雪洗耻辱，"中华民族复兴之兆，已早显示在我们的目前，民族战争史上的光荣，我们早已占有一席地了"①。文章洋溢着热烈的爱国激情。其后他在自己主编或参编的福建《小民报》、武汉《抗战文艺》及新加坡的《星洲日报》各副刊等报纸上，总共发表了数百篇文章，报道战争消息，分析战时局势。这些文章对第二次世界大战整个欧洲战场的军事形势，以及战争中错综复杂的关系均作了报道和分析。无论报道，还是分析，郁达夫的文章都充满着抗战必胜的信念，极大地鼓舞了人民的斗志，对弥漫于当时一些人心头的恐日病和不可胜论也是有力的批判。郁达夫认为，抗战的目的在于求中华全民族的"自由解放，与国家的独立完整"，策略则"是长期持久，空室清野，以空间换时间，积小胜为大胜"，不言和，也绝不妥协②。基于这样的抗战思想，他坚信"最后胜利，必然地是我们的"③。对此他在许多文章中都坚定地阐明过。

其次，郁达夫对日本帝国主义的侵略罪行与侵略政策进行了严正的揭露与批判。日本帝国主义对中国不仅进行了军事侵略，而且还进行了政治与文化的双重进攻。对此，郁达夫一一加以揭露与谴责。在军事方面，郁达夫写了《轰炸妇孺的国际制裁》（1938.8）、《估敌》（1939.1）、《敌人对安南所取的策略》（1940.7）等文章，揭露了日寇的侵华暴行，使中国人民和海外侨胞认清了日本帝国主义的残忍和鲸吞中国的狼子野心。在政治方面，郁达夫写了《傀儡登台以后的敌我情势》《敌寇政治进攻的两大动向》（1940.7）等文章。郁达夫指出，敌人在军事上的失利，使他们在政治上制造国共军队互相残杀的谣言，企图瓦解我们抗日阵容的团结；另一方面，日本对中国政治进攻的特点则是"利用汉奸，成立傀儡政府，想实现以华制华，以战养战的恶毒计划"④，郁达夫对敌人的政治进攻手段的恶毒进行了抨击。在文化方面，因郁达夫在抗战期间，特别是在南洋的前三年，从事的主要工作就是抗战文化宣传，因而这方面的文章也就比较多。一方面是关于战时的文化建设和星马的文化建设；另一方面就是对敌人文化侵略的批判，主要有《敌人的文化侵略》（1939.12）和《侵略者的剿灭文化》（1940.4）等。郁达夫明白指出敌人的文化侵略比之于军事、政治等的侵略更为毒辣。他说："敌人除用了飞机大炮的屠杀进攻以

① 郁达夫：《全面抗战的线后》，《郁达夫全集》第3卷，第300页，杭州：浙江大学出版社2007年版。

② 郁达夫：《抗战现阶段的诸问题》，《郁达夫全集》第9卷，第195页，杭州：浙江大学出版社2007年版。

③ 郁达夫：《平汉陇海津浦的一带》，《郁达夫全集》第3卷，第308页，杭州：浙江大学出版社2007年版。

④ 郁达夫：《敌寇政治进攻的两大动向》，《郁达夫全集》第9卷，第190页，杭州：浙江大学出版社2007年版。

外，谁也知道，还有政治进攻，经济进攻，甚而至于和平进攻，谣言进攻，毒物进攻，娼妓进攻等，种种手段。但是兴亚院的工作做得最起劲，一些军部御用的学者文人也顶卖气力的文化进攻或文化侵略，才是敌人用以灭我种亡我国的一个最毒辣的计划。"其策略则是在沦陷区改授日文，从小学做起，以使中国人忘记母语，忘记祖国，"过几十年后，便可将中文完全废止，使炎黄子孙，完全甘心情愿自称作日本的臣民了"①。这是最恶毒的一招。二是收买堕落文人充当其文化走狗。然而敌人的如意算盘"和他们的军事侵略一样地失败了"②。中国文化的历史进程并没有改变，郁达夫带有讽刺意味地指出：敌人不但不能消灭中国文化，"将来若须建设东亚新文化，使敌国上下，能受到真正文化的恩惠，这责任反而还在我们的肩上，同隋唐之际，我们去开发倭夷时的情形一样"③。既然敌人想用日本文化（日本语）来化掉中国文化是不可能的，那么敌人就干脆地来"剿灭文化"，然而这也不能得逞，因为"文化是不会被暴虐者灭尽的，同人类的不会尽被侵略者虐杀净尽是一个样子"④。郁达夫既憎恶日本帝国主义文化侵略的恶毒，又轻蔑其剿灭文化手段的愚蠢。充分表现了他对敌国文化侵略与剿灭的仇恨，对中华民族五千年文化执着的热爱，以及捍卫中华民族文化的勇气。

面对敌人的军事、政治、文化进攻，郁达夫也进行了有力的反击。他在《日语播音的宣传要点》一文中，把日本军阀与日本人民区分开来，提醒日本人民起来制止日本军阀们的侵华暴行；在《敌阁的倒溃》与《敌军阀的讳言真象》中则揭露事实真相，以瓦解敌心；在《日本的议会政治》一文中，指出日本的军阀破坏本国自明治维新建立起来的宪政，日本的法治精神已经绝灭；在《日本的侵略战争与作家》一文中把战时的日本作家分作三类，对从左翼蜕变转向为走狗的帮凶作家和受日本军阀指使豢养专为军阀歌功颂德的喇叭作家，进行了无情的批判；在《战后敌我的文艺比较》《抗战两周年敌我的文化演变》等文章中则指出敌人文艺的没落与反动；在总结性的《简说一年来的敌国国情》一文中，指出日本国军事上侵华战争的一败再败，造成国内政治的混乱动荡、经济的陷于困境，与"人民对军部对敌阀侵华失败的不满

① 郁达夫：《敌人的文化侵略》，《郁达夫全集》第 9 卷，第 127 页，杭州：浙江大学出版社 2007 年版。

② 同上。

③ 同上，第 129 页。

④ 郁达夫：《侵略者的剿灭文化》，《郁达夫全集》第 9 卷，第 193 页，杭州：浙江大学出版社 2007 年版。

和愤慨"①。这种攻心战术，既动摇了敌人的军心，也鼓舞了中国人的士气。

第三，郁达夫对汪精卫成立傀儡政府，投降卖国，对周作人、张资平的背叛民族、充当汉奸文人的无耻行径予以痛斥；对日本作家林房雄、佐藤春夫假友好真反动的嘴脸也进行了揭露。对汪精卫的投降卖国行径，国人切齿痛恨。远在南洋坚持抗战的郁达夫痛斥其为"卖国的汪逆"。郁达夫指出："自从高陶将汪逆与日寇缔订的新关系调整要纲内容公布以后，卖国的汪逆，自然已经露出了为来为去，只为了四千万元关税截留金交付的这一条尾巴。而在日寇方面呢，也实实在在显示出了近卫三原则的实际内容，与夫所谓建设东亚新秩序，以及皇道政策的具体计划。"② 郁达夫一针见血地道破，傀儡政府上台后的种种丑剧都不过是敌寇在幕后的操纵而已。然而"南京傀儡登台以后，于我的抗战到底的既定国策，于敌的速制和平，希图自拔的阴谋诡计，完全没有什么影响。"郁达夫看穿了汪精卫这一伙傀儡，他们的命运也不会长久了，"寇军自身且将不保，又何以能顾及卵翼下的傀儡？"③ 这些文字表现了郁达夫对汪逆们的憎恶，显示出他在民族战争中鲜明的政治立场。

抗战是炼狱，是对人精神的磨炼，是对人气节的考验。周作人、张资平的附逆证明了他们经不起抗战的磨炼与考验，终于堕落为汉奸，成为全民族文化人中的败类。郁达夫虽然与周作人曾有过很好的交往，但大敌当前，周作人附逆为汉奸，完全丧失了中国知识分子的民族气节，自然不能与他再讲私人交情了。1938 年 5 月 14 日，郁达夫在文艺界人士《给周作人的一封公开信》上签名，正告周作人不要堕落为民族罪人，表现了他正义凛然的气概。至于张资平更是郁达夫留日的同学、创造社的发起者，然而抗战爆发后，张资平在上海被敌人收买。为此，他撰写了《"文人"》一文，对周、张的附逆毫不留情地予以指斥。"文化界而出这一种人，实在是中国人千古洗不掉的羞耻事，以春秋的笔法来下评语，他们该比被收买的土匪和政客，都应罪加一等。"④ 其立场的鲜明，态度的坚决，笔伐的无情，显示出郁达夫磊落的品格和崇高的节操。

汪精卫之流在政治上的附逆与周作人、张资平在文化上的失节，表明他们

---

① 郁达夫：《简说一年来的敌国国情》，《郁达夫全集》第 9 卷，第 336 页，杭州：浙江大学出版社 2007 年版。

② 郁达夫：《勿骄勿馁的精神》，《郁达夫全集》第 9 卷，第 155 页，杭州：浙江大学出版社 2007 年版。

③ 郁达夫：《傀儡登台以后的敌我情势》，《郁达夫全集》第 9 卷，第 185、186 页，杭州：浙江大学出版社 2007 年版。

④ 郁达夫：《"文人"》，《郁达夫全集》第 3 卷，第 369 页，杭州：浙江大学出版社 2007 年版。

是我们民族的罪人；而林房雄、佐藤春夫等日本作家的假友好、真反动，则是我们的敌人。郁达夫早年留学日本，对佐藤春夫的作品十分欣赏，在创作上也深受其影响。佐藤也曾一度自称是中国人的朋友，然而战争一到，立即转向，蜕变为以走狗自甘的帮凶作家。类似佐藤者还有岛木健作、林芙美子、菊池宽、林房雄、片岗铁兵、小岛政二郎等，以佐藤春夫对中国作家的污蔑最为卑鄙恶劣。他写了一篇电影故事《亚细亚之子》，含沙射影地污蔑、攻击郭沫若和郁达夫。郭沫若与郁达夫在抗战宣传中的杰出贡献，已永载史册，日本的走狗文人的污蔑丝毫无损其光辉，反而更显出郭沫若、郁达夫等中国正直知识分子人格的伟大与佐藤春夫心地的卑污。佐藤春夫的目的是想借此分化瓦解中国的抗日宣传队伍和文化人之间的团结，这种挑拨离间之计与日本帝国主义利用汪精卫的汉奸傀儡政权与抗日政权分裂对抗的政治阴谋如出一辙，这恰好证明了郁达夫对其所加的"以走狗自甘的帮凶作家"的定论。

当然，郁达夫对日本作家的态度也并非都像对佐藤春夫一样，如对日本文艺批评家新居格氏就很不同。1940 年 2 月，郁达夫接到东京读卖新闻社学艺部附来的新居格的信。在这封信中，新居格很不自然地回忆了与郁达夫过去的交往，然后又很尴尬地"愿两国间的不幸能早一日除去，……能使我们有互作关于艺术的交谈的机会"。并且认为："是友好，日本的友人，或中国的友人等形容词，是用不着去想及的。"① 当此两国交战民族相仇的时候，怎是一个"友好"可以了得，在敌与我之间又怎么可能"用不着去想及"呢？郁达夫的回答是："七七抗战事发，和这些敌国友人，自然不能再讲私交了。"② 明确表明了自己的立场与态度。

纵观郁达夫在这场伟大的民族解放战争中的思想与行为，他对汪精卫、周作人、张资平这些民族罪人的痛斥，对佐藤春夫为虎作伥的声讨，对新居格不卑不亢地郑重回答，说明他在政治上与思想上的成熟，说明他对正义对进步的追求。他继承了中国古代传统的人文精神；他也秉承了中国古代民族英雄的凛然正气，始终坚守民族气节，怀抱爱国主义情操。国恨家仇，民族危难，造就了郁达夫成为一个真正的爱国主义者。

---

① 郁达夫：《敌我之间》，《郁达夫全集》第 9 卷，第 204 页，杭州：浙江大学出版社 2007年版。

② 同上，第 202 页。

三、最后的爱国主义诗篇

1942 年 2 月，日军侵占新加坡，郁达夫开始了他最后三年多的流亡生活，文章已不再面世，但他的爱国主义思想并没有熄灭。星洲沦陷之初，他即赋诗明志："偶传如梦令，低唱念家山。""愿随南雁侣，从此赋刀环。"（《星洲既陷,厄苏岛困孤舟中,赋此见志》）此后他就一直以诗抒发他的爱国思想。其中《乱离杂诗十二首》（1942 年春），《无题四首》（1942 年 9 月）等组诗是这一时期爱国主义的杰作。他在流亡中已抱定了必死的决心，然"一死何难仇未复，百身可赎我奚辞？会当立马扶桑顶，扫穴犁庭再誓师。"（《乱离杂诗》之十一）仍不忘横扫倭寇。"天意似将颁大任，微躯何厌忍饥寒？长歌正气重来读，我比前贤路已宽。"（《乱离杂诗》之十二）想到的是自己仍肩负着民族解放的神圣使命，当以文天祥的《正气歌》来激励自己。同时，郁达夫深情眷念自己的祖国："每到春来辄忆家。"（《题新云山人画梅》）这些诗篇是郁达夫生命的结晶，凝结着强烈的爱国主义情思。

1945 年 8 月 29 日，在祖国大地上已经迎来了抗战胜利的曙光，而郁达夫却惨遭日本宪兵杀害，死于异域，以身殉国，用生命完成了他最后的也是最壮美的爱国主义的诗篇。郁达夫已经听到了日寇投降、民族解放的消息，这当会使他含笑于九泉的吧。

第二章

郁达夫南洋时期的文学思想

郁达夫于抗战爆发后远赴南洋，在那里开始他新的文学活动。他在新加坡三年多时间里，在主编的好几种文艺副刊上，为指导南洋文学创作，写下了大量文艺论文，提出了适应时代和现实的文学观点，也反映了他文学思想的某些发展和变化。全面而细致地梳理他这一时期的文学思想，须做一部大书，本章只就其主要之点略加论述，以窥其战时文学思想之一斑。

第一节　文学与政治的关系

郁达夫早年信奉"文学作品都是作家的自叙传"①，而此时已不再固守这一主情主义观点，认为：在抗战的今日，文艺"必须与政治有紧密的联系"②。这一观点对南洋的文学创作有决定性影响，它关系到文学创作的方向性问题。文学是时代的产物，文学创作必须紧随时代的步伐；而全民抗战正是时代的主潮，是当时最大的政治，作为时代记录者的作家当然要以此为文学创作的主题。郁达夫把文艺与政治紧密地联系在一起，不仅反映了他文艺思想的发展，更重要的是反映了他站在时代的高度来审视文艺，使南洋的文学创作沿着正确的道路健康地发展。郁达夫从"文学作品都是作家的自叙传"转向现实主义文艺观，是受了抗战这个大时代的影响的。他在美国纯文艺杂志《默叩利》停刊后，总结出两个教训：一是当政治处于大战或大变动的时代，纯文艺会跟不上时代步伐；二是以后的文艺应与政治发生密切关系。由此他判断道："文

①　郁达夫：《五六年来创作生活的回顾》，《郁达夫全集》第10卷，第312页，杭州：浙江大学出版社2007年版。

②　郁达夫：《文艺与政治》，《郁达夫文集》第7卷，第108页，广州：花城出版社，香港：三联书店1983年版。

艺假使过于独善，不与大众及现实政治发生关系的时候，则象牙之塔，终于会变成古墓。"① 当日本帝国主义对中国狂轰滥炸的时候，再去弄吟风玩月的纯文艺当然是不合时代要求的。鲁迅在 30 年代初曾批评林语堂的"闲适""幽默"的小品，正是从社会政治着眼的；而国内文坛鼓噪一时的"反对作家从政""文艺与抗战无关论""文学创作自由论"等论调又是多么地不合时宜。郁达夫把握住了时代的动向，触摸到时代的脉搏，揭示了文艺在特定历史条件下的本质特征。

当然，郁达夫毕竟是一个精于文学特性的作家，他在强调文艺必须与政治发生紧密关系的同时，也告诫创作者不要走过了头，他认为那种"故意踏高跷，唱高调，表示是文艺跑在政治的先头几百年，而实际却是一个倒行比赛"② 的做法是不可取的，那样，只会丧失文艺固有的特性，成为政治的附庸，单纯的时代精神的传声筒。这一辩证文艺观对防止南洋刚刚起步的战时新文学不要因一时的抗战政治激情而走向偏颇，走向一个极端是极有指导意义的。

第二节　战时文学的内容与形式

关于战时文学的内容和形式，郁达夫有颇多的论述。在到新加坡之前，郁达夫对战时文学的内容就明显地不同于提倡"与抗战无关论"者的看法。他指出战时文学的内容应"以战事为题材。作强有力的宣传文学，所谓'差不多'的现象当然是不能避免，并且也不必避免"③。这一观点到了南洋后又得到进一步发展。他说："在这时期，只有抗战是我们全民族唯一的任务，差不多也好，差得多也好，只教与抗战有裨益的作品文字，多多益善。"④ "在这一个全民抗战的时期里，文艺作者，要想写些与时代有关的作品，题材当然要取

---

① 郁达夫：《伦敦〈默叩利〉志的停刊》，《郁达夫文集》第 4 卷，第 267 页，广州：花城出版社，香港：三联书店 1982 年版。
② 郁达夫：《文艺与政治》，《郁达夫文集》第 7 卷，第 108 页，广州：花城出版社，香港：三联书店 1983 年版。
③ 郁达夫：《战时的文艺作家》，《郁达夫文集》第 7 卷，第 39 页，广州：花城出版社，香港：三联书店 1983 年版。
④ 郁达夫：《抗战以来中国文艺的动态》，《郁达夫文集》第 7 卷，第 45 页，广州：花城出版社，香港：三联书店 1983 年版。

诸目下正在进行中的战事，或与战事直接间接紧相连系着的种种现象。"① 当然，战争给个人家庭也带来了不幸和灾难，但是，"现在，则大批的人在那里死，那里逃，也在那里被敌寇们强奸，个人的恋爱，个人的生死，以及个人的感情的起伏，在这一大时代里，当然再也唤不起大众的注意来了"②。总之，在这抗战的伟大时代，文学作品必须紧跟时代，反映全民族奋勇抗战的精神。

这当然不是去宣扬战争，恰恰相反，是为了诅咒战争。对战争的描写，既要写出日本帝国主义侵略者虐杀、掳掠、奸淫的罪行，同时也表达对中国人民英勇抗战无畏牺牲精神的歌颂，从而激扬民气，鼓舞民心，振起全民族抗战的勇气。把握住战争的内容，也就把握住了时代精神。郁达夫对南洋文学创作内容的规定，带有那个特定历史时期鲜明的时代特征。要描写战争，就必然地要写人。正面人物好写，如何写好敌人，这是一个严肃的文学创作课题。郁达夫以其理论勇气大胆提出了"从兽性中发掘人性"的命题。他看到反映抗战的文学作品所描写的敌人，一个个都是青面獠牙，杀人不怕血腥臭的恶鬼，这种公式化概念化的毛病，使作品失去了真实性，也削弱了文艺的宣传作用和战斗作用，所以他大胆地要文艺作者努力从"兽性中去发掘人性"。他说："人性里带有兽性，同兽性里带有人性一样。敌人的残暴恶毒，虽是一般的现象，但兽尚且有时会表露人性，人终也有时会表现本性的无疑。"就如"敌人中间，也有的是被迫而来，不失本性的人，我们但从各俘虏的忏悔，及各战地敌尸身上搜出来的日记、通信等文件里一看就可以明白。"③ 郁达夫这一观点在中国人民反日高潮中出现，似乎很不和谐，但它符合文学创作原理，起码具有这样几点意义：一是理论价值。写敌人的人性，已完全超出了狭隘的民族主义思想，走出情感一味愤恨的单一模式，要求作家作出理性审视。这种思想及其提出的理论勇气在战时作家或文艺理论家的著作中似乎还是很少见的。二是对文学与政治紧密联系也是一个补充。战时文学为政治服务，难免出现"差不多"、公式化、概念化的弊端，而正确写好人物，尤其是写好敌人（这确是一个很高的要求），就可以使作品立起来，使政治倾向性通过人物表现出来。三是突出了文学的特性即文学性。抗战文学固然要有宣传的功能，这种功利性追求是无可置疑的，但它首先必须是文学，要有文学性。写人性中的兽性，兽性

---

① 郁达夫：《战时文艺作品题材与形式等》，《郁达夫文集》第7卷，第52页，广州：花城出版社，香港：三联书店1983年版。

② 同上，第54页。

③ 郁达夫：《从兽性中发掘人性》，《郁达夫文集》第7卷，第96页，广州：花城出版社，香港：三联书店1983年版。

中的人性，对文学创作者来说，就不能单单从宣传的效用出发，还应该从文学的特性来考虑，最终达到文学宣传的目的。

至于文学作品的形式，郁达夫则从文学体裁、语言文字、写作技法等多方面发表了见解。

郁达夫指出，在战争期间，虚构的叙事文学如小说尤其是长篇小说由于作家对生活印象的浮浅等方面的原因一时不易产生，所以，许多作家"都放弃了结构、布局、幻想、涂色等种种空灵的把戏"①，而转向纪实的报告文学。以浪漫主义的主观抒情风格闻名于世的郁达夫对此变化毫不感到失落。战争改变了文艺发展的正常走向，在戏剧体裁中，最繁盛的是宣传短剧与歌剧；在诗歌体裁中，则朗诵诗成为诗坛的大宗；而报告文学则成为叙事文学的主体。这是时代使然，是现实生活的需要。所以郁达夫顺应文学发展这一时代规律，对已成文学体裁主体形式的报告文学大加提倡。他说："我们所在提倡，而事实上也收获最大的报告文学"是抗战文艺"这一个潮流里的特殊浪花。"他预言：报告文学体裁"在战事不止，世界大战的威胁不除去以前，自然只有增长的趋势。"② 报告文学作为文学领域中的轻骑兵，在抗战初期，在迅速报道前线战斗生活方面发挥了其他文体无法比拟的作用。如《两个俘虏》（无虚）、《八路军七将领》（刘白羽）、《西线随征记》（舒群）、《北方的原野》（碧野）、《战地书简》（姚雪垠）、《西线风云》（范长江）、《第七七二团在太行山一带》（卞之琳）等作品在当时都产生过积极的影响。据不完全统计，抗战期间大后方出版的报告文学集有 140 种之多。郁达夫在国内时曾到徐州、台儿庄等地劳军，后来写下了报告文学作品《平汉陇海津浦的一带》《黄河南岸》与《在警报声里》。因而他向南洋文学界特别介绍报告文学这一体裁，不仅在多篇文章中论及，还撰写了《报告文学》这篇专文阐述了这种文体的起源、名称、定义以及在战时的意义和价值。他说："现在，又有许多人在说报告文学的太多太刻板化，但我却以为这并不是坏现象。在中国目下的情形之下，要想用准确的现实，来写出足以动人，足以致用的文学来，自然以取这一个报告文学的形式，最为简捷。各地的通讯运动，作者上前线后的观感与报告，在敌人后方游击区域的我军的行动和战略，都是绝好的报告文学的资料。这些资料，只能在炮火声里，赶路途中，草草整出，写出的东西，要想它们写得和在太平

---

① 郁达夫：《事物实写与人物性格》，《郁达夫文集》第 7 卷，第 88 页，广州：花城出版社，香港：三联书店 1983 年版。

② 同上，第 89 页。

时候一样的美丽、完整，当然是办不到的。而将来的中华民族解放史的大部分材料，当然也就是从这些报告堆里去分排建筑起来的无疑。所以，在最近的将来，这报告文学的风行，还必然地有继续的可能；即使到了抗战胜利，大规模地开始复兴建设的期间，这报告文学也还有它特殊的功用。"① 郁达夫把报告文学当做实录的信史，看到它将来的历史价值，这与当时一些资产阶级贵族文人贬低这一文体，极力否定它的文学性，从而进一步否定它的历史真实性，是大相径庭的。郁达夫不仅在理论上宣传，而且还实际地倡导。他主编的《星洲日报》文艺副刊《晨星》与《总汇新报·文会》版联合发起集体创作"马来亚一日"征稿活动，为此他特发表了《再来提倡〈马来亚的一日〉》《〈马来亚的一日〉试征规约》等文予以大力宣传。新加坡、马来亚各地作者踊跃投稿，成为星马文艺界的一大盛举；而他预言报告文学在将来也会继续风行，也已为20世纪80年代反映改革开放的报告文学潮所证实。

在语言与写作技巧方面，郁达夫写有《语言与文字》和《写作闲谈》等文章。前文从文化角度，谈语言文字与祖国的关系，最后得出结论："祖国的语言文字，就是祖国的灵魂，我们要拥护祖国，就不得不先拥护我们的语言与文字。"② 郁达夫从民族存亡的高度，引征台湾政府禁读中文和都德的《最后一课》，具有深刻的忧患意识，做这样的类比其意在于激发南洋华侨包括文学作者从学习祖国的语言文字进而热爱自己的祖国和民族。郁达夫热情洋溢地说："中国的文字……是最优美、最富于意义的一种。我们平时虽则并不会觉得祖国语言，与祖国文字之可亲可贵，但当受到最后一课的时候，就能感觉到这一种语言，这一种文字，对我们是如何地可宝贵的东西了。"③ 这已经超出一般谈文学语言的范围，但却是最本质意义上的谈文学语言。后文则从"文体""文章的起头""结局"具体地讲写作的技巧。在其他文章中，如《战时文艺作品的题材与形式等》一文中，也谈到如何运用第二手材料写前线的战事，如何运用"反射面的写法"等。这些文章对南洋文学创作的指导是具体而入微的。

---

① 郁达夫：《报告文学》，《郁达夫文集》第7卷，第82页，广州：花城出版社，香港：三联书店1983年版。
② 郁达夫：《语言与文字》，《郁达夫文集》第7卷，第135页，广州：花城出版社，香港：三联书店1983年版。
③ 同上。

第三节 作家人格与思想锻炼

要作文首先要学做人，而做一个什么样的作家，则是作文的关键。郁达夫对此有极为深刻的论述。他说："文艺作品，是一个全人格的具体化。"① 这个人格对作家来说，最重要的乃是要坚守气节，"文人的可贵，是贵在他有坚实的节操，和卓越的见识"②。在这中日交战的时节，对诗人作家自是一个严峻的考验。"时穷节乃见，古人所说的非至岁寒，不能见松柏之坚贞，自是确语。"③ 所以他特别推崇南宋的爱国诗人文天祥和谢翱，临大辱而不屈，坚守民族气节。相比之下，在抗战中投敌的周作人、张资平丧失气节，终成民族罪人，为人民所不齿。郁达夫不顾昔日交谊，撰写《"文人"》一文予以痛斥。郁达夫的见解以及他后来的以身殉国，给予南洋文学作者的思想影响和人格塑造是既深且巨的。郁达夫还针对中国自古以来"文人相轻"的毛病，提出，大敌当前，作家应坚持团结，一致对外。他深刻指出："中国向来有'文人相轻'的一句成语，所以弄得相轻而至相斗，在中国文化史上，其例着实不少。"④ 而"文人相轻"实质上乃是"文人自负的一个反面真理"⑤。这无论在大陆还是在海外皆然。郁达夫从民族劣根性角度指出南洋文艺界存在的这一毛病及在抗战后发生的可喜的变化，强调文化人团结的意义，热切希望："我们要利用这一个敌寇侵凌的时机，来造成一种文人相亲相爱，大家能虚怀团结的空气。"⑥ 由此可见，郁达夫之所以能成为南洋文化界的领袖人物，就在于他坚决反对"文人相轻"，而以"文人团结"相号召。

要成为一个真正的作家，除了人格的培养外，还要有一种"吃苦耐劳"

---

① 郁达夫：《理智与情感》，《郁达夫文集》第 7 卷，第 61 页，广州：花城出版社，香港：三联书店 1983 年版。

② 郁达夫：《文人的待遇》，《郁达夫文集》第 4 卷，第 316 页，广州：花城出版社，香港：三联书店 1982 年版。

③ 郁达夫：《"文人"》，《郁达夫文集》第 8 卷，第 440 页，广州：花城出版社，香港：三联书店 1983 年版。

④ 郁达夫：《为郭沫若氏五十诞辰事》，《郁达夫文集》第 4 卷，第 390 页，广州：花城出版社，香港：三联书店 1982 年版。

⑤ 郁达夫：《谈翻译及其他》，《郁达夫文集》第 7 卷，第 144 页，广州：花城出版社，香港：三联书店 1982 年版。

⑥ 同④。

的精神。郁达夫对此也特别强调。战时作家，生活都比较艰苦，待遇也很微薄，甚至有的作家竟死于贫病交迫之中。但是，尽管如此，"对于物质享有，他决不能因自己是文人之故，而非要和一般民众或工友不同，非超出在他们之上不可的。"① 只有经受得起不幸，痛苦与磨难，经受得起炼狱般的考验，"在文士之中，才会产生出意志坚强，不畏艰苦的伟人杰士来"②。因为"在艰难奋斗的环境中锻炼出来的文人，总比生长在温暖逸乐的环境中的人，要坚强伟大，却是自然的结果。"③

总之，要成为一个无愧于中华民族的真正作家，首先要以"人格作背景"④，坚守民族气节，坚持团结，并能吃苦耐劳。由此几点，郁达夫为南洋文学作者指明了一条通向成功的道路。

第四节 对中外作家的介绍

郁达夫一到新加坡，向南洋文学界介绍的第一位中国作家就是鲁迅。当鲁迅逝世三周年之时，他撰写了长篇回忆录《回忆鲁迅》，连载于 1939 年 6 月至 8 月的新加坡《星洲日报半月刊》上。该文详叙了自己与鲁迅十余年的交往，写出了鲁迅的精神风貌、思想性格和生活习惯，写出了鲁迅的伟大与平凡，对南洋文学作者的思想熏陶、作文与做人产生很大的影响。到该年 10 月，他又写了《鲁迅逝世三周年纪念》，高度评价了鲁迅的"人格、思想、行动"，赞扬"鲁迅是我们中华民国所产生的最伟大的文人"⑤。郁达夫在此时此地介绍鲁迅是深有用心的。日本帝国主义侵略中国，还想"征服"中国人的心，周作人、张资平的先后附逆，终成文化界的耻辱，因而此时高扬鲁迅的民族精神，是非常必要的。早在两年前他就渴望着"能把暴日各军阀以及汉奸们的

---

① 郁达夫：《文人的待遇》，《郁达夫文集》第 4 卷，第 316 页，广州：花城出版社，香港：三联书店 1982 年版。

② 同上。

③ 郁达夫：《诗人的穷困》，《郁达夫文集》第 4 卷，第 306 页，广州：花城出版社，香港：三联书店 1982 年版。

④ 郁达夫：《印人张斯仁先生》，《郁达夫文集》第 4 卷，第 332 页，广州：花城出版社，香港：三联书店 1982 年版。

⑤ 郁达夫：《鲁迅逝世三周年纪念》，《郁达夫文集》第 4 卷，第 292 页，广州：花城出版社，香港：三联书店 1982 年版。

头颅，全部割来，摆在先生的坟前，作一次轰轰烈烈的民族的血祭"①。现在正好借纪念鲁迅，为南洋文化界树起一面光辉的旗帜，以激发他们抗日爱国的民族感情。郁达夫介绍的另一位中国现代文坛的伟大作家就是自己的好友郭沫若。他认为郭沫若是"我国文化界的一位巨人"②，号召大家抛弃"文人相轻"的积习，"要不薄今人，并且也要爱敬今人"③ 地"爱敬"郭沫若。确实，郭沫若是继鲁迅之后中国文化界又一面光辉旗帜，郁达夫要人们"爱敬"郭沫若，绝不是从私谊出发，而是从全民族的神圣抗战着想。郁达夫深感到："没有伟大的人物出现的民族，是世界上最可怜的生物之群；有了伟大的人物，而不知拥护、爱戴、崇仰的国家，是没有希望的奴隶之邦。"④ 而鲁迅、郭沫若正是我民族精神的象征。"爱敬"他们，也就是"爱敬"中华民族。郁达夫的思想是高尚的，从其对鲁、郭的"爱敬"，不也正透视了他的人格与精神吗？围绕着鲁迅、郭沫若的还有一批璀璨的群星，如茅盾、许地山、成仿吾等作家、诗人，郁达夫也向南洋文学界作了评介，沟通了大陆与海外的文学联系。

郁达夫以其渊博的外国文学知识，向南洋文学作者广泛介绍了欧美国家的文学及其著名作家。如美国的诗歌、德国的文学，法国小说家左拉、俄国作家契诃夫和批评家奢斯笃夫、葡萄牙民族诗人贾梅士、芬兰诺贝尔文学奖获得者弗兰斯·欧米尔·雪尔兰拜、美国文艺批评家保尔·爱耳玛·摩尔等。

郁达夫对中外作家的介绍，贯穿一个思想，即引导南洋文学作者像这些伟大的作家那样，在抗日战争的烈火中，坚定自己的民族思想、爱国精神及斗争意志，以手中的笔作刀枪，以文学为武器，讨伐日本帝国主义的侵略罪行，直至抗日战争的最后胜利。

郁达夫南洋时期的文学理论观点具有鲜明的时代色彩，是其后期思想的精华。

①　郁达夫：《鲁迅先生逝世一周年》，《郁达夫文集》第 4 卷，第 187 页，广州：花城出版社，香港：三联书店 1982 年版。
②　郁达夫：《为郭沫若氏祝五十诞辰》，《郁达夫文集》第 4 卷，第 386 页，广州：花城出版社，香港：三联书店 1982 年版。
③　郁达夫：《为郭沫若氏五十诞辰事》，《郁达夫文集》第 4 卷，第 390 页，广州：花城出版社，香港：三联书店 1982 年版。
④　郁达夫：《怀鲁迅》，《郁达夫文集》第 4 卷，第 162～163 页，广州：花城出版社，香港：三联书店 1982 年版。

第五节　南洋散文的思想性

　　郁达夫的散文在现代文学史上独树一帜。20 年代《感伤的行旅》凄恻动人；30 年代的《屐痕处处》则风神潇洒，代表了他散文的风格。到了南洋时期，他的散文已完全没有青春期的哀怨感伤，连他最为人称道、自己又乐此不疲的游记也很少写作了。他为中国人民在那场神圣的民族战争中所表现出的觉醒与牺牲精神所鼓舞，为那些优秀的知识分子以艺报国的节操所振奋。他写作了大量的政论、杂文；纯文艺的散文量虽不多，却是他一生散文创作中思想性最强的部分。

一、记游散文

　　郁达夫于 1938 年底到达新加坡，1942 年撤退到苏门答腊，在星洲生活了三年时间，创作的艺术散文只有十多篇，大致可分为三类：一是记游，有《槟城三宿记》《马六甲记游》；二是记事，有《覆车小记》《在警报声里》；三是记人，有《回忆鲁迅》《与悲鸿的再遇》《为郭沫若庆祝五十诞辰》《敬悼许地山先生》等。

　　郁达夫是一个酷爱旅行喜欢探幽访胜的人。30 年代他在江、浙、闽一带纵情遨游山水的时候，心里还想着能到南洋各地去一游。现在他真的来到了南洋，他那支惯写游记的生花妙笔，却并没有来得及为那异国的迷人风光多点染上些诗情，只写下《槟城三宿记》和《马六甲记游》这两篇，然而这两篇散文，特别是《马六甲记游》实是他游记散文的精品。《马六甲记游》是郁达夫游记的最后一篇，又是非常精彩、极富有深层民族文化情感的一篇，它不愧是郁达夫游记散文的压卷之作。《槟城三宿记》早于《马六甲记游》，写于郁达夫刚到新加坡，应槟城文艺界的邀请作中国作家在抗日中情况的报告，随之和友人同游他称之为"东方花县"的"槟榔屿"。文章记述了他在槟城一住三宿畅游这"东方花县"的魂梦摇摇的恋情。槟城毕竟不同于家乡富阳啊，郁达夫陶醉了，而最让他陶醉的还是第二天登游升旗山。郁达夫在感兴之余，忽听身边友人的"这景象有点儿像庐山，大好河山，要几时才收复得来！你的诗料，收集起来了没有？"这么一唤，情感突地一激，转变深沉起来，眼前的秋菊，梦中的庐山却成了触绪伤情的种子：

好山多半被云遮，北望中原路正赊。

高处旗升风日淡，南天冬尽见秋花。

郁达夫与南宋诗人陆游有同样的感慨：北望中原路途正遥；异域秋花，不正是陶潜之菊？而这中华民族历史文化象征的名花在自己的祖国早已被日寇的铁蹄蹂碎。

匡庐曾记昔年游，挂席名山孟氏舟。

谁分仓皇南渡口，一瓢犹得住瀛洲。

此番远渡南洋毕竟是为抗战计而暂时的，不论自己到了什么地步，相信抗战是必胜的，自己最终还是要回到祖国去。那飘逸潇洒之文忽插入感慨系之之情，使得这篇记游文显得凝重了。

这次北马之游之后，郁达夫就全身心地投入《星洲日报》等副刊的编辑与撰写政论的工作，无暇再游。直到一年半后的 1940 年 6 月，"为想把满身的战时尘滓暂时洗刷一下"，从新加坡到吉隆坡去替一爱国团体上演曹禺的《原野》揭幕，这才有去马六甲一游之便。马六甲市是面积仅有七百二十平方英里的南洋群岛中最大的岛屿，郁达夫娓娓地向我们叙说着马六甲名的来历以及它的历史演变。这个小小的港口，在近几百年的历史中，却已经历了中国、葡萄牙、荷兰、英国东印度公司的管辖，再复归荷属，最后又到了英国人手中，历史虽短，而"这中间的杀伐流血，以及无名英雄的为国捐躯、为公殉义的伟烈丰功，又有谁能够仔细说得尽哩！"这种历史的沧桑感是郁达夫 30 年代的山水游记所少有的。"杀伐流血""为国捐躯""为公殉义"又令人很自然地联想到国内正在进行的抗战。走到圣保罗教堂，那已是"颓垣残壁"，昔日的"壮丽堂皇"已不复见。郁达夫站在这块 500 年前郑和下南洋到达的地方，面对眼前之景，想起的却是"大陆国民不善经营海外殖民事业的缺憾"，深感到中国人缺乏那远地拓土的冒险精神，政府更无深谋远虑的思想；鸦片战后，中国累败于夷敌，直到现在更被强邻压境，弄得半壁江山尽染上腥污，"痛何言哉"！郁达夫手抚残垒而目注关山，忧心深远，伤情难抑。欧洲殖民主义者在小岛上的遗迹并没引起他太多的注意，他那思古的情怀，寻觅着的是青云亭坟山上的三宝殿，他要向这位比发现美洲新大陆的哥伦布还要早的探险的明朝大航海家郑和表示"致敬"，他要寻觅 300 年以前来此开荒的远祖的遗踪，他要参拜不愿为满清异族统治而逃来南洋的明末遗民在这里建起的佛庙青云亭，他的思绪远接古代，与那些昔日的中华民族的英雄们进行心灵的对话，因为时下的中国已是国破山河碎，国人们多么需要远祖的英雄们那种艰辛拓土的精神把入侵者赶走。郁达夫并不是在发思古之幽情，他追想历史，而遥接古人，则是想为现实注入一种失落了的精神，他探古寻找的正是这种精神。这样历史与现实有了结合点，游记也不复是娱山乐水述性咏情的闲文了。虽然文笔在有些段落仍不失过去的清新潇洒，毕竟情思更深，感怀尤沉，我们再也看不到筑"风雨茅庐"，览浙东景物的隐士式的郁达夫了。在我们面前的则是抚今追昔忧国忧民的陆游式的南渡诗人。

星洲三年，郁达夫只有这么两篇游记，《槟城三宿记》不免有些"应酬的虚文"①，而《马六甲记游》乃一时之名文，那清丽畅达的语言，寄慨遥深的感怀，奇气勃郁的描写，曾为马亚文化界广为传诵。这两篇游记散文的共同思想特色在于它具有一种沉甸甸厚重的历史感与现实感，作家无论是登升旗山还是拜三宝殿，都能从眼前之景与历史古迹中感受到现实的风云之气，并越过自然与历史的烟云透示时代的风惨色变，让人于陶家秋菊、青云佛庙的沉吟默祷中，神思遥接上国内的抗日烽火，使读者随诗人的层云荡胸一起感奋昂首："北望中原……"；在艺术上，郁达夫仍保持着他游记散文那一贯的吟咏诗词，点缀传说的特色，只是这时文中的插诗不是游戏笔墨，也不是为逞才情，而是对景对物有感而发，所以有一种沉重感，悲凉味；历史传说的叙述，古事古迹的谈讲，也不是山水之中的装点，逗人游兴的名物，它已经渗透了现实的汁液，让人从古风的峻急浑重中去领悟那种仍为今天所需的正义感和使命意识。

二、记事散文

郁达夫的记事散文也只有两篇。

《覆车小记》是记叙他在"东方花县"的槟城三宿之后返吉隆坡的途中，火车出轨，一场惊险，终于又平安返回的事。作家于惊险之中犹能保持镇定，而不失绅士风度；与马来路工交涉搬运行李则把孔方兄一讽，也颇具意趣。

《在警报声里》则是这个时期一篇重要的散文。此文并非是记新加坡的事，而是追记在国内在徐州劳军时听抗日师长池峰城讲述在台儿庄打敌寇的事。文章也发表在国内的《抗战文艺》第4卷第2期上（1939年4月25日），可见这是一篇"抗战"散文，比游记散文表达思想感情当然可以来得更直接些。郁达夫用一副平朴简洁的笔为我们刻画出一位"在台儿庄打过一次大胜仗的英雄"池峰城，又用一副凝重深沉的笔为我们塑造了一位爱国的农妇和

---

① 郁风：《盖棺论定的晚期》，载郁风编：《郁达夫海外文集》，第700页，北京：三联书店1990年版。

四十七位敢死的义士的形象。农妇冒着生命危险偷渡过河来报告消息，四十七位义士英勇杀敌，最后全部壮烈牺牲。抗日战争激发起了人民伟大的民族情感和神圣的爱国精神，作家为有这样爱国的农妇和敢死的义士而感到了抗战的必胜。叙事节奏快捷，感情激越深沉，语言质实，笔触凝重。在郁达夫所有散文中，此篇最有激愤之气，音调也最雄厉。郁达夫 20 年代的散文多感伤悲怨之情，虽不乏愤世之音，终不过是个人的失意失业而对社会发出的控诉，不似《在警报声里》，个人只是伟大行动与献身义士的叙述者，情感的抒发也不再是个人一时的愤懑，而是全民族的胜利的呼唤和"复仇"的呐喊。

郁达夫在抗日战争中是自觉地把个人融入民族的洪流之中，从小我到大我实现了人生的巨大超越。

三、记人散文

这一超越在他的第三类散文中，我们会看得更鲜明更突出，这类记人散文又可分为悼念和记叙两组。

《与悲鸿的再遇》《印人张斯仁先生》《紫罗兰女士速写像题记》《刘海粟教授》等，是他记叙南来星洲以艺报国的艺术家的事迹。抗战爆发后，他们为筹集赈款，远赴南洋，献艺献技，表现了中国艺术家受战争的洗礼而迸发出来的报国精神。郁达夫为他们的义举振臂唤呼，他在这组散文中，贯穿一个主题，就是对艺术家"以艺报国"的赞扬与歌颂。语言欢欣明快，文风热情洋溢，行文挥洒自如，记往述旧、论古道今、谈印说画，或娓娓叙述、或议论风发、或慷慨激昂，文气一贯而下，而警言警句，醒人耳目。徐悲鸿的国画，思想"深沉而有力"，因为他深藏着"艺术报国的苦心"（《与悲鸿的再遇》）。"从事篆刻的人，和用印的人，却要有人格作背景"，"张先生的篆刻，是有与此同等的人格在作他的背景的"。看他刻的印真"是力的表现，也就是强敌侵凌我国的这时代精神的反映"（《印人张斯仁先生》）。郁达夫评画评印，首先重视的是艺术家的思想与人格。是的，有思想、有人格，美术品则自成高格。艺术家筹集赈款以艺报国，这就是艺术家之心，以此心治艺，心洁，艺精；以此心报国也就可"在抗战建国的功勋史上"（《印人张斯仁先生》）占有一席地位。《紫罗兰女士速写像题记》记一位从北伐战争年代成长起来的小女孩，经历了革命的历炼，"已变成了一个晓得为国家民族竭尽全力的好国民"。郁达夫盛赞她"牺牲一切，奉仕艺术的精神"，更肯定她"把艺术和社会，艺术和国家民族"自觉联系起来的思想。对艺术大师刘海粟，赞扬之情不胜言表，大师"为国家筹得赈款达数百万元，是实实在在，已经很有效地尽了他报国的责任了"（《刘海粟大师星华义赈画展目录序》）。《为祝郭沫若诞辰五十周年》，郁达夫连写两篇文章，于忆往述旧叙友谊之外，更赞扬他离别妻儿回国抗战的壮举，郁达夫欲借助祝这位文化界巨人的诞辰，来消除中国历史上文人相轻的旧习，使文化人团结在抗战这面旗帜下，去共同奋斗。这些散文，宣传抗战思想，弘扬艺术家的抗战精神，以立意取胜，并没想到要刻意为文，所以信手写来，不枝不蔓，文到情随，言尽而止，显得十分干净利落。

代表他后期散文最高成就的是一组悼念师友兄长之作。郁达夫是倾注了生命的最后几年的力量来写作这组作品的。他的爱与憎，他的热情与正义，他的思想与人格，他的精神风貌与松柏节操，在这组散文中，最能看得清楚。《回忆鲁迅》是郁达夫散文中篇幅最长而写法最灵活洒脱，艺术上也最精美的名篇。它对为研究鲁迅生平提供的史料价值就足以为人瞩目，更加以艺术上的匠心独运，使这篇在众多回忆鲁迅生平的文章中特别突出。郁达夫与鲁迅有十多年的交往，感情颇深，对鲁迅的生活、思想、习惯、性格十分熟悉。确实，要写出鲁迅的伟大是不那么容易的，郁达夫却能够从平凡着手，写鲁迅的抽烟、喝酒，写他与许广平的深心相知的感情，写他对儿子笑的天真，写他受恶青年的骗而仍热心扶持上进的青年，写他对敌人毫不留情地揭露斗争……鲁迅作为一个平凡的人的喜怒哀乐，作为一个伟人的心灵世界，通过郁达夫那支笔得到生动传神的描绘。在写法上，郁达夫受到俄国作家高尔基写的关于大文豪列夫·托尔斯泰的长篇回忆的影响。高尔基用笔记体形式，写了 44 小节，每节有长有短，是高尔基与托尔斯泰交流中对托氏生活、思想、性格以及对文艺的看法的记录。文笔很活泼、灵动。郁达夫也是采用这种笔记体，把十多年交往中的一个个生活片断组接起来，似不相续又实相连，交叉穿插，前缀后补，鲁迅先生的全貌就跃然纸上了。

郁达夫在南洋为扶植当地的青年文学爱好者倾注了很大心力。《悼诗人冯蕉衣》记录他对冯蕉衣生活的帮助与艺术的指导，更对这位富有文学才华而纯真、年仅 27 岁的青年抒情诗人的死表示深深的惋惜。日本侵略中国，造成无数中国人的不幸与死亡，许多有才华有作为的诗人、作家因贫病交加颠沛流离而不幸过早去世，未能展其英才，又何止是一个冯蕉衣！作家的母亲和长兄郁曼陀也是在抗日战争中去世的，郁达夫的《悼胞兄曼陀》就是对其大哥的深切悼念之文。郁达夫在这篇悼文中强压骨肉悲情，由长兄的遇难而及母亲也在这场战争中被杀，把个人的感情升华到民族国家的情感中去，这种家族的血海深仇，郁达夫却能控制住，他说："这一次的敌寇来侵，殉国殉职的志士仁人太多了，对于个人的情感，似乎在向民族国家的大范围的情感一方面转向。"这话说得多好！郁达夫从大处着眼，从深处着想，显示其很高的思想境界，不仅从自我走出，更从这场战争对国民的情感洗炼的角度，看到一种深藏于国民心理中可贵的质素，那就是民族文化心理中那种卑劣自私情感被国家民族的大情感所代替："从我个人的这小小心理变迁来下判断，则这次敌寇的来侵，影响及于一般国民的感情转变的力量，实在是很大很大。自私的，执着于小我的那一种情感，至少至少，在中国各沦陷地同胞的心里，我想，是可以一扫而光了。就单从这一方面来说，也可以算是这一次我们抗战的一大收获。"郁达夫在文章中对长兄，只是简介其生平经历，于其精神、品格留待他人去评价，自己是完全站在国家民族利益的立场上，去看长兄被害的事件，其结论超出以弟评兄的一般悼念的常情，不落俗套，独标高格，是其怀人文中不同凡响的一篇佳作，恰好与《回忆鲁迅》前后辉映。忆鲁迅，娓婉而情深；悼长兄，庄敬而怀高。忆鲁迅叙琐事不失轨范；悼长兄由一家而及国族。或长或短，皆成妙文。郁达夫的悼念文能把握情感的分寸，来调整艺术的尺度，叙事不花哨，评价不拔高。这在他早期的怀人文如《志摩在回忆里》是这样，后期的《敬悼许地山先生》也是如此。这篇悼许地山的文章写于1941年11月8日，是郁达夫离开新加坡前两个月所写的最后一篇散文，也是其散文创作历程的终结点。郁达夫着意于许地山对新文学贡献的评价，从他的富有浪漫主义色彩变而为苍劲坚实的现实主义，郁达夫皆予肯定，而更推重他的抗战中的力作《铁鱼的鳃》，由此而及他的死，是中国文化界的一大损失。这样而落到对许地山人品文品的敬重就不虚空了。"许先生的为人，他的治学精神，以及抗战事起后，他的为国家民族尽瘁服役的诸种劳绩，我是无时无地不在佩服的。"读来觉得是真情，读后觉得是挚文。

　　郁达夫的南洋散文，在思想性上有一个鲜明的特点，即无论是记游还是记事、记人，都是以一切为了抗战作主题而贯穿于所有的文章。这和他这个时期所写的政论、杂文在倾向上是一致的，也实践了他来南洋是为了抗战而开辟新文化战场的目的。因而文章的思想意义高于艺术价值。从《感伤的行旅》开始，郁达夫的散文不免自怨自艾，自叹自怜；到《屐痕处处》又是一副名士派隐士派作风。文章虽然更精致纯粹了，风花雪月着上个人情绪，山水源洞染上些时代的色彩，不能说没有一点烟火气，终觉得与那个时代人民的生活远了些，隔了些，缥缈了些。看了他在南洋的这些散文篇篇关注现实，紧扣时代，由于在思想上把国家民族大事萦绕于怀，因而在艺术上更注意个人感情的节制，语言脱去早年的铺陈，而求简约凝炼，句式短，节奏快，在结构上像是漫不经心随意而成，却也并不乏精心构思之作。

　　总的来说，郁达夫南洋时期的散文，思想执著于现实，风格趋向于凝重，艺术上可说是他散文创作的第三个高峰，只是由于创作的量太少，而没能够使其特色更形彰显罢了。

第三章

郁达夫的文化思想

郁达夫到新加坡后不久就说，他来南洋是想"在海外先筑起一个文化中继站来，好作将来建国急进时的一个后备队"①。又说："《星洲文艺》的使命，是希望与祖国取联络，在星洲建树一文化站，作为抗战建国的一翼，奋向前进的。"② 郁达夫开宗明义地表明自己来南洋的目的。确实，郁达夫最后在南洋的几年主要就是从事文化活动和文化宣传，他始终是以一个文化战士的形象出现在世人面前的；至于他留下的文化思想特别是抗战文化思想，则是我们应予继承的一笔宝贵的精神财富。

第一节　民族文化不亡论

民族文化不亡论是郁达夫南洋时期十分重要的文化思想。日本入侵中国，其野心是既想灭亡中华民族，又想灭亡中华文化的。所以在军事上实行"三光政策"；在文化上采取掠夺、毁灭和强制灌输日本的文化思想，中华民族与其文化确实惨遭浩劫。然而中华民族并没有被征服，相反中华民族在这一次神圣抗战中表现出空前的团结，以前是一盘散沙的旧中国，因抗战而变成万众一心。由此，郁达夫看到了中华民族的伟大与复兴的希望。"民族不亡"，这是他确立的坚定的信念；而"民族不亡，文化也决不亡"，这是他确立的又一个坚定的信念。郁达夫把民族与文化连在一起，准确把握住了延续几千年历史文明的中国最重要的民族文化特征。

---

① 郁达夫：《关于沟通文化的信件》，载郁风编：《郁达夫海外文集》，第532页，北京：三联书店1990年版。
② 郁达夫：《〈星洲文艺〉发刊的旨趣》，载郁风编：《郁达夫海外文集》，第597页，北京：三联书店1990年版。

　　在世界文明史上，有的是民族消亡了，仅存文化遗迹；有的是民族与文化都湮灭在历史的大漠中。而中国是一个多民族融合的国家，从夏商周开始一直到晚清，四千年来，民族的互相交流，互相融合使华夏民族的血液不时渗入异质，从而具有顽强的生存能力和抵御外敌的能力。就汉民族而言，历史上一次次遭受异族的奴役，又一次次把异族逐渐同化，中华民族在几千年中锻炼了自己，也强大了自己；而中华文化也随民族的成长而发展而进步，而具有一种独特的涵化民族和凝聚民族力量的特性。如历史上，五胡的乱华，蒙满的入主中原而最后又在文化上被汉民族文化所濡化。现在所说的中国，在历史上并非一个空间的地理概念，而是一个文化概念。"文化中国，这是春秋时代我国政治家，思想家的一个伟大理想。当时他们所谓的'中国'，既不是一个地理概念，又不是一个政治概念，也不是一个种族概念，而是一个文化概念。即与野蛮相反的'文明'；有所谓中国而失礼仪则蛮夷狄之，夷狄而能礼仪则中国之的说法。"① 春秋时代的中原人主要是汉民族称东夷西戎或南蛮北狄，是从文化上对其鄙视，表现出汉民族在文化上的自信与高傲。在其后几千年的历史发展中，正是一个"夷狄而能礼仪则中国之"的过程；五胡也罢，契丹、女真也罢，蒙族、满族也罢，在汉文化的涵化下，也都成为中华民族大家庭中的一员，这是中国历史上，民族与文化紧密联系的明显特征。郁达夫以其对中国历史的洞察而认识到"民族不亡，文化也决不亡"，这种民族、文化一元化的认识是郁达夫的真知灼见。

　　如果说中华文化在其自身各民族中具有涵化的特征，那么整个中华民族遭受到日本这个在明治维新后政治、经济、军事、文化一度发达的国家的入侵时，则中华文化又表现出她的凝聚民族力量的特征。中国的抗战是一个全民族的抗战，不仅国内的各族人民，即使海外的华侨，也都为民族的生存和民族文化的延续而奋起团结在抗战的旗帜下。这里只有一个概念即"我是中国人"，共同的"中国"文化概念凝结中华全民族的心。有这样的民族，文化当然不会亡；有这样的文化，民族也当然不会亡。所以郁达夫那么有民族自信和文化自信，"中华民族的国民，有此坚强的决心以后，自然中华文化不会灭亡了；而文化不灭，也就是民族永生的铁证"②。郁达夫更从这次抗战中看到了民族文化的坚韧和民族复兴的希望。"民族不亡，文化也决不亡；文化不亡，民族

---

① 庞朴：《文化的民族性与时代性·总序》，第1~2页，北京：中国和平出版社1988年版。

② 郁达夫：《一年来马华文化的进展》，《郁达夫文集》第4卷，第311页，广州：花城出版社，香港：三联书店1982年版。

也必然可以复兴的。"① 郁达夫这一文化观既来自对民族历史的深刻认知，更来自对抗战现实的哲学思考，实在是一种了不起的文化观照。

民族不亡，文化不亡，是因为中国有统一的文字。中国之所以能保持固有的国家疆域，之所以能有一个民族的文化，最重要处，就是因为我们有统一的文字。中国是世界上最早有文字的国家。若从殷商的甲骨文算起，已有三千多年的历史。秦始皇统一天下后，又统一了文字。随后的两千年，秦篆汉隶，魏碑晋楷，字体虽演化，书法的艺术更精致，但字的结构却是基本定型的，这就有便于疆域内各民族的交往和文化的交流。同时因有统一的文字，文化也得以保存和流传。中国历史上，虽有数次的文化劫难，终赖有一批又一批文化精英分子用文字把文化记录传存下去；再加之地下的发掘，使文化虽历劫而恢复、发展，而走向辉煌。在世界文明史上，有的民族有语言没有文字，祖先的智慧仅靠后辈的记忆和口头的传授，没有文字记录难免遗失精华。因而这些民族的发展就受到了限制。中国却赖文字而使中华文化成为世界上最优秀的文化之一。而且中国的语言文字又是世界上最优美最富有意义的一种。尤当日寇侵凌国族危亡之时，文字的意义更显示出来了。"我们平时虽则并不会觉得祖国语言，与祖国文字之可亲可贵，但当到最后一课的时候，就能感觉到这一种语言，这一种文字，对我们是如何的可宝贵的东西了。"郁达夫由此进而提出："祖国的语言文字，就是祖国的灵魂"② 的观点。这就把语言文字的重要性提高到国家民族兴亡的意义上来认识了。中华民族在世界上有数千万的侨胞，不管走到哪里，只要会说中国语言，会用中国文字，就都可以沟通，都可以找到自己的根，由语言文字追溯到民族之根文化之根。因而说语言文字"是祖国的灵魂"，这是郁达夫关于民族文化的又一重要思想。

郁达夫还认为，中国有悠久的历史，这也是民族与文化不能被灭亡的原因。"我们的文化，历史实在太长久了，虽经了辽金元清数百年的压抑，复经了最近西洋文化二百余年的侵蚀，可是，结果，还依然一点儿的动摇也没有。"③ 历史上虽然有秦始皇的焚书坑儒，然而此后呢，"也还有伏生的口授经籍，孔壁的埋藏孤本，结果，独裁者终传不上二世，而中国文化却已传下来到

---

① 郁达夫：《抗战以来中国文艺的动态》，载郁风编：《郁达夫海外文集》，第469页，北京：三联书店1990年版。

② 郁达夫：《语言与文字》，载郁风编：《郁达夫海外文集》，第369页，北京：三联书店1990年版。

③ 郁达夫：《敌人的文化侵略》，载郁风编：《郁达夫海外文集》，第64~65页，北京：三联书店1990年版。

现在有了五千年的光荣历史"①。如此悠久的文化史，是世界上所少有的。欧洲的发源于古希腊罗马的文化经历了中世纪的黑暗，印度的佛教文化到了13世纪在其本土就已趋于消失，而中国文化却是如长江大河源远流长，越往后越是积累的丰厚，中间也从未中断过。边地的少数民族如契丹、女真、蒙、满虽一时在军事上占有优势，政治上居高临下，而在文化上还是接受的儒家思想为主体的中原文化，结果却是胡化和汉化的交融；有的民族成员则完全汉化了。这种没有中断的延续了几千年的文化史，证明了中华文化的顽强的生命力，这当然要归功于春秋战国这一世界文化史上所谓轴心时代出现了那么多优秀的文化精英分子，他们各自创立学派，互相争鸣，推动了文化的进步，尤其是集二代文化之大成的孔子和老子，他们创立的儒家和道家学说成为其后两千多年中国文化史的主干，互为消长，并行不悖，又融合互补。这样悠久的历史是民族代代延续，文化流传不亡的保证。

　　郁达夫从民族与文化的关系，从统一的语言文字和悠久的文化史三个层面，阐述了民族文化不亡论。这种民族自信心与文化自信心在抗战时期是具有巨大鼓舞作用的；对当时一些投降分子失败分子也是非常有力的批判。

第二节　重造新文化的思想

　　当日寇在中国大肆毁灭文化之时，郁达夫却提出了"抗战建国，重造新文化"② 的思想，这是多么惊人的文化魄力和文化胆识。

　　要重造新文化，首先要重视教育。"教育是创造文化的冶炉。"③ "没有教育，便没有文化。"④ 郁达夫如此提出不免武断的观点，可见其对教育于文化的作用的认识和重视。郁达夫关于教育的论述概括起来有以下几点。一是教育是国家民族兴衰的根本问题。他说："教育是百年树人的大计，是一国家一民族兴盛与衰亡所系的根本问题。无论政治、军事、经济、健康、学术、文化，

① 郁达夫：《侵略者的剿灭文化》，载郁风编：《郁达夫海外文集》，第414页，北京：三联书店1990年版。

② 郁达夫：《翁占秋先生画展专刊附言》，《郁达夫文集》第4卷，第277页，广州：花城出版社，香港：三联书店1982年版。

③ 郁达夫：《战时教育》，《郁达夫文集》第8卷，第271页，广州：花城出版社，香港：三联书店1982年版。

④ 郁达夫：《南洋文化的前途》，载郁风编：《郁达夫海外文集》，第292页，北京：三联书店1990年版。

等等，没有一事，不须求助于教育，完成于教育的。"① 教育树人不是什么新观点，把教育提高到国家民族兴亡的高度来认识，不能不说是郁达夫非常具有历史眼光的见解。中国的教育在上古时代，学在官府，周室衰而文化下移。孔子首开私教，使官方文化流布民间，同时带来了一个私人立学的兴盛。中国的教育由此官民并行，为国家培育了大批优秀人才。教育兴盛则国家昌隆；教育衰亡则民族不振，这已为几千年的历史所证明。郁达夫这一论点是深刻的。由这一认识出发，他痛心地指出："过去中国之衰，原因虽有种种，但教育的不振，当然是主要的基因之一。"② 过去如此，那么到了抗战时期又如何呢？"中国的国运中落，致受强邻的欺压，到目下的境地，推源祸始，实在也是过去教育的不良，有以致之。"其原因又何在呢？"在专制政体，没有推翻以前，君主们只想使天下英雄尽入吾彀中，所施的去势教育，自然可以不必提起。就是到了革命成功以后，三十年来的中国新教育，也因为当局者的不明教育的真谛，或则以学校为扩张政治势力的背景，或则以学生为争取个人地盘的工具，致师道无存，而所学所授的都是皮毛。所以结果大家对西洋的物质文明，只知道享受，而不知道创造；对于中国固有的精神文化，只笑为迂腐，而不知道遵行。"如此国家必然要衰亡，民族也必然会不振。因此重造新文化，教育是关键；国家要兴盛，教育是根本就不是什么耸人听闻之谈，而"从教育着手，来改建我们的国家，重振我们的民族"③ 则是非常意味深长的警心之语了。其二，教育是抗战建国中最重要的一个政治设施。从政治角度看教育的地位显示出郁达夫文化眼光的非同一般。抗战首要的是政治、军事、经济，教育只有投入，并不能立刻即有产出。加之20世纪三四十年代中国的教育事业也还没有很大的发展；日本帝国主义的侵略，又使中国的教育受到极大的破坏。那时，全民族所想到的是尽快消灭日寇恢复家园，于教育这并非当务之急的事业，就并非是所有人特别是当局者所想到的了。郁达夫则从他的抗战必胜信念出发，想到的是日本侵略者一旦被赶出国门，重建国家的重任有赖于新一代受过教育的文化者，因此"民族复兴，就要靠民族能一代一代的有进步"④。基于这一点，教育就是抗战建国中最重要的政治，确实比当时的一些所谓政治家思考的

---

① 郁达夫：《〈教育〉周刊发刊辞》，载郁风编：《郁达夫海外文集》，第404页，北京：三联书店1990年版。

② 郁达夫：《抗战中的教育》，载郁风编：《郁达夫海外文集》，第36～37页，北京：三联书店1990年版。

③ 同①，第404、405页。

④ 同②，第35页。

要深远。其三，是提高南洋华侨的教育水平。郁达夫初来新加坡，就发现南洋的文化环境不能和国内相比，华侨所受到的教育程度也很低，"所以，要想提高南洋的文化，第一，当从提高南洋的教育做起"①。南洋华侨也是中华民族大家庭中的一员，他们在抗战过程中或捐钱捐物，或返国服务，为中国的抗战作出了不小的贡献。由于他们早赴南洋，远离祖国，从他们的祖辈开始，"披荆斩棘，开辟洪荒，在南洋各埠的历史，已经有七八百年了；但自明初郑和出国的卷宗全部被焚之后，祖国和侨胞之间，就断了数百年的关系"②，因而侨民虽一代一代地延续下来，却并没有受到良好的教育；加之中国的教育，因人种的关系，播迁到了南洋，又变成了和祖国人不相同的局面，使南洋华侨的教育更增加了种种困难。这虽是事实，但也并非不可解决。这只是问题的一个方面。另一方面南洋的教育也有文化的优势。在这里，没有同在祖国一样的旧文化的痼疾，没有像祖国同胞一样的缺少冒险和勇敢的保守病，更没有日寇的摧残文化。因此南洋的教育文化还是大有希望的。由此郁达夫认为抗战救国乃是全民族包括一切海外侨胞的大事，那么从未来建国的目的出发，提高南洋华侨的教育文化水平就不是抗战之外的事了；更何况"南洋侨民教育的新世纪，已由这一次的抗战，而渐露曙光了，只要有几个人，肯认定改善侨胞教育，为毕生的大业，孜孜兀兀，不休不息地做去，至诚终可以感人，理想也终有实现的一天"③，因此郁达夫抱有极大的信心。郁达夫是从全民族的范围和全国抗战这样大的背景下提出南洋的教育问题，他认为南洋教育水平提高，有利于祖国文化的保存流传，更重要的是使南洋华侨从所受教育的祖国文化中永远认同祖国，永远与祖国血脉一贯，永远想到自己的根在祖国。郁达夫对教育的思考与认识确是非常深刻的。

要重造新文化，其次则是新闻。新闻事业"是文化事业中最有力的开路队"④。郁达夫是深知新闻的现实作用的，尤其是抗战这个非常时期，新闻的力量实不亚于飞机大炮的力量。郁达夫自己到南洋，就放弃了计划中的长篇小说创作，而全身心地投入抗战的新闻宣传。他在主笔《星洲日报》时，写了

---

①　郁达夫：《南洋文化的前途》，载郁风编：《郁达夫海外文集》，第292页，北京：三联书店1990年版。

②　郁达夫：《教师待遇改善问题》，载郁风编：《郁达夫海外文集》，第328页，北京：三联书店1990年版。

③　同①，第291页。

④　郁达夫：《〈星洲日报〉十周年纪念》，载郁风编：《郁达夫海外文集》，第287页，北京：三联书店1990年版。

数十篇社论，评论国际政治军事形势，分析国内战况情形，宣传文化工作者的为国助赈的义举。他还编辑了《星洲日报》的《晨星》《繁星》副刊，以及《教育周刊》《星光画报》文艺版、《华侨周报》等，直接从事新闻宣传，而且他于新闻宣传也有自己的见解。"时至近代，政治、经济、工业、教育诸部门愈发达，言论宣传之职分，自亦随之而更加重要。欧美各国，无论其政制为独裁，抑为民主，对于宣传一事，总半步不肯放松。苏联革命之所以得成功，人皆谓为实由于宣传之得力；而宣传之工具，当无有比报纸更广泛而普及者，现代报纸之日新月异，进步不已，势固有所必至也。"① 新闻宣传关系到革命的能否成功；而抗战之时，新闻宣传则关系到抗战的能否胜利。这种对新闻宣传的普遍意义与抗战时期现实功利性的认识符合新闻的特点。

　　要重造新文化，其三则是文艺。郁达夫认为，文化是多方面的，它有广狭之分。"广义的文化，则凡一切自然界物，曾经过人力的修造改进的东西，都是文化货财，所以广义的文化，几乎可以包括宇宙；如行政、国防、道路、电力、水力、渔业、气候调整、日光利用等，都是文化工作"②；而狭义的文化则指精神文化。在精神文化中的文艺，则"比一切科学教育，还更有力量；原因是系以情感来推动智力的缘故"③。作为文学家的郁达夫，对文艺的创作情形及其规律的把握，当然比之对教育与新闻更熟悉，他写了近百篇文艺论文，对战时中国的文艺发表了许多很有见地的观点。第一，文艺与政治的关系。郁达夫认为，在全国抗战的情势下，文艺"必须与政治有紧密的联系"④。郁达夫早期的文艺观点是文艺作品都是作家的"自叙传"，主张作家写主观，写自我，写内心体验，写个人感受。抗战以后，中国社会生活发生了很大变化，郁达夫的文艺思想也随时代而发展。他感到文艺家若是再去咀嚼一己的私情，未免太脱离现实了。时代的要求是表现抗战，这是中国最大的政治；文艺作为时代的产物，当然要与政治紧密联系起来，并且还要走向大众化、通俗化。因为，"在政治飞跃的时代（大战或大变动的时代），太高的纯文艺是会赶不上时代的"；而"文艺假使过于独善，不与大众及现实政治发生关系的时

① 郁达夫：《叙关著〈现代报纸论〉》，载郁风编：《郁达夫海外文集》，第440页，北京：三联书店1990年版。
② 郁达夫：《南洋文化的前途》，载郁风编：《郁达夫海外文集》，第289页，北京：三联书店1990年版。
③ 郁达夫：《抗战建国中的文艺》，载郁风编：《郁达夫海外文集》，第600页，北京：三联书店1990年版。
④ 郁达夫：《文艺与政治》，载郁风编：《郁达夫海外文集》，第595页，北京：三联书店1990年版。

候，则象牙之塔，终于会变成古墓"①。郁达夫是反对"为艺术而艺术"的纯文艺观的。中国新文学从一开始，"为人生""为艺术"两种文艺观就并行着争论着。"为人生"的文艺观又发展为"为大众""为普罗"到抗战的"为政治"也就是"为抗战"。郁达夫早期的文艺观毫无疑问有"为艺术"的倾向，后来他又提出"文艺上的阶级斗争"，"文艺为大众"，直到此时的文艺"必须与政治有紧密的联系"。这与他感受到 20 世纪二三十年代中国的社会现实生活有很大的关系，特别是抗战。他曾亲临徐州等地前线劳军，这对他文艺观的转变起了推动作用。应该指出的是，文艺与政治发生紧密联系，这当然是战时的一种特殊情形，并非是文艺必须在每一个时代都要与那个时代的政治发生联系；若成了这样一个定则，那么文艺就成了政治的传声筒，附庸物，而最终消灭了文艺。这就不是郁达夫所希望的了。所以他对"故意踏高跷，唱高调，表示是文艺跑在政治的先头几百年"② 也并不以为然。第二，抗战文艺是"广义的文艺"。郁达夫认为，抗战是我们全民族唯一的任务，作为反映抗战的作品，"不问大文章小品，八股七股，只教是与抗战有益的东西，在这时候，都可以成立，都可算作广义的文艺"③。郁达夫是从政治宣传的角度来看文艺的，所以他把文艺的体裁放得很宽泛，不管是小说戏剧这些纯文学体裁，即使是歌唱、宣传短剧，乃至弹词、京词、大鼓书这样的形式也在广义的文学范畴内；而所有这些体裁在内容上的共同点就是题材上要取诸目下正在进行中的战事。从鼓舞民众这个角度出发，他在众多文艺体裁中最推重的是报告文学和戏剧。郁达夫认为小说"因为它的宣传力不够"，"比起动的，复杂的，立体的戏剧电影来说，当然要差得多"④。戏剧之所以比小说易为大众接受，是"因为他的感动力大，教育范围广，而且很容易使一般和文化不接近的人发生出趣味和热爱来"⑤。所以郁达夫对曹禺的《雷雨》《原野》、华汉的《前夜》、阳翰笙的《塞上风光》、田汉的《永定河畔》等戏剧从剧本内容到演员的表演都热

---

① 郁达夫：《伦敦〈默叩利〉志的停刊》，载郁风编：《郁达夫海外文集》，第 574 页，北京：三联书店 1990 年版。

② 郁达夫：《文艺与政治》，载郁风编：《郁达夫海外文集》，第 595 页，北京：三联书店 1990 年版。

③ 郁达夫：《抗战以来中国文艺的动态》，载郁风编：《郁达夫海外文集》，第 468 页，北京：三联书店 1990 年版。

④ 郁达夫：《战时文艺作品的题材与形式等》，载郁风编：《郁达夫海外文集》，第 488 页，北京：三联书店 1990 年版。

⑤ 郁达夫：《在吉隆坡公演〈原野〉揭幕式上的致词》，《郁达夫文集》第 4 卷，第 287 页，广州：花城出版社，香港：三联书店 1982 年版。

情撰文予以评介。报告文学在宣传抗战方面则取得了突飞猛进的发展。郁达夫兴奋地指出："自从我们的神圣抗战发动以来，在国内外的新闻杂志上发现得最多，吸收读者的注意力也最大的，谁也知道，是报告文学这一类型的写作。"① 事实也确实如此。据不完全统计，抗战时期发表的报告文学集有140种之多，是非常有效地发挥了宣传抗战的作用，显示了报告文学文艺轻骑兵的功能。第三，抗战文艺有"差不多"倾向，"未可厚非"。抗战文艺除了形式上的"广义性"特征外，就是内容上的"差不多"倾向。由于都是以战事为题材，反映抗战中的人物，这就使很多文艺作品雷同化、公式化，所谓"差不多"。这种现象在当时是相当普遍的，因而有人把抗战文艺讥为"抗战八股"。对此，郁达夫鲜明地提出了自己的观点。他认为公式化或八股化，无论是抗战文艺还是其他文艺，乃至一切事情上都是有的，都会出现"差不多"倾向，"未可厚非"②。由于文艺家所处的时代是一个生死绝续的大时代，所表现的人物是中华民族挺身而起的普通民众，所生活的环境则是日寇侵凌之下危险到了万分的环境，因而在这三个大条件下所产生的现阶段的中国文学即抗战文艺，当然就免不了有"差不多"倾向，这是万不得已的事情；除非你是汉奸，或是侵略者的帮凶，否则，抗战文艺就绝不会有鼓吹不抵抗，或主张投降议和的内容。郁达夫对文艺倾向的一致，文艺作品内在意识的明确而不游移，认为并不是文艺的坏处，反而是文艺健全性的证明。这对当时文艺界有人提出"与抗战无关"的文艺观是非常尖锐的批评，对维护和推动抗战文艺的健康发展也起了积极的作用。这当然并不是说郁达夫赞成文艺的公式化、雷同化，他对那种"单纯、浅薄、固定化了的所谓像八股文一样的形式"③ 也知道是不好的，因而他提出了救治的方法，那就是以充实的生活和泼刺的生命来赋予文艺以丰富的内容，并遵循文艺创作一般的规律，就是说抗战文艺也要有文艺性。

郁达夫在抗战之时，就提出要"重造新文化"，并且在教育、新闻、文艺诸方面发表了许多很有价值的见解，其可贵之处在于他的文化观具有前瞻性。当文化遭受炮火的毁灭他想到的是恢复；当人们还仅是着眼于现实服务的功利目的，他已想到建国后未来的重建；当一些文学家在抗战之时还抱着写"与

① 郁达夫：《报告文学》，载郁风编：《郁达夫海外文集》，第554页，北京：三联书店1990年版。

② 郁达夫：《略谈抗战八股》，载郁风编：《郁达夫海外文集》，第575、576页，北京：三联书店1990年版。

③ 郁达夫：《关于抗战八股的问题》，载郁风编：《郁达夫海外文集》，第588页，北京：三联书店1990年版。

抗战无关"的所谓纯文学时，他却提出"没有教育，便没有文化"的惊世之论。他文化眼光的长远，文化思想的宏深，已越过了文学的固有天地。

第三节　文化的继承吸收与沟通

（一）继承　日本帝国主义想毁灭中国文化，而我们中华民族则必须有保护祖国文化的决心，继承五千年来的优秀文化传统。一个没有文化的民族是没有灵性的民族，更是没有前途与生命力的民族；有了文化而不知珍惜继承的民族，则必然要走向灭亡。中华民族在五千年中所创造的文化，物质的精神的，乃是民族智慧的结晶，是世界文化库藏中的瑰宝。其精华则是那种生生不息存亡绝续的中华文化精神；其表现正如郁达夫所说："古人有抱祭器而入海，到海外来培养文化基础，做复国兴师的根底的。"① 祭器作为一国祭奠民族祖先的器皿，是一国文化的象征物，既是物质的，又是精神的，而且更主要的是这种蕴含文化意义的精神。抱祭器而入海，乃是使文化承续下去，流传下去，以祖先创造的文化团结族人，从而培养起文化基础，作为将来复国的根底。春秋时代的越国，为吴国所侵，国将亡、王受辱，而越人仍保持固有的文化传统和文化精神，所以才有后来的越王兴国而灭吴。当此日寇入侵中国之时，日本人想毁灭中国文化，其实质也是想切断中华民族的文化血脉，使其无根而断源，则中国人就成为日本人的奴隶任其蹂躏了。所以郁达夫提出要保持祖国文化，发扬光大祖国文化，"继承中国四五千年来的文化系统，阐发中华民族特有的智慧与灵性"②，其意在存续民族精神，保证民族不亡。

（二）吸收　中华民族是一个伟大的民族。既有创造文化的精神，又有吸收异质文化的雅量。郁达夫说："在文化上取他人之长，补自己之短的雅量，我们当然自有的。"③ 这与以文化涵化异族一样，同样表现了高度的自信心。中国的文化史就是一部不断自身创造与吸收外来文化营养的文化史。首先是对境内少数民族文化的吸纳。战国时代的赵武灵王胡服骑射就是显例；魏晋南北

---

① 郁达夫：《在吉隆坡公演〈原野〉揭幕式上的致词》，《郁达夫文集》第4卷，第287页，广州：花城出版社，香港：三联书店1982年版。

② 郁达夫：《南洋文化的前途》，载郁风编：《郁达夫海外文集》，第290页，北京：三联书店1990年版。

③ 郁达夫：《敌人的文化侵略》，载郁风编：《郁达夫海外文集》，第65页，北京：三联书店1990年版。

朝时代，宋辽金时代，元清时代，汉文化与各少数民族文化都有吸纳融合，最后形成以汉文化为主体的中华文化。其次是对印度佛教文化的吸收。东汉时期，佛教传入中土，作为一种异质的比较高级的文化，在与中国本土的儒家道家两派的斗争融合中，也已内化为中国文化的一部分；并且佛教在其本土的印度不成其为主流，而在中国却是儒道佛的合一，其对中国士大夫和一般民众的精神影响也不亚于儒道，当然它是以佛学的中国化面目出现的，如佛学中对知识分子影响最大的禅宗。其三是近代文化对西方文化的吸收。中国于明代以后，虽已有资本主义萌芽，但并没有发展形成西方的工业革命。而西方大致在与中国明代同时的文艺复兴后，英国率先进入工业革命时代，走上资本主义的道路，随后欧洲各国紧紧跟上；加之哥伦布航海探险发现美洲新大陆，资本主义的冒险精神，使其对世界各地实行殖民扩张，于是也把其文化带入殖民地。日本是亚洲最早进入资本主义时代的国家，它于19世纪后期实行明治维新，吸收西方工业革命的物质与精神成果，又于甲午战争打败中国，遂使其强大起来。而中国对西方文化的吸收倒是很大部分从日本学来的。中国从近代的屡次失败中认识到中国的器物文化、制度文化、精神文化这几个层面在最近的几百年里落后了，需急起直追迎头赶上，唯一的道路就是吸收，即鲁迅的"拿来主义"。所以19世纪末20世纪初的大批中国学生到欧美日本去留学，就在于把资本主义先进的文化吸纳过来，"取他人之长，补自己之短"。郁达夫于1913年留学日本，一去十年，学医学经济，就在于要大度吸收，从日本学得西方的文化。因此，吸收异域文化营养，显示了中华文化的开放性、融合性和吸纳性，显示了中华民族博大的文化胸襟和恢弘的文化气度。

（三）沟通 南洋华侨在南洋各埠的历史已有七八百年了，他们与祖国虽有一定的联系，在精神上心理上也认同祖国，在文化上也承续祖国文化的传统，但毕竟是在异域，受殖民地当局的统治。加之处于战争时期，与内地阻隔，文化上就尤其需要沟通，以使南洋文化血脉不断，祖国文化传统得以传存。所以，郁达夫于抗战之初来南洋也就抱了一个绝大的目的，"把南洋侨众的文化和祖国的文化来作一个有计划的沟通"。他戏称自己是"替上海孤岛上的文化人，做一个沟通的掮客"①。至于沟通的方式郁达夫所做到的是编辑刊物，通过手中的刊物发表南洋和国内作者的稿件，并把国内的文化界抗战情形告诉南洋的读者，把南洋侨民对祖国的热忱介绍给国内，以此来达成沟通。郁

---

① 郁达夫：《致戴平万》，载郁风编：《郁达夫海外文集》，第513页，北京：三联书店1990年版。

达夫对鲁迅、郭沫若等中国现代文化巨人的宣传评价，与国内作家老舍、柯灵的通信都发表在他手编的刊物上；又把南洋作者的稿子推荐给国内的刊物，此种做法也还是为了沟通。他创办《星洲文艺》就坦诚地表白了自己的发刊旨趣："是希望与祖国联络，在星洲建树一文化站作为抗战建国的一翼，奋向前进的。"从这里可以看出，郁达夫并非仅仅是与国内互发稿件和一般文化信息的传递，他是借文化沟通，以建树文化站，为后来的文化复兴与建国大业作准备的。郁达夫的文化思想具有强烈的现实性又内蕴深刻的未来意义。

继承使民族文化存而不断，吸收使民族文化丰富充实，沟通则使民族文化交流联系，最终都落实在现实的抗战建国上。郁达夫的这一文化思想体现了纵向发展、横向联络与中心凸显的鲜明特征，既是传统的，又是时代的。

综上所论，郁达夫的文化思想可以用一句话来概括，即他自己说的"文化是民族性与民族魂的结晶"[1]。所谓民族性是指一个社会中一般人的人格类型。它是一个民族的整体人格，即一个民族特有的不同于它民族的思想、情操、习惯及行为方式。所谓民族魂则是指民族精神，是沉淀在一个民族思想、心理中的一个内在质素。可见郁达夫的文化思想是以民族精神为根基，以服务抗战为目的，以复兴与创造文化为未来指向，构建了郁达夫文化思想的体系。其特征表现在：（1）时代性。郁达夫认为抗战是全民族的唯一任务，因而一切文化都要以抗战为目的。抗战是时代的主潮，抗战文化则是时代精神的体现，所谓"文化界是识风浪的海鸥，我们要号吹在前，切不可悲歌在后"[2]，就是要文化人走在时代的最前列。（2）现实性。郁达夫不是文化学家，也不是文化史家，他的文化思想不是从纯理论出发，而是从现实出发。这就使他的思考表述是具体的、感性的、实际的，与那些文化学家的从理论到理论的形态是不同的。郁达夫对抗战中的教育问题、新闻问题、抗战文艺问题等等都是从现实的需要提出来的，虽涉及文化的方方面面，而侧重则在能为一般大众所接受并能发生趣味和热爱的文艺方面。（3）前瞻性。当中国文化在抗战中遭受毁灭之时，郁达夫已经感到了复兴文化与创造新文化乃至建设东亚新文化的问题。对历史文化要继承，对现实的抗战文化要宣传，对将来的新文化要着手创建，郁达夫文化思想的触角从过去伸向了未来，目光既深邃又富有前瞻性，表现出一个有责任感的知识分子对文化建设的非凡气度与使命意识。

---

[1] 郁达夫：《抗战以来中国文艺的动态》，载郁风编：《郁达夫海外文集》，第469页，北京：三联书店1990年版。

[2] 郁达夫：《双十节感言》，《郁达夫文集》第8卷，第261页，广州：花城出版社，香港：三联书店1983年版。

第四节 对战时日本文化的批判

郁达夫早年留学日本，深受日本近代文化的濡染，他说："自己在日本留学的时代，正当明治维新大业完成之后，百务向上，达到了敌国在数百年间仅有的社会兴盛期的顶点。那时候的敌国上下，个个都守法安分，军人在社会上并没有放肆专横的行为。欧洲的自由主义思想，以及十九世纪文化的结晶，自然主义中最坚实的作品，车载斗量地在那里被介绍。"这时期是日本文学也是日本文化的黄金时代。然而日本后来逐渐走上军国主义的道路，步德国法西斯的后尘，对东南亚各国实行军事扩张，搞什么"大东亚文化共荣圈"，实际就是文化侵略，日本的文学、文化从此也就走向了末路，"以后是恐怕永远也恢复不过来了"①。对日本现代文化的反文化性，郁达夫给予了强有力的批判。

一、日本文化的模仿性

郁达夫鄙称日本文化是"猴子文化"，他说："敌国的文化，本来就是模拟文化，或可以称作猴子文化。"② 的确，日本当中国文化没有输入的时候还是一个尚未开化的蛮族。直到公元 3 世纪，日本人当时称为倭人，穿的还只是把整幅布处处用线连起来，或在一块布中间开一个口，从那个口把头伸出来的一种衣服，其原始落后到什么程度也就可想而知了。日本应神天皇时代（270~310），中国的汉字开始传到日本，中国的黄金、铜镜、真珠、铅丹、织锦等珍贵物品以及高度发达的文化也随倭人的来华带回日本，给荒蛮的日本以新鲜的刺激。日本人向往中国先进的文化，渴望像中国人那样过灿烂的文化生活，于是接受中国的封号，自甘下国，与中国通好。《宋书·蛮夷传》载有日本倭王武略天皇致刘顺帝的表文就自称："封国偏远，作番于外。"从我国汉魏时，日本倭奴国倭面土国即与中国有往来。魏明帝还赠给倭女王国卑弥呼许多珍贵物品。南朝时日本遣使汉土，至隋唐而达到鼎盛。日本盛德太子时，遣

---

① 郁达夫：《战后敌我的文艺比较》，载郁风编：《郁达夫海外文集》，第 591 页，北京：三联书店 1990 年版。

② 郁达夫：《抗战两周年敌我的文化演变》，载郁风编：《郁达夫海外文集》，第 53 页，北京：三联书店 1990 年版。

使目的很明确："万事悉欲仿效之心。"① 仅有唐一代近三百年间，日本派遣唐使，留学僧等成行十三次，共五六百人，他们返国时带回有关唐朝的知识和文物，对日本建立国家制度、促进农工业生产、提高文化水平、传布佛教等都有重大影响。日本学者木宫泰彦在其《日中文化交流史》一书中说："日本中古的制度中，一向被认为是日本固有的，一翻开唐史，却发现有好多完全是模仿唐制的。"② 所以日本的文化，从模仿入手，全是中国的翻版。这种模仿一直延续到明治之后，其模仿的范围是广泛的全方位的。学术思想，照搬中国的儒家学说，朱子理学一直成为日本德川幕府时代的理论支柱。宗教以佛教经典输入最多，日本派遣学问僧也是因为中国天子"兴佛法，故遣朝拜"③ 的。与佛教有关的寺院建筑，也多仿造中国。如法隆寺堂塔的全部式样是南朝流派的产物；奈良朝的国分寺仿唐龙兴寺制度，大安寺则是中国的鉴真和尚去设计建造的。直到明清时代，日本的黄檗山万福寺，长崎的唐之寺以及各地修建的黄檗宗寺院，都采用了纯粹的明清建筑样式。在城建的布局格式上，日本的平安京（今京都市）平城京（今奈良市）均仿中国唐朝都城长安的模式。立国的制度，日本于大化改新（646 年）后制定了律令制，政治上的行政机构仿唐制，经济上的《班田收授法》仿中国的均田制，稍后的《延喜式》是模仿唐制编成的古代法典。文学艺术上的模仿更多。在奈良朝时期，贵族社会中汉诗被认为是官方的文学，时髦的文学。奈良朝后期的《怀风藻》就是一部汉诗集。其后的纪传体《大镜》模仿司马迁的《史记》；《平家物语》《方丈记》皆用日汉混合文体。到 19 世纪上半叶，泷泽马琴（1768～1848）花二十八年时间写了一部长达一百零六卷的《南总里见八犬传》则是模仿我国的著名小说《水浒传》。日本在音乐、绘画、篆刻等艺术方面也无不模仿我国。奈良朝唐乐大为盛行。江户中期的浮世绘名家铃木春信（1725～1770）受中国仇英的影响，专画美人。室町时期画僧雪舟（1420～1506）曾到北京临摹名画，其名作《山水长卷》《秋冬山水图》等画风汲取马远、夏圭的笔法。对日本画风影响最大的是中国南宋的山水画家伊浮九和花鸟写生画家沈南。日本从中国输入汉字，其书法篆刻更是不脱对中国的模仿，简直无须举例。日本的史书，如现存最早的《古事记》采用混用汉字音训的特殊文体；《日本书记》则是模仿中国正史《隋书》本纪体，以汉文写成。日本的大型类书《秘府略》一千卷是仿

---

① 木宫泰彦著，胡锡年译：《日中文化交流史》，第 53 页，北京：商务印书馆 1980 年版。
② 同上，第 163 页。
③ 同上，第 52 页。

照我国梁朝的《华林遍一略》、北齐的《修文殿御览》、唐朝的《艺文类聚》《初学记》《北堂书钞》《白氏六帖》等类书编成。唐玄宗时期的僧一行创制的太衍历对日本历法的改革也有密切关系。日本的印刷、纺织、工艺、铸造等技术，甚至连墓制也是仿中国的。日本九州地方古代原无营建坟丘的墓制，只是把瓮棺或粗制拼合石棺埋入土中，到了卑弥呼时代才开始营建直径达一百余步的巨大坟丘，明显是受中国墓制的影响。在日常生活方面，日本对中国的模仿也是一着不落。中国的茶从唐时传入日本，宋时日本饮茶成风，今天的日本茶道已成为一种修身养性的礼法。至于日常吃的唐式点心，胡麻豆腐、隐元豆腐、唐豆腐，黄檗馒头等中国风味的食物，也是按中国方式制的，并主客围桌共同饮食。

总之，日本对中国文化的学习模仿涉及到佛教、儒学、诗文、医学、书法、茶道、音乐、绘画、建筑、造园、印刷等各个方面。正如郁达夫所说："原来日本文学，在过去是不能独立存在的；因为他们在没有输入中国文化以前，根本就没有文字。自输入了中国文化以后，以中国字及由中国字里抽出来的假名字所写下来的《古事记》《日本书记》《万叶集》之类的古代文献，虽说是日本固有的文学，但谁能够保证，当写下来的时候，不曾经过那些饱受中国文化的执笔者的改造和增删？他们在文字黄金时代的产品，如藤原时代、平安朝、奈良朝时代的作品，所受的完全是中国文学的影响，《昭明文选》《白氏长庆集》《老子》《庄子》，以及《四书五经》，简直是当时日本人中间家弦户诵的书。这一个传统，一直传下来，到了明治维新的前后，还是如此。"[①]中国文化的泽惠真是广远渊深的。日本自大化改新（646年）开始全面模仿我国唐朝模式，直到明治之时（1868年），一千多年间，日本从蛮野步入文明，文化一步步发达起来。

本来日本可以在明治后输入西方文化，把中、西文化与日本固有文化结合起来，走向更加辉煌灿烂的文明时代。遗憾的是，日本却开历史的倒车，走上军国主义的道路，随着甲午中日战争的侥胜，1895年又夺取中国的台湾省，对领土的野心越来越大。到了20世纪上半叶更加紧了对中国的进逼。田中奏折明白宣称："欲征服中国，必先征服满蒙；欲征服世界，必先征服中国。"于是先入侵我国的东三省，继而大举入侵中国，挑起全面侵华战争。日本人刚刚开化的文明又退入野蛮，而日本的文学艺术乃至整个文化就连日本人也自称

---

① 郁达夫：《日本的侵略战争与作家》，载郁风编：《郁达夫海外文集》，第514页，北京：三联书店1990年版。

是随这场战争"完全堕落为法西斯的奴才"①。

二、日本文化的反动性

日本于侵华之后，伴随军事行动，开起了宣传和镇压两架机器。从此日本的文学、文化进入一片漆黑的时代。1937 年 9 月，日本设立内阁情报部，后来又成立独立的政府机构"内阁情报局"，统管大本营陆海军报道部，外务省情报部以及内务省警保局图书处。这是一个宣扬国策，镇压思想的指挥部。它一成立就加强检查制度，控制报纸、杂志、广播及出版刊物，压制自由主义言论；禁止作家写作活动，剥夺其生活权利；有些思想家，文学家被捕入狱；国民被驱向战争；整个国家变成了一座大牢狱。郁达夫就这种现状严厉指出："日本的文化，文学，以及一切，在这廿世纪的时代里，是一种完全稀有的反动，与后退的现象。"② 这种反动表现在：

（一）作家的堕落

日本于明治之后，出现了一批优秀的作家，使日本文学在世界文坛放一异彩。这些作家早的有坪内逍遥、岛崎藤村、田山花袋、森鸥外、夏目漱石等。稍后的有永井荷风、谷崎润一郎、志贺直哉、德田秋声、小林多喜二等。当侵华战争爆发时，成名于明治大正时代的一批作家不为日本军部所驱使，保持沉默与独立，如宫本白合子、久保永、德永直、阿部知二等，以其作品表示出曲折的抵抗和不顺从。然而另一批作家，则在高压之下，出卖良知，出卖灵魂，堕落为日本军阀的走狗，走上一条反文学的道路。郁达夫对这批作家深恶痛绝，严词批判。他把战时的日本作家分为四类：第一类是以色情怪异为主眼的作家。他们出生于艺术派，有主智倾向，虽写毫无意义的古代生活，"多少也成了高扬武士道，提倡日本主义的帮凶犯"③。如吉川英治、白井乔二。第二类就是以走狗自甘的帮凶作家。这类作家以前曾是左翼作家、社会主义作家。可战争一来马上蜕变堕落了了，如岛木健作、佐藤春夫、林芙美子、菊池宽、林房雄、片冈铁兵、小岛政二郎、石川达三等。他们受日本内阁情报部的指使，被遣发到中国来当从军作家，为日本侵略中国当吹鼓手。第三类是专为军阀唱

① 西乡信纲等著，佩珊译：《日本文学史》，第 355 页，北京：人民文学出版社 1978 年版。
② 郁达夫：《抗战两周年敌我的文化演变》，载郁风编：《郁达夫海外文集》，第 54~55 页，北京：三联书店 1990 年版。
③ 郁达夫：《日本的侵略战争与作家》，载郁风编：《郁达夫海外文集》，第 517 页，北京：三联书店 1990 年版。

赞歌的"喇叭作家"。这类作家实际上为日本法西斯所豢养，被派到中国当随军记者，写一些歪曲战争的报道或所谓的战争文学。如火野韦平、日比野士郎、栋田博等。第四类是军部指挥下的作家团体"农民文学恳谈会"，其目的是对本国人民作欺骗宣传，如和田传等人。对这样一批作家，郁达夫以其犀利的笔，揭露其帮凶、走狗的丑恶面目。郁达夫对菊池宽、林房雄、片冈铁兵、火野苇平都痛加批判，而于佐藤春夫则批判尤烈。佐藤春夫是明治后期的文坛新秀，他的成名作《田园的忧郁》发表的时候，郁达夫正在日本留学，非常爱读他的这部作品，以至深受佐藤的影响。郁达夫的早期代表作《沉沦》就有佐藤的"田园的忧郁"的风格。由于文学上的共同爱好，这两个异国的作家结成了深厚的友谊。郁达夫对佐藤的作品不仅非常推崇，自认为不敢望其项背，而且当20年代后，佐藤春夫来中国访问时，郁达夫专门陪同他游玩，向他介绍中国文坛的情况。然而战争爆发后，这个自命为中国人民朋友的佐藤春夫，毛色一变成了日本"军阀的卵袋"，写作了十分恶毒的电影故事《亚细亚之子》。在这篇作品中，佐藤采用影射的方法，侮辱他昔日的中国朋友郁达夫和郭沫若，大肆吹嘘日本皇军在中国的胜利，教唆中国人去给日本人当汉奸。郁达夫对佐藤春夫的变节，严词正色痛加贬斥："佐藤在日本，本来是以出卖中国野人头吃饭的。平常只在说中国人是如何如何的好，中国艺术是如何如何的进步等最大的颂词。而对于我们私人的交谊哩，也总算是并不十分大坏。但是毛色一变，现在的这一种阿附军阀的态度，和他平时的所说所行，又是怎么样的一种对比！"佐藤"真的比中国的娼妇还不如"，"是最下流的娼妇。"①郁达夫的批判表现了中国知识分子的凛然正气和民族气概。

（二）作品内容的反动

日本的文学在这样几类作家的笔下，其内容的荒唐反动可想而知。大致说来有这么几种。

一是鼓吹战争的文学。与日本军部早有勾结的作家小林秀雄《关于战争》一文中宣称："必须要拿起枪来的时刻一旦到来，我将高兴地为国捐躯。我不能再作除此以外的打算，而且也认为没有必要。至于要说一个文学家为什么要拿起枪，这样的问题本来就没什么意义。因为一到战时，谁都要以一个士兵的身份去作战。"② 这可以说是一篇关于战争文学的宣言，其主旨即文学家在战

---

① 郁达夫：《日本的娼妇与文士》，《郁达夫文集》第8卷，第296页，广州：花城出版社，香港：三联书店1983年版。

② 中村新太郎著，卞立强、俊子译：《日本近代文学史话》，第469页，北京：北京大学出版社1986年版。

时要拿起手中的枪——笔，加入日本军阀的笔部队，为侵略战争作鼓吹。于是
一批受日本军部驱使的作家纷纷写起所谓的战争文学。如火野苇平的《未死
的兵》《泥土与士兵》《花与士兵》、上田广的《黄尘》、日比野士郎的《吴淞
江》、栋田博的《班长的手记》、林芙美子的《北岸部队》等作品；还有一些
本不属于专业作家的新闻记者之流，也以手记或通讯报道的形式写起了战争文
学。这些作品旨在歪曲战争，鼓舞日兵的士气，很符合日本军部的需要，所以
郁达夫予以揭露和批判。他说：火野苇平本名玉井胜则，作为笔部队一员从中
国杭州湾登陆，到杭州、到上海、到徐州、又到广州、琼州，在中国转了一大
圈后写了《麦与兵队》，作品以从军日记的形式在日本的《改造》杂志上发表
以后，"日本全国上下，异口同声，说他是等于写《赛伐斯脱堡尔》的托尔斯
泰，是日本这一次侵略战争所产生的最大文学家。但其实呢，这作品的平淡无
味，写孙圩一场混战场面的支离灭裂，真出乎人的意想之外。像这一种作家，
这一种作品，在日本已可称作最大杰作的话——尤其是最近在《文艺春秋》
一月号上所发表的那篇无聊的《烟卷与兵队》——，那日本的作家，与日本
的文坛，也就可想而知了"①。日本军阀是不懂什么叫文学的，他们把鼓吹战
争的作家瞎吹为托尔斯泰，只能说明他们的荒谬与无知；而火氏的作品在内容
上的"平淡无味"，写法上的"支离灭裂"，如此毫无价值的东西却冠以文学，
正说明日本文学的倒退。当日本的文学到了除了彻底为战争鼓吹外，已再也找
不到其他活路的时候，那么这种歪曲战争鼓吹战争的文学，它往后的发展也就
并不如日本统治者所想的那样美妙了。尽管大批日本的文学家充作笔部队，派
往中国，然而他们的精神上，一片荒芜，根本不可能创造出真正意义上的，明
确什么是正义什么是非正义的战争文学，写出来的只能是《麦与兵队》一样
的渣子。

二是所谓"农民文学""生产文学""大陆开拓文学"等的"国策文学"。
"农民文学""生产文学"是对战争文学的配合，协助日本军部制定的国策的
进行。1938 年 11 月，由和田传、岛木健作、伊藤永之介等三十多名作家组成
了作家团体"农民文学恳谈会"，即郁达夫所指斥的"在军部指挥下的作家团
体"，是"正在向各农村在作老爷式的宣传的一团"，"他们——如和田传——
受了军部的金钱，假借农民作家的名义，到处在视察，在宣传，想把日本一般
的农民反战的高潮低压下去。但是西洋镜，老早就被人家拆穿，于去年结成的

---

① 郁达夫：《日本的侵略战争与作家》，载郁风编：《郁达夫海外文集》，第 518 页，北京：
三联书店 1990 年版。

当时，日本《都新闻》就有了正当的指摘，军部心劳日拙，想假了几个堕落文人欺骗民众，终于是欺骗不了的"①。那么和田传到底写了什么样的"农民文学"呢？和田传出生于日本神奈川县农村（现在属厚木市）的一个地主家庭，以他对农民生活的熟悉，战时他写了《生活的酒杯》和《大日向村》等长短篇小说，这些作品虽号称是写农民，但内容却限定在协助执行军部所制定的"国策"而不能越雷池一步的框框之内，作者不敢正视现实，不敢正面反映本国人民勃兴的反战高潮，借写农民为名而行欺骗农民之实。至于"生产文学""大陆开拓文学"也与"农民文学"一样，宗旨为天皇服务，帮助政府推行"国策"，即侵略中国东南亚各国之策。如间宫茂辅的《矿石》、中本高子的《南部铁壶工》、桥本英吉的《坑道》、汤潜克卫的《先驱移民》、大鹿卓的《探矿日记》及小山丝子的《油页岩》等，这些作品都与"农民文学"一样，被绑在军国国策的柱子上，除了"欺骗民众"，已毫无价值可言。

三是反映色情怪异或重嚼尸骨的作品。这个时期，日本出现了一股"历史文学"思潮，一些作家退回古代、中世纪和封建社会的末期，从历史中翻尸倒骨，"只在《源氏物语》《西鹤世物语》上面打滚"，反映了日本文学内容的空虚，已走进死胡同，郁达夫称这类作品是"咬死骨、搅尸灰"②，对此嗤之以鼻。

（三）文化生活的空虚

日本的文学作品都在为军阀的侵略战争叫嚣，不论战争文学还是农民文学都染上了军国主义的色彩，就连一般的国民的文化生活也在这种恐怖的军阀统治下变得十分空虚，日本的民众没有言论自由，思想自由，不准说军阀两字，也不准说一句日本人在中国战场上的丧亡。小说家石川达三的《未死的兵》，因内容涉及日兵在中国的奸淫、虐杀、掠夺的兽行，就被军部抓去坐牢，被判处监禁4个月，缓刑3年，连发表这部作品的编辑也被判了同样的刑，直到石川达三声明自愿歌颂皇道军阀之后，才被放出，充作日本的笔部队，被派遣到中国来。在这样一种高压气氛下，日本人的思想被完全禁锢，一切违背军部旨意有辱皇军的言行或毫无政治色彩的日常生活都在军阀宪兵的严密监视之下。莎士比亚的戏剧不能上演，因有辱皇室或情节涉及恋爱；帝国大学里不准讲经济学史，更不准介绍美国的自由主义思想。最可笑的是"学生不许上咖啡馆，

---

① 郁达夫：《日本的侵略战争与作家》，载郁风编：《郁达夫海外文集》，第519页，北京：三联书店1990年版。

② 郁达夫：《战后敌我的文艺比较》，载郁风编：《郁达夫海外文集》，第592页，北京：三联书店1990年版。

洋服不准新制，不准戴领带与穿皮鞋。战死兵士的未亡人只准笑不准哭，纽扣的铜银金属，以及身上屋内的皮革，要拿去献给政府。饭菜不得过两样，吃饭不准上三碗。"① 日本的警察宪兵到处横行，日本人噤若寒蝉。

三、日本的文化侵略

伴随着军事上的进攻，日本军阀还玩弄政治进攻、经济进攻、和平进攻、谣言进攻、毒物进攻、娼妓进攻等种种卑劣的手段，而最毒辣的是文化进攻文化侵略。日本的文化"本来就是从中国抄去的副本"②，其固有文化本来是很有限的，根本不够与中国文化相敌。然而日本人出于征服中国征服世界的狂妄和文化上的自卑，就出此下策，一方面强制推行日语或收买汉奸以奴化中国人；另一方面对中国文化实行毁灭政策。日本的用心是非常险恶的，所以郁达夫说日本人的文化侵略"才是敌人用以灭我种亡我国的一个最毒辣的计划"③。

然而日本的文化侵略如同它在中国各个战场上军事进攻一样，同样是失败了。先看日本的推行日语。日本侵占了我国的台湾省、东三省以及其他一些地区，为了使中国人忘记国族就实行奴化政策，在各沦陷区把小学教科书改为日文，强迫中国人说日本话。但是中国人进行了机智的抵抗。一是教材配备两种，公开学日文，秘密学中文，民族文化之火仍是不熄。二是教员大部分都是保持着民族精神与民族气节的中国人，他们仍把暗中教授中国文化当作是自己的神圣使命。日本的强制推行日文像俄国沙皇在波兰强制灌输俄语和德国法西斯在法国等欧洲国家推行德语一样均以失败告终。这说明，世界上任何一个伟大的民族，都不会甘于沦亡而屈服，他们都用本国本民族的语言文字以维系与国族的感情，把自己的根深深植入本民族的土壤之中。在这样的民族心理中培养起来的深沉的民族感情是任何一种力量都无法征服的。再看对汉奸的收买。中国最大的汉奸是逊清伪政府和汪精卫集团，文人则有周作人、张资平。日本人也知道要征服中国还要实行"以华制华"。所以他们扶植废帝溥仪的满清伪政府，出钱给汪精卫的傀儡政权。然而都毫无效果。因为汉奸政府乃是全国人民的公敌，是国之败类。利用这一帮败类何以成事。另外就是那甘为汉奸走狗

---

① 郁达夫：《抗战两周年敌我的文化演变》，载郁风编：《郁达夫海外文集》，第 54 页，北京：三联书店 1990 年版。

② 郁达夫：《在吉隆坡公演〈原野〉揭幕式上的致词》，《郁达夫文集》第 4 卷，第 287 页，广州：花城出版社，香港：三联书店 1982 年版。

③ 郁达夫：《敌人的文化侵略》，载郁风编：《郁达夫海外文集》，第 63 页，北京：三联书店 1990 年版。

的堕落文人与所谓学者，如周作人之流，然而这一种毫无民族气节的丑类，早为正直的中国文化人所唾弃。郁达夫的《"文人"》就是对汉奸文人讨伐的檄文。第三就是日本的毁灭我中国文化。日本"自从侵入中国以来，一味的想摧毁我文化机关，文化种子。原也如拓碑的人，既拓得了全碑之后，想把原碑打破毁去的意思一样。"① 日本对中国文化或是劫夺，抢不走的就是毁灭，这完全是文化强盗文化刽子手的行径。日本对中国文化的毁掠，使数以万计的中国古版书籍及未印之手稿等，其中有不少是数世纪以来所罕见及未被发现的珍本，从中国的东北四省及中国的西北部大量流向美国。其原因是搜藏者怕被日本掠夺后使文化绝灭，虽售于美国尚可得到保存以便将来的研究和影印。这从反面说明日本对中国文化的剿灭之严酷，然而"中国文化遭受了这一次野蛮人袭来的大劫，一时虽则会有重大的损失。——如文献的被劫夺偷盗，文化机关的被破坏等等"②，"敌人虽竭其全力，想毁灭我们的文化，但我一看去年一年中所出的大部总集（如《鲁迅全集》《列宁选集》、马克思的《资本论》等）之多，与各种新闻杂志创刊的众多，就可以知道我们的民族是愈有敌国外患，愈富弹力的民族"③。而中国古代的文化也在异地得到了保存。尽管日本的文化侵略，比其军事进攻、娼妓进攻更毒辣，但有数千年悠久历史所积存的丰厚文化是侵略者所剿灭不掉的，为这种文化所铸造的中华民族的文化精神更是日本人所征服不了的。郁达夫以其坚定的民族文化自信断言：将来"建设东亚新文化，使敌国上下，能受到真正文化的恩惠，这责任反而还在我们的肩上，同隋唐之际，我们去开发倭夷时的情形一样。"④

郁达夫是时代造就的文化战士。他对民族文化的深情，对抗战文化的执著，对创造新文化的决心，既有深度又有力度；他于战时对日本文化的批判，既有魄力又有胆识。他的文化思想，是那个时代的产物，是他对中国现代文化的新贡献。

---

① 郁达夫：《在吉隆坡公演〈原野〉揭幕式上的致词》，《郁达夫文集》第 4 卷，第 287 页，广州：花城出版社，香港：三联书店 1982 年版。

② 郁达夫：《关于沟通文化的信件》，载郁风编：《郁达夫海外文集》，第 531 页，北京：三联书店 1990 年版。

③ 郁达夫：《抗战以来中国文艺的动态》，载郁风编：《郁达夫海外文集》，第 469 页，北京：三联书店 1990 年版。

④ 郁达夫：《敌人的文化侵略》，载郁风编：《郁达夫海外文集》，第 65 页，北京：三联书店 1990 年版。

第四章

郁达夫的编辑贡献与编辑思想

在中国现代编辑史上，郁达夫应占有很重要的一席。作为文学家，郁达夫对现代文学的贡献是巨大的；作为编辑家，郁达夫对编辑思想、对现代编辑事业也同样作出了巨大的贡献。从发起成立创造社，主编《创造季刊》，到远赴南洋主编《华侨周报》，他一生的主要活动，除了文学创作就是编辑事业。

第一节 主编创造社刊物

创造社是中国现代文学史上一个非常重要的文学社团，郁达夫正是创造社和创造社出版部的主要发起人，是《创造季刊》等报刊的主编。这是郁达夫对现代编辑事业的贡献之一。

1920 年春，郁达夫在日本东京不忍池边上池之端的一座楼上，与张资平、成仿吾举行了一次"桔子会"，"打算合起来出一个文学杂志"[1]。这是创造社酝酿成立之始。这次会议虽是因田汉没到而未能开成，但郁达夫已作为一个重要发起人开始了积极活动。当时，国内的"五四"爱国运动给海外留学生以巨大的震动和鼓舞；新文化运动的高潮已过，亟须有纯文学刊物的出现以助文学革命向纵深发展。正是在这种大背景下，郁达夫等人发起创办文学杂志，以创造新文学、译介外国的进步文学，正是"五四"时代精神的体现。经过多次反复讨论，中国现代文学史上最大也是最重要的一个文学社团创造社，继文学研究会之后，于 1921 年 6 月 8 日在郁达夫的寓所宣告成立，并以《创造季刊》为机关刊物，创刊号由郁达夫主编。从此，郁达夫以一个编辑家的身份

---

[1] 郁达夫：《创造社出版部的第一周年》，《郁达夫全集》第 10 卷，第 265 页，杭州：浙江大学出版社 2007 年版。

出现在现代编辑史上。当郁达夫还未为世公认为文学家时，他首先干的事是发起成立创造社和担任季刊的编辑。郁达夫个人小说创作对现代文学产生一定影响，固然是很突出的，而他发起成立创造社和主编刊物，其影响的深度和广度并不亚于前者。从编辑出版史和对社会所产生的效值这个角度来看，郁达夫的这一活动更应该得到充分的肯定和重视，这种贡献与他的创作是相媲美的。

创造社自成立后，它的全盛时期是与郁达夫紧密联系在一起的。郁达夫的创造性的编辑劳动，终于使创造社的刊物在社会上引起强烈的反响，使创造社这支突起的异军受到社会的关注，尤其是广大青年的欢迎。1922 年 5 月主编《创造季刊》的创刊号出版，由上海泰东图书局发行。郭沫若作诗《创造者》为代发刊词，郁达夫发表了《艺文私见》表明自己的文艺思想。这一期的作品吸引了广大的青年读者，引起了各方面强烈的反响。之后，郁达夫从日本东京帝国大学经济部毕业回国，即往上海泰东图书局主持创造社工作，专任创造社各刊物的编辑。1923 年 5 月，郁达夫提议出版并编辑的《创造周报》创刊，到了 7 月份，作为《中华日报》的副刊《创造日》又创刊，仍由他主编。在《创造日》的创刊号上，他发表《宣言》说："我们想以纯粹的学理和严正的言论来批评文艺政治经济，我们更想以唯真唯美的精神来创作文学和介绍文学"①，鲜明地表达了他的编辑思想。至此，创造社已有了 3 个刊物——《季刊》《周报》和《创造日》，郁达夫都担任过主编。这 3 种刊物影响都是很大的，特别是《创造周报》最受欢迎，刊行数由初刊每期 3 000 份增加到后来的6 000 份，仍不敷销售，"每到星期六，总有不少读者在泰东书局的店头等候新出版的《周报》，案头上堆积得厚厚的新刊物很快就卖光了。这些现象都说明创造社的事业大有发展的前途"②。而这个"大有发展前途"的事业的创造者，正是郁达夫和他的同仁。由此可见，郁达夫所付出的努力是如何的巨大，对现代的文学编辑事业，他倾注了大量的心血，并以旺盛的精力一边编辑，一边创作，为社会奉献自己的思想和热情，并把创造社推向全盛时期。

郁达夫的创造热情并没有因创造社的事业走向全盛而稍息，反而更加高涨。他与郭沫若等人经过很大努力，终于在 1926 年的 3 月，成立了创造社出版部。创造社有了自己的出版部，从此摆脱了泰东书局的牵制，能够更自主更自由地发展自己的事业。郁达夫抱病主编了《创造月刊》的创刊号，在《卷

---

① 郁达夫：《〈创造日〉宣言》，《郁达夫全集》第 10 卷，第 67 页，杭州：浙江大学出版社2007 年版。

② 郑伯奇：《忆创造社》，《创造社资料》（下），第 865 页，福州：福建人民出版社 1985 年版。

首语》上，他坚定地提出《创造月刊》的革命立场和宏伟目标："我们的志不在大，消极的就想以我们无力的同情，来安慰安慰那些正直的惨败的人生的战士，积极的就想以我们的微弱的呼声，来促进改革这不合理的目下的社会的组成。"① 随着创造社出版部的成立和《创造月刊》的创刊，创造社进入了第二个时期，郁达夫参与了新一阶段的编辑出版活动，并作出了新的贡献。

为了创造社的健康发展，郁达夫作出了很大的个人牺牲，辞去了中山大学文科教授和学校出版部主任的职务，于1927年1月回到上海，以创造社出版部总务理事之职，主持创造社的全部工作。他首先整顿出版部的账目，接着召集同仁开会，讨论新建设的事情，并着手创造社所有刊物的编辑工作。在他的主持下，编辑了《洪水》半月刊第3卷第25期至32期的稿子；创办了专门介绍进步文学和指导创造社的小型周报《新消息》（共出3期，其中1、2期由郁达夫编辑），还出版了《创造月刊》第1卷第6期，在该刊上发表了《关于编辑、介绍、以及私事等等》。上述整顿内务、清查账目、编辑刊物等活动，可以看出郁达夫把全部的身心都投入了出版部工作。由于郁达夫主持出版部工作这一时期，也正是蒋介石背叛革命，发动"四·一二"政变大肆屠杀共产党人的白色恐怖时期，郁达夫在《日记》中写道："蒋介石居然和左派分裂了……可恨的右派，使我们中国的国民革命，不得不中途停止了。"② 郁达夫在此前编发了由鲁迅领衔签名的《中国文学家对于英国资产阶级及一般民众宣言》，谴责了英法等帝国主义勾结军阀屠杀中国工人的罪行，指出帝国主义是中国人民和全世界人民的共同敌人。加之其他的文章和创造社的革命倾向，在创造社出版部汕头分部成立不久即被查封之后，国民党当局又开始对郁达夫主持的上海创造社出版部大肆搜查、逮捕职工，先是以"为他们帮助党务"为"变换条件"以"保证创造社的不封"，遭到郁达夫的"托病谢绝"③；继而又引诱郁达夫"出去做个委员"④，仍然遭到断然的拒绝。紧接着就是大搜捕，并调查托病回杭的郁达夫在杭州的住址，准备施以毒手。郁达夫并没有被国民党当局的威胁、利诱所屈服，仅避一月，郁达夫即离开杭州回上海，以一种无畏的精神继续主持创造社出版部的工作。郁达夫不仅以行动对抗国民党当局，还发表了一系列战斗性很强的政论文章，如《广州事情》《在方向转换的途

---

① 郁达夫：《卷头语》，《郁达夫全集》第10卷，第165～166页，杭州：浙江大学出版社2007年版。
② 《郁达夫全集》第5卷，第156页，杭州：浙江大学出版社2007年版。
③ 同上，第168页。
④ 同上，第174页。

中》《〈鸭绿江上〉读后感》《公开状答日本山口君》《诉诸日本无产阶级同志》等。《在方向转换的途中》一文对"大家都只敢怒而不敢言"的"蒋介石的高压政策"抨击尤烈。文章说："处在目下的这一个世界潮流里，我们要知道，光凭一两个英雄，来指使民众，利用民众，是万万办不到的事情。真正识时务的革命领导者，应该一步不离开民众，以民众的利害为利害，以民众的敌人为敌人，万事要听民众的指挥，要服从民众的命令才行。若有一二位英雄，以为这是迂阔之谈，那么你们且看着，且看你们个人独裁的高压政策，能够持续几何时。"① 这里的"英雄""个人独裁"即是暗指蒋介石，正好与郭沫若的《请看今日之蒋介石》一文相呼应，因而此文发表不久，即受到了攻击。另外，由于《广州事情》公开揭露和抨击广东政府的黑暗，受到郭沫若、成仿吾的批评，加之其他原因，郁达夫在"作了大家攻击的中心，牺牲了一切"②的情况下，在上海的《申报》和《民国日报》分别刊登启事，声明退出他亲手建立的创造社和创造社出版部，从此结束了他在创造社的活动。

应该说，郁达夫在第二期的创造社活动中仍然是发挥了主导作用的。特别是提议成立创造社出版部，从而使创造社成为一个真正独立的不受资本家剥削与支配的"纯文艺团体"而区别于胡适、徐志摩等人的"新月派"；也为创造社以后的汇合向"左联"作好了准备。

第二节　从《民众》到星副

郁达夫主编、与人合编以及负责出版的报刊与丛书有多种。这些报刊和丛书在当时都起到了积极的进步作用，为现代编辑出版史增添了内容。这是郁达夫对编辑事业的贡献之二。

在广州中山大学任出版部主任时，郁达夫就亲自制定了《中山大学小丛书出版计划书》，因辞职回沪主持创造社出版部工作未来得及实施；在创造社出版的数十种丛书中，他自己的就有 9 种。至于他编辑过的报纸杂志则更多了。创造社的早期刊物如《创造季刊》《创造周报》《创造日》《洪水》《新消息》《创造月刊》，他不仅编过，有的就是他创办起来的。从创造社出来后，

---

① 郁达夫：《在方向转换的途中》，《郁达夫全集》第 8 卷，第 26～27 页，杭州：浙江大学出版社 2007 年版。

② 郁达夫：《〈日记九种〉后叙》，《郁达夫全集》第 5 卷，第 214 页，杭州：浙江大学出版社 2007 年版。

主编过《民众》旬刊，这是政治性的革命刊物，不同于他前期在创造社时偏重于"纯文学杂志"。他在《发刊词》和《谁是我们的同伴者》中，旗帜鲜明地反对蒋介石发动"四·一二"反革命政变，丝毫不因退出创造社而改变过去确立的政治立场。和鲁迅共同组织奔流文学社合编《奔流》月刊，于1928年6月20日在上海创刊，1929年12月20日出版第2卷第5期后停刊，共出15期。在鲁迅支持下，又主编了《大众文艺》，发表《〈大众文艺〉释名》，阐明《大众文艺》的宗旨："文艺是大众的，文艺是为大众的，文艺也须是关于大众的。"① 该刊为文艺月刊（后不定期），后期成为中国左翼作家联盟的机关刊物，主要刊登外国文学翻译作品，兼及文艺理论和创作，曾开展文艺大众化讨论。1928年9月20日于上海创刊，1930年6月被国民党政府查禁。郁达夫曾和鲁迅一起加入共产党领导的中国济难会，因此，他又与钱杏邨合编了济难会主办的《白华》半月刊，参与编辑了郑振铎、傅东华主编的《文学》月刊，和陈望道主编的《太白》半月刊。《文学》创刊于1933年7月1日，终刊于1937年11月10日。这是一个进步文学刊物，侧重文学创作，兼及外国文艺创作和中外文艺理论的介绍。因为政治色彩不太浓，拥有较多的读者，影响也较大。《太白》创刊于1934年9月20日，终刊于1935年9月5日，这个刊物与《世界知识》《文学》《译文》一起号称生活书店的"四大杂志"。"太白"取启明星"驱逐黑暗，迎接黎明"的意思，也有使用大白话并与当时的《论语》《人间世》唱对台戏的想法，以提倡"大众语"和刊载揭露社会黑暗的杂文为读者所赞赏。郁达夫任这两个刊物的编辑委员，付出了一定的劳动。1935年1月，郁达夫应上海良友图书印刷公司之邀，担任《中国新文学大系·散文二集》的编辑，并写出了《导言》。不久又兼任了《论语》的主编（自1936年3月起至1937年2月止）。郁达夫兼任《论语》主编时，已身在福州，担任着福建省政府公报室的主任，手头主持着省政府公报室出版的《建民周刊》。抗战开始后，郁达夫被选为"福州文化界救亡协会"理事、理事长，参与编辑了福州文救协会的《小民报·文救周刊》和《小民报·救亡文艺》。在武汉中华全国文艺界抗敌协会成立大会上又被选为理事，担任《抗战文艺》编辑委员。1938年12月，郁达夫应星洲日报社之邀离开福州赴新加坡。到了新加坡不久就开始主编《星洲日报》的各版副刊，并接编了《星洲日报星期刊》的《文艺》周刊《教育》周刊（此栏目自1940年4月开

---

① 郁达夫：《〈大众文艺〉释名》，《郁达夫全集》第10卷，第449页，杭州：浙江大学出版社2007年版。

始接编）和《星槟日报星期刊》的《文艺》双周刊。《星洲日报半月刊》的《星洲文艺》专栏《星光画报》文艺版，后来也交由郁达夫编辑，1941 年 4 月起，主编英政府情报部出版的《华侨周报》，这是郁达夫主编的最后一份报纸。

第三节　实践性的编辑思想

一、编辑实践的三个时期

　　郁达夫的编辑实践活动可分为三个时期。第一时期，从 1922 年 1 月筹编《创造季刊》创刊号到 1927 年 8 月退出创造社。这一时期的编辑活动已在前一部分叙述了。第二时期从 1927 年 9 月主编《民众》旬刊到 1938 年 12 月远赴新加坡。这一时期是他离开创造社和鲁迅握手的时期，鲁迅对他的影响是很大的。（一）在政治思想上，他加入了中国济难会，发起成立了中国自由运动大同盟，加入中国左翼作家联盟（后脱离）和加入中国民权保障同盟；联络郭沫若回国抗战，到台儿庄前线劳军等。所有这些都是极其进步的行动，对他的编辑思想和编辑实践产生了积极的影响。郁达夫是一个紧紧按住时代跳动的脉搏前进的人，他主编的《民众》政治性就很强，对比旧官僚更恶毒的流氓新政客他无情痛击。（二）在文艺上，他主编《大众文艺》，"没有政治上的野心，想利用文艺来做官"，"也没有名利上的虚荣，想转变无常的来欺骗青年而实收专卖的名声和利益。……尤其不想以裁判官、天才者，或个人执政者（dictator）自居"，表现了与那些"立在高高的一个地位，以坛下的大众作为群愚，而来发号施令，做那些总总司令式的文章"① 的尖锐对立的观点。特别是在文艺界人士《给周作人的一封公开信》上，郁达夫也作了签名，正告周作人不要堕落为民族罪人，表明了自己坚定的抗日爱国的立场。对昔日曾经是好友，今日一变而为日本军阀为虎作伥的佐藤春夫、林房雄等人的无耻，撰写了《日本的娼妇与文士》进行了严厉的批判，表明了自己的坚定的爱国主义立场。第三时期从 1939 年接编《星洲日报》的《晨星》《繁星》副刊到 1942 年因日本逼近新加坡而中止《华侨周报》的编辑，1945 年为日本宪兵杀害而最终结束了编辑活动。这一时期，有一个很重要的特征，就是郁达夫的以小说

---

① 　郁达夫：《〈大众文艺〉释名》，《郁达夫全集》第 10 卷，第 449 页，杭州：浙江大学出版社 2007 年版。

名世的文学创作活动已完全停止，而主要活动即是编辑报纸和撰写社论和政论文章。这些编辑活动和文章围绕着一个中心点即抗日。因此，他在南洋以报纸为阵地，积极宣传抗日救亡，发动侨胞支援国内抗战，"希望与祖国取联络，在星洲建树一文化站，作为抗战建国的一翼，奋向前进"①。其次，开展纪念鲁迅活动，特辟纪念鲁迅的专号，以鲁迅精神鼓舞抗战中的人民。第三，联络国内作家如茅盾、老舍、艾芜、楼适夷、柯灵、萧红、姚雪垠、许广平等，促进了国内和新加坡文艺界之间的交流。第四，培养了一批新加坡的文学青年，为新加坡日后文学事业的发展组建了一支文学队伍，打下了良好的基础。

二、编辑实践中的编辑思想

作为一个编辑家，郁达夫在编辑的实践过程中，还写下了大量谈编辑的文章，或作卷首语阐明编辑的指导思想，或在卷尾说明编辑的经过，或是对一段时期编辑活动加以总结。这些文章涉及到编辑的诸多方面，都是具体的、有针对性的，为我们研究他的编辑思想提供了第一手资料。

（一）要"造成中国未来之国民文学"的编辑思想

在文学季刊《创造》出版预告中，郁达夫明确标举起创造社的旗帜："自文化运动发生后，我国新文艺为一二偶像所垄断，以致艺术之新兴气运，渐灭将尽。创造社同人奋然兴起打破社会因袭，主张艺术独立，愿与天下之无名作家共兴起而造成中国未来之国民文学。"② 这一段石破天惊的宣言，其意义主要并不在它引发了创造社与文学研究会的争论，而在它鲜明地表达了郁达夫的编辑《创造季刊》的指导思想。而这个指导思想正是创造社反帝反封建的浪漫主义文学精神的体现，要"打破社会因袭"，要"主张艺术独立"，要"造成中国未来之国民文学"，从刊物的思想内容到作品的形式要求，再到最终要实现的目的，都作出了规定。难怪郭沫若在日本看到这则预告兴奋不已："季刊准于明年元旦出版……。佩服着我们达夫的勇气。"（郭沫若《创造十年》）"你的自信力真比我坚确的多呢！"（郭沫若《沫若书信集》）

（二）"文艺是为大众"的编辑思想

郁达夫主编的《民众》《大众文艺》和在新加坡主编的《星洲日报》各

① 郁达夫：《〈星洲文艺〉发刊的旨趣》，《郁达夫全集》第 11 卷，第 384 页，杭州：浙江大学出版社 2007 年版。

② 郁达夫：《纯文学季刊〈创造〉出版预告》，《郁达夫全集》第 10 卷，第 20 页，杭州：浙江大学出版社 2007 年版。

副刊等，都适应现实社会的需要，提出与时代同进步的办刊宗旨。他办《民众》的目的就是"要唤醒民众的醉梦，增进民众的地位，完成民众的革命"，号召"革命的民众，大家应该联合起来"①。他办《大众文艺》并非想"向政府去登录，而将文艺作为一团体或几个人的专卖特许的商品"，而是认为"文艺是大众的，文艺是为大众的，文艺也须是关于大众的"②，表现了强烈的民众意识，这样的编辑主张，在现代编辑史初期是极其鲜明的。郁达夫是较早提出大众文艺、无产阶级专政与无产阶级文学、文学里的阶级斗争等观念的文学家，他的文学思想也就直接影响了他的编辑思想。

（三）"为社会谋一点福"的编辑思想

"为社会谋一点福"即是要注重刊物的社会影响，编辑要有很强的读者意识。有一件事很能反映郁达夫对刊物的社会价值是如何的看重。郁达夫在安庆执教的那年暑假，来到上海与郭沫若住在一起。有一天，两人听说泰东书局出版的两千部《创造季刊》大约还有五百部没有卖出去，感受到了很大打击。于是两人便借酒浇块垒，一连喝了数家馆子。刊物发行不出去，不仅在经济上受损失，更重要的是他们的思想，他们那种改造"社会因袭"的精神无法传播给读者以产生社会影响，这才是他们最感痛苦的事。郁达夫是把社会价值当作自己编辑刊物的标尺的，他在《创造社出版部的第一周年》一文里说："现在我们出版部的事情，由我一个人负责来办了，却又当一周年将满之期，我们虽则能力薄弱，然也想尽我们的至善，为社会谋一点福。"③ 在《〈大众文艺〉释名》一文中又说，创办大众文艺无需"向政府去登录，而将文艺作为一团体或几个人的专卖特许的商品的"，因为"我们并没有政治上的野心，想利用文艺来做官。我们也没有名利上的虚荣，想转变无常的来欺骗青年而实收专卖的名声和利益"④。可见，他办刊的目的，是服务社会；"为社会谋一点福"是反映民众的疾苦，做民众的代言人。

（四）"唯真唯美"的编辑思想

在《创造日》创刊号上，郁达夫发表了《〈创造日〉宣言》宣称："我们

① 郁达夫：《〈民众〉发刊词》，《郁达夫全集》第10卷，第354页，杭州：浙江大学出版社2007年版。

② 郁达夫：《〈大众文艺〉释名》，《郁达夫全集》第10卷，第449页，杭州：浙江大学出版社2007年版。

③ 郁达夫：《创造社出版部的第一周年》，《郁达夫全集》第10卷，第268~269页，杭州：浙江大学出版社2007年版。

④ 同②。

想以纯粹的学理和严正的言论来批评文艺政治经济，我们更想以唯真唯美的精神来创作文学和介绍文学。"① 这里的"唯真唯美"说是文学主张，也可以看作编辑主张，"真"是内容，"美"是形式。"唯真唯美"是一个编辑家应该具备的编辑思想。唯有把"真"的反映了中国社会现实生活的文学，如中国人民的反抗斗争，痛苦与希望；唯有把"美"的体现了中华民族优秀传统道德的文学，编辑介绍给广大读者，以引导读者追求"真"与追求"美"，使其成为抛弃了劣根性而具有健全的思想和新的时代精神的现代人，这才是编辑的职责和使命，这才是主编者正确的编辑导向。这种编辑思想与晚清的一些编辑家大肆编辑出版黑幕、公案、狭邪之类的文学是大异其趣的。因而，郁达夫的这一"唯真唯美"的编辑指导思想，以及在《创造季刊》预告上表述的思想，在编辑史上划清了近代与现代的界限，体现了"五四"时代精神。

（五）"编辑责任应先尽到"的编辑思想

郁达夫非常重视编辑的责任，有着严肃的负责精神。他在《〈大众文艺〉第一期编辑余谈》中说："稿子的去取，先后的排列，以及一切译稿的校对之类，编辑者也不能诿卸他的肩仔。"② 在《星洲日报·晨星》副刊的《编辑者言》又说："既然做了一方文艺的编辑，则这一方的责任，自然应先尽到。"这个责任具体表现在"看稿不草率，去取不偏倚，对人无好恶，投稿者的天才与抱负更不得不尊重，这些当然是编辑应尽的职分"③。他把这种精神贯彻在他的编辑实践活动中。

（六）坚持"实事求是"的编辑思想

"实事求是"就是要务实、求实，这既是马克思主义的一条重要原则，也是中国人传统的为学做人的原则。对于一个文艺编辑来说，坚持实事求是的原则尤其显得重要。郁达夫为人笃实，为文真率，因此编辑起报刊来也体现了他的这一作风。他说："一个编辑，虽不是全知全能的上帝，可是读书、修养、批评眼的琢磨，也应该与时而俱进，看稿的时候，原须不忘教，也须不忘学，教学并进，竭其全力，以期负起此职。这虽是对一般人都可以适用的为人之道，但对于编辑，尤其是副刊的编辑，更应该如此，所以不必自负为人师，不必自夸为先进。总要知无不言，言无不尽，但开风气，亦顺潮流；去时代不能

---

① 《郁达夫全集》第 10 卷，第 67 页，杭州：浙江大学出版社 2007 年版。

② 郁达夫：《〈大众文艺〉编辑余谈》，《郁达夫全集》第 10 卷，第 451 页，杭州：浙江大学出版社 2007 年版。

③ 郁达夫：《编辑者言》，《郁达夫全集》第 11 卷，第 305 页，杭州：浙江大学出版社 2007年版。

太远，提问题不能太高，实事求是。"① 这里可以看出郁达夫的谦虚精神，而虚心下气才能做到"实事求是"，不出问题。

郁达夫的编辑思想不是抽象的纯理论的形态，而是从编辑《创造季刊》《奔流》《繁星》等文学刊物的实践中总结出来的经验，它与文学创作相一致，体现了文学编辑的独特性。他提出要"造成中国未来之国民文学"与"文艺为大众"的编辑思想，是一种富有人民性的文学编辑思想，带有文学革命与革命文学的鲜明特点，也带有"五四"时期与左联时期鲜明的时代印记。"唯真唯美""实事求是"的编辑思想，虽然也来自文学编辑实践，却并非仅适用于文学编辑，对其他方面的编辑也同样具有实际的应用价值。"编辑责任应先尽到"的编辑思想则是无论从事哪个方面的（科技的或文艺的）编辑都应该具备的品质，它体现了编辑的一般性原则。而"为社会谋一点福"的编辑思想是郁达夫编辑思想中最精华的部分，也是其编辑思想的核心所在。它完全不同于19世纪末期编辑出版黑幕公案、鸳鸯蝴蝶之类腐朽封建的编辑思想，它划清了近代与现代编辑的界限，体现了编辑思想的现代性。这是一种崇高的编辑思想，也是一个编辑崇高的境界。其理论价值在于它揭示了编辑的社会性。编辑不是为消遣而编辑，编辑也不是为赚钱而编辑，编辑要讲究编辑者的社会道德和刊物的社会影响。牟利与谋福是两种截然不同的编辑思想。"为社会谋一点福"，这种编辑思想即使在今天也仍然有它的现实的指导意义。

综上所述，郁达夫的编辑思想把编辑的一般性原则、编辑的人民性要求与编辑的社会性目标紧密地结合在了一起，它来自郁达夫丰富的编辑实践，因而，具有极强的实践性意义。

---

① 郁达夫：《编辑者言》，《郁达夫全集》第11卷，第306页，杭州：浙江大学出版社2007年版。

第五章

郁达夫的鲁迅观

20 世纪末，有几个 90 年代走上文坛的新生代作家，对鲁迅为代表的"五四"以来的新文学一概抹杀。一个说："我们根本不看老一辈的作品，他们到我们这里已经死亡。"可另一个又说："鲁迅小说绝对比不上郁达夫，他的杂文谁都可以写。"① 这说明"老一辈的作品"在他们那里还没有"死亡"，他们还是"看"了的，要不然怎么知道"鲁迅小说绝对比不上郁达夫"？稍有文学史常识的人都知道鲁迅是中国现代小说之父，是世界文坛巨人。郁达夫也是"五四"时代一个优秀的小说家，他的《沉沦》还是中国现代文学史上第一部小说集，可他从未说过自己的小说比得上鲁迅，倒是对鲁迅的小说与杂文、鲁迅的人格与精神，十分推崇。还是让我们来看看郁达夫的鲁迅观。

第一节　鲁迅"是中国作家中的第一人"

鲁迅于 1918 年 5 月在《新青年》杂志上发表了短篇小说《狂人日记》，这既是他自己也是中国现代文学史上第一篇白话小说，之后又陆续写作了《呐喊》《彷徨》两部小说集和一部历史小说集《故事新编》。从创作的量来说也许算不上多，可从中国到外国，谁不知道阿 Q 呢？究竟有几个作家能为世界文学贡献一个伟大的人物典型呢？郁达夫是有眼光的。当《呐喊》于 1923 年刚刚出版时，他一读之后马上向郭沫若推荐，说《阿 Q 正传》很有一读的价值。十年后，他回答中国目前为什么没有产生伟大的作品这个问题时，

---

① 《天才·狂人——新生代作家与评论家在宁发生冲突》，载《上海报刊文摘》，1998 年 11 月 30 日。

郑重地说："我以为鲁迅的'阿Q'是伟大的。"① 鲁迅以他对中国社会的深刻观察，对辛亥革命前后中国农村与农民的透彻认识，创作了这部有深邃穿透力和巨大震撼力的小说《阿Q正传》。鲁迅对阿Q"精神胜利法"的批判，使每一个读过它的人，站在阿Q面前都感到惶恐不安，因为在阿Q这个国人的灵魂中包含着许多国民性弱点，他头上的"癞疮疤"能照出国人的劣根性。阿Q已成为妄自尊大、自视甚高等性格的代名词，是一个不朽的文学典型。阿Q的"精神胜利法"不仅在中国有，在外国也有，他又是一个有世界性普遍意义的典型人物。正是从这个意义上郁达夫说"'阿Q'是伟大的"。其实，郁达夫不单单是对《阿Q正传》这一部作品，对鲁迅的全部小说，他都是非常喜爱的。1923年10月，郁达夫收到北大新潮社寄来鲁迅的第一部小说集《呐喊》，即致函周作人说："《呐喊》一册，又蒙新潮社寄来，谢谢。我打算读完后做一篇《读〈呐喊〉因而论及批评》在周报上发表。上海方面，此书发售处不多，实为憾事，当思为鲁迅君尽一分宣传之力也。"② 从这封短简中，可见郁达夫很早就认识到鲁迅小说的价值，把对鲁迅的宣传看作是自己的应尽之力。遗憾的是这篇小说论后来没有写成，但是郁达夫对鲁迅的杂文却留下了精彩的批评。

　　1935年，郁达夫承担《中国新文学大系·散文二集》的编辑。全书共收16位作者的131篇散文，鲁迅一人就占24篇，且大多是杂文。他在《导言》中述说自己选取鲁迅散文的感受：自己平时十分偏嗜鲁迅的散文，一经开选，如窃贼入了阿拉伯的宝库，东张西望，简直迷了我取去的判断，最后是"忍心割爱，痛加删削"③，还是把鲁迅还有他弟弟周作人的作品选成了这部散文集的中心。郁达夫如此"偏嗜""溺爱"鲁迅的散文，那么鲁迅散文的艺术魅力究竟何在呢？鲁迅一生只写过《朝花夕拾》和《野草》两本散文集，其外则是有关"文明批评和社会批评"的杂文，共有16集之多。有的人不把鲁迅的杂文当作文学作品看，采取不屑一顾的态度；而新生代作家则说"他的杂文谁都可以写"。鲁迅的杂文到底算不算文学作品？是否"谁都可以写"？看看郁达夫怎么说。先从入选的角度看，郁达夫本身就是散文家，所选的又是散

① 郁达夫：《中国目前为什么没有伟大的作品产生》，《郁达夫文集》第6卷，第212页，广州：花城出版社，香港：三联书店1983年版。

② 郁达夫：《致周作人》，《郁达夫文集》第9卷，第332页，广州：花城出版社，香港：三联书店1984年版。

③ 郁达夫：《〈中国新文学大系·散文二集〉导言》，《郁达夫文集》第6卷，第274页，广州：花城出版社，香港：三联书店1983年版。

文集，那么他把鲁迅的杂文选入，说明杂文也是文学作品。应该相信散文家自己的眼光是不会错的。再从鲁迅杂文的艺术魅力看，郁达夫概括了两点：一是"文体简炼"，一是"幽默味"。他认为："鲁迅的文体简炼得像一把匕首，能以寸铁杀人，一刀见血。重要之点，抓住了之后，只消三言两语就可以把主题道破——这是鲁迅作文的秘诀。"而于不能使敌人致命的次要之点，"他是一概轻轻放过，由它去而不问的"①。这就是鲁迅逝世后文坛上提出的"鲁迅风"。而此时郁达夫已经把鲁迅杂文的文体风格特征概括出来了。30 年代末，郁达夫在新加坡就"鲁迅风"的杂文又发表看法：他认为不是鲁迅空喊"鲁迅风"，只能是模仿鲁迅杂文的文体形式而已；若作者"是鲁迅"，即有鲁迅那种进行"文明批评和社会批评"的反抗黑暗的精神，那么就不必过多考虑文体形式问题，写出来的自会有一种鲁迅式的批判精神。由此可以看出，郁达夫既肯定鲁迅的文体之美，又认为要"是鲁迅"，即要有一种鲁迅精神。因为文章之美是作家的内在精神与文体形式的结合。能以"寸铁杀人"的这种鲁迅精神是与"简炼得像一把匕首"的杂文文体配合揉和在一起的。舍去一点，专取形式是学不像也学不好的。"鲁迅风"的杂文除"文体简炼"还有"幽默味"的特征，这是一种"辛辣干脆，全近讽刺"②的色彩。鲁迅生活在 20 世纪上半叶中国最黑暗的年代，"所看到的都是社会或人性的黑暗面，故而语多刻薄，发出来的尽是诛心之论：这与其说他的天性使然，还不如说是环境造成的来得恰对，因为他受青年受学者受社会的暗箭，实在受得太多了"③，因而对各式各样的敌人，各式各样的丑恶，鲁迅都毫不留情地痛加指斥。或把艳若桃李的脓疮挑破给人看，或把阴暗角落的险恶揭露给人看，或把爬上岸来的落水狗痛打给人看，一字不虚下，一笔不苟出，抓住敌人致命之点，"一刀见血"。这就是"全近讽刺"的辛辣，这就是"鲁迅风"杂文的语言风格。郁达夫不仅对鲁迅杂文的形式把握得很准确，而且也是真正读懂了鲁迅的一个人。他在《回忆鲁迅》中说："《现代评论》的一批干部，都是英国留学生；而其中像周鲠生，皮宗石，王世杰等，却是两湖人。他们和章士钊，在同到过英国的一点上，在同是湖南人的一点上，都不得不帮教育部的忙。鲁迅因而攻击绅士态度，攻击《现代评论》的受贿赂，这一时候的他的杂文，怕是他一生之

---

① 郁达夫：《〈中国新文学大系·散文二集〉导言》，《郁达夫文集》第 6 卷，第 272 页，广州：花城出版社，香港：三联书店 1983 年版。

② 同上。

③ 同上，第 273 页。

中，最含热意的妙笔。"① 鲁迅逝世后，他在台北新民报社举办的文学座谈会上接受记者采访时说：鲁迅后期的杂文和其他短篇创作为读者所爱读，鲁迅用非常短的篇幅简洁地说明问题，进行深刻的批判，尤其受到了一般青年的欢迎，当时略带"左倾"的青年都崇拜鲁迅，以鲁迅为导师。鲁迅死后，人们更要阅读他的著作，就是过了十年二十年也是如此。郁达夫对鲁迅杂文的评价前后都是着眼于他深刻地攻击批判精神。确实，鲁迅的杂文描绘了中国近代社会的众生相，从鲁迅的杂文可以认识我们这个民族是一个怎样的民族，中国社会是一个怎样的社会，中华民族应该树起一个怎样的形象。鲁迅的杂文是生命与艺术的结晶，是一部中国社会的百科全书。难道这样的杂文"谁都可以写"吗？30 年代还是提出要不要"鲁迅风"的问题，而到了 90 年代末，几个新生代作家就一跃而进"谁都可以写"了。没有鲁迅对社会的洞察与批判的精神，没有鲁迅对民族对人类博大的情怀与对历史、文化深厚的学识，谁能写出"鲁迅风"杂文？难道真是那几个自诩"谁都可以写"的新生代作家吗？

新生代作家说："鲁迅的小说绝对比不上郁达夫，他的杂文谁都可以写"，而郁达夫则说：鲁迅"是中国作家中的第一人。"② "如问中国自有新文学运动以来，谁最伟大？谁最能代表这个时代？我将毫不踌躇地回答：是鲁迅。鲁迅的小说，比之中国几千年来所有这方面的杰作，更高一步。至于他的随笔杂感，更提供了前不见古人，而后人又绝不能追随的风格，首先其特色为观察之深刻，谈锋之犀利，文笔之简洁，比喻之巧妙，又因其飘溢几分幽默的气氛，就难怪读者会感到一种即使喝毒酒也不怕死似的凄厉的风味。当我们见到局部时，他见到的却是全面。当我们热衷去掌握现实时，他已把握了古今与未来。要全面了解中国的民族精神，除了读《鲁迅全集》以外，别无捷径。"③ 新生代作家说："鲁迅是块老石头"，鲁迅和老一辈的作品在他们那里"已经死亡"，而郁达夫则把鲁迅与但丁、歌德、易卜生、雨果、托尔斯泰等世界著名大作家并提，对那些专提打倒别人就像今天这几个新生代作家一样的"作家"愤然指出："我们要打倒 Dante, Goethe, Schiller, Ibsen, Hugo, Tolstoy, Turgenev, Dostoivesky, 乃至鲁迅，都可以的，不过我想总要先做出一点比上

---

① 郁达夫：《回忆鲁迅》，载郁风编：《郁达夫海外文集》，第 339 页，北京：三联书店1990 年版。

② 郁达夫：《对于社会的态度》，《郁达夫文集》第 6 卷，第 62 页，广州：花城出版社，香港：三联书店 1983 年版。

③ 郁达夫：《鲁迅的伟大》，《郁达夫文集》第 7 卷，第 27 页，广州：花城出版社，香港：三联书店 1983 年版。

列诸人的作品更伟大的作品来才行。"① 不知新生代作家要打倒鲁迅，是否已做出雨果、托尔斯泰的伟大作品。针对当年那几个妄人肆意贬低攻击鲁迅，郁达夫题写了一首《赠鲁迅先生》，诗曰："醉眼朦胧上酒楼，彷徨呐喊两悠悠。群盲竭尽蚍蜉力，不废江河万古流。"郁达夫的这首诗真好像是写给我们那几个可爱的新生代作家的。

第二节　鲁迅是"值得崇拜的对象"

　　郁达夫与周氏兄弟相交二十年，对他们两人的性格很熟悉。"鲁迅是一味急进，宁为玉碎的"；而周作人"行动比鲁迅夷犹"，遭了"三一八"打击以后，就躲进了十字街头的塔，"装聋做哑"，喝苦茶去了②。此时的周作人虽然尚是没有附逆的周作人，却已脱离现实，远离社会了。鲁迅不然，鲁迅是愈有压力反弹愈烈的人。"三一八"之后，他写了《纪念刘和珍君》，揭露段祺瑞执政府屠戮学生的"伟功"。至于对"甲寅派"、对"学衡派"、对"新月派"、对"现代评论派"、对国民党的"民族主义文学派"，对各种各样的人头马面、正人君子，他那支犀利的笔都从不把他们放过，"一个也不宽恕"。这就是鲁迅的性格。因而有人说鲁迅太刻薄，太冰冷。郁达夫则认为："在鲁迅的刻薄的表皮上，人只见到了他的一张冷冰冰的青脸，可是皮下一层，在那里潮涌发酵的，却正是一腔沸血，一股热情。"③ 鲁迅是内热外冷型的人。他憎恶丑恶，憎恶黑暗。对人类对民族，他则抱着"我以我血荐轩辕"（《自题小像》）的博大情怀。这是鲁迅的敌人所根本无法理解的。这种性格也就铸定了鲁迅有着"始终不屈的精神和文坛最大的人格"，郁达夫认为这是他"受人尊敬的原因"④。

　　郁达夫在许多地方提到他推崇鲁迅的人格与精神。他说："鲁迅与我相交

---

① 郁达夫：《编辑余谈》，《郁达夫文集》第 7 卷，第 320 页，广州：花城出版社，香港：三联书店 1983 年版。

② 郁达夫：《〈中国新文学大系·散文二集〉导言》，《郁达夫文集》第 6 卷，第 272～273页，广州：花城出版社，香港：三联书店 1983 年版。

③ 同上，第 273 页。

④ 郁达夫：《今日的中华文学》，《郁达夫文集》第 7 卷，第 7 页，广州：花城出版社，香港：三联书店 1983 年版。

二十年，就是在他死后的现在，我也在崇拜他的人格，崇拜他的精神。"① 对于人格，郁达夫也有自己的理解。他认为作家文化人，作为民族群体中的先觉者，国家建设的推动者，尤其要有人格有精神。"人格的修养，精神的健全，是创造物质运用物质的根底。"② 从事文学艺术的创作"要有人格作背景"③，因为"文艺作品，是一个全人格的具体化"④。郁达夫把历史上的岳飞与秦桧作比较，认为岳飞的人格伟大，故他的《满江红》词流传千古，妇孺皆知；秦桧的人格卑劣，其作品"也是没有一个人肯出重价来购而珍藏的"⑤。而人格的根底是气节。他对南宋的文天祥、谢翱十分推崇，因为他们有民族气节。对周作人、张资平则嗤之以鼻。他写过《"文人"》一文，对周、张在日寇侵华之时落水附逆，义愤填膺痛加指斥。周作人在"三一八"后就"装聋作哑"了，这尚不为大过；而投降敌人，则丧失了民族气节。张资平曾和郁达夫一起组建创造社，后多写三角恋爱小说误导青年为文坛所弃，这也不算什么政治上的大错，错在他与周作人同样附逆。对这两个过去的朋友，郁达夫再也顾不到情面了，他在文章中说："文化界而出这一种人，实在是中国人千古洗不掉的羞耻事。以春秋的笔法来下评语，他们该比被收买的土匪和政客，都应罪加一等。"土匪固是不用说了，有奶便是娘，管什么气节不气节。政客如汪精卫之流，投降日寇，千夫所指。周、张是文人，而"文人的气节、判断力、正义感，当比一般的人强些"⑥，因此，他们的附逆，自"应罪加一等"。郁达夫由此感叹道："时穷节乃见，古人所说的非至岁寒，不能见松柏之坚贞，自是确语。"⑦ 艰难时世，大敌当前，最见气节之有无。气节是一个人对国家对民族的忠贞，是坚持正义、勇于赴难、无所畏惧、临危不变的品质，是一种孟子所说的"富贵不能淫，贫贱不能移，威武不能屈"的大丈夫精神，有了这种气节，也就有了人格。然而这在周作人身上是没有的，在鲁迅身上则熠熠生

---

① 郁达夫：《我对你们却没有失望》，载郁风编：《郁达夫海外文集》，第 490 页，北京：三联书店 1990 年版。
② 郁达夫：《〈教育周刊〉发刊辞》，载郁风编：《郁达夫海外文集》，第 405 页，北京：三联书店 1990 年版。
③ 郁达夫：《印人张斯仁先生》，载郁风编：《郁达夫海外文集》，第 401 页，北京：三联书店 1990 年版。
④ 郁达夫：《理智与情感》，载郁风编：《郁达夫海外文集》，第 509 页，北京：三联书店 1990 年版。
⑤ 同②。
⑥ 郁达夫：《日本的娼妇与文士》，《郁达夫文集》第 8 卷，第 294 页，广州：花城出版社，香港：三联书店 1983 年版。
⑦ 郁达夫：《"文人"》，载郁风编：《郁达夫海外文集》，第 410 页，北京：三联书店 1990 年版。

辉。鲁迅是文坛上的最大人格者，也就是最有气节的人。鲁迅从不向恶势力低头，从不向执政者献媚，从不向有权者屈服。他正如郁达夫所说的"一味急进，宁为玉碎的"。鲁迅与章士钊、杨荫榆的斗争，与旧军阀、新军阀的斗争，与国民党、反动派的斗争，无不是"一味急进，宁为玉碎的"。这样一种气节精神是文人最可宝贵的。中国文人的恶习一般的是文人相轻，或则是打击别人抬高自己，严重的失节堕落，鲁迅的凛然正气使这些所谓的文人现出了丑陋。鲁迅是我们民族优秀传统文化精神的继承者，从他身上可以看到中国历史上杰出人物如屈原、司马迁、李白、曹雪芹等对他人格的影响。鲁迅又以他的伟大人格滋育一代乂一代的后继者。所以郁达夫说自己"崇拜他的人格"，在《鲁迅逝世三周年纪念》中肯定他是"一位值得崇拜的对象"①。

在鲁迅身上还体现着一种伟大的民族精神。鲁迅生当清末，这正是中华民族最贫弱衰败的时代。异族的统治，外敌的入侵，国土的沦亡，中国像头羊任人宰割，而国人还是麻木不醒。他的笔一方面用来揭露与批判黑暗；另一方面则用来唤醒民众，启蒙思想。华老栓买人血馒头的愚昧，夏瑜鲜血为药的惨死，一华一夏象征了整个中华民族，正处在大悲哀之中。民国虽立，而袁世凯又在日本人的淫威压迫下，签订了丧权辱国的《二十一条》。日本人早就称中国人为"清国奴"，到国民党的时代，政府不思抵抗，国土大片丢失，日寇长驱直进，对沦陷区人民强制推行日语的奴化教育，欲使中国人忘记民族成为亡国奴，鲁迅目睹中国近代的衰弱，近百年来一步步走向灭亡之路，中华民族已到了不能生存于世界的边缘。他忧心如焚，也就更加关注中国的命运和民族的命运。他为国家与民族的生存而战斗。对国民党政府的卖国投降行径，对日本帝国主义的侵略野心，鲁迅痛加批判。在晚清之时，他对阿Q、华老栓这些农民在统治者压迫下不思反抗，还只是"哀其不幸，怒其不争"，而到了30年代，"九一八""一·二八"等一系列事变的发生，鲁迅则从启蒙民众转向对民族敌人的狙击。他的民族正义感，民族使命感，使他始终站在我们民族的最前列，成为率领中国人民英勇斗争的民族英雄。鲁迅的民族精神也就成为我们中华民族一面光辉的旗帜。当然，鲁迅的民族精神并非仅是指他在民族斗争中的表现，还有中华传统文化精神在鲁迅思想中的积淀。鲁迅从中国历史上的那些英雄身上汲取了他们正义的思想和顽强抗恶的精神，这种思想和精神通过鲁迅的发挥弘扬，加之鲁迅又为其注入新的质素，使其与20世纪的进步内容相

---

① 郁达夫：《鲁迅逝世三周年纪念》，《郁达夫文集》第4卷，第291页，广州：花城出版社，香港：三联书店1982年版。

合，而形成了鲁迅的民族精神。所以郁达夫说："鲁迅虽死，精神当与我中华民族同在。"① 这是一种与日月同辉的精神，是一种激励鼓舞后人的精神。郁达夫说："崇拜他的精神"，既是指崇拜他的与黑暗与邪恶作斗争的精神，又是指他的与帝国主义侵略者斗争的精神；从郁达夫自身的历程来看，则是更着重于后者。他晚年远赴南洋，投身大荒，从事抗日救国活动，正是对鲁迅这一民族精神的继承。

郁达夫在日本军阀面前不辱国格，因而也保持了中国人的人格；被日本宪兵杀害而不失正义气节，坚守了一个爱国者的民族精神。可以说郁达夫是鲁迅崇高人格与伟大精神的传人。新生代的作家们是否也像郁达夫那样秉承了鲁迅的人格与精神呢？

第三节　鲁迅是"民族光辉的人物"

郁达夫由鲁迅文学创作上的成功，人格精神的伟大认识到鲁迅的思想"实在太深沉广博了"②，"当我们见到局部时，他见到的却是全面，当我们热衷去掌握现实时，他已经把握了古今与未来"③，他不愧是我们中华"民族光辉的人物"④。当鲁迅逝世之后，郁达夫更感到鲁迅对中国文坛、中华民族之重要。1936 年 12 月 30 日，郁达夫自台湾到达厦门，在回答厦门《星光日报》记者提出的问题时，郁达夫沉痛地说："鲁迅先生的死是可惜的。他年纪并不怎么大，依照他的年纪，至少还可以领导我们十年，可是他死了。他死了，使我们明白，无论任何一方面都需要一个领导人物，像一个路标指出一条路给我们跑。"又对《江声报》记者说："鲁迅之死，当然可惜。在现时期，无论如何方面，总须领袖来领导。"⑤ 郁达夫是自觉尊奉鲁迅为文坛领袖人物的，这

① 郁达夫：《对于鲁迅死的感想》，《郁达夫文集》第 12 卷，第 256 页，广州：花城出版社，香港：三联书店 1984 年版。
② 郁达夫：《鲁迅先生逝世一周年》，《郁达夫文集》第 4 卷，第 186 页，广州：花城出版社，香港：三联书店 1982 年版。
③ 郁达夫：《鲁迅的伟大》，《郁达夫文集》第 7 卷，第 27 页，广州：花城出版社，香港：三联书店 1983 年版。
④ 郁达夫：《鲁迅先生纪念奖金基金的募集》，《郁达夫文集》第 4 卷，第 167 页，广州：花城出版社，香港：三联书店 1982 年版。
⑤ 陈子善、王自立编注：《郁达夫忆鲁迅》，第 97～98 页，广州：花城出版社，香港：三联书店 1982 年版。

绝不是出于同乡之情或私交之谊，正是从中国文化的发展，从中华民族的需要这个角度来说的。这说明郁达夫对鲁迅的认识是相当深刻的。他看到的是鲁迅深邃的思想对华人的烛照。走过了几千年的中华民族，思想已经极端保守陈腐，卫道者又死抱国粹，国家既无汉唐气象，国人又毫无半点生气。民族仿佛窒息了。一双双呆滞的目光透出心灵的死寂。就在这时，中华民族诞育出了思想家的鲁迅，是他凿开高大的封建铁墙，送进了火，送进了光，使国人于黑暗中看到了熹微的黎明。鲁迅是窃火的普罗米修斯，是中华民族觉醒的号吹者。郁达夫于一读鲁迅的《呐喊》之后，也响应鲁迅的"呐喊"，跟随着鲁迅前进。鲁迅是路标，是领袖，是我们"民族光辉的人物"。忽然，鲁迅不在了，仿佛整个天地也突然黑暗了下来，已经觉醒正在前进的民族一旦失去思想上的领袖，这对中华民族来说是怎样一个损失啊。郁达夫正是从鲁迅是"民族光辉的人物"而感到鲁迅之死的可惜。

　　鲁迅死了，我们民族没有了这样的伟大人物，而"没有伟大的人物出现的民族，是世界上最可怜的生物之群；有了伟大的人物，而不知拥护、爱戴、崇仰的国家，是没有希望的奴隶之邦"①。只有优秀的民族才有他的伟大的人物。那些历史愈悠久，生命力愈强的民族，也是精英分子出现最多的民族，而民族中最伟大的人物则又是精英中的精英，是一个民族集天地之灵气所孕育的精华。像孔子之于华夏民族，耶稣之于以色列民族，穆罕默德之于阿拉伯民族，是他们用思想之光引导本民族人民走过了上千年的历程。鲁迅则是中国鸦片战争以来一位空前的民族英雄，是饱受异族蹂躏敌国侵凌的苦难民族为自己的解放造就的伟大人物，鲁迅的诞生预示着中国这个奴隶之邦的愤起。然而对于鲁迅这个我们民族的伟大人物，竟然还有人丑化他贬低他，没有鲁迅，是民族的不幸；而有了鲁迅，不知拥护爱戴崇仰，同样是民族的不幸。中国国民的劣根性之一就是对自己领袖的不敬。所以郁达夫才痛感"有了伟大的人物，而不知拥护、爱戴、崇仰的国家，是没有希望的奴隶之邦"。郁达夫也是从清末走过来的人，他目睹的黑暗与亲历的耻辱，使他深知自己的民族是一个怎样"没有希望的奴隶之邦"，因而才更感到鲁迅这颗民族之星光焰不灭是民族希望的永在。他痛心民族中不觉悟者对鲁迅的不敬，更不能容忍各式敌人对鲁迅的诋毁攻击。鲁迅一生所遭受的攻击实在太多了，有他帮助过的青年，也有那些伪装的正人君子，更有他痛击过的敌人。可以说鲁迅是以一己之身为全民

---

① 郁达夫：《怀鲁迅》，《郁达夫文集》第4卷，第162～163页，广州：花城出版社，香港：三联书店1982年版。

族受难，他用他战斗流的血为我们民族滴出了一条从黑暗通向未来的光明之路。鲁迅是死了，"因鲁迅的一死，使人们自觉出了民族的尚可以有为"，因为全民族的人民从自己的伟大人物那里汲取了思想的智慧；"也因鲁迅之一死，使人家看出了中国还是奴隶性很浓的半绝望的国家。"① 因为，鲁迅是被黑暗社会反动势力、被侵略者的压迫而死的，他的死说明了我们没有保护好自己民族的伟大人物，说明了我们的国民在恶势力下还是有不敢反抗的奴隶性。他说，中国人有争得奴隶的时代，有做稳了奴隶的时代，也有想做奴隶而不得的时代。中国人一代一代生殖繁衍，所求的不过是奴隶的位子。这是中华民族百年来受人欺凌的绝大悲哀。中国人在封建专制下不敢言，在敌国压迫下不敢言，在高压恐怖下还是不敢言。幸得出现鲁迅打破这死一般的沉寂，幸得有了鲁迅，国民才看到自己奴性的可悲。现在中国还没有到敢于说真话的时代，还没有到奴性根除的时代。中国在沉默中。只有鲁迅不媚，不屈，不假，他是统治者的敌人，他是人民的代言人。即使是无物之阵，他也要掷去投枪。他要为民族争得做人的权利，争得自由自主的权利。现在没有了鲁迅，谁能当此启蒙民智改造民族性格的重任呢？假如我们民族去掉了奴隶性，去掉了一切劣根性，而知拥护、爱戴、崇仰自己民族的精神战士，思想导师，那么鲁迅就不会过早去世，而敌人就会更加害怕，这不是民族之大幸吗？中华民族实在太需要鲁迅这样的思想家，鲁迅这样的精神领袖。尤其"在现时期，无论如何方面，总须领袖来领导"。

郁达夫的话说于七十多年前，却仿佛看到了几十年后的中国，还是会有"不知拥护、爱戴、崇仰"自己民族"伟大人物"的新生代作家，这实在是今天这一代人的悲哀。要知道"有了伟大的人物，而不知拥护、爱戴、崇仰的国家，是没有希望的奴隶之邦"，这话说得多么严峻深刻。中国人已不再是肉体上的奴隶，但在思想上还不能说完全根除了奴性。心为人役才更思精神自由。鲁迅就是自由精神的象征。若是谁愚蠢到把鲁迅当做一块"老石头"清除掉，那我们真要再回到肉体做奴隶的时代，不知新生代作家们是否愿意？

---

① 郁达夫：《怀鲁迅》，《郁达夫文集》第 4 卷，第 163 页，广州：花城出版社，香港：三联书店 1982 年版。

第四节　《狂人日记》与《沉沦》的思想意义

中国的现代小说，从鲁迅的《狂人日记》滥觞，擎起了反对封建制度与封建礼教的大纛，开创了一个新的文学创元。紧随其后，给鲁迅的"呐喊"以响应的就是郁达夫的《沉沦》，"他的清新的笔调，在中国的枯槁的社会里面好像吹来了一股春风，立刻吹醒了当时的无数青年的心。他那大胆的自我暴露，对于深藏在千年万年的背甲里面的士大夫的虚伪，完全是一种暴风雨式的闪击，把一些假道学、假才子们震惊得至于狂怒了。为什么？就因为有这样露骨的真率，使他们感受着作假的困难。"① 这两篇杰作的出现，既显示出文学革命的实绩，又以其深刻而凝重的思想和新颖独特的形式，促进了新文学的发展。

一、《狂人日记》与《沉沦》的社会影响

鸦片战争之后到五四运动前夕，是封建统治寿终正寝前的最腐朽颓败、最黑暗反动的年代。封建思想禁锢着人民的四肢，帝国主义的相继入侵使中国从一个闭关自守的封建社会陷入半封建半殖民地的社会。中国在逐步走向灭亡。

沉闷，窒息，黑暗，一场新的暴风雨的革命正在孕育着。随着俄国十月革命的一声炮响，以反帝反封建为核心的"五四"新文化运动遽然爆发了，它横扫着整个污秽、荒淫的中国大地，震荡着沉睡的人民的心灵。于是，一个个觉醒了的革命青年，一对对解放了的新型男女，以巨大的反抗精神，冲决封建主义的罗网，打着"个性解放"的旗帜，奔向充满希望的新天地去。而给他（她）们以精神的力量和思想的鼓舞的，则是具有暴露性和批判性的新文学。鲁迅曾说：《狂人日记》以其"'表现的深切和格式的特别'，颇激动了一部分青年读者的心"。它的"意在暴露家族制度和礼教的弊害"② 的主题，犹如高岩飞瀑，直泻而下，冲击着两千多年历史的封建主义高墙；犹如骀荡强劲的春风，吹醒了青年们砸碎封建枷锁的反抗意识；犹如一把烈焰熊熊的火炬，燃起了他们炽热的革命激情。当时的青年把《狂人日记》犹如是当作一部革命的

---

① 郭沫若：《论郁达夫》，载王自立、陈子善编：《郁达夫研究资料》（上），第93页，天津：天津人民出版社1982年版。
② 鲁迅：《〈中国新文学大系·小说二集〉序》，《鲁迅全集》第6卷，第238～239页，北京：人民文学出版社1981年版。

"圣经"来读的，他们投身于"五四"大潮中，思想的启蒙，革命的行动，正是受到了《狂人日记》的巨大影响。

而郁达夫的《沉沦》，则是从另一角度给青年以思想的启迪和影响，它震颤着撼动着那些幻灭、动摇而忧郁怨愤的知识青年那一颗颗破碎、麻木的心。他们在"情欲的忧郁"，心理的苦闷中堕落着自己，残害着自己，毁灭着自己，当他们在黯淡的前途中挣扎时，《沉沦》以"性的要求与灵肉的冲突"①的内容把这批青年人最大的弱点、矛盾、病痛及最难道出的心事，完全披露了出来。郁达夫对这些消沉苦闷的青年呐喊着：精神的死灭和思想的消亡是一桩天下最痛心的事。他以自己一颗殷殷挚诚的心，把这些将死未死，将亡未亡的青年引到新的境地，以一种特殊的斗争方式——沉沦——对社会现实，对封建制度作了应有的尽管还是消极的反抗。"人人都觉得郁达夫是个值得同情的人，是个朋友，因为人人皆可从他作品中发现自己的模样。""多数的读者诚实的心，是为这个而鼓动的。多数的读者，由郁达夫作品，认识了自己的脸色与环境。"②因此，《沉沦》以及由它命名的小说集"受了一班青年病者的热爱，销行到了二万余册"③。甚至在深夜里，还有人自无锡、苏州专门坐火车到上海来买书的。作者受青年的拥戴，《沉沦》在读者中的广泛影响，于此可见。

《狂人日记》与《沉沦》都是在特殊环境下产生的划时代的作品。虽然两者基调不同，一冷峻，一沉郁，但其影响是相同的，就当时来说，既需要粗暴、激越、豪放之作，也需要悲切、低诉、哀怨之文。它们都适合特定时代下读者的心理和口味，因此，我们不能因《沉沦》的"凄凄惨惨戚戚"，而低估它的价值和地位。它与《狂人日记》都以"不端方"的思想影响了一代青年。

二、《狂人日记》与《沉沦》的主题思想

鲁迅曾说过，他的《狂人日记》比果戈理的同名小说来得更加"忧愤深广"，原因就在于它主题的深度，"意在暴露家族制度和礼教的弊害"。鲁迅是抱着改变"愚弱的国民"的主张拿起文学这个武器的，虽然他"并没有要将小说抬进'文苑'里的意思，不过想利用它的力量，来改良社会"，因此他的

---

① 郁达夫：《〈沉沦〉自序》，《郁达夫文集》第 7 卷，第 149 页，广州：花城出版社，香港：三联书店 1983 年版。

② 沈从文：《论中国创作小说》，《沈从文文集》第 11 卷，第 172 页，广州：花城出版社，香港：三联书店 1992 年版。

③ 郁达夫：《〈鸡肋集〉题辞》，《郁达夫文集》第 7 卷，第 171 页，广州：花城出版社，香港：三联书店 1983 年版。

小说题材多采自病态社会的不幸的人们中，意思就在"揭出病苦，引起疗救的注意"①。鲁迅抱着这样的目的进行创作，当然要比果戈理更进一层更深一层。对于果戈理，早在1907年，鲁迅就赞扬过了："俄之无声，激响在焉。俄如孺子，而非暗人；俄如伏流，而非古井。十九世纪前叶，果有鄂戈理者起，以不可见之泪痕悲色，振其邦人。"②鲁迅还是看到他作品的"振其邦人"的社会作用，而想借文学来医治中国社会的病态，暴露旧制度的罪恶，激励人民起来同反动的旧社会进行战斗。所以，鲁迅虽"取法"果戈理《狂人日记》的题目、日记体和心理解剖的方法，但这只是形似，其主题、内容、思想和风格则是完全不同的。鲁迅的《狂人日记》充满着我们民族的色彩和批判的精神。

正是"意在暴露"，所以小说中出现了一个个令人惊恐的场面，揭露了一件件令人毛骨悚然的"吃人"事件。小说通过"迫害狂"的狂人对周围人物，环境所造成的紧张情绪，心理刺激的急剧反映和变化，通过狂人对"吃人"现实的敏锐的观察，切肤的感受，和对纵横几千年"吃人"历史的深刻发现，一下子就把批判的矛头直指向封建社会的上层建筑——仁义道德，给其以迅雷闪电的一击。同时，让人们从狂人身上清楚地看到了自己正也是在人肉的筵席上将要被"吃"的可怕处境，从而振起反抗，打倒这封建的制度，推翻这人肉的筵席，消灭这"吃人"的社会，鲁迅的立意确是很深的。

就反封建这一主题来说，《沉沦》与《狂人日记》是共同的。若用"忧愤深广"来衡量，我们不难看出《沉沦》具有同样的意义。《沉沦》的作者写作此篇时与鲁迅稍有不同，他是在日本写的，是在"那荒淫惨酷、军阀专权的岛国里"写的，是在"眼看到的故国的陆沉，身受到的异乡的屈辱，与夫所感所思、所经所历的一切，剔括起来没有一点不是失望，没有一处不是忧伤"的情况下写的。因此，作品的基调不如《狂人日记》昂奋，哲理不如《狂人日记》深刻，但是在那看似"毫无气力，毫无勇毅，哀哀切切"③的悲鸣中，仍然有潜伏的巨浪大波在，有滚动的烈焰熊火在，不然就不会一出来就振聋发聩，惊世骇俗。为什么这哀切的悲鸣却有对整个社会，对"吃人"吃了几千年历史而巩固起来的封建制度有如此大的冲击力量？就因为它像《狂人日记》

① 鲁迅：《我怎么做起小说来》，《鲁迅全集》第4卷，第511、512页，北京：人民文学出版社1981年版。

② 鲁迅：《摩罗诗力说》，《鲁迅全集》第1卷，第64页，北京：人民文学出版社1981年版。

③ 郁达夫：《忏余独白》，《郁达夫文集》第7卷，第250页，广州：花城出版社，香港：三联书店1983年版。

一样是在摧毁着封建社会的精神支柱——传统道德。它把批判的笔触伸向封建专制主义，以"个性解放"喊出了时代之音，体现了伟大的"五四"精神。正因为这点才引起封建卫道士的诬蔑和攻击，什么"诲淫文学"，什么"色情文学"，什么"不道德文学"，郁达夫掀起了轩然大波，"把一些假道学，假才子们震惊得至于狂怒了"。

《狂人日记》与《沉沦》是在"五四"这面大旗下代表时代精神的"呐喊"。《狂人日记》的反对封建礼教，消灭"吃人"社会和热爱人民的精神与《沉沦》反对封建道德，追求个性解放和充满爱国激情的思想汇成一股强大的洪流，冲荡了沉闷多年的文学界，复苏了寂寂酣眠的人民的心。"当时国内，虽则已有一班人在提倡文学革命，然而他们的目标，似乎专在思想方面，于纯文学的讨论创作，还是很少。"①《沉沦》在主题思想上响应了《狂人日记》，两颗伟大的忧国忧民的心相碰，发出灿烂的火焰，照耀着新文学前进的道路。

三、《狂人日记》与《沉沦》的人物形象

鲁迅曾说他的创作多取自病态社会不幸的人们中，郁达夫虽没有明确表示过，但在他的作品中已经十分清楚地显露出来了，两人都在其小说中塑造了病态的人物形象，这样惊人的相似，是很值得研究的。

狂人是"迫害狂"患者，"他"是忧郁病患者。狂人在错乱的神经下，时有对黑暗现实清醒的认识，深入的透视，无畏的揭露，那些警策的语言，透辟的道理，对旧社会是进攻的炮弹，对人民是觉醒的警钟。"他"在忧郁病发时，也不时从心底喊出对旧中国的社会、小日本国的歧视的愤怒控诉：

> 既然到了日本，那自然不得不被他们日本人轻侮的。中国呀中国！你怎么不富强起来，我不能再隐忍过去了。
>
> ……
>
> 日本人轻视中国人，同我们轻视猪狗一样。日本人都叫中国人作"支那人"，"支那人"三字，在日本，比我们骂人的"贱贼"还更难听……
>
> "中国呀中国！你怎么不强大起来。"（《沉沦》）

像这样的激愤在小说中屡有所见。无论是迫害狂，还是忧郁狂，"狂"的

---

① 郁达夫：《〈鸡肋集〉题辞》，《郁达夫文集》第 7 卷，第 171 页，广州：花城出版社，香港：三联书店 1983 年版。

本身就是一种抗争。而这种"狂"又都是封建社会"吃人"的仁义道德所造成的，它使无数健全的青年变成一个个病夫，这就深刻揭露了封建社会的残忍和罪恶。

虽然，狂人的思想和"他"的思想并不完全是鲁迅与郁达夫的思想，但是，具有革命民主主义思想的鲁迅，倾注了自己全部的热情和彻底反帝反封建的斗争意志于狂人身上，让狂人发出战斗的呐喊，向颓败腐朽的封建社会挑战。郁达夫也借小说主人公的口倾诉了自己的忧愤。郁达夫与鲁迅是性格迥异的人，但在反帝反封建这一革命战线上却是完全一致的。郁达夫一开始就以一个民主革命的战士投入到"五四"洪流中，他的小说主人公虽然悲哀伤感，从那副歌喉里唱出来的调子，不免给人以低沉压抑之感，却也是旧社会的送葬歌，是旧制度的奏鸣曲。狂人的呐喊是促使人们觉醒，"他"的悲呼则是催促旧中国的早亡和新中国的"强大起来"。无疑的，狂有真语，哀有强言，这两个人物虽是"病态"的，思想却是进步的，革命的。

狂人是个强者，但也是个悲剧形象，正好像"他"是个弱者而最后走向投海自亡一样。这是黑暗势力一时强大猖獗时强者和弱者的必然的悲剧命运。狂人是在健全的时候被迫害致狂的，但他的革命思想和批判精神仍不时在病后的狂言中闪烁发光。而"他"最后的悲剧结局正是其自身性格发展的必然逻辑。死，在特定的环境和条件下也具有特殊的意义。"我们不做便休，若要动手，先要有赫尔惨么的客死他乡的勇气。"① 因而，"他"的不愿屈服封建思想和封建势力而宁赴大海难道不是很悲壮的义举吗？即使是走向死亡，"他"也并没有就一死了之，而是抖颤着干哑的嗓子悲呼出心底强烈的声音：

"祖国呀祖国，我的死是你害我的！"

"你快富起来！强起来罢！"

"你还有许多儿女在那里受苦呢！"（《沉沦》）

这是多么震颤心弦、撕心裂肺的哀呼啊！在这和着泪滴着血的喊声中，有一颗赤诚的爱国之心在扑扑跳动。这发自异国海边的悲风暗夜里的叫声，使我们想起了狂人最后的呼喊："救救孩子！"这两种声音发生了和鸣共振，震撼了中国人的心。祖国啊，你的"孩子"，你的"许多儿女"不仅在国内受着压迫，而且在国外还受着欺凌，你听听你的"孩子"，你的"儿女们"悲哀喊声

---

① 郁达夫：《赫尔惨》，《郁达夫文集》第 5 卷，第 168 页，广州：花城出版社，香港：三联书店 1982 年版。

吧。他们的泪流尽了，他们的心在滴着血，他们希望祖国快富强起来，希望祖国来拯救他们。这两篇小说的结尾如此相似，主人公的喊声又是如此相似，真叫人在惊讶之后，不能不感到两个伟大作家的伟大的爱国感情。我们仿佛触摸到了狂人激昂愤怒的似无数岩浆在奔突一样的心，也触摸到"他"千愁万苦、块垒般地郁结着却正在烧灼的心——那就是人类最圣洁最伟大的爱国之心。

狂人与"他"都以其悲剧的一生，反抗着封建社会的迫害，都以其闪光的语言，体现着民主革命的先驱者光彩四射的爱国思想。

四、《狂人日记》与《沉沦》的表现手法

《狂人日记》是以其"格式的特别"而打动青年的心的。这种特别的格式就是日记体的形式，让主人公纵情地书写下自己对现实的观感，对历史的透视，对心理的解剖。特别是深刻、锋利的心理解剖，恰好与觉醒了的进步青年的心理相吻合。心理，是一部最隐蔽的历史，是一座幽暗的王国，一旦打开，就能发现一个人的全部的灵魂的秘密和思想的奥秘。因此，艺术家为了表现人物的内心世界，常常运用心理解剖的手法。鲁迅深受西方现代文学和现代主义的影响，又精通医学，因此，在其第一篇小说里，就运用了意识流式的心理表现手法，取得了开创性的成功。狂人之狂，从其形态和举动上，我们往往不能发现什么，虽然，形态、动作的描写也是刻画人物性格的重要手段，但是，在狂人身上就不太适用了。鲁迅当然是知道这点的，所以最好最适宜的莫过于心理解剖了，而且又与日记体的体裁相和谐。但由于是狂人的心理，因此又要把它写得极其错综复杂，有时神智清楚，清楚时所记下的话，甚至是一个正常人也难以想得那么深刻透彻，哲理之光四溢；有时大脑又非常迷乱，这样的心理活动就难以掌握，更难以描写。如日记的第一段：

> 今天晚上，很好的月光。
>
> 我不见他，已是三十多年；今天见了，精神分外爽快。才知道以前的三十多年，全是发昏；然而须十分小心。不然，那赵家的狗，何以看我两眼呢？
>
> 我怕得有理。（《狂人日记》）

这样颠三倒四、语无伦次，确是一个典型的迫害狂的语言，也是十分准确的心理解剖。从这些疯言狂语中，我们仍然能从"字缝里"看出许多的意思："才知道以前的三十多年，全是发昏"，表明对过去"吃人"的社会缺乏认识；"然而须十分小心"，则说明当时环境十分险恶；而"我怕得有理"则暗示封

建社会要"吃人"。如果说迷乱的心理难写，那么，清醒时的心理也很难写。迷乱不过是外部现象，清醒才是战士的本质。因此，这时的内心独白，特别是揭露封建社会是"吃人"的社会，封建社会的历史是"吃人"的历史，那段交织着愤怒的呼声和含泪的控诉的内心独白，要写得既像是狂人的，又像是战士的，所以对分寸的把握，搭配的适当都要恰到好处地表现出人物的思想和小说的主题，否则狂人之语，战士之言就会两相对立，各不联系。从《狂人日记》中我们可以看到鲁迅心理描写艺术的高超。

从形式上看，《沉沦》虽不是日记体小说，但所用的技法，则与《狂人日记》一样，也是心理描写，它的描写比《狂人日记》更加细腻，更加具体。《沉沦》没有必要照顾到人物心理的清醒或迷乱，因此，它的描写也就更加直率、明白，袒露无遗，没有象征性的隐语，没有寄托性的寓意，它完全是酣畅淋漓、一泻无余的直抒胸臆，就像退潮后的海滩，坦坦荡荡地曝露于阳光之下。正由于此，《沉沦》的感情也更易引起人的同情、激动和共鸣了。读者在阅读《沉沦》时，感受到主人公感情的悲哀和幽怨的咏叹，以至完全忘掉了自身，而沉浸于小说那感伤的氛围中，沉浸于主人公自我心理解剖的境界中。如这一段心理剖白：

> 我怎么会走上那样的地方去的？我已经变了一个最下等的人了，悔也无及，悔也无及，我就在这里死了吧，我所求的爱情，大约是求不到的了。没有爱情的生涯，岂不同死灰一样么？唉，这干燥的生涯，世上的人又都在那里仇视我，欺侮我，连我自家的亲兄弟，自家的手足，都在那里排挤我到这世界外去，我将何以为生，我又何以生存在这多苦的世界里呢？（《沉沦》）

谁听了这段心灵的悲音，不洒下同情之泪呢？主人公的自责、痛骂，对没有爱情的悲悼，对世人欺己的忿恨，在这心理解剖中直抒了出来。

郁达夫的心理解剖法常常把人物最深隐最奥秘的思想都一点点一丝丝毫无保留地揭开，使人物赤裸裸地站在读者而前，却并不感到人物的淫秽可憎。这正是郁达夫式心理解剖法的高明之处。正如前面提到的，《沉沦》的心理描写像退潮后的海滩一样曝露，因此主人公思想不健全的一面，如屏息窥女浴的可耻，苇丛听偷情的可恨，雪夜嫖娟妓的可责都不加隐讳，坦坦白白地记录下来。这些行动后的心理解剖与《狂人日记》是大不一样的。我们一方面赞赏主人公对心理的自我暴露精神，另一方而又为主人公的颓废而悲叹。

鲁迅和郁达夫不愧是心理解剖的大师，各以其生花妙笔刻画了两个病态人物——迫害狂和忧郁症——的病态心理，而手法相同，细处迥别；探幽入微，各擅胜长；剖析心理，皆具特色，显示出两位伟大作家创造性的艺术精神。

《狂人日记》与《沉沦》作为开创性的奠基之作，是新文学的无价双璧。因此，无论从文学史的地位还是从思想与审美的价值来看，把《狂人日记》与《沉沦》作比较研究，都是一个很有意义也有待深入探讨的课题。

第六章

郁王离异的思想根源

20 世纪 40 年代，郁达夫与王映霞的离异是震动文坛的一件大事。这一对鸳偶走过了 12 年的风风雨雨却以分手告终，其原因究竟是什么？郁达夫的《毁家诗纪》说是许绍棣的插足，纪文昭昭，细节亦颇详。后人往往多据此认为是第三者破坏了郁王的幸福和美的家庭，很少有人从思想上去分析探究两人离异的根源。事实上，在郁达夫一见钟情于王映霞并开始疯狂地追求时，两人思想的差异就已经显现出来了，只是两人沉溺于热恋中而不觉；之后，随着两人共同生活于一起，个性的碰撞，思想的冲突，时有发生，而第三者的出现只是导火索，一旦引起，这座辛苦经营的爱情殿堂，终于如那茅庐不堪风雨的一击而倒塌。郁王离异是郁达夫研究中一个不可回避的重要课题，探究其离异的思想根源，对研究郁达夫的心理思想，具有十分重要的意义。因为著名的文人恋爱，已不单是文人的个人事，而有着一定的社会影响；更何况郁达夫是"五四"时期中国现代文学最杰出的作家，抗战时期中华民族最英勇的反抗日本帝国主义的战士。因此，从恋爱婚姻的角度，对郁达夫的思想加以剖析，可以获得对郁达夫新的更多更深的认识。

第一节　郁厌俗礼，王慕虚荣

郁王离异最重要的根因乃是王映霞的爱慕虚荣。虚荣本是常情，爱慕虚荣也是女人的天性。郁达夫对虚荣的态度是厌恶，且十分厌恶，这就不能不与王映霞爱慕虚荣的心理形成冲突。

郁达夫很早即已认识到女性好虚荣。现在我们看到的郁达夫最早的一封信，是 1914 年他从留学地日本写给国内的长嫂陈碧岑的。这封信一开头就说：

"日妇多虚荣心，弟固知之，此后当有所戒矣。"① 郁达夫是 1913 年 10 月到日本的，仅一年时间即已认识了日本女性好虚荣的心理，并对自己提出了加以"戒"，不是一般的告诫，而是警戒，戒备。为什么初到日本就如此紧张？是遭受到日本女子的诱惑？还是为日本女子所蒙骗？信中没有说，但从话里能听出点弦外之音。在小说中，郁达夫就说得非常明白了。如《沉沦》写到日本女子对中国留学生往往是歧视轻侮的，"她们已经知道了，已经知道我是支那人了"②，"原来日本人轻视中国人同我们轻视猪狗一样。日本人都叫中国人作'支那人'，这'支那人'三字，在日本，比我们骂人的'贱贼'还更难听，如今在一个如花的少女前头，他不得不自认说：'我是支那人'了。"③ 这种被歧视轻侮在小说《两夜巢》散文《归航》等作品中都有所表露。这已不仅仅是"日妇好虚荣"了，而是在军国主义背景下，日本女性的虚骄。这使郁达夫对女性产生了怀疑与愤恨，"世间哪有真心的女子。那侍女的负心东西，你竟敢把我丢了么？罢了罢了，我再也不爱女人了，我再也不爱女人了"。由此更进一步激发了郁达夫复仇的心理，"复仇复仇，我总要复你们的仇"④。虚骄是虚荣的升级版。初到日本，郁达夫看到的是日妇的虚荣，呆了几年，认识到她们比虚荣更甚的虚骄，感情上也就由"戒"而至"复仇"。由此我们理解了郁达夫对虚荣这种心理为什么那么强热的憎厌，这是因为他作为一个弱国子民遭到异族女子的歧视轻侮，心理受到严重的伤害，从而激起强烈的心理反弹，并欲在精神上强大自我。这种憎厌的情感一旦形成，就化成他思想的印记，主导着他对女性的认识与态度。

所以，当他一开始追求王映霞时，反虚荣就已延续了下来。他热烈地恋爱着王映霞，又诚恳地希求王映霞"把中国的旧习惯打破，所谓旧习惯者，依我看来，就是无谓的虚荣"⑤。中国的旧习惯很多，郁达夫独独提出"虚荣"一种，可见其对虚荣的厌恶之深。此前在与发妻孙荃定婚后的第一封信里也告诫她"虚荣不可慕"，虽然虚荣也是一种文明，然这种"文明有害于民，……予之所谓文明之害者，亦中国人之尚虚荣贱实质之心有以致之"⑥。虚荣使人不务其实，虚荣心重更易使人走向堕落，因此，他担心王映霞经不住虚荣的诱

① 《郁达夫全集》第 6 卷，第 1 页，杭州：浙江大学出版社 2007 年版。
② 《郁达夫全集》第 1 卷，第 46 页，杭州：浙江大学出版社 2007 年版。
③ 同上，第 70 页。
④ 同上，第 71 页。
⑤ 《郁达夫全集》第 6 卷，第 142 页，杭州：浙江大学出版社 2007 年版。
⑥ 同上，第 18 页。

感，深情而又恳切地对她说："映霞，我只怕你的心要摇动，要看了那些世俗的礼节虚荣而摇动，所以在这里我诚诚恳恳的求你，求你信赖我到死，把我当作世界上最伟大的人看，比一切礼教，虚荣，金钱，名誉都要伟大。"为什么要把他看得那么伟大呢？"因为我对你所抱的真诚之心，是超越一切的，我可以为你而死，而世俗的礼教，荣誉，金钱等，却不能为你而死。"① 郁达夫对爱的追求完全是纯美的，超功利的。郁达夫在给王映霞的许多封信中都曾表示过为了爱可以牺牲一切，"为了你我情愿把家庭，名誉，地位，甚而至于生命，也可以丢弃"②。"真正的爱，是不容利害打算的念头存在于其间的"③。而虚荣则是一种非常虚浮浅薄的思想，是一种极功利极世俗化的行为追求，而追求的又是外表的虚幻的乃至是假的毫无价值的东西。真爱与虚荣是对立的，不能并存的。郁达夫要王映霞"打破""无谓的虚荣"，而追求真正的有价值的爱，也就是希望王映霞有更高尚的精神追求。同时，在物质上，他又要求王映霞"钱不要乱花，衣服必要穿得朴素"④，在生活上不企高求洋，贪图享受。精神上求真爱，物质上求朴素。郁达夫为王映霞可能滋生的虚荣之心筑起了坚实的思想护栏，以永葆两人的爱情之树常青。

然而，王映霞并非如他所希望的那样，他也并没有把王映霞改塑成他所企求的汉代高士梁鸿的妻子孟光的形象。王映霞的爱慕虚荣要远过于郁达夫的想象，也超过了郁达夫所能接受的限度。

王映霞爱虚荣，在郁达夫的朋友中早留下了印象。唐弢即说："映霞女士……爱好虚荣。"⑤ 周黎庵说得更为具体："只有一点我觉得很不满，便是达夫的老太太不日做寿，他们要赶回富阳去祝嘏，映霞女士要借杭州市长的汽车，而达夫却不以为然。从这一点上，很可看出她酷慕虚荣，因为那时的市长是周象贤，而他的汽车则是浙字第一号也。"⑥ 从王映霞自身来看，衣着上，她

---

① 《郁达夫全集》第6卷，第142页，杭州：浙江大学出版社2007年版。

② 同上，第79页。

③ 同上，第80页。

④ 同上，第131页。

⑤ 唐弢：《记郁达夫》，载陈子善、王自立编：《回忆郁达夫》，第341页，长沙：湖南文艺出版社1986年版。

⑥ 周黎庵：《忆郁达夫——"怀人集"之一》，载蒋增福编：《众说郁达夫》，第45～46页，杭州：浙江文艺出版社1996年版。

"服装华丽"①，手戴"深绿色的翡翠耳环和手镯"②，像"是哪个公馆里的太太"③。在社交场合，日本的历史学家增井经夫记述 1935 年郁氏夫妇请他吃饭的一个场景："他的太太，漂亮得简直像个电影明星，给我留下深刻的印象。当时听说她在杭州的社交界是一颗明星，而她在席上以主人的身份频频向我敬酒说：'增井先生，干杯！'时，就把喝干了的酒杯倒转来给我看，确是惯于社交应酬的样子。"④ 尤其是出行，王映霞更是非同一般。当抗战爆发，处在战乱之时，国族危亡，王映霞还是"行则须汽车，住则非洋楼不适意"⑤。其讲排场、爱虚荣之心已膨胀到了极点。难怪她 1942 年再婚时，虽仍还是在战时，在巴金所写的"寒夜"的重庆，那结婚的场面老作家章克标在其《世纪挥手》第十四章《老友下落》之王映霞篇中有详细记述。"王映霞于 1940 年在新加坡跟郁达夫协议离婚后，只身回国，再于 1942 年在重庆与钟贤道结婚。钟是江苏常州武进县人，任职于重庆招商局，有相当地位与实权，特别那时的交通运输是十分重要的行业。他们的婚礼是十分体面富丽的。据说重庆的中央电影制作厂还为他们拍摄了新闻纪录片。他们在上海、杭州各报上登载了大幅的结婚广告，而且介绍人还是著名外交界名人王正廷，可见这个结婚的规格之高。"⑥ 直到晚年，王映霞自己也是不无得意地说："我们结婚的仪式是相当隆重而热闹的，几乎震惊了整个山城重庆。花篮竟从礼堂一直排到大门口，……当时重庆的中国电影制片厂，还来拍摄了几十张相片。"⑦ 对这次婚礼，她在 1983 年 7 月 14 日的《新加坡联合早报》上发表《阔别星洲四十年》一文中还说："我始终觉得，结婚仪式的隆重与否，关系到婚后的精神面貌至巨。"而此时的郁达夫正为抗战怀着国仇家恨流亡在途中。

王映霞如此爱虚荣，郁达夫难道一直对她没有所认识吗？其实在郁达夫一开始热恋追求王映霞时，他就已经感觉到了。他在日记中写道：女人"只晓

---

① 楼适夷：《回忆郁达夫》，载陈子善、王自立编：《回忆郁达夫》，第 143 页，长沙：湖南文艺出版社 1986 年版。

② 小田岳夫、稻叶昭二：《郁达夫传记两种》，第 294 页，杭州：浙江文艺出版社 1984 年版。

③ 同①，第 144 页。

④ 小田岳夫、稻叶昭二：《郁达夫传记两种》，第 294 页，杭州：浙江文艺出版社 1984 年版。

⑤ 郁达夫：《毁家诗纪》，《郁达夫全集》第 7 卷，第 175 页，杭州：浙江大学出版社 2007 年版。

⑥ 章克标：《章克标文集》下册，第 318 页，上海：上海社会科学院出版社 2003 年版。

⑦ 《王映霞自传》，第 202 页，合肥：安徽黄山书社 2008 年版。

得要金钱，要虚空的荣誉，我以后想和异性断绝交际了。"① 但还是为情所系没有断，而是在信中反复地对王映霞说虚荣是坏习惯，虚荣是世俗的礼节，虚荣会使人动摇。金钱，名誉，地位这些虚荣的东西"都只有和尘沙一样的价值"②，要打破这些"中国的旧习惯"。这不是热恋中的绵绵情话，而是追求中隐约的察觉。郁达夫故意从正面立说，恰恰从反面透露出了王映霞是爱虚荣的。郁达夫并未因为爱而迷惑不悟，在海誓之中而作恳挚地劝诫；但郁达夫同时也为爱热昏了头，他看到了王映霞的爱虚荣，也深知虚荣之易动人心，"有害于民"，却没能够断情而退，遂逐渐酿成后来离异的悲剧。

第二节　郁恨黄金，王爱钱财

郁达夫少年时代的一场"皮鞋风波"给他幼小稚弱的心以沉重的打击。当他 12 岁的时候，因学习优秀升了级，于是他要求母亲为他买一双皮鞋以作奖励。"在当时的我的无邪的眼里，觉得在制服下穿上一双皮鞋，挺胸伸脚，得得得得地在石板路上走去，就是世界上最光荣的事情；跳过了一班，升进了一级的我，非要如此打扮，才能够压服许多比我大一半年龄的同学的心。"但母亲只有钱给他交学费，再无钱给他买皮鞋，走过一家家店铺都"惨遭拒绝赊欠"。当母亲欲拿衣服去抵当时，郁达夫拉住母亲，"我不要了，我不要皮鞋了！那些店家！那些可恶的店家！"③ 自从这一风波以后，郁达夫"非但皮鞋不着，就是衣服用具都不想用新的了。……对有钱的人，经商的人的仇视等，也是从这时候而起的"④。这一事件给郁达夫的一生都有着非常深刻的影响，他由痛恨金钱而痛恨商人痛恨资本家的朴素的阶级意识由此产生。他说自己是无产阶级一分子，他倡导大众文学农民文艺，他提出无产阶级专政与无产阶级文学，他写作《薄奠》《春风沉醉的晚上》，都表明他先进的无产阶级的思想意识。而在行为上，郁达夫不存储，不积蓄，有钱即花。除了生活之需，更多的是买书，在日本留学，在国内生活，在新加坡编报，乃至在流亡之中，都大量买书。他还有一个十分怪异的行动可看出他对金钱的痛恨，即他把刚发

---

① 《郁达夫全集》第 5 卷，第 98 页，杭州：浙江大学出版社 2007 年版。

② 《郁达夫全集》第 6 卷，第 80 页，杭州：浙江大学出版社 2007 年版。

③ 郁达夫：《书塾与学堂》，《郁达夫全集》第 4 卷，第 272 页，杭州：浙江大学出版社 2007 年版。

④ 同上，第 273 页。

的薪水，那花花绿绿百元数额的钞票，"掷在地板上，践踏几脚以泄愤"①。有钱散尽，或掷地践踏，他对金钱之恨全来自小时候的刺激。

在郁达夫尚未成名之时，贫穷一直伴随着他，黄金一直嘲弄着他。他常常感叹："书生风骨太寒酸"（《无题三首》之三），"英雄潦倒感黄金"（《寄曼陀长兄》），以至无奈地"恨煞黄金解弄人"（《寄和荃君原韵四首》之二）。他在追求王映霞之时，虽大把地为她花钱，又颇多感慨，只"恨司马家贫"（《扬州慢·寄映霞》），感到了在爱情与结婚后经济上的不自信。所以，他向王映霞表示，他"决定做一个穷文士而终"②。虽然，没有什么钱，但他对她的爱是"切而且挚"的，"是无条件的，是可以牺牲一切的，是如猛火电光，非烧尽社会，烧尽己身不可的"③，甚至是"可以为你而死"的④。郁达夫向王映霞高举爱的大旗，是纯粹的爱，是真正的爱，是不带一丝一毫金钱色彩的爱。这确是体现了"五四"那一代人追求个性解放，追求神圣爱情，追求婚姻自由的鲜明的时代精神。

但是，"五四"的时候，王映霞还只是一个11岁的小姑娘，对社会，对时代，对反帝反封建这么宏大的主题还懵懂未开呢。加之她原本就出身于商人家庭（祖上是盐商），骨髓里流淌着的是金钱的血液，其对钱财的欲望固然与其遗传基因不无关系，但主要还在于她本人。

王映霞曾两次要郁达夫的著作版税。据王映霞的《自传》所说，郁达夫常突然出走，特别是有一次"想走回头路，回到富阳去"⑤，使她们的感情出现了裂痕，而这也成了王映霞永远抹不去的伤痛；加之郁达夫饮酒无节，买书无度，家中经济没有固定收入，于是在1932年的1月，王映霞叫郁达夫请来了律师徐式昌，北新书局的经理李小峰，要他当着众人的面，亲笔写下一式三份的《版权赠与书》：

> 著作者郁达夫愿将所著《寒灰集》、《鸡肋集》、《过去集》、《奇零集》、《敝帚集》、《薇蕨集》、《日记九种》、《迷羊》及译稿《小家之伍》等书版权及附属于各书之权益全部赠与王映霞氏，除与出版者重订新合同外，合将此旨记明，各书三纸，以一致出版者，一存律师处，一

---

① 陈觉民：《郁达夫在福州》，载陈子善、王自立编：《回忆郁达夫》，第379页，长沙：湖南文艺出版社1986年版。
② 《郁达夫全集》第6卷，第128页，杭州：浙江大学出版社2007年版。
③ 同上，第79页。
④ 同上，第73页。
⑤ 《王映霞自传》，第98页，合肥：安徽黄山书社2008年版。

交王映霞氏收藏为据。

这份《版权赠与书》，虽然郁达夫说是"愿将……"而实际却是王映霞"叫郁达夫……当着众人的面……亲笔写下"①。1983 年 4 月 29 日，她在给黄世中的信中，还提到："（19）30 年他回富阳后，再次年，我即要他写《版权赠与书》。他的所有版权全归我……，一式三份，现仅有在我手头的一份了。"郁达夫原本追求的是不容利害打算的念头存在于其间的"真正的爱"，而现在，这个爱已染上了郁达夫所深深憎恶痛恨的铜臭味。这份写于 30 年代的《版权赠与书》，隔了半个世纪，王映霞还一直保存着，到了 20 世纪 80 年代，香港三联、广州花城出版社出版《郁达夫文集》时，土映霞以此为据，向出版社讨要郁达夫的著作版税。"我手头持有郁达夫亲笔的《版权赠与书》……我在两个月前，两面都写了挂号信去，都还没有回信来。在香港，我已托广角镜的总经理前去说项，也不成功。因为中国没有参加国际的版权法（？），所以一无办法。"②（《王映霞书简——致黄世中》之十四）王映霞早已与郁达夫于 1940 年离婚。离婚时，她对郁达夫即明白说过："我没有任何条件，也不要你的什么东西。"③ 那么，现在即使手头持有《版权赠与书》，也不应该要这笔版税。王映霞晚年在给黄世中的信中，一面仍是大骂郁达夫"卑鄙无耻，下流到不可收拾"（《王映霞书简——致黄世中》之二十九），对郁达夫"每一念及，则只有无限的恨"（《王映霞书简——致黄世中》之十八）；一面又攥住《版权赠与书》索要郁达夫的著作版税，如此极端的做法，反映出了她所谓的"我始终并未要你一个钱"④ 纯属假话，而骨子里仍是一个金钱主义者。如果说 30 年代要郁达夫写《版权赠与书》是为了自己也为了郁达夫和孩子，那么 80 年代在离婚多年后再索要版税，就是王映霞利欲熏心了。

这种对利欲的贪求从另一个方面也还可以得到证明。1936 年郁达夫在杭州盖起了避风雨的茅庐，以郁达夫一个穷文士，要盖一座房子，只有借账了，为此郁达夫花了近两万元并欠了四千元的债，因而不得不超负荷写作卖文以挣

①　《王映霞自传》，第 98 页，合肥：安徽黄山书社 2008 年版。
②　王映霞致黄世中书简 163 封（1982～1994），尚未正式出版，仅由黄世中先生选择若干封加以笺注在其博客发表，其中有两封以《现代文学史一桩未了公案》为题发表于 2010 年第 8 期《炎黄纵横》月刊的《文坛艺苑》专栏。本书所引即出自其博客。
③　《王映霞自传》，第 191 页，合肥：安徽黄山书社 2008 年版。
④　同上，第 238 页。

钱。而于盖房最热心的却是王映霞①；茅庐盖好后，王映霞就给自己留了一手，在墙脚下端的界碑上都刻上"王旭界"（王映霞原名王旭）字样，到她们离婚后，王映霞又以手中有"风雨茅庐"的房契，房子边上有"王旭界"的界碑为据把房子卖掉了，卖房所得数千元，据王映霞自己讲"是分送给亲戚故旧之穷困者"②。也许王映霞真的没要这笔钱，但有一种"赠与"她是完完全全拿了的。1993年老诗人汪静之有感于王映霞对郁达夫出言太过，为了给老友申冤写下了《汪静之为郁达夫鸣冤》，后由其女儿汪晴发表于1998年8月泰国的《亚洲日报》。汪静之披露说，王映霞与其后夫利用国民党特务头子戴笠的关系"运私货，大发财"，"上海接收时戴笠给了王映霞一座接受下来的洋房，成了王映霞所有的房产"。这"洋房"当然是远胜于"茅庐"的了。

在王映霞的眼里，郁达夫是一个"不事生产的文人"③，即不会挣钱。日本的小田岳夫作《郁达夫传》即据此演化成王映霞的话，说每当两人发生争执，王映霞即说："你从来也没有想到挣钱，我很看不上你这一点。"④ 这虽不是王映霞的原话，却是王映霞的意思，是王映霞想说的话。郁达夫也深知自己不会挣钱，慨叹"贫贱原知是祸胎"（《毁家诗纪》之十二），面对王映霞的斥责，"伊言对我变心，实在为了我太不事生产之故"⑤，他的内心是非常痛苦的。但实际上郁达夫的版税、稿费也还是比较可以的，能盖"风雨茅庐"也不完全是靠借债。只是王映霞爱钱爱打扮，爱住洋楼，爱出行即坐汽车，这就不是一个穷文人的郁达夫所能承受得了的。

第三节　郁欲隐居，王喜热闹

郁达夫的性格是好游爱清静，还要想隐居。30年代他移家杭州后，即对

---

① 小田岳夫、稻叶昭二：《郁达夫传记两种》，第98页，杭州：浙江文艺出版社1984年版。
② 《王映霞自传》，第135页，合肥：安徽黄山书社2008年版。
③ 同上，第240页。
④ 小田岳夫、稻叶昭二：《郁达夫传记两种》，第119页，杭州：浙江文艺出版社1984年版。
⑤ 郁达夫：《毁家诗纪》，《郁达夫全集》第7卷，第175页，杭州：浙江大学出版社2007年版。

友人说："我是去隐居的。"① 即使在抗战后期，他流亡到苏门答腊的保东村，他还说"避地真同小隐居"（《乱离杂诗》之四）。最能反映他有隐逸思想的是他的诗。他既期望能"阳羡耕读"（《村居杂诗五首》之二），又想"明朝欲待游仙去"（《三月十八夜作，寄木津老师》）；既想"拈花欲把禅心定"（《定禅》），又欲"拟向渔樵托此生"（《春江感旧四首》之三）；既想"明朝欲向空山遁"（《除夕有怀》），又感叹"奈少青山小隐钱"（《元日题诗寄故里》）。他对唐代诗人王维的"独坐幽篁里，弹琴复长啸"（《竹里馆》）的意境十分欣赏，而作《游莫干山口占》："田庄来作客，本意为逃名。山静溪声急，风斜鸟步轻。路从岩背转，人在树梢行。坐卧幽篁里，恬然动远情。"一副逸人高士的样子。对古代隐士许由巢父特别是汉代的严子陵非常仰慕，或言"古人如可及，巢许共行藏"（《读唐诗偶成》），或言"我欲乘风归去也，严滩重理钓鱼竿"（《无题三首》之三）。这种隐逸思想在他的三次婚姻一次恋爱中也有着很强的表示。

郁达夫与发妻孙荃结婚后，就欲与她"何当放棹江湖去，浅水芦花共结庵"（《新婚未几，病虐势危，斗室呻吟，百忧俱集，悲佳人之薄命，嗟贫士之无能，于焉有作》），他把这一计划问孙荃"偕隐名山计若何？"（《寄内五首》之一）后来在新加坡与李筱英相恋，也曾欲"终期舸载夷光去，鬓影烟波共一庐"（《乱离杂诗》之二）。到最后与第三任妻子何丽有结婚，仍念念不忘"何日西施随范蠡，五湖烟水洗恩仇"（《无题四首，用〈毁家诗纪〉中四律原韵》）。这种欲偕隐的思想在与王映霞的结合中尤显得突出。郁王相识是在1927年的1月，不到两个月，郁达夫就写诗给王映霞，要为她"先买五湖舟"，然后和他"偕隐名山誓白头"（《寄映霞》之一）。在游山玩水中，看到"一带溪山曲又弯"的景致，因"沿途都是灵官殿"，而灵官殿是供奉道教玉枢火府天将王灵官的庙宇，与王映霞姓合，马上想到要"合共君来隐此间"（《访风木庵，伴凤居等别业偶感，寄映霞》）。郁达夫的想法完全是个人一己的性情，既有着对30年代中国黑暗社会的逃避，希求过一种清静安宁的两人世界的幸福甜蜜的生活，也有着一般中国传统文人的一种闲逸的寄意山水的情趣，并不代表他写到的几个女性也有此想，更不表明这些女性真的想欲与他去"偕隐"。

王映霞就没有想过要去隐。王映霞的性格与郁达夫截然不同，她是一个非

---

① 孙席珍：《怀念郁达夫》，载陈子善、王自立编：《回忆郁达夫》，第79页，长沙：湖南文艺出版社1986年版。

常喜欢热闹的女子。当年在杭州就是社交明星，前面提到日本的增井经夫已对她的社交"风采"作了描述，再看郁达夫的朋友刘开渠的一段实录："他的夫人王映霞却是一位喜欢热闹的女子。她喜欢参加酒宴，喜欢参加舞会。有时达夫先生因为写作关系不能陪她参加社交活动，于是她就自己一个人去。"① 王映霞后来在其《自传》中也提到为京剧名角捧场，为某人接风洗尘等"那一时期热闹的场面"②。郁王两人一喜静，一喜动；一欲闲逸，一要热闹，这两种性格相撞，必然会发生种种不愉快，同时这又是两种思想的冲突，而这种冲突当双方都坚持而不作改变的情况下是根本无法调和的。

第四节   郁憎做官，王羡厅长

郁达夫说自己"平生最恨的是做官"③，在给王映霞的信中也明白表示"我实在不愿意去做官"④。深知他为人的易君左也说："他一辈子不会做官，不会赚钱。"⑤ 郁达夫只说自己是一个文人。那么，怎样才算作是一个文人呢？"能说'失节事大，饿死事小'这话而实际做到的人，才是真正的文人。"像周作人的附逆，张资平的被收买，那是文人"千古洗不掉的羞耻事"⑥。郁达夫的一生，他留学日本而忧国，投奔南洋为救国，客死异乡而殉国，他确是一个真正的"文人"。

郁达夫认为中国所以弄不好，原因就在于"那些懒惰无为的投机官僚"太多的缘故⑦，所以他只愿实实在在做些事，而不愿做官，他勤奋地写作，认真地教书，辛苦地编刊物，尽一个文人的本分。因此反而遭到一些人嘲笑他"无力攫取高官，有心甘居下贱"⑧。郁达夫本有机会出来做官的，曾有当局者

---

① 刘开渠：《忆郁达夫先生》，载陈子善、王自立编：《回忆郁达夫》，第 90 页，长沙：湖南文艺出版社 1986 年版。

② 《王映霞自传》，第 117 页，合肥：安徽黄山书社 2008 年版。

③ 《郁达夫全集》第 5 卷，第 156 页，杭州：浙江大学出版社 2007 年版。

④ 《郁达夫全集》第 6 卷，第 107 页，杭州：浙江大学出版社 2007 年版。

⑤ 易君左：《楚天辽阔一诗人》，载陈子善、王自立编：《回忆郁达夫》，第 439 页，长沙：湖南文艺出版社 1986 年版。

⑥ 郁达夫：《"文人"》，《郁达夫全集》第 3 卷，第 369 页，杭州：浙江大学出版社 2007 年版。

⑦ 《郁达夫全集》第 5 卷，第 156 页，杭州：浙江大学出版社 2007 年版。

⑧ 同上，第 64 页。

要他"去为他们帮助党务",郁达夫"托病谢绝了"①。还有人极力想要他"出去做个委员",郁达夫也"不愿意"②。郁达夫不是没有做官的才干,他原本学的就是经邦济国的经济学,曾舌战日本的所谓"宪政之神"而以"狮子吼"著称的尾崎行雄,郭沫若就说他做个外交官最适合。那么,郁达夫为什么屡屡拒绝呢?郁达夫早年留学日本感受到的是日本人的歧视,而国内呢,又是新旧军阀的混战,政治一片黑暗。那些"将军原是山中盗"(《杂感》之三),而"达官各为己身谋"(《杂感》之四),举国上下只为"内讧争利润",却没有人去"专战请长缨"(《杂感》之三)。郁达夫的这组《杂感》八首深刻地道出了他的内心隐忧,"茫茫大陆沉将了"(《杂感》之五),到最后四万万五千万中国人"终是牛马亡国隶"(《杂感》之六)。他曾回国参加高等文官和外交官考试,结果是"庸人之碌碌者反登台省;品学兼优者被黜而亡"③。国将亡而无人"请缨",陆将沉而达官"为己",这就是他自日回国后一直拒绝做官的思想原因。

但郁达夫在抗战爆发后,又真的出来做官了。他曾任闽省参议,赴日请郭(沫若)回国;又为政治部第三厅少将设计委员,亲赴徐州前线劳军;南下星洲后,又担任新加坡文化界抗日联合会主席等职。他这时却为"专战"而"请长缨",非是做官为"己谋"。最后他实现了自己《沉沦》时代的誓言"祖国啊,你快富起来,强起来吧",也为了向日本帝国主义侵略者复仇而把自己全部生命贡献给了祖国,成为一个伟大的战士,民族的英雄。

郁达夫,诚如他自己所说是"不羡神仙况一官"(《初秋客舍二首》之二),"不羡人间万户侯"(《晨雨天凉,吟赠大鹰画室》)。但王映霞就不是这样了。王映霞不仅爱钱,也很羡慕做官的。《毁家诗纪》中提到三十七万元港币王映霞坚决否认,但对这一条"映霞最佩服居官的人,她的倾倒于许君,也因为他是现任浙江最高教育行政长官之故"④,"以厅长为最大荣名,每对人自称厅长夫人,于以取乐"⑤,王映霞未做任何辩驳。虽然,王映霞不承认与许绍棣同居,予以答辩,不过"也犯有'欲盖弥彰'之嫌"⑥,然而"倾倒"

① 《郁达夫全集》第5卷,第168页,杭州:浙江大学出版社2007年版。
② 同上,第174页。
③ 同上,第13页。
④ 郁达夫:《毁家诗纪》,《郁达夫全集》第7卷,第179页,杭州:浙江大学出版社2007年版。
⑤ 同上,第176页。
⑥ 朱渊明:《怀念郁达夫》,载陈子善、王自立编:《回忆郁达夫》,第360页,长沙:湖南文艺出版社1986年版。

许绍棣是厅长则是事实。除许之外，王映霞作为一个"寒士之妻"① 却与官场上的人非常热络，惯于应酬。在移家杭州后，先住场官弄，就有"地方官员们来访的汽车不断停放，王映霞乐于与大官和太太们周旋"②。后住"风雨茅庐"，郁达夫"为了赚得固定收入和还债，去了福建当一名参议闲差"。而王映霞也就成了"风雨茅庐"的当然主人，"'风雨茅庐'就成为名流、大官出入的地方"③。当孙百刚去"风雨茅庐"看望时，王映霞介绍谁谁谁送什么东西，"所说的人都是当时现任官吏"④。

在这些大官吏中最值得一提的是戴笠，此人即是人称"杀人魔王"的国民党的特务头子，而王映霞显然是因郁达夫而认识戴笠的。当时戴笠在杭州养病，他来看郁达夫实是为了监视，场官弄周围即时有国民党的特务。但后来戴笠的光顾就是垂涎王映霞的美色了。戴笠最大的毛病是好色，他"来杭养病，常到达夫家中作不速之客，偶一留饭，赏赐服务人员特别优厚，而达夫则惮于酬应"⑤。郁家并无佣人，则受赏的"服务人员"就是王映霞了。后来郁达夫去福建，她又写信告知戴笠⑥。1938 年在武汉，郁达夫受命到前线劳军，《汪静之为郁达夫鸣冤》⑦ 一文对王映霞留在武汉的一段生活披露的十分详细。抗战胜利后，王映霞又接受戴笠所送的上海的一套洋房。四十多年后，王映霞提到戴笠，还说他"是我家来往的友人"（《王映霞书简——致黄世中信》之十一），而不是令汪静之几十年都噤若寒蝉不敢提及的"杀人魔王"。

郁达夫是有官不做，王映霞则是见官乐旋，两人的思想实在太大相径庭了。

郁达夫与王映霞曾被称作是"富春江上神仙侣"，一部《日记九种》使得王映霞名扬天下，终至成为冤偶而劳燕分飞，是文人爱情故事中的大悲剧。探究两人离异的根本原因，其实并不在有无第三者插足，而关键在于两人思想的差异与乖离。

首先是两人的志趣相悖。郁达夫既有英雄情结，总想"男儿要勒燕然石"

① 《王映霞自传》，第 117 页，合肥：安徽黄山书社 2008 年版。
② 郁风：《三叔达夫——一个真正的文人》，载陈子善、王自立编：《回忆郁达夫》，第 200 页，长沙：湖南文艺出版社 1986 年版。
③ 同上，第 201 页。
④ 孙百刚：《郁达夫外传》，第 62 页，杭州：浙江文艺出版社 1983 年版。
⑤ 蒋授谦：《我与达夫共事》，载陈子善、王自立编：《回忆郁达夫》，第 362 页，长沙：湖南文艺出版社 1986 年版。
⑥ 《王映霞自传》，第 233 页，合肥：安徽黄山书社 2008 年版。
⑦ 载《郁达夫研究通讯》2001 年 6 月第 18 期。

（《七夕行装已具,邀同学数人小饮于室,王一之有诗饯行,依韵和之》）,"自愿驰驱随李广"（《毁家诗纪》之十三）;又有隐逸情趣,"他年归隐西湖去"（《题闽县陈贻衍〈西湖记游〉画集四首》之四）,"春申江上欲相寻"（《寄曼陀长兄》）。他身上有英雄气,也有名士气,是一个有着现代色彩的典型的中国传统文人。王映霞则完全是一个世俗的女子,郁达夫说她"平日不关心时事",对"日寇来侵","以为系一时内乱"①,纯是妇人见识。王映霞也自认"从来不关心政治"②。这样,在两人相恋的热情过后,也就如"陌生的行路者"了③。这诚如刘开渠所说:"他们的志向和性格都存在着很大差异。这对于达夫先生后来家庭的破裂不能不说是一个重要因素。他们的爱情悲剧也许就是基于此因吧。"④ 其次是两人追求不一。在爱情上,郁达夫追求的是真爱,纯爱,不带任何功利任何金钱色彩的爱。在事业上,他追求功名,常感叹"功名未就期将满"（《寄富长蝶如》）,"廿载江河未立名"（《和某君》）,期望"功业他年差可想"（《自述诗》之七）,可一觉醒来,仍是"梦里功名镜里花"（《南船北马,落落无成,自房州赴东京车上有感》）,显出一副内心的焦灼感和沉重感。在生活上,他追求闲逸,喜欢探幽访胜,曲水流觞,杯酒赋诗,甚至搜奇猎艳。古代有名的英雄,志士,侠客,高人,隐者,僧道等,他都喜欢。而王映霞则出书要版税,盖房留界碑,周旋于官太,委身于权要。第三两人互不理解。李初梨有句名言,说郁达夫是"模拟的颓废派,本质的清教徒",这是真正理解郁达夫的至言。从大的方面来说,郁达夫从一个爱国者到殉国者;从小的方面来说,郁达夫从一个文人到战士,终其一生,王映霞自以为"非常熟悉他品性","深知其一二"⑤,而实际上似未能真正读懂他,更没有理解他。郁达夫要王映霞"understand me, accept me"（理解我,接受我）⑥,把他"当作世界上最伟大的人看,比一切礼教,虚荣,金钱,名誉都要伟大"。但王映霞离婚前,骂他是"无赖文人"⑦,离婚 40 年后,仍然骂他"卑鄙无耻"。郁达夫倾其一生全部的爱给王映霞,其结果落得一骂,这是郁

---

① 郁达夫:《毁家诗纪》,《郁达夫全集》第 7 卷,第 175 页,杭州:浙江大学出版社 2007 年版。
② 《王映霞自传》,第 115 页,合肥:安徽黄山书社 2008 年版。
③ 同上,第 97 页。
④ 刘开渠:《忆达夫先生》,载陈子善、王自立编:《回忆郁达夫》,第 90 页,长沙:湖南文艺出版社 1986 年版。
⑤ 《王映霞自传》,第 226 页,合肥:安徽黄山书社 2008 年版。
⑥ 《郁达夫全集》第 6 卷,第 70 页,杭州:浙江大学出版社 2007 年版。
⑦ 《王映霞自传》,第 180 页,合肥:安徽黄山书社 2008 年版。

达夫的悲哀。当然郁达夫也没有能理解王映霞。他看到王映霞爱虚荣，羡高官，自己不能满足她，却又不能歇手，知难而退，仍是一往情深，痴想着与她"蹈海而死"①，"冤家终应傍岳坟"（《毁家诗纪》之十），结果是妻投他怀，"州似琵琶人别抱"（《毁家诗纪》之七），而自己则"托翅南荒人万里"（《月夜怀刘大杰》），客死异乡。

平心而论，王映霞纵是爱虚荣，喜钱财，羡做官，也并没有什么大错，人各有志，不可强求，她所要的就是一个世俗人的平淡的生活，她后半生的生活也正是这样，她并没有郁达夫那么高的"赤胆忠心为国谋"（《联句七绝四首》之四）的精神境界，与投身民族救亡的抱负襟怀。她只是一个常人，而郁达夫既是一个常人，又是一个仙人。王映霞虽是他所爱的，却不是他所追求的理想的那种类型。诚如郁达夫自己所说，"我真错爱了她了"②。他从一开始追求王映霞时，就感觉着她不是自己理想的："叹我一春无事为花忙，然而这花究竟能够不能够如我的理想，一直的浓艳下去，却是一个疑问。"③并且已有了预感："忧虑将来，怕没有好结果。"④

第五节　《王映霞自传》种种

《王映霞自传》是王映霞晚年回顾自己一生的自述，于 20 世纪末在台湾的《传记文学》上连载，后由台湾传记文学出版社 1990 年 10 月出版单行本，2008 年 3 月安徽黄山书社又出版此书在大陆行销。现在即依据此版。

一、《赠映霞两首》作于何时

王映霞说："1927 年（民国十六年）1 月 15 日，晚上，郁达夫带了本《出家及其弟子》来，大家谈了一会儿，就邀请我们到永安公司楼上天韵楼的游乐场去玩。他嫌人太多不能畅玩，又到四马路的豫丰泰酒家喝酒、吃菜，乘着酒兴，郁达夫低头吟诵起来，诗如下：

---

① 《郁达夫全集》第 5 卷，第 213 页，杭州：浙江大学出版社 2007 年版。
② 同上，第 94 页。
③ 同上，第 166 页。
④ 同上，第 122 页。

（一）

朝来风色暗高楼，偕隐名山誓白头。

好事只愁天妒我，为君先买五湖舟。

（二）

笼鹅家世旧门庭，鸦凤（应为凤——引者注）追随自愧形。

欲撰西泠才女传，苦无椽笔写兰亭。

后来他补上题目为《赠映霞》赠送给我，是二首七绝。"①

　　查《郁达夫日记》，郁达夫与王映霞认识是在 1927 年的 1 月 14 日，第二天，即王映霞所说 1927 年（民国十六年）1 月 15 日郁达夫请客，"王映霞女士为我斟酒斟茶，我今晚真快乐极了"②。但并没有记上这两首诗。直到一个半月后的 3 月 6 日，郁达夫在日记中写道："办了半天多的公事，写了一封给映霞的信，信上并且附了两首旧诗，系记昨天的事的。"③ 即前引之诗。郁达夫说诗是"记昨天的事"，也即 3 月 5 日的事。这天郁达夫在日记中写道："从早晨九点谈起，谈到晚上，将晚的时候，和她去屋顶乐园散了一会步"，此即"朝来风色暗高楼"之诗句的来历。郁又写道："大约我们两人的命运，就在今天决定了。她已誓说爱我，之死靡他，我也把我爱她的全意，向她表白了。"④ 正因为有此誓言，才有"偕隐名山誓白头。……为君先买五湖舟"之诗句。又 3 月 6 日郁达夫致王映霞的信中说："很想做几句诗纪念纪念昨天的会谈情节，可是此调不弹已久，做不出来了。今天早晨，坐在车上，一路跑回家来，只想出了底下的几句不成调的东西……写给你笑笑。"⑤ 这"不成调的东西"也即那两首诗。郁明说这两首诗是"今天早晨（即 3 月 6 日），坐在车上"想出来的。因此，据郁达夫的日记与信，后来加上题目的《赠映霞》是写于 1927 年的 3 月 6 日，而非王映霞所说的 1927 年 1 月 15 日。

　　从诗的内容来看，也非作于 1927 年 1 月 15 日。郁王相识才一天，王映霞没有任何表示，郁达夫怎么会说"偕隐"又要"誓白头"呢？相识才一天，连孙百刚尚不明白其意，又哪来的"好事只愁天妒我"呢？这明是记郁王相识后，郁开始追王，遭到一般人的反对，"我不得不恨那些住在她周围的人"

---

① 《王映霞自传》，第 30 页，合肥：安徽黄山书社 2008 年版。

② 《郁达夫全集》第 5 卷，第 76 页，杭州：浙江大学出版社 2007 年版。

③ 同上，第 119 页。

④ 同上。

⑤ 《郁达夫全集》第 6 卷，第 84～85 页，杭州：浙江大学出版社 2007 年版。

（1927年2月21日日记），"我不得不怪那些围在她左右的人，他们实在太不了解我，太无同情心了"（1927年2月22日日记）。这才有所谓"妒"。至于郁达夫是否刚一认识就知道王映霞的"笼鹅家世旧门庭"，也许可能，但郁达夫在写了那两首诗后，于3月6日的日记中有一段解释性的文字："因为我昨天约她上欧洲去行婚礼，所以第一首说到五湖泛舟的事情。她本姓金，寄养在外祖家，所以姓王，老母还在，父亲已经没有了。她的祖父王二南先生，是杭州的名士。"① 这就是"笼鹅家世旧门庭"了。郁达夫用晋朝王羲之为一道士写《道德经》"笼鹅而归"典，以赞美王家。后来的"佳话频传王逸少"（《毁家诗纪》之十），逸少是王羲之的字，也是以王羲之称美她的家世。

诗明明写于1927年3月6日，王映霞为什么要说是写于1927年1月15日呢？是笔误还是记忆有误呢？都不是，那是为什么呢？

二、郁达夫的出走

王映霞在《裂痕的出现》一章里说："1932年2月10日，他却突然又不告而别，……不料有一天，我意外地收到我表姐张幼青（她后来嫁给周象贤）的来信。……读了信，我心中马上猜到他出走的原因，是因为在上海住厌了。况且我又老劝他少喝酒，大约想走回头路，回到富阳去，并不是如他后来在文章中写的，是因为'白色恐怖'，'春服既成'（应是"春服未成"——引者注）等等。……当时郁达夫写了《钓台题壁》诗……"②

这段话似有误。首先，"1932年2月10日，他却突然又不告而别。"查郁达夫日记，此日无载。年谱亦无载。据王传后文当是1931年。其次，"他出走的原因，是因为在上海住厌了……并不是如他后来在文章中写的，是因为'白色恐怖'，'春服既成'……"此处亦不确。1931年1月17日，左联五作家被捕，不久遇害。同日，创造社后期成员李初梨在上海被捕，郁达夫奔走营救。1月20日，鲁迅外出避难，郁达夫受到当局警告，仓皇离沪赴杭。整个一月份形势都非常紧张。故郁达夫在《钓台的春昼》中说："一九三一，岁在辛未，暮春三月，春服未成，而中央党帝，似乎又想玩一个秦始皇所玩过的把戏了，我接到了警告，就仓皇离去了寓居。"③ 这"仓皇离去"也即"突然不告而别"。王映霞一向不关心政治，而此则是政治事件，所以郁达夫大约也就

---

① 《郁达夫全集》第5卷，第119页，杭州：浙江大学出版社2007年版。
② 《王映霞自传》，第92～95页，合肥：安徽黄山书社2008年版。
③ 《郁达夫全集》第4卷，第23页，杭州：浙江大学出版社2007年版。

没有对王说明原委。第三，"当时郁达夫写了《钓台题壁》诗"。此诗写于1931年1月23日，郁达夫日记1931年2月7日抄录此诗，但说是"半月前做的这一首诗"①。诗原题是《旧友二三，相逢海上，席间偶谈时事，嗒然若失，为之衔杯不饮者久之。或问昔年走马章台，痛饮狂歌意气今安在耶？因而有作》，由题亦可见"当时"的境况。第四，郁达夫"大约想走回头路，回到富阳去。"这似乎是隐指郁达夫回富阳是与前妻孙荃和好。郁达夫这次"仓皇离去"或"突然出走"确是回了富阳老家，也见了孙荃，并给孙荃一感愤书："钱牧斋受人之劝，应死而不死；我受人之害，不应死而死。使我得逢杨爱，则忠节两全矣！"② 由此可知，这次出走是有隐痛的，非如王映霞所说"是因为在上海住厌了"，是"想走回头路"。

三、"把我当妾姬看待"

王映霞说："他在诗中几次把我当作妾姬看待，如他写的七律《登杭州南高峰》中，就有：

　　……题诗报与朝云道（后改霞君），王（应为"玉"，恐是印刷有误——引者注）局参禅兴正赊。

《偶感寄映霞》：

　　……沿途都是灵官地（我姓王，杭州省嘲王灵官者），合共君来隐此间。

很明显，这是把我比作苏东坡姬侍朝云。以后在《毁家诗纪》中，又把我比作白乐天的姬侍樊素，还称为'下堂妾'。说实话，我也是有文化教养和自尊心的女人，心中岂能无动于衷？"③

郁达夫于诗中确曾比王映霞为苏东坡的朝云与白居易的樊素。不仅如此，郁达夫还以晋王献之的侍妾桃叶、唐李孝恭的歌妓红儿、唐李听的歌伎紫云、娼女霍小玉、明妓柳如是（杨爱）、李香君指代王映霞，当然也有以美女西施、罗敷指代王映霞的。这里的指代是否如王映霞所说是"把我当作妾姬看待"呢？

暂不说王映霞，且看郁达夫对其他几位女子是如何指代的。

① 《郁达夫全集》第5卷，第314页，杭州：浙江大学出版社2007年版。
② 于听、周艾文编：《郁达夫诗词抄》，第129页，杭州：浙江人民出版社1981年版。
③ 《王映霞自传》，第93~94页，合肥：安徽黄山书社2008年版。

孙荃是郁达夫的结发妻，郁达夫即以西晋石崇妾绿珠（"我久计穷朱亥市，君应望断绿珠楼。"《寄孙荃》）、南朝汝南王妾碧玉（"妙年碧玉瓜初破，子夜铜屏影欲流。"《无题——效李商隐体》之一）、唐张愔妾关盼盼（"儿郎亦是多情种，颇羡尚书燕子楼。"《梦醒枕上作，翌日寄荃君》之二）等来指代孙荃。何丽有是郁达夫第三任妻子，郁达夫有以碧玉（"洞房红烛礼张仙，碧玉风情胜小怜。"《无题四首，用〈毁家诗纪〉中四律原韵》之四）指代她的。李筱英是其恋人，郁达夫以云英（"偶攀红豆来南国，为访云英上玉京。"《乱离杂诗》之八）指代她。云英，可以是唐裴铏的传奇《裴航》中的女仙，但又一说是指唐代钟陵的娼妓。那么郁达夫以娼妓代自己心爱的人，难道是把李筱英当作妓女吗？对一般女子，如以桃叶指代他在杭州初识的一个女子（"危樯独夜怜桃叶，细雨重帘病莫愁。"《宿钱塘江上有赠》）、以樊素称自己少年时代所爱之女子（"恨他樊素忒无情，与春行，剩我苦零丁。"《望仙门》），《自述诗》之十中对此还特别感叹地说道："是岁秋游遇某氏姊妹及某氏，英皇嫁后，樊素亦与春归矣。"还有以白居易的女侍小蛮指代日本女子梅浓（"苏武此身原属汉，阿蛮无计更离胡。"《留别梅浓》）、以宋黄州妓李宜指代自己所识女子（"纵横写尽三千牍，总觉无言及李宜。"《秋夜怀人》之七）、以北宋汴京名妓李师师指代京剧演员新艳秋（"忽忆旧京秋色艳，凭君传语慰师师。"《读靖陶兄寄旧都新艳秋诗，为题看云楼觅句图》）。以上皆是以姜姬甚至妓女以指代人的，若据此认为郁达夫都是把她们当作自己的妾姬看待，显然是不对的。

那么，郁达夫是把王映霞"当作妾姬"看待吗？郁达夫最早的《寄映霞》（王映霞写着《赠映霞》）诗云："好事只愁天妒我，为君先买五湖舟。"后句用春秋吴国范蠡载西施泛舟五湖典，也即隐以西施比王映霞，表明欲与王映霞泛舟五湖"偕隐名山"。西施是中国古代传说中四大美女之首，郁达夫以之比王，可见对其倾心。罗敷，战国时赵国邯郸美女，汉乐府《陌上桑》赞美她："头上倭堕髻，耳中明月珠。湘绮为下裙，紫绮为上襦。行者见罗敷，下担捋髭鬚。少年见罗敷，脱帽著帩头。耕者忘其犁，锄者忘其锄。来归相怨怒，但坐观罗敷。"罗敷非妓非妾，乃赵王家令王仁之妻。郁达夫亦以之指代王映霞（"自愿驰驱随李广，何劳叮嘱戒罗敷。"《毁家诗纪》之十三）。然王映霞没看到这些，只想到以朝云、樊素称己是把自己"当作妾姬看待"。郁达夫为何欲以朝云指代王映霞呢？在郁达夫全部诗词中，以朝云指代女子的只有王映霞，而不及他人。除前王映霞已引之《登杭州南高峰》外，尚有《感怀》："朝云末劫终尘土，杨爱前身是柳花。"只是前后有感情色彩的不同。郁达夫写诗有一个特点，即好用典，且典必切合人事，用人常切合其姓。如《读〈璧山阁存稿〉寄二明先生》之四："读到璧山书牍稿，始知叔度自汪洋。"叔度指东汉黄宪，诗题之二明先生即黄华表。此以黄宪比黄华表，切其姓氏。又《赠朱植生先生，因题画像册后》："手辟朱提山万仞，防边端赖君输财。"朱提山在云南昭通县境，以山之名朱提山切朱植生之姓。又《赠郭氏两姐弟》："南国重赓邦媛志，林宗林下记双贤。"林宗指后汉名士郭泰，字林宗。此以郭林宗称其友人郭嘉东，并切其姓。如此之例尚多，不一一例举。所以郁达夫的以朝云比王映霞乃是切其姓。原来朝云姓王，字子霞，又是杭州钱塘人。王映霞的姓、名、籍贯与其皆合，故有此比，而专用于王。这原是郁达夫对王映霞的独爱之意，似不可误解为"当作妾姬看待"。至于后来的"朝云末劫终尘土"是在郁达夫认为王映霞红杏出墙，与许绍棣有染后而作之愤语。不仅如此，郁达夫还真把她称作"下堂妾王氏"。《毁家诗纪》之八的注是这样说的："七月初，自东战场回武汉，映霞时时求去。至四日晨，竟席卷所有，匿居不见。我于登报找寻之后，始在屋角捡得遗落之情书（许君寄来的）三封，及洗染未干之纱衫一袭。长夜不眠，为题'下堂妾王氏改嫁前之遗留品'数字于纱衫，聊以泄愤而已。"称王映霞为"下堂妾"本是由此而来，是由特定情境而称的，且是"聊以泄愤而已"。郁达夫的注语仅提许绍棣的"情书"，尚有为郁不知的事在。当郁达夫去前线劳军时，王映霞借夫打了胎，并且和国民党的特务头子戴某关系密切（见《汪静之为郁达夫鸣冤》），若据此而称"下堂妾"就不为过分了。当然在诗中则又是一番情感。"愁教晓日穿金缕，故绣重帏护玉堂。"郁达夫实在太爱王映霞了，生怕有人抢了他的爱妻，所谓"愁教晓日穿金缕"，所以才"故绣重帏"来层层加以保护。然而结果怎样呢？"武昌旧是伤心地，望阻侯门更断肠。"这里郁达夫有万千的隐痛深藏于诗中。有人据汪静之的披露，认为"侯门"即隐指戴某的花园洋房。

郁达夫前称"题诗报与朝云道"，后改"朝云"为"霞君"，并于录诗的这一天日记中说"早晨发霞信，告以明日游踪"①，明是作昵称来用的。而后来的"朝云末劫终尘土"，并以"下堂妾"泄愤，则诚如郁达夫的侄女郁风所说，郁达夫是"饥不择食地拿起腐朽的封建武器掷向王映霞（如称她为'下堂妾'），同情他的朋友们也觉得他做得太过分了"②。但在郁达夫的心里其实

---

① 《郁达夫全集》第5卷，第319页，杭州：浙江大学出版社2007年版。

② 郁风：《三叔达夫——一个真正的"文人"》，载陈子善、王自立编：《回忆郁达夫》，第202页，长沙：湖南文艺出版社1986年版。

还是以王映霞为妻的。就在王映霞离开新加坡回国后不一月，郁达夫在《敌我之间》一文中回答日本人新居格时即说："……爱妻王氏，都因这一次的战争，离我而去了。"① 后来在《自叹》诗中又说："异国飘零妻又去，十年恨事数番经。"这是在两人离异后，而仍以王映霞为妻且为"爱妻"。当然站在王映霞的角度对"朝云""樊素"的称谓"心中岂能无动于衷"也是完全可以理解的。

四、"在丽水又见到许绍棣"

王映霞说："我和郁的争吵、出走、最后离开，凡事种种似乎均归之于我与许绍棣的相识为导火线。"接着她引胡健中《郁达夫与王映霞的悲剧》中的一段话："以许绍棣为人之方正清廉，许、王两家儿女亲属同居者之多，及他们每次相见都有别的朋友在场，在十目所视之下，我确信他们的关系仅止于爱慕和别后的通信。"以证明许王"'丽水同居'之事，纯属谣言"，同时表明自己也认为"许绍棣为人之方正清廉"②。

那么，许绍棣究竟何许人？是否"为人方正清廉"呢？

许绍棣为国民党浙江党部执行委员并宣传部长，浙江省教育厅长，还是浙江CC派的核心人物。就是他于1930年3月呈请南京国民党中央通缉"堕落文人"鲁迅、郁达夫等人，鲁迅因此只身避祸于日本友人内山书店一月之久。后来鲁迅回忆此事说："当我加入自由大同盟时，浙江台州人许绍棣，温州人叶溯中，首先献媚，呈请南京政府下令通缉。二人果渐腾达，许官至浙江教育厅长，叶为官办之正中书局大员。有黄萍荪者，又伏许叶喉使，办一小报，约每月必诋我两次，则得薪金三十。"③

这通缉令一下就是七年。晚年鲁迅与内山谈及此事说："我今后的日子不会太长了，跟了我十年（实为七年）的通缉令撤销了，我会寂寞的，还是不要撤销吧。"④ 由此可知许绍棣的为人是怎样的"方正"。

那么许绍棣"清廉"吗？郁达夫有几处文字揭露他的贪。《第二期抗战的成果》中说："譬如在我们江南的某省，一般人都说教育是比较进步的。但自

① 《郁达夫全集》第9卷，第206页，杭州：浙江大学出版社2007年版。
② 《王映霞自传》，第152页，合肥：安徽黄山书社2008年版。
③ 鲁迅：《关于许绍棣叶溯中黄萍荪》，《鲁迅全集》第8卷，第404页，北京：人民文学出版社1981年版。
④ 转引自王凯：《许绍棣呈请通缉鲁迅始末》，载《联谊报》2008年7月5日。

前年十二月廿五该省首府沦陷之后，那位教育当局者，还在把各校长的缺，使人四出在那里兜卖，某校长是几千元，某校长是几百元；而附带的条件，是买了这某缺的校长到差以后，每月更要报效教育当局的私人若干。而更加荒唐的，是一江的西北部沦陷之后，到了江东复由这当局去创办了一个青年学生团，在一区水丽湖碧的风景地带，学生报到的共有三千余人，本来是由中央订定，每月每人给学生伙食费六元，服装杂用费二元，统由省府财政收入项下指拨的。但这当局呢，伙食费每人克扣剩了三元一月，服装杂用费则一文不给。所以，中央于这抗战时期，想发动青年去组织民众的这一个计划，结果，只运气了这一位当局发了大财。一个穷光蛋，到了现在，居然有数十万美金存在美国纽约银行，数十万港币存在香港汇丰银行了。而他个人在抗战中的唯一工作哩，就是诱骗良家妇女，和女学生等，一个一个在轮流和他同住。"① 这"江南的某省"也就是浙江，"那位教育当局者"显系指浙江的教育厅长，"水丽湖碧"即是指同居之地碧湖的丽水，而"诱骗良家妇女"则说得更是明白了。至于贪污存款之事郁达夫当亦有所依据。在《抗战中的教育》一文中也隐指其"不知人间有羞耻悲惨事，而只在无功而受禄"②。在《回忆鲁迅》一文中郁达夫直指这个"党部先生"："南京的秘密通缉令，列名者共有六十几个，多半与民权保障自由大同盟有关的文化人。而这通缉案的呈请者，却是在杭州的浙江省党部的诸先生。"③ 谈到鲁迅的《阻郁达夫移家杭州》诗，郁达夫悲愤地写道："我因不听他的忠告，终于搬到杭州去住了，结果竟不出他之所料，被一位党部的先生，弄得家破人亡；这一位吃党饭出身，积私财至数百万，曾经呈请南京中央党部通缉我们的先生，对我竟做出了比敌人对待我们老百姓还更凶恶的事情，而且还是在这一次的抗战军兴之后。我现在虽则已远离祖国，再也受不到他的奸淫残害的毒爪了；但现在仍还在执掌以礼义廉耻为信条的教育大权的这一位先生，听说近来因天高皇帝远，浑水好捞鱼之故，更加加重了他对老百姓的这一种远溢过钱武肃王的德政。"④ 这段饱含血泪的文字所揭露的也即是王映霞所认为的"为人方正清廉"的许绍棣。

五、"一个神秘的第三者"

《王映霞自传》一书的代序为台湾的原杭州《东南日报》的主编胡健中所

---

① 《郁达夫全集》第 9 卷，第 37～38 页，杭州：浙江大学出版社 2007 年版。
② 同上，第 80 页。
③ 《郁达夫全集》第 3 卷，第 332 页，杭州：浙江大学出版社 2007 年版。
④ 同上，第 333 页。

写。在这篇题为《郁达夫与王映霞的悲剧》一文中，胡健中谈到郁王婚变时说："我为了几方面的友谊（包括一个当时炙手可热，不幸惨死的政治神秘人物在内），辗转与周象贤拉了达夫、映霞，同在汉口太平洋饭店为他们和解，签了和解书，企虞（周象贤的字）和我也都签了名。"① "回忆绍棣与映霞的认识，约在西安事变发生前后。时绍棣任浙江教育厅厅长，不幸丧偶，……映霞……因此他们便有了感情。……我确信他们的关系仅止于爱慕和别后的通信。一般悠悠之口和达夫的猜疑，导因于其中尚夹杂着一个神秘第三者。"② 胡健中在文中两次提到的这个"神秘人物""神秘第三者"，到底是谁呢？

据《汪静之为郁达夫鸣冤》披露，这个"神秘第三者"就是国民党的特工王戴笠，胡健中说是"炙手可热，不幸惨死的政治神秘人物"正与戴笠的身份、地位、结局相合。

然王映霞本人在其《自传》中绝口不提戴笠，似乎她与戴笠无关。但从其附录的第四封信中，我们还是发现了一些信息。这是 1938 年 10 月 2 日王映霞写给郁达夫的信，信中说："立德、望舒、秋原、雨农各人处，都已发函通知他们你已去闽事……"③ 这里的雨农是戴笠的字，他幼名春风，学名微兰，以字行，戴笠乃后改名。王映霞信中提到的立德（应是亢德）、望舒、秋原都是文人，可以理解；为什么要把郁达夫去福建的事告诉戴笠呢？这颇耐人寻味。这是王映霞与戴笠有交往的直接记录，且是她本人所说。上世纪 80 年代她在给黄世中的信中曾对雨农作了一个注："雨农，即戴笠，号雨农，也是我家来往的友人之一。你该知道他的职业。"（《王映霞书简——致黄世中》之十一）王映霞称戴笠为"我家来往的友人"，确是不错。蒋授谦在《我与达夫共事》一文中说：郁达夫"移家杭州之后，适戴笠来杭养病，常到达夫家中作不速之客，偶一留饭，赏赐服务人员特别优厚，而达夫则惮于酬应……"④ 有人考证郁达夫一穷作家，家里并无"服务人员"，因此戴笠给予"特别优厚""赏赐"的"服务人员"即王映霞。由此可知，王映霞与戴笠在 1933 到 1936 年即有频繁接触。抗战后，王映霞在武汉的生活，《汪静之为郁达夫鸣冤》一文披露其详。40 年代，王映霞与郁达夫离异后不回她的老家杭州的"风雨茅庐"，而是直飞重庆，因戴笠的关系安排在了重要部门外交部工作。后来戴笠

---

① 《王映霞自传》，第 3 页，合肥：安徽黄山书社 2008 年版。
② 同上，第 5 页。
③ 同上，第 233 页。
④ 蒋授谦：《我与达夫共事》，载陈子善、王自立编：《回忆郁达夫》，第 362 页，长沙：湖南文艺出版社 1986 年版。

给王映霞后任丈夫"做运输汽车队队长，在滇缅路直到重庆做运输工作，汽车运私货，大发财。抗战胜利后，1945 年戴笠给王映霞的丈夫做运输方面的宜昌站站长，也是发财的职务。上海接收时戴笠给了王映霞一座接收下来的洋房，成了王映霞所有的房产。"（见《汪静之为郁达夫鸣冤》）戴笠能给王映霞一座"洋房"，那么蒋授谦所说的给"服务人员""赏赐""特别优厚"也就有了注脚了。

王映霞与戴笠除了有书信等上述联系外，还有什么更深的关系呢？

先看戴笠其人。戴笠是个非常残忍的人，以刽子手闻名，人称他是中国国民党的希姆莱。戴笠又是个极端神秘的人，有说他是"中国近代历史上最神秘的人物"，或说是"亚洲的一个神秘人物"。胡健中所言正是由此而来。而戴笠最大特点是贪淫好色，凡是美女无不弄到手，如电影明星胡蝶。正是因为如此王映霞为其看中。王映霞为杭州美人，有"莘莘白"之雅号；郁达夫的《日记九种》把她的美名又宣扬于天下。当郁达夫、王映霞于 1933 年春移家杭州后，那住处尤其是那"风雨茅庐"乃达官贵人常到之所，而戴笠也在其中。郁达夫在日记中有两处提到戴笠。郁达夫与戴笠都生于 1896 年，又先后为杭州一中同学，然毕竟两人道不相同。戴来看郁一是对其监视，二则是垂涎王映霞的美色，后来直接导致郁王离异的真正人物正是戴笠。《汪静之为郁达夫鸣冤》作了公开的披露，其内容一是说王映霞趁郁达夫前线劳军之时借夫（即是汪静之）偷偷打了胎；二是说戴笠与王映霞非同一般的关系；三是说王映霞亲口向汪静之炫耀戴笠花园洋房的富丽堂皇。汪静之说："一天我到达夫家去看她回来没有，王映霞的母亲说：'没有回来。'我看见阳春（达夫的长子郁飞的乳名）满脸愁容，我问他：'为什么不高兴？'他说：'昨夜姆妈没有回来！'我问：'她到哪里去了？'他说：'不知道。'我就问王映霞的母亲：'映霞到哪里去了？'她说：'不知道，是一部小汽车来接去的。'第二天我再到达夫家去，想问问映霞头一天到哪里去了，见了王映霞，她倒了茶请我坐下。我还没有开口，她就谈起戴笠家里花园洋房，家里陈设富丽堂皇，非常漂亮。谈话时露出羡慕向往的神情，又有得意兴奋的神情，我马上悟到她昨夜没有回家的原因了，原因是戴笠派小车接她去了。所以王映霞满脸是兴奋、幸福、得意的表情。又想到难怪她要打胎，而且要在达夫外出去打。"可见王映霞与戴笠可不是一般的"友人"关系。汪静之亲历其事，且为王以"夫"借用，所述当是可靠的。汪文写于 1993 年 8 月，在其死后于 1998 年 8 月由其女儿汪晴在泰国的《亚洲日报》发表。此时王映霞尚在世，不知她是否看到此文，或看到此文是如何感想？

王映霞说汪静之人老实。老实人最可敬的地方就是老实。老实的汪静之在60年后老实地披露了事实真相，为其老友申冤。郁达夫九泉有知，当感到不愧有这么一个老实的挚友。

六、"徐、陆两人终于结为秦晋之好"

王映霞说："翌年，徐志摩写信给达夫，高兴地告诉他一个好消息，说：由于刘海粟的劝说，小曼与王赓已经'拜拜'，徐陆两人终于结为秦晋之好。达夫接到来信，兴奋异常，连跳带蹦地走到厨房里，把信交给我看：'有情人终成眷属，这是好事，这是大好之事！'我开玩笑地对他说：'看你高兴得这个样子，好像你自己得到了一个绝代佳人。'他也哑然失笑：'志摩是我的朋友，他结婚了，我应该分享他的喜悦，你说是不是？'"①

王映霞的这段话有很大的失误，让人感到郁王结婚在前，徐陆结婚反而在后了，事实恰好相反。

徐志摩与陆小曼相识于1924年，1925年确经刘海粟劝说，陆小曼与其前夫王赓离婚。1926年旧历七夕，徐陆定婚；同年10月3日孔诞日，两人正式结婚。1928年6月至11月徐志摩赴欧游历。郁达夫与王映霞最早相识是在1927年1月14日午前10时前后，王映霞称之为"这是一个我无法忘去的日子和时刻"②。此前，郁达夫1924年在北大教书，1925年在武昌教书，1926年3月至年底在广州，中间有几月在北京。王映霞1923年至1926年上半年在浙江省立女子师范学校读书，毕业后到温州。1926年底随孙百刚到上海。接着就是那令王映霞"无法忘去的日子和时刻"，随后就是1927年6月5日郁达夫与王映霞在杭州定婚，1928年3月在上海结婚。从以上各人的行履来看，怎么会有王映霞所说的"徐志摩写信给达夫，……达夫……走到厨房，把信交给我看"的事呢？

此类的误记在《王映霞自传》里尚有多处。如，郁达夫与鲁迅结识是1923年2月，王映霞说"早在1922年就开始与鲁迅交往"③。胡健中是安徽人，出生于南京，王说他是浙江人④。郁达夫与徐志摩在杭州一中做同学是1911年，1913年9月，郁达夫已经随兄赴日；王说"1910年至1915年间，

① 《王映霞自传》，第250页，合肥：安徽黄山书社2008年版。
② 同上，第29页。
③ 同上，第77页。
④ 同上，第218页。

两人是杭州府中学同班同学"①。徐志摩与张幼仪结婚时张是十五岁（张幼仪1900年生，1915年婚），王映霞说张是"十八岁时与志摩结婚"②。至于说"1922年5月，徐志摩和张幼仪都在德国求学。徐见异思迁，为了追求林徽音（应是因——引者注）突然向张幼仪提出离婚"③，也与事实略有不合。另外还有矛盾的地方。如："1928年前后，由于白色恐怖，郁达夫的住处没有一定，逃难和躲避的事情也是有的。"④ 后来又说1932年2月10日（应为1931年，前文已辨），郁达夫的出走"并不是如他后来在文章中写的，是因为'白色恐怖'……"⑤ 又："我们住在上海时徐志摩没到过我家。"⑥ 时郁王住上海赫德路嘉禾里前弄，王映霞称之为蜗居，后文即说徐志摩是蜗居的常客⑦。这些误记与矛盾虽不是大问题，但多少让人怀疑她自传的准确性与正确性。

七、"殿春和我几十年没有来往"

王映霞说："殿春和我几十年没有来往。人各有志，不能强求。"⑧ 殿春即郁达夫与王映霞所生之第二子郁云。王映霞说：殿春"这孩子的面貌与性格，从小就特别像他的父亲。"⑨ 难怪郁达夫的好友刘海粟在20世纪80年代初见郁云时，"在温馨的灯光中，昏花的老眼差点儿把他看成了达夫，父子俩在外貌上相似到惊人的程度"。以至"见儿疑是父归来"⑩。王与其子几十年不来往是家事，非本书所论，我们探究的是"没有来往"的背后，即王映霞与郁云母子对郁达夫的认识的差异。

先说王映霞。据其《自传》，在认识郁达夫前王映霞即读过他的《沉沦》；相识后对郁"好奇"而"敬佩"⑪；感情破裂后，骂郁"是一只蒙了人皮的走

---

① 《王映霞自传》，第248~249页，合肥：安徽黄山书社2008年版。
② 同上，第253页。
③ 同上。
④ 同上，第64页。
⑤ 同上，第93页。
⑥ 同上，第107页。
⑦ 同上，第261页。
⑧ 同上，第217页。
⑨ 同上，第97页。
⑩ 刘海粟：《〈郁达夫传〉序》，载郁云著：《郁达夫传》，第9页，福州：福建人民出版社1984年版。
⑪ 《王映霞自传》，第31页，合肥：安徽黄山书社2008年版。

兽"①，"一个阴险刻薄的无赖文人"②；离异几十年后提到他，"留下的只是深深的怀念"③。王传前后十七章谈自己与别人，中间从"初见郁达夫"到"终于离婚"三十三章谈郁王的生活，缕述家庭细事，文坛一般交往，着重写郁达夫的出走、启事、《毁家诗纪》给她精神、情感、心理的伤害，带有很大的自辩成分。她写的是作为丈夫的郁达夫，作为男人的郁达夫。即使在郁达夫为国惨死几十年后回忆过去，对郁也无多好评价，对郁的认识也只是"才气横溢，在国内外文坛上享有盛名"而已④。而 20 世纪 80 年代在给黄世中的通信中，对郁达夫"每一念及，则只有无限的恨"(《王映霞书简——致黄世中》之十八)，甚至痛骂郁达夫"卑鄙无耻，下流到不可收拾"(《王映霞书简——致黄世中》之二十九)。"至于《毁家诗纪》中所写，全是假话，不可信也"(《王映霞书简——致黄世中》之九)。由郁达夫累及文化人则也让她"恨透了"(《王映霞书简——致黄世中》之十三)。

　　郁云为其父作传，角度与其母王映霞不同，但更主要的还是认识的不同。郁云"为了如实记述父亲一生的经历和事迹，拙作在撰写过程，除阅读已收集到的父亲全部著译、诗词外，还查阅了家谱、家信、日记和其他有关资料，并访问了父亲生前的至亲好友。"⑤ 即他是在阅读了郁达夫全部著作掌握大量第一手资料的基础上撰写的。这是其一。其二，《郁达夫传》在时间与事件的记述上相当地准确而正确，绝无王映霞的误记与矛盾。所以郭文友评价其书"资料翔实可靠，堪称'信史'"⑥。第三，大约正因为郁云的面貌与性格都像其父郁达夫，所以也就比其他人尤其是其母更能够理解郁达夫。郁传仅 14 万字，却细致地记叙了郁达夫的一生经历，突出了他留日时期的爱国思想，回国后对封建军阀国民党政府的批判，远赴南洋时的抗战宣传；对其创造社的活动，与鲁迅的友谊，直至最后的避难与牺牲，都巨细无遗。对父母的离异虽"回避了细节"(刘海粟语)但并不回避事实。对《毁家诗纪》能站在一个相当的高度去认识："当国家民族受到敌人侵犯的关键时刻，郁达夫能够正确处理国仇与家恨的关系，没有因'毁家'的悲痛而影响他为国复仇的坚定意

---

① 《王映霞自传》，第 179 页，合肥：安徽黄山书社 2008 年版。
② 同上，第 183 页。
③ 同上，第 225 页。
④ 同上。
⑤ 郁云：《郁达夫传》，第 297 页，福州：福建人民出版社 1984 年版。
⑥ 郭文友：《郁达夫年谱长编》，第 1918 页，成都：四川人民出版社 1996 年版。

志。"① 这是他与其母对《毁家诗纪》认识上根本的不同。全书饱含着对伟大父亲的敬爱之情。所以刘海粟评其传说："再现了创造社老将郁达夫的风采，是一本突出爱国主义思想的新作。"②

王映霞、郁云是与郁达夫关系最近的人，然而两人对郁达夫的认识悬差太大。这大约正是王映霞感叹并微带责备地说"殿春和我几十年没有来往"的原因吧；或许还因为郁云的性格像郁达夫，情感上倾向于父亲而不愿与其母来往吧。

八、"我和郁达夫请周恩来和邓颖超吃饭"

这是王映霞很值得炫耀的一件事。她说："1956 年……我给周恩来写了一封长信，……1938 年春天，在武昌，我和郁达夫请周恩来和邓颖超吃饭。"③后来，得到周恩来的关心，王映霞当了教师。郁达夫在文章中确曾提到在武昌时与周恩来的"交情"④，时周恩来任政治部副部长，郁达夫是政治部第三厅设计委员，正在周恩来的领导之下。故王说有据。

但这段话让人产生另一种感觉。郁王虽然离异，王也早已另嫁他人，而在冥冥之中给予王映霞影响、关照着她后半生幸福、作为她精神支撑的工作的，不是别人，而是被她骂作"是一只蒙了人皮的走兽"，"一个阴险刻薄的无赖文人的"郁达夫。没有郁达夫，她当然也无缘认识周恩来。建国后，王映霞又多次承郁达夫的冥冥之力而得助。如建国初，王映霞受到审查，时任上海市副市长潘汉年为她说了话⑤，而潘汉年早年是创造社的小伙计，郁达夫的小老弟。80 年代后，王映霞又被聘为上海文史馆馆员，那也还是因为郁达夫与她共同生活了 12 年，这 12 年中王映霞因郁达夫而认识了文坛上许多的名人，诚如她自传中所述及的鲁迅、胡适、徐志摩、蒋光慈、白薇、陆晶清、王莹、内山完造、池田幸子等。这些人物正可供其写文史资料了。事实上，王映霞在解放后，尤其是在其第二个丈夫去世后的最后 20 年，一直得到郁达夫的冥冥之助（如当上教师、被聘馆员），一直享受着郁达夫给她带来的风光与荣耀（如星洲之行、台湾之行），然而，又痛骂郁达夫"卑鄙无耻，下流到不可收拾"，

---

① 郁云：《郁达夫传》，第 158 页，福州：福建人民出版社 1984 年版。
② 刘海粟：《〈郁达夫传〉序》，载郁云著：《郁达夫传》，第 9 页，福州：福建人民出版社 1984 年版。
③ 《王映霞自传》，第 208 页，合肥：安徽黄山书社 2008 年版。
④ 《郁达夫全集》第 11 卷，第 329 页，杭州：浙江大学出版社 2007 年版。
⑤ 《王映霞自传》，第 206 页，合肥：安徽黄山书社 2008 年版。

大肆泄愤，实行鞭尸，实在有点太过了。

从以上几点来看，《王映霞自传》一书有误记，有漏洞，有矛盾。王映霞主要依据郁达夫的书信、日记，鲁迅的日记与自己的记忆写自传，由于年代久远，自己年老，记忆有误，这是难免的，不必苛求。有的也可能是印刷方面的错误。但有些地方，如《寄映霞》诗，郁达夫的日记、信明明写的是 1927 年 3 月 6 日，王映霞为何要把它说成是 1927 年 1 月 15 日他们相识的第二天呢？徐陆早于郁王结婚两年，为什么反说成徐志摩写信给郁达夫告诉要结婚，郁又把信给王看呢？既说郁达夫出去躲避是因为"白色恐怖"，为什么后来又说不是因为"白色恐怖"呢？至于她在信中提到而在自传中隐去的"一个神秘第三者"，当然自有她不好说出的隐衷。

总之，《王映霞自传》作为郁达夫研究的资料，有其一定的参考价值，因为《自传》毕竟披露了二人之间的一些史料；但是，因为在两人关系的来龙去脉和是非曲直上，由于思考问题的角度、出发点和她个性中的价值取向诸方面的特殊性，《自传》中明显带有一些曲解事实的成份，其史料的准确性与真实性还是打了一些折扣。

第七章

郁达夫诗词中历史人物的自我形象

郁达夫曾不止一次地说过："我是一个作家，不是战士。"作家是郁达夫对自己的定位，也即郁达夫的自我形象。然郁达夫的自我形象却并非只是作家，作家是其自我形象主导的一面，他的侧面则是丰富的、多样的。在郁达夫的诗词中，他对历史人物典的广泛运用，我们由此看到了一个立体的郁达夫形象。如果说，他在小说中塑造了于质夫、黄仲则等众多艺术形象，那么他在诗歌中，则借历史人物凝定了自我形象。"历史有惊人的相似之处，不同时代的人物也常常有着相似的遭遇和命运。后世文人借历史人物寄托理想、抒发感情时，总是寻求某种相似点，这是借古喻今的用典得以成立的关键。"① 郁达夫为了"寄托理想，抒发感情"总是在不同的时期，不同的环境，不同的心境下借用历史人物，寻求历史人物的某一方面与自己的契合点，把历史人物的某些事迹、某些特点加以突出强调，使自己与历史人物叠印在一起，从而由历史人物看到的却是郁达夫的自我形象。

在中国五千年的历史长河中，被载入二十五史的历史人物何止万千，一部《中国历代人名大辞典》收录的历史人物就有五万四千五百人，而在郁达夫的全部六百余首诗词中，被借用的历史人物不下二百人，上自尧时的许由、巢父，下至民国人物，郁达夫于诗中都能随手拈来，为己所用。除女性人物外（详见下章），所用最多的是历代文人，这也正是郁达夫是作家的原因；此外尚有志士、义士、侠士、英雄、功臣、隐士等人物。郁达夫对这些人物在历史上的言与行、思与事注入自己的感情色彩，然后往往以之自况。因而，我们从他的诗词中，就看到了郁达夫的多面形象，即既是文士形象，又是志士形象；既是英雄形象，又是忠义形象；还是隐士形象。这些不同形象的不同性格、不同气质、不同特点都集中在郁达夫一人身上，有的是显性的，有的是隐性的，

① 刘明华：《杜甫研究论集》，第205页，重庆：重庆出版社2004年版。

在根本思想（爱国）不变的情况下，那么在不同的时地、心情下就会表现为不同的形象。分析郁达夫于诗词中对历史人物的借用、自况，探究郁达夫本人真实的自我形象，是从《郁达夫自传》之外再认识郁达夫的一个新的途径。

第一节　文士形象

中国典型的文士形象当从屈原开始，之后两千多年，屈原型、类屈原型，或有屈原悲剧精神的文士成了中国历代知识分子的主体。中国古代的文士又并非单纯的文人，他们或从政、或从军，把建功立业当作自己人生的最高追求，侘傺失意穷愁潦倒往往是不得已而从文，在诗词歌赋里一逞天才，遂以文名见称于世。从政、从军、从文即是中国古代文士的三大类型。郁达夫常常根据自身的情况而以他们自况，以抒发自己的怀抱。

一、比其忧时伤世

屈原、贾谊、王粲、庾信、李白、杜甫，都曾在朝中任过职，都有自己的政治抱负。屈原任楚国左徒，三闾大夫，曾深受楚怀王信任，"入则与王图议国事，以出号令。出则接遇宾客，应对诸侯"①。屈原一生为其"美政"理想而奋斗，"既莫足与为美政兮，吾将从彭咸之所居"（《离骚》）。贾谊年仅二十余，即被汉文帝召为博士，后迁太中大夫。因上疏言弊，贬为长沙王太傅，迁梁怀王太傅，政治上主张重农抑商，建议削弱诸侯王势力。其政论《陈政事疏》《过秦论》乃西汉鸿文。王粲乃著名的建安七子之一，曹操器之，辟为丞相椽。魏建国后，官为侍中。庾信在梁时官右卫将军；入周累迁骠骑大将军，开府仪同三司，官至司宗中大夫。李白为官不高，先在唐玄宗时供奉翰林，后入永王李璘府僚，几乎丧命。然李白在政治上总期望着"愿为辅弼，使寰区大定，海县清一"（《代寿山答孟少府移文书》），以实现其宏大理想。杜甫在唐肃宗时拜为左拾遗，后为华州司功参军，检校工部员外郎。杜甫一生也未做过大官，但他与李白一样，也是抱负远大，欲"致君尧舜上，再使风俗淳"（《奉赠韦左丞丈二十二韵》）。然而他们的仕途都不顺，却又不能忘情于政治，所谓"居庙堂之高则忧其民，处江湖之远则忧其君"（范仲淹《岳阳楼

---

① 司马迁：《史记·屈原列传》下册，第 1900 页，上海：上海古籍出版社 1997 年版。

记》）。忧时伤世，则成为他们诗文创作的主题。郁达夫在这一点与前辈作家相同。早年曾参加过外交官、高等文官考试，均落第而归，抱负难申。又身处敌国侵凌内忧外患之乱世，晚年远赴南洋，投荒异域，其艰难之境况远甚于古代作家，故其忧时伤世之情也尤深，其诗以屈、贾、王、庾、李、杜以自况也就很自然了。

郁达夫在早年的《自述诗》小序中一下子就提到了屈原、贾谊、王粲、李白四个人。他感叹自己留学日本，有似飘零，而"有王右橼（粲）之悲"，所以他欲效法屈原（"屈子有怀沙之赋"）、贾谊（"贾生陈伤鹏之辞"）、李白（"青莲已创作新声"）那样作自述诗以抒写自己的兴趣、志向与学业，这是明白告诉读者他是以古人先贤以自况的。郁诗中，自拟屈原一在早年，一在晚年。《客感寄某》（1918 年）之二："明朝倘赴江头死，此意烦君告屈平。"这是欲效屈原沉江以报国。郁达夫的伟大，在于他的爱国。《丁巳日记》作于1917 年，是现在能见到的郁达夫最早的日记。他在日记中说："然予有一大爱焉，曰：爱国。"（1917 年 6 月 3 日）"一身尽瘁，为国而已。倘为国死，予之愿也。"（1917 年 6 月 11 日）正是在爱国这一点上他与屈原是契合的。《前在槟城，偶成俚句，南洋诗友，和者如云。近有所感，再叠前韵，重作三章，邮寄丹林，当知余迩来心境》（1939 年）之三："投荒大似屈原游，不是逍遥范蠡舟。忍泪报君君莫笑，新营生圹在星洲。"此诗作于新加坡，距前诗已是 21年之后，而思想、精神则是一致的。他离开祖国投荒南洋，正如屈原之被放逐；他要在此作抗战宣传，直到生命的最后。然在郁诗中，往往是叠用人物来表达自己的心情。"剧怜鹦鹉中洲骨，未拜长沙太傅官。"（《席间口占》，1916年）"长沙太傅"指贾谊，此以贾谊自比，叹惜己之不遇。"与君此恨俱千古，拟赴长沙吊屈文。"（《谒岳坟》，1917 年）因谒岳坟而有感，言己恨与岳飞同，故欲像贾谊写《吊屈原》文一样也写一篇《谒岳坟》。"江南诗赋老兰成"，"敢随杜甫憎时命"（《客感寄某》之一、之二）。兰成即庾信，其《哀江南赋》写自己出使北魏不得返国（梁）的悲哀。这两句诗出自一题中之上下篇。先比庾信羁居异国（日本）之悲，后比杜甫敢随其后以憎。"江南易洒兰成泪，蜀道曾传杜老豪。"（《杂感八首》之七，1921 年）这是把庾信、杜甫并举以自况。"报国文章尊李杜，攘夷大义著春秋。"（《感时》，1938 年）这是把李杜并举，欲效其文章报国。"尺枉何由再直寻，兰成哀思及时深。美人香草闲情赋，岂是离骚屈宋心。"（《和广勋先生赐赠之作四首》之二，1940 年）一诗以庾信、陶渊明、屈原、宋玉四人并举，而着重在屈、庾。诗言家毁不可复，羁外不可回，正如庾信之哀；当此日寇侵凌祖国之时，再作美人香草闲情赋之类，已不是写《离骚》的屈原之心了。

古人之忧即己之哀，古人之伤即己之痛。借古人述己情，打通时空隧道，不仅是诗心相通，更是忧情相同。

二、比其才华飘逸

郁达夫对自己的才华是十分自负的，"九岁题诗四座惊，阿连少小便聪明"（《自述诗》之六）。阿连，即南朝宋谢惠连。据《宋书·谢惠连传》："惠连幼而聪敏，年十岁，能属文，族兄灵运深相知赏。"① 郁达夫以谢惠连自视，然谢惠连十岁属文，而郁达夫九岁则已题诗令四座皆惊了。日本著名汉诗人服部担风非常爱重郁达夫的文才，评其诗云："风骚勿主年犹少，仙佛才兼古亦稀，达夫有焉。"② 并以宋朝诗人贺铸（字方回）以许："欲问江南诗句好，三生君是贺方回。"③ 郁达夫也即自称而不让了，"淡云微月恼方回"（《赠梅儿》）。然郁达夫自己最欲比的是西汉的大文学家以辞赋令汉武帝倾倒的司马相如，自谓有"马卿才调"（《将去名古屋，别担风先生》），故直言"论才不让相如步"（《寄和荃君原韵四首》之二）。有才不是为了自炫自傲，有才也不是为了与古人一比高下，有才是为了效力于国家，所谓以"文章报国（尊李杜）"。所以，郁达夫在诗中又常常叹惜，"谁从乱世识机云"（《奉寄曼兄》，1918 年），"机云各自困风埃"（《秋夜怀人七首》之二，1920 年），以晋代的文学家陆机、陆云兄弟来指代其兄郁华（字曼陀）与自己，虽才如机、云而无人赏识，"我纵有才仍未遇，达如无命亦何伤"（《穷郊独立，日暮苍然，顾影自怜，漫然得句》，1919 年），只能困于风埃之中。郁达夫是有远大政治抱负的，还在留学日本期间，他的《秋兴四首》（1916 年）、《杂感八首》（1921 年）政论诗，即表达了他看到"茫茫大陆沉将了"，因而要"努力救神州"的精神。郁达夫自比不仅有谢惠连少小"聪明"之"才"，还有更胜于谢惠连的"有力净河汾"（《奉寄曼兄》）之"气"。这不是旧名士的逞才使气，这是爱国者的英才志气。当英才不得展，志气不得申时，郁达夫往往又颓然地以"才尽"的江淹自况："今日穷途余一哭，由他才尽说江郎。"（《病后寄汉文先生松本君》）

---

① 沈约撰：《宋书·谢惠连传》第 5 册，第 1524 页，北京：中华书局 1974 年版。
② 转引自詹亚园：《郁达夫诗词笺注》，第 227 页，上海：上海古籍出版社 2006 年版。
③ 小田岳夫、稻叶昭二著：《郁达夫传记两种》，第 219 页，杭州：浙江文艺出版社 1984 年版。

有才无气，是才子；有气无才，是莽汉；有才有气，才气纵横是"才士"。正如郭沫若所说："我们感觉着他是一位才士。"① 还是郭沫若深得净友郁达夫之心。

三、比其草檄军功

郁达夫是诗人、文学家，可他并不甘愿做个"书生"。中学时代，他闹过学潮；大学时代，他舌战日本所谓"宪政之神"的尾崎行雄。1919 年，他曾两度参加外交官和高等文官考试以期一展政治抱负。然 20 世纪二三十年代的中国，先是军阀混战，后是外敌（日本）入侵；社会政治黑暗，郁达夫壮志难酬，于是只能在新文学领域开疆拓土，一逞文才。但他一直梦想着"草檄军功"的雄心未泯。一旦抗战爆发，他即奔赴前线劳军，即如后来的远赴南洋，仍然为的是抗战。他以陈琳、骆宾王自期，把"草檄军功"当作是书生报国的事业。

陈琳是东汉末年诗人，著名的建安七子之一。先附袁绍，为绍作檄文斥责曹操，后绍败，归曹操。曹操爱其才，不罪，使其与阮瑀并为司空军谋祭酒，遂军国书檄，多出二人之手。《三国志·魏书·王粲传》："军国书檄，多琳瑀所作也。"南朝宋裴松之为之作注引《典略》云："（陈琳）作诸书及檄，草成呈太祖（曹操）。太祖先苦头风，是日疾发，卧读陈琳所作，翕然而起曰：'此愈我病。'数加厚赐。"② 陈琳作檄，能愈曹操头风病，可见檄文的力量。陈琳以草檄而立军功，官至门下督。文人作军书立军功，这是文人从军立功的典型，正是郁达夫欲效法的榜样。但在早年，郁达夫很后悔学陈琳，觉得虽能文章，却无用处。他在《寄曼陀长兄》（1916 年）诗中感叹地诉说："悔将词赋学陈琳，销尽中原万里心。"腹中空有如陈琳一样的词赋文章，却不能去建功立业。这乃是自嘲之言，反过来说，学得陈琳赋，就应该去实现"中原万里心"。之所以未能，一来自己尚在读书；二来国内形势日非。与此诗作于同年的《致郁曼陀》的信亦可反证。"国事日非，每夜静灯青，风凄月白时，弟辄展中国地图，作如此江山竟授人之叹。"（8 月 24 日）"国事弟意当由根本问题着想。欲整理颓政，非改革社会不可。"（10 月 10 日）③ 郁达夫极想有所作

---

① 郭沫若：《论郁达夫》，载陈子善、王自立编：《回忆郁达夫》，第 2 页，长沙：湖南文艺出版社 1986 年版。

② 陈寿撰，裴松之注：《三国志》上册，第 406 页，长沙：岳麓书社 2002 年版。

③ 《郁达夫全集》第 6 卷，第 11 页，杭州：浙江大学出版社 2007 年版。

为，然未得其时。等到了20年后的抗战之时，郁达夫蓄积了多年的才志终有了大展宏图的机运。"今日不弹闲涕泪，挥戈先草册倭文。"（《廿七年黄花岗烈士纪念节》，1938年）这时就不是"悔学陈琳"，而是欲效法陈琳。"乱世桃源非乐土，炎荒草泽尽英雄。牵情儿女风前烛，草檄书生梦里功。"（《乱离杂诗》之十，1942年）此时的郁达夫在新加坡已坚持抗战三年，虽遭家变，而斗志不衰。太平洋战事起，日军又攻占新加坡，郁达夫开始了流亡，诗即作于流亡途中。乱世英雄多，郁达夫不恋桃源乐土，不牵儿女私情，想到的仍然是要像陈琳那样书生意气，草檄军书，以立军功。在新加坡的三年，郁达夫以一支笔写下了四百余篇文章，其中政论、战情分析亦有二百余篇之多。正可谓是"草檄"的书生，不仅陈琳，就是在现代作家中，也少有人写作如此之多的军事政论文章。现在在流亡途中，在梦中，仍念念不忘那"草檄之功"呢！

唐代骆宾王亦如东汉的陈琳，其名文《讨武曌檄》令武则天也大为感叹："宰相安得失此人。"[1] 郁达夫的《过义乌》（1933年）："骆丞草檄气堂堂"，即是对骆宾王（曾授临海丞，故称骆丞）的赞赏。也是抗战在新加坡时，郁达夫的《读陈孝威先生〈上罗斯福总统书〉后》（1941年）一诗再次用骆宾王草檄典，"太学上书关国运，广陵草檄慑权臣。儒生未必全无用，纸上谈兵笔有神。"广陵，即扬州。指徐敬业在扬州反武（则天）事，时骆宾王在徐敬业幕中，为徐传檄天下，斥武后罪，即是那篇《讨武曌檄》。郁达夫虽未以骆自况，而是以骆称陈，然陈孝威仅一报人，与郁一样是谈兵论政，一样是"草檄书生"，所以以骆称陈，又何尝不隐含着自比呢。

四、比其狂放性格

中国的知识分子，尤其是以才学见称于世的文士，一般多有狂狷放达的性格，这往往与他们所处的时代环境有关。盛世无人赏识，乱世才不见用。无论盛世还是乱世，都有时代的边缘人物。再加之个人性格，如果是恃才傲物，任性不羁，就不仅为周围环境所不容，也为社会不容，最终的结果一例是悲剧的。像东汉的祢衡不免被杀身，魏晋的阮籍以纵酒为免祸。郁达夫在性格上与他们亦有相合之处，世人目之为"浪漫""颓废"，他干脆给你来个"佯狂"。虽自知这样会"难免假成真"，也不管不顾，一任所为。

对祢衡郁达夫特赞赏其有骨。祢衡（173~198）是东汉时的文学家，其

---

① 欧阳修，宋祁撰：《新唐书·文艺上》第18册，第5742页，北京：中华书局1975年版。

《鹦鹉赋》辞采华丽，时人称之为"祢鹦鹉"。然祢衡为世所重的是他的刚傲、尚气、矫时、慢物。曹操以魏王之尊，本欲辱之，反被祢辱（"本欲辱衡，衡反辱孤。"《后汉书·祢衡传》）。后曹操派人送祢衡使于刘表，临发，众人为之祖道，约共不礼以辱之。祢衡至，众人不兴，祢衡大哭。人问其故，衡答曰："坐者为冢，卧者为尸，尸冢之间，能不悲乎?"①终因忤慢江夏太守黄祖而被杀，年仅 26 岁。郁达夫慕其才更心仪其气，赋诗曰："剧怜鹦鹉中洲骨，未拜长沙太傅官。"（《席间口占》，1916 年）剧，即极，甚。怜，即怜惜。中洲，谓祢衡死被葬在武昌城外长江中的小洲上。骨，则是赞扬祢衡不畏权贵傲视王侯的骨气。诗谓非常怜惜写作《鹦鹉赋》的祢衡那种刚傲不屈的骨气，以至要效法祢衡，"一死拼题鹦鹉赋"（《杂感八首》之一，1921 年），命不足惜，拼将一死，以斥权奸国贼。20 年代，他愤怒斥责，"蒋介石头脑昏乱，封建思想未除，……蒋介石之类的新军阀，比往昔的旧军阀更有碍于我们的国民革命"②。国民党中人于是利诱他去接收东南大学，去帮办党务，去做个委员等等以保证创造社的不封，都遭到他断然拒绝。30 年代郁达夫与鲁迅一起遭国民党通缉，又有人诱以撰文被拒。《岁暮穷极，有某府怜其贫，嘱为撰文，因步〈钓台题壁〉原韵以作答》(1936 年)："万劫艰难病废身，姓名虽在已非真。多惭鲍叔能怜我，只怕灌夫要骂人。泥马纵骄终少骨，坑灰未冷待扬尘。国门吕览应传世，何必臣雄再剧秦。"所谓"姓名虽在已非真"即是指国民党对他的通缉，而末句郁达夫自注曰："情愿饿死，不食周粟，亦差堪自慰。"表明知识分子的铮铮傲骨。此实亦不让于祢衡。

祢衡死后 12 年，而有阮籍，亦是郁达夫心慕之士。阮籍生当魏晋之际，天下多故，名士少有全者。阮籍遂借酒放纵，任性不羁，不预世事。据史载：司马昭欲为其子司马炎求婚于籍，籍大醉六十日，不得言而止。又钟会屡以时事问之，欲因其可否而致之罪，亦以酣醉获免。阮籍不拘礼法，尝曰："礼岂为我设邪!"（《晋书·阮籍传》）常独自驾车，率意而行，车迹所穷，即恸哭而返。郁达夫既用其"穷途"一面，"今日穷途余一哭"；更用其对世俗礼法反叛的一面，"怜他阮籍猖狂甚，来对荒坟作醉谈"（《志亡儿耀春之殇六首》之六，1935 年）。"阮籍猖狂"，直用王勃语。其《滕王阁序》："阮籍猖狂，岂效穷途之哭。"即是效其"猖狂"，而不效其"穷途之哭"。郁达夫也是用此意。

---

① 范晔撰：《后汉书·祢衡传》下册，第 1155 页，长沙：岳麓书社 1994 年版。

② 郁达夫：《诉诸日本无产阶级文艺界同志》，《郁达夫全集》第 8 卷，第 29 页，杭州：浙江大学出版社 2007 年版。

前对祢衡之骨是"剧怜",此对"阮籍猖狂"亦是甚怜。正是惺惺相惜,英雄惜英雄。诗是志亡儿,郁达夫独怜惜"阮籍猖狂","来对荒坟作醉谈",正是效其不拘礼法之举。遭通缉,人心惟危,只能乘醉来对亡儿诉说了。诗含有对社会政治黑暗的愤怒控诉,由此也就不难理解郁达夫的"佯狂"了。阮籍尚有一能即擅青白眼。《阮籍传》:"(阮)籍又能为青白眼,见礼俗之士,以白眼对之。"① 如阮母丧,嵇康往吊,大悦作青眼;嵇喜往吊,乃作白眼对之。这表现了阮籍非礼抗俗的性格,郁达夫身上也有着非礼抗俗的个性,所以常常是"白眼樽前露,青春梦里呼"(《中年(次陆竹天氏二叠韵)》,1935 年)。前言他对国民党的利诱官诱加以拒绝,正是示以"白眼"。郁达夫的愤世嫉俗,在祢衡风骨,阮籍猖狂那儿找到了契合点。

五、再以杜牧为例

如果说服部担风许以贺铸,郁达夫自己更是以杜牧自命。在众多的古代文士中,郁达夫对杜牧是情有独钟,心慕不已,往往在多方面拿杜牧自比。

首先比其有才。郁达夫曾两次自许"薄有狂才追杜牧"(见《病后访服部担风先生有赠》与《留别家兄养吾》)。杜牧是晚唐大家,与李商隐并称"小李杜"。其诗、赋、古文均擅,画亦精。感怀诗、咏史诗、《阿房宫赋》为传世之作。郁达夫在诗词创作上深受其影响,亦以杜牧自命。说自己"本来小杜是诗人"(《留别隆儿》,1919 年),说自己的诗"都是伤心小杜诗"(《偕某某登岚山》,1918 年)。一句话,杜牧就是郁达夫,郁达夫就是杜牧。

其次比其狂侠。杜牧在行为上放纵不拘,其《遣怀》诗:"落魄江湖载酒行,楚腰纤细掌中轻。十年一觉扬州梦,赢得青楼薄幸名。"道出了他在扬州的风流韵事。郁达夫年轻时代在两性关系上亦较放纵,留学日本时曾出入秦楼楚馆,因而对杜牧的情事与情诗多有癖好,以至说自己"赢得轻狂小杜名"(《自题〈乙卯集〉二首》之一,1916 年)。然不久他对此就懊恼了,"当年薄幸方成恨,莫与多情一例看"(《懊恼》之一,1916 年)。并对其嫂誓言,"此后关于女色一途,当绝念矣"②。杜牧于狂放之外尚有任侠的一面。"碧玉生涯原是梦,牧之任侠却非狂。"(《将之日本别海棠三首》之三,1921 年)这是他留日毕业前在安庆任教时写给一个妓女叫海棠的诗。前句说海棠,后句说自己,

---

① 房玄龄等撰:《晋书·阮籍传》第 5 册,第 1361 页,北京:中华书局 1974 年版。
② 郁达夫:《致陈碧岑》,《郁达夫全集》第 6 卷,第 10 页,杭州:浙江大学出版社 2007 年版。

以杜牧自况。说海棠（以汝南王妾碧玉指代之）的妓女生涯原不过是一场春梦；而杜牧的"赢得青楼薄幸名"其实是任侠而非轻狂。言杜实言己。任侠，即负气仗义。郁达夫后来所作小说《茫茫夜》即以海棠等妓女为原型，作品中对其被侮辱被损害的生活给予极大的同情，对那个黑暗的社会进行了愤怒的控诉。这即是"牧之任侠却非狂"的注脚。

其三比其不遇。其实杜牧无论是在京都还是在地方都做过官的。为淮南节度推官、监察御史、湖州刺史、司勋员外郎、中书舍人等，郁达夫比其不遇实言自己不遇。"不遇成都严仆射，谁怜湖郡杜司勋?"（《曼兄书来，以勿作苦语为戒，作此答之》，1918 年）上句说杜甫，次句说杜牧。先言自己如杜甫一样不遇于世，后言自己如杜牧（杜曾为司勋员外郎，故称杜司勋）一样无人赏识爱重。杜牧非仅一介书生，他是有以天下苍生为己任之抱负的。少小时于治乱兴亡之迹尤为留意，成年后更加关心国事，力主削平藩镇收复河湟，并曾注《孙子兵法》十三篇，故虽为官却并不得志。郁达夫也是以天下国家为己任的，尝夜读兵书《阴符》以待时机（"欲教人识儒冠害，写出阴符夜读图。"《题〈阴符夜读图〉后寄荃君》之三，1917 年）。所以他慨叹杜牧尚且受到淮南节度使牛僧孺的赏识，聘为掌书记，而自己却不被器重。这是英雄有志难申的哀叹。

此外，郁达夫于诗中还在其他方面以杜自比。"牧之去国双文嫁，一样伤心两样愁。"（《梦逢旧识》之二，1915 年）这是伤于早年的女友出嫁，而自己又已去国（留日），惟有伤心而已。"杜牧年来尘累重，烟花梦不到扬州。"（《佩兰雅集，予不果往，蝶如君意予赴会也，寄诗至，和其三》之三，1916 年）此是说自己如杜牧一样为俗事所累，未能赴会。"他年来领湖州牧，会向君王说小红。"（《七月十二夜见某，十六日上船，十七日有此作即寄五首》之二，1917 年）杜牧曾为湖州刺史，故称湖州牧。这是说自己会像杜牧一样到时候一定践约来娶未婚妻孙荃。"青山隐隐江南暮，小杜当年亦忆家。"（《秋夜怀人七首》之一，1920 年）杜牧有诗《秋浦途中》："为问寒沙新到雁，来时还下杜陵无?"杜陵在今西安南，即杜牧的家乡。故郁达夫说自己像杜牧一样思念家乡。

对杜牧全方位的比况，正可见郁达夫多方面的性格。郁达夫以杜牧自比，基本上都是他在留学日本期间的情况；回国后，郁达夫的诗风已变，由风流倜傥，转而为沉郁深厚，也就不再自比杜牧了。

第二节　志士形象

"三军可夺帅也，匹夫不可夺志也。"（《论语·子罕》）"士不可不弘毅。"（《论语·泰伯》）"士可杀不可辱。"（《礼记·儒行》）儒家文化造就了一代又一代仁人志士，志士仁人又将其仁心壮志奉献于国家民族，而树立起一个又一个志士形象，为后人所景仰、所歌咏。郁达夫对历史上的志士既赞之，又自比之。

一、比其节操

对祢衡，郁达夫推崇他的风骨；对苏武，郁达夫则推崇他的气节。郁达夫有一首《赠〈华报〉同人》（1936 年）的七绝，即把"气节"当作"弱者之师"："闽中风雅赖扶持，气节应为弱者师。万一国亡家破后，对花洒泪岂成诗。"郁达夫在留日时和流亡时曾用苏武典并以自况。"苏武此身原属汉，阿蛮无计更离胡。"（《留别梅浓》，1919 年）这是他写给所恋的一个日本女子梅浓的。苏武是西汉时人，因出使匈奴被拘，守节不降，备尝艰苦，历 19 年而终归汉朝。作者以苏武自况，说自己原属汉人，虽羁居在日，终归要回归祖国的。而你（以白居易的女侍小蛮指代梅浓）却不能离开你的日本（胡）。"穷塞寒侵苏武节，朝廷宴赐侍中貂。"（《岁暮感愤》，1919 年）这是写于他回国参加外交官、高等文官考试落第后，感到"庸人之碌碌者反登台省；品学兼优者被黜而亡！"[1] 的悲愤，而写下的诗。据《汉书·苏武传》："武既至海上，廪食不至，掘野鼠去草实而食之。杖汉节牧羊，卧起操持，节旄尽落。""苏武节"既指苏武所杖汉节，而其含义则是指苏武所禀的气节，节操。苏武对常惠即说过："屈节辱命，虽生，何面目以归汉？"[2]郁达夫胸怀报国大志，两试不成，故以苏武之节来激励自己。抗战爆发后，郁达夫远赴南洋从事抗战宣传，却遭家变，与妻离异；流亡苏岛，与何再婚，此时用苏武典自况，着重其羁海难回，守节不移。"一自苏卿羁海上，鸾胶原易续心弦。"（《无题四首，用〈毁家诗纪〉中四律原韵》之一，1943 年）这是写于他生命的最后期，续婚已不似与王的热恋，心中所坚守的乃是苏武之节及其磊落的志士形象。

---

① 《郁达夫全集》第 5 卷，第 13 页，杭州：浙江大学出版社 2007 年版。
② 班固撰：《汉书·苏武传》下册，第 1079，1078 页，长沙：岳麓书社 1993 年版。

在郁诗中有一组宋明遗民形象，郁达夫是把他们作志士来看待的。如宋末的谢翱、唐珏、郑思肖；明末的朱舜水。郁达夫从他们身上汲取的是立志复国与坚守节操的气概。郁达夫在 20 年代、30 年代，直到 40 年代他生命最后的前两年，都提到谢翱（字皋羽）。《偶过西台有感》即是他借吊谢翱而伤河山破碎之作。"三分天下二分亡，四海何人吊国殇。偶向西台台畔过，苔痕犹似泪淋浪。"诗作于 1935 年，时值东北沦亡，故有"三分天下二分亡"之叹。西台，即谢翱台，在浙江桐庐县富春山。南宋末年，谢翱曾随文天祥抗元，文兵败被俘，谢翱潜逃至浙江，登西台哭奠，并作散文《登西台恸哭记》以祭悼文天祥。郁达夫过西台，思先贤感伤国土之沦亡。"国亡何处堪埋骨，痛哭西台吊谢翱。"（《杂感八首》之七，1921 年）"身似苏髯羁岭表，心随谢羽哭严滩。"（《赠韩槐准》，1940 年）"谁信风流张敞笔，曾鸣悲愤谢翱楼。"（《无题四首，用〈毁家诗纪〉中四律原韵》之三，1943 年）这一前一后的"痛哭"与"悲愤"，是其心情与谢翱的共鸣。郑思肖（1241～1318）、唐珏（1247～?）与谢翱（1249～1295）都是同时代人，也都是心系大宋的遗民。"诸君珍重春秋笔，好记遗民井底心。"（《青岛杂事诗十首》之十，1934 年）用郑思肖著《心史》题"大宋孤臣郑思肖再拜书"装铁函沉井事。"门前几点冬青树，便算桃园洞里春。"（《卜筑和龙文》之二，1935 年）用唐珏收葬宋帝遗骨栽冬青树事。郁达夫用此事典以砥砺同人与自己。朱舜水于明亡后，从事抗清活动，参加郑成功的反清复明斗争，失败后定居日本。郁达夫留日的第二年（1915 年）即作一首《吊朱舜水先生》，赞扬他"采薇东驾海门涛，节视夷齐气更豪"的那种亡命日本不食清粟的节操。

郁达夫有一篇斥责昔日好友周作人的附逆与张资平的为敌收买的名文《"文人"》，谈到怎样才是真正的"文人"，他引"时穷节乃见"的古语，而后说："能说'失节事大，饿死事小'这话而实际做到的人，才是真正的文人。"而当敌寇一来则跪接称臣，"对这些而也称作文人，岂不是辱没了文人的正气，辱没了谢皋羽的西台"①。郁达夫正是保持了"文人的正气"，既说到又做到，并在"时穷"之时而见其"节操"的真正的文人。

二、比其豪气

"浙水潮头豪士马，罗浮枝上美人魂。"（《雪》，1919 年）这是一首咏雪的

① 郁达夫：《"文人"》，《郁达夫全集》第 3 卷，第 369 页，杭州：浙江大学出版社 2007 年版。

诗，以豪士之白马比雪之莹白，典出春秋吴国豪士伍子胥。郁诗中仅见其白，尚未见豪。到《毁家诗纪》之十四，则不仅气豪，更是气怒。"汨罗东望路迢迢，郁怒熊熊火未消。欲驾飞涛驰白马，潇湘浙水可通潮。"在此诗后还有注："风雨下沉湘，东望汨罗，颇深故国之思。真有伍子胥怒潮冲杭州的气概。"这就直以伍子胥自比了。据《太平广记》卷二九一引《钱塘志》："伍子胥累谏吴王，赐属镂剑而死。临终，戒其子曰：'悬吾首于南门，以观越兵来；以鲸鱼皮裹吾尸，投于江中，吾当朝暮乘潮，以观吴之败。'自是自海门山，潮头涌高数百尺，越钱塘渔浦，方渐低小。朝暮再来，其声震怒，雷奔电走百余里。时有见子胥乘素车白马在潮头之中，因立庙以祠焉。"① 伍子胥之怒是吴王夫差之昏聩；郁达夫之怒是妻子王映霞之失身（"一饭论交竟自媒。"《毁家诗纪》之十二），更何况还是在日寇入侵国之将亡的时候。郁达夫在前线劳军，妻子则红杏出墙，两恨并一恨，两仇并一仇。他把屈原的忧愤国事沉于汨罗，与伍子胥的素车白马立于潮头合写，以抒发自己熊熊郁怒之火。此时的郁达夫倒真是一个"浙水潮头的豪士"了。

郁达夫自比的另一个具有豪气的人是东汉末年的陈登。《三国志·魏书·陈登传》："许汜与刘备并在荆州牧刘表坐，表与备共论天下人。汜曰：'陈元龙湖海之士，豪气不除。'"元龙即陈登字。许汜说陈登"豪气不除"是说他粗豪无礼，那是他并不真正认识陈登之豪。所以后来刘备说："若元龙文武胆志，当求之于古耳，造次难得比也。"裴松之注引《先贤行状》又曰："登忠亮高爽，沉深有大略，少有扶世济民之志。"② 这样一个豪雄之士，郁达夫早年即钦慕不已。《晴雪园卜居》："元龙好据胡床卧，徐福真成物外游。"《正月六日作》："飘零湖海元龙老，只合青门学种田。"这两首诗均作于1916年，感叹的是自己高卧胡床，无端老去，不能如陈登那样有湖海之豪。"十年湖海题诗客，依旧青衫过此桥。"（《乘车赴东京过天龙川桥》，1917年）"十年潦倒空湖海，半世浮沉伴蠹鱼。"（《杂感八首》之八，1921年）抒发的也还是这般感情。在这深沉的感叹中，作者是极希望能如陈登而成为"湖海之士"，以展报国的豪情壮志。

---

① 李昉等编：《太平广记》第6册，第2315页，北京：中华书局2003年重印。
② 陈寿撰，裴松之注：《三国志·魏书·陈登传》上册，第157页，长沙：岳麓书社2002年版。

三、比其忧国

志士忧国。忧国是志士的壮烈情怀。郁达夫仰慕的忧国志士有晋朝的祖逖、刘琨，唐朝的刘蕡。我们今天熟知的成语"中流击楫""闻鸡起舞"即出自祖逖与刘琨。二人生当西晋末年，皆力求北伐，收复中原，这正与郁达夫之愿合。所以他在诗中常常思祖逖、怀祖逖，欲"起舞"。"南渡中流思祖逖"（《王师罢北征》，1916 年），"莫忘祖逖中流楫"（《别戴某》，1919 年），"镇日临流怀祖逖"（《乱离杂诗》之二，1942 年），"衰朽自怜刘越石，只今起舞要鸡催"（《胡迈来诗，会有所感，步韵以答》，1944 年）。思、怀、不忘，以祖逖自期，可见其雄心。虽暮年衰朽，难与刘琨（字越石）相比，然只要雄鸡打鸣仍可闻鸡而起舞，体衰志不衰。

刘蕡，是郁达夫最期许的。"几年萧寺梦双文，今日江南吊碧云。人面桃花春欲暮，情中我正似刘蕡。"（《张碧云》，1918 年）明以刘蕡自喻。诗是祭吊昔日一女友张碧云，抒发的则是"表明自己志在忧国而不愿缠绵于男女之间的私人感情"[1]。唐朝末年，藩镇割据，宦官专权。刘蕡应贤良对策，上万言策，极言当世之弊，痛陈宦官专权之害，语无避讳，慷慨激昂。然主考官屈于权势，将其黜落。此正与郁达夫应试落第相仿佛。他在 1919 年 9 月 26 日的日记中写道："余闻此次之失败因试前无人为之关说之故。夫考试而欲人之关说，是无人关说之应试者无可为力矣！取士之谓何？"[2] 在诗中，他以刘蕡自比，愤慨于考试制度的黑暗。"父老今应羞项羽，诸生谁肯荐刘蕡。"（《静思身世，懊恼有加，成诗一首，以别养吾》，1919 年）"薄有狂才追杜牧，应无好梦到刘蕡。"（《留别家兄养吾》，1919 年）无人荐，无好梦，郁达夫写出了己心之悲凉，直引一千年前的刘蕡为同调。后来，郁达夫还将一己之身的刘蕡化为群体的刘蕡。《三月初九过岳王墓下改旧作》写于 1934 年，是感慨时事之作。"虫沙早已丧三镇，猿鹤何堪张一军。河朔奇勋归魏绛，江南朝议薄刘蕡。"东三省早已丧失，而朝廷的大员还在非议爱国的志士刘蕡们。刘蕡形象既有自己，又有众士，这是一个集合的爱国之士的形象。

郁达夫在后期的诗作中，提到的志士，尚不止这几个，而以伍子胥、苏武、陈登、祖逖、刘蕡、谢翱，郁达夫自喻自况尤切。郁达夫并不想以一文士自甘，他的以历史上的志士自效，正是想自己做一名志士。诚如他自己所说：

---

① 詹亚园：《郁达夫诗词笺注》，第 208 页，上海：上海古籍出版社 2006 年版。
② 《郁达夫全集》第 5 卷，第 13 页，杭州：浙江大学出版社 2007 年版。

是"以风雅来维持气节，使郑所南，黄漳浦的一脉正气，得重放一次最后的光芒。"①

第三节 英雄形象

郁达夫有英雄情结，常以英雄人物自效，尤其是历史上的那些民族英雄，他过坟而谒，见祠而吊，那种敬仰，敬慕，敬佩之情，于诗中沛然而出。

一、肯定中的自效

汉代的李广、窦宪，南宋的岳飞、文天祥，明朝的戚继光、史可法，郁达夫都充分肯定他们的功业，并欲以他们为榜样而效法之。"自愿驰驱随李广，何劳叮嘱戒罗敷。"（《毁家诗纪》之十三，1938年）"男儿要勒燕然石，忍使临歧泪满襟。"（《七夕行装已具，邀同学数人小饮于室，王一之有诗践行，依韵和之》，1920年）前言要学西汉的李广，驰骋疆场，"为国家牺牲一切"（此诗之后的注文）；后言要学东汉的窦宪，勒石燕然山，为国建功立业。虽用人物典，言说自己志。

《于山戚公祠题壁》（1936年）、《游于山戚公祠》（1937年）是祭吊明代抗倭英雄戚继光之作。因有感于时事，"举国尽闻不抵抗"，希望"但使南疆猛将在，不教倭寇渡江涯"。郁达夫于七七事变后奔赴前线，投身抗战，迹继南塘。其《前线不见文人》（1938年）："谁继南塘征战迹？二重桥上看降旗。"南塘是戚继光的号。诗是问句，却实在明志。《史公祠有感》（1928年）是吊明末抗清英雄史可法，盛赞他"史公遗爱满扬州"。

郁达夫对岳飞、文天祥借用自况较多。诗写到岳飞的有十多处，从1917年到1941年皆有所作。以谒墓为题的即有《谒岳坟》（1917年）、《过岳坟有感时事》（1932年）、《过岳王墓》（1934年）等三首。第一首"我亦违时成逐客，今来下马拜将军。与君此恨俱千古，拟赋长沙吊屈文。"以己之"逐客"与飞之被陷相同而对岳飞因"莫须有"罪名遇害表示憾恨。后两首皆是有感时事之作，借谒岳飞批判国民党政府的投降卖国。郁达夫慕其人而佩其

---

① 郁达夫：《记闽中的风雅》，《郁达夫全集》第3卷，第263页，杭州：浙江大学出版社2007年版。

语。《宋史·岳飞传》："飞大喜，语其下曰：'直抵黄龙府，与诸君痛饮尔！'"[1] 此一句豪壮之语郁达夫在诗中反复引用。"拼成焦土非无策，痛饮黄龙自有期。"（《闻鲁南捷报，晋边浙北迭有收获，而南京傀儡登场》，1938年）"烽火南宁郡，频传捷报来。……敢辞旨酒赐，痛饮尽余杯。"（《庚辰元日闻南宁捷报，醉胡社长宅，和益吾老人〈岁晚感怀〉原韵》，1940年）"黄龙痛饮须臾事，伫待南颁报捷辞。"（《祝中兴俱乐部两周年纪念》，1940年）"六十年间教训多，从头收拾旧山河。预期直捣黄龙日，再诵南山祝寿歌。"（《冯焕章先生今年六十，万里来书，乞诗为寿，戏效先生诗体》，1941年）在这些诗句中，有着郁达夫的壮烈情怀与自我英雄的形象。对岳飞千古不朽的词作《满江红》（怒发冲冠）郁达夫或用其句，如前引之"从头收拾旧山河"；或仿用其韵，如"福州于山戚武毅公祠新修落成。于社同人广征纪念文字，为填一阕，用岳武穆原韵"，也即《满江红》词（1936年）。这是以英雄岳飞之词韵写英雄戚继光之祠成，两词不朽，人也不朽。赞的是英雄，己也不愧英雄。既自己以英雄自期，那么若报国无门则"烂醉西泠岳墓前"（《酒后挥毫赠大慈》，1933年），若是死也要与英雄相伴。郁达夫对自己最后的归宿，即是要"鸳家终应傍岳坟"（《毁家诗纪》之十）。

郁达夫在生命的最后三年、流亡苏岛期间，因境况与抗元英雄文天祥相似，故以文天祥自比："伶仃绝似文丞相，荆棘长途此一行。"（《初抵望嘉丽赠陈长培》，1942年）自己在流亡中荆棘长途备历艰险正与文天祥《指南录后序》所描述同。即使是海行风浪，千难万难，郁达夫仍然保持着自信与乐观。"草木风声势未安，孤舟惶恐再经滩。……长歌正气重来读，我比前贤路已宽。"（《乱离杂诗》之十二，1942年）文天祥的《过零丁洋》"惶恐滩头说惶恐，零丁洋里叹零丁"简直就是为一千年后的郁达夫所写；而其流传千古的《正气歌》则不仅激荡着郁达夫的巍巍正气，也成为他最后生命战斗不息的精神力量。

二、韩信与项羽

韩信与项羽虽皆是大人物，一是淮阴侯，一是楚霸王，郁达夫不用此点，仅把他们当作失意的英雄来自况。

韩信被刘邦封为淮阴侯，又欲自为齐王，郁达夫则说他"韩信称王事岂

---

① 脱脱等撰：《宋史·岳飞传》第33册，第11390～11391页，北京：中华书局1977年版。

真"(《秋兴四首》之二，1916 年)，"一笑淮阴是假王"(《穷郊独立，日暮茫然，顾影自伤，漫然得句》，1919 年)，并不称许。而于他的英雄失志，乞食漂母，多寄同情，而以自比。据《史记·淮阴侯列传》载：韩信为布衣时，常从人寄食，人多厌之。一次韩信钓于城下，"诸母漂，有一母见信饥，饭信，竟漂数十日，信喜，谓漂母曰：'吾必有以重报母。'母怒曰：'大丈夫不能自食，吾哀王孙而进食，岂望报乎？'"① 此正是韩信未显贵之时。郁达夫早年常叹自己有志难申，潦倒失意，也即常比乞食的韩信。诸如"淮阴风骨亦可怜"(《正月六日作》，1916 年)，"一饭千金图报易"(《席间口占》，1916 年)，"王孙潦倒在沧州"(《赠姑苏女子》，1921 年)等等。从写作时间来看，皆是他留日时期的作品，也即他常在日记、书信中自伤、自怨、自悼的时候，故诗亦如之。此时的郁达夫真是一个青春潦倒的失意英雄。

　　楚霸王项羽，在郁诗中，则体现其多面性。除了自比他的失意外，项羽的那种"楚虽三户，亡秦必楚"的复仇精神，是深深地烙在了郁达夫的心上。有意思的是郁达夫是一文人，却对粗豪的项羽情有独钟。他的第一首诗作于1911 年，时作者才 15 岁，就是写项羽的。直到 40 年代，项羽形象一直盘旋在他脑中，可谓相伴了一生。郁达夫在诗中用项羽典较一般的人物典要多得多，近 20 处，可分几类。一是用项羽的《垓下歌》。当郁达夫学业未成，事业未就，或两试落第时，情感激发，往往以被围垓下，慷慨悲歌"力拔山兮气盖世，时不利兮骓不逝。骓不逝兮可奈何，虞兮虞兮奈若何？"的项羽自比。"今日爱才非昔日，欲归无计奈卿何？"(《题〈阴符夜读图〉后寄荃君》之一，1917 年) 此言自己学业未成，尚不能回国。"狱中钝剑光千丈，垓下雄歌泣数行"(《己未秋，应外交官试被斥，仓促东行，返国不知当在何日》，1919 年)；"来日茫茫难正多，英雄时钝奈虞何！乌江风紧云飞夜，咽泪挥鞭发浩歌"(《留别三首——和蝶如韵》之一，1920 年)；"泣数行下，虞兮将奈卿何"(《将之日本别海棠》，1921 年)，此直抒考试失败后壮志难酬的悲愤心情，有似兵败垓下乌江自刎的项羽。这里言说的都是自己留日时的心情，另用项羽慷慨悲歌典则与国事相连，把个人情感扩大至国家。"相逢客馆只悲歌，太息神州事奈何！"(《送文伯西归》，1920 年)"悲歌痛哭终何补？义士纷纷说帝秦。"(《钓台题壁》，1931 年)"无恨岂宜歌慷慨？有生只合作神仙。"(《题梅魂手册》，1941 年) "相逢"句言 20 年代军阀混战，"中原事已不可为"(即该诗之注)；"悲歌"句愤慨于 30 年代的"中央党帝"对内镇压，对

---

① 司马迁：《史记》下册，第 1991 页，上海：上海古籍出版社 1997 年版。

外妥协，而感到如项羽似的"悲歌痛哭"已无补于国事；"无恨"句乃是愤激之反语，在看似冷然的词色里，有着灼热之情。二是用项羽的不返江东事。据《史记·项羽本纪》："籍与江东子弟八千人渡江而西，今无一人还，终江东父老怜而王我，我何面目见之？终彼不言，籍独不愧于心乎？"① 郁达夫早先说自己是"项王心事何人会，泣上天涯万里舟"（《西归杂咏》之十，1917 年），此与"欲归无计奈卿何"意同，还是说自己学业未成羞于见乡里父老。后说"欲返江东无面目，曳尾涂中当死"（《贺新郎》，1938 年）则是说自己蒙受了妻被人占的奇耻大辱，正所谓"终齐倾钱塘潮水，奇羞难洗"，再无颜面见乡里父老。此处的以项羽自况尤能见郁达夫自我形象本真的一面。有大爱才有大恨。三是用《项羽本纪》中"楚虽三户，亡秦必楚"典。郁达夫在抗战时期，为对日寇，常用此典。抗战爆发后，郁达夫的母亲饿死，长兄被害，妻子遭凌，更有国家的被侵略。国恨家仇集于一身，所以他的对日本侵略者的复仇心正如楚人的欲亡秦，最终亡秦的也确是项羽率领的八千子弟兵。项羽形象在郁达夫后期诗中不再是悲歌"虞兮"的失败人物，而是誓欲亡秦（也即亡日）的复仇英雄。郁达夫最早的一首诗即是歌颂项羽的率兵亡秦。"楚虽三户竟亡秦，万世雄图一夕湮。聚富咸阳终下策，八千子弟半清贫。"（《咏史三首》之一，1911 年）这是咏史事尚未有以自况，然项羽的英雄形象已定格在郁达夫的心中。此后的日寇来侵，"复楚仇"则屡现于郁诗中。"会稽耻，终须雪。楚三户，教秦灭"（《满江红》，1936 年）；"一成有待收斯地，三户无妨复楚仇"（《感时》，1938 年）；"闺中日课阴符读，要使红颜识楚仇"（《毁家诗纪》之十一，1938 年）；"楚必亡秦原铁谶，哀能胜敌是奇师"（《祝中兴俱乐部两周年纪念》，1940 年），这些写于抗战后的诗句中，充满必胜的信念，使我们看到了一个怒火熊熊的郁达夫形象，一个为国家为民族的复仇之神。

谁能说郁达夫仅是一个文弱书生，而不是英雄呢？郁达夫投身抗战，远赴南洋，为国家而战，为民族复仇，最后牺牲异域，成为一个伟大的反法西斯的民族英雄。

第四节 忠义形象

古代的帝王将相很多，郁达夫以之自比的没有一个。郁达夫无为帝称王之

---

① 司马迁：《史记》上册，第 231～232 页，上海：上海古籍出版社 1997 年版。

心，提到秦始皇不是刘邦的"大丈夫当如是"，也不是项羽的"彼可取而代也"，而是贬的，认为他"聚富咸阳终下策"，"万世雄图一夕湮"（《咏史三首》之一）。至于魏武帝曹操，郁达夫只是把他当作英雄来看，"天下英雄君与操"（《奉呈曼兄》），"天下英雄唯孟德"（《读靖陶兄寄旧都新艳秋诗，为题看云楼觅句图》），且并非自喻。以之为魏武帝时，则是为了反衬陈琳、阮瑀檄文之力，"相期各奋如椽笔，草檄教低魏武头"（《感时》）。秦皇魏武尚如此，更不用说刘表刘豫（"景升父子终豚犬，帝豫当年亦姓刘。"《毁家诗纪》之二）、陈叔宝之辈了（"人言叔宝最风流。"《杂感八首》之六）。对历朝历代的朝廷大臣宰相，郁达夫虽也偶然提到，也并没有欲效其辅佐君王去安邦定国以成显贵。像历史上最著名的萧何、曹参、诸葛亮、谢安，郁达夫或用以指代他人（"指挥早定萧曹计，忍使苍生血泪殷。"《登云龙山》），或虽自比而仅一用（"诸葛居长怀管乐，谢安才岂亚伊周？"《新秋偶成》）。郁达夫虽推重李白、杜甫，但他并不想像李白那样要"申管晏之谈，谋帝王之术，奋其智能，愿为辅弼，使寰区大定，海县清一"（《代寿山答孟少府移文书》）；也不似杜甫的"致君尧舜上，再使风俗淳"（《奉赠韦左丞丈二十二韵》）。他更效法自比的除历史上的英雄志士之外，就是忠臣、义士、与侠士，他对这些人物的敬慕远胜于所谓的将军（"将军原是山中盗，只解营私不解兵。"《杂感》之三）、达官（"忍说神州似漏舟，达官各为己身谋。"）与那些朝臣们（"中朝衮衮诸公贵，亦识人间羞耻否？"《杂感》之四）。

申包胥哭秦庭，这是历史上非常有名的故事，申包胥也成为一代忠臣形象。据《史记·秦本纪》："吴王阖闾与伍子胥伐楚，楚王亡奔随，吴遂入郢。楚大夫申包胥来告急，七日不食，日夜哭泣。于是秦乃发五百乘救楚，败吴师。"① 郁达夫年幼时就熟读史记两汉书，对这则故事自是很熟悉的。1919 年的巴黎和会，战败国的德国把在我国山东的权益转让日本，遂激起轰轰烈烈的"五四爱国运动"。郁达夫在第二天的日记中写道："山东半岛又为日人窃去，故国日削，予复何颜再生于斯世！今与日人约：二十年后必须还我河山，否则予将哭诉秦庭求报复也！"② 此即是他要效法申包胥，以申包胥自比，向日本报复，一片忠诚爱国之心灼然炙人。写于 1921 年的《杂感》八首是郁达夫一组重要的政治抒情诗，青年郁达夫那副忠诚于国家的形象在此得到完整的体现。在第五首诗中，他再次提到申包胥，直以"忠诚"称许他。"荒谬几人称

---

① 司马迁：《史记》上册，第 135 页，上海：上海古籍出版社 1997 年版。
② 《郁达夫全集》第 5 卷，第 12 页，杭州：浙江大学出版社 2007 年版。

陆贾，忠诚何处觅包胥？茫茫大陆沉将了，寄语诸公早绝裾。"大陆将沉，忠诚何在？包胥难觅啊！在这里不难看到郁达夫的以申包胥自比之心。

专诸、要离都是春秋时代的吴国人，也都是一时的勇侠之士。在《史记》《吴越春秋》中皆载有他们的事迹。春秋时，吴国的公子光欲杀吴王僚，伍子胥即向公子光推荐了专诸。吴王僚的十二年，公子光设宴请僚，专诸藏匕首于鱼腹中进献，刺杀僚，专诸遂亦为僚左右所杀。王僚既杀，僚的儿子庆忌出奔，吴王又使要离去杀庆忌。要离诈以罪而亡，令吴王戮其妻子，然后投奔庆忌使之不疑。后与庆忌同渡江时，至吴地，刺杀了庆忌，自己也伏剑自杀。郁达夫对这两人也是赞而欲效之的。《乱离杂诗》之二："中宵舞剑学专诸。"这是他写于流亡途中，祖国狼烟四起，新加坡又已沦陷，郁达夫与同志乘船渡过马六甲海峡到荷属苏门答腊的保东村潜居。此时形势危急，己身前途未卜，但郁达夫毫无悲观失望之意，仍然是要像刘琨祖逖那样闻鸡起舞，要学专诸那样手持匕首刺杀日酋。这样，即使是自己牺牲了，也要"终期埋近要离冢"（《和广勋先生赐赠之作四首》之四），因为要离乃是人们景仰的烈士（"要离伏剑人争说。"《秋兴四首》之二），东汉高士梁鸿死即葬其旁，自己为国捐躯，也要与烈士并列。前说"鸳冢终应傍岳坟"，此说"终期埋近要离冢"，皆是表明心志，以英雄烈士自期。

秦朝末年，与刘邦一起起事的尚有田横。刘邦为汉王，田横为齐王。然郁达夫不用他为齐王之贵，而用其义不受辱，为义而死的精神。《史记·田横传》载：刘邦称帝后，田横与徒属五百余人入居海岛，后应诏与二客诣咸阳。途中对二客说："横始与汉王俱南面称孤，今汉王为天子，而横乃为亡虏而北面事之，其耻固已甚矣。……且陛下所以欲见我者，不过欲一见吾面貌耳。今陛下在洛阳，今斩吾头，驰三十里间，形容尚未能败，犹可观也。"[①] 遂自刭。岛上五百余人闻其死，亦皆慕义自杀。郁达夫也以之为义士。"万斛涛头一岛青，正因死士义田横。"（《青岛杂事诗十首》之一）青岛（指青岛市南青岛湾中之小青岛，亦名琴岛）本来名不见经传，正因为俗传田横率五百义士居其上为义而死，而岛常青。郁达夫用田横典，多与时事有关。或感于国内纷争，兄弟操戈，而思义士，"西风落日吊田横"（《王师罢北征》，1916 年）；或感于世乱不清，有才难用而"欲向田横放厥声"（《客感寄某两首》之二，1918年）；或激于东北丧失山河破碎，痛心于"可怜五百男儿血，空化田横岛上云"（《过岳王坟》，1934 年）。郁达夫不像前面用人物典时多以自比，对田横

---

① 司马迁：《史记》下册，第 2020～2021 页，上海：上海古籍出版社 1997 年版。

作出的乃是肯定性的评价——"义"。在这"义"的肯定性评价中，可见郁达夫的情感倾向与自我心理期待。

郁达夫的忠在于忠于国家，郁达夫的侠（勇）在于投身抗战，郁达夫的义在于献身民族。这是大忠大勇大义，也即是郁达夫的大爱——"予有一大爱焉，曰：爱国。"

第五节　隐士形象

"究竟还是上北京去作流氓去呢？还是到故乡家里去作隐士？"① 事实是郁达夫既没有去作流氓，也没有去做隐士，他是实实在在活在人间，实实在在喝酒、作诗写文章。在诗里，他倒是提到了不少隐士，上古时代的巢父、许由，商周时代的伯夷、叔齐，春秋时代的范蠡，直到秦汉以后的邵平、严光、严君平、梁鸿、孟光、王离妻、张翰……郁达夫对他们都很称许，很敬慕，常以自比。郁达夫一生都是积极入世的，尤其是抗战后更是以国家民族为己任。但郁达夫确又有很浓厚的隐逸思想，这早在他青年时代就有所流露。如 1916 年的《正月六日作》："飘零湖海元龙老，只合青门学种田。"又《寄曼陀长兄》："闻说求田君意定，富春江上欲相寻。"1917 年的《春江感旧》之三："亦知金屋谋非易，拟向渔樵托此生。"但毕竟还是"我亦好名同老子，函关东去更题诗"（《自题〈乙卯集〉二首》之二，1916 年），即便是"中年亦具逃禅意"，也还有"两事何周割未能"（《丁丑春日，偕广洽法师等访高僧弘一于日光岩下，蒙赠以〈佛法导论〉诸书，归福州后，续成长句却寄》，1937 年）。郁达夫在隐与仕之间，还是选择了仕，即做官，但官在郁达夫的字典里即"做事"，那又何以解释他在诗中那么倾心于那些隐士呢？先看看他是如何用隐士之典与自况的。

一、比况巢许

巢父、许由是郁达夫特别赞许的。这两个古尧帝时候的隐士以其高洁的形象为后代的隐士们所效法。晋朝皇甫谧的《高士传》说，许由听到尧要把天下让给他，就退隐到了箕山之下。尧又要召他为九州长，许由觉得听了这话是

_____

① 郁达夫：《海上通信》，《郁达夫全集》第 3 卷，第 65 页，杭州：浙江大学出版社 2007 年版。

污了自己的耳朵，赶紧到颍水滨去洗耳。而巢父则比许由更高一些。许由洗耳，当时巢父正在饮牛，"问其故，对曰：'尧欲召我为九州长，恶闻其声，是故洗耳。'巢父曰：'子若处高岩深谷，人道不通，谁能见子？子故浮游，欲闻求其名誉。污我犊口。'牵犊上流饮之。"① 这么两个人，古人是把他们当作高洁的象征的。而梅花则是人所共知的，郁达夫以人比花，"花中巢许耐寒枝，香满罗浮小雪时"（《题悲鸿画梅》）。把梅花当作是百花中的巢父许由，其洁可知。郁达夫于花中特爱梅花，他的最后一首诗即是《题新云山人画梅》："难得张郎知我意，画眉还为画梅花。"郁达夫在祖国陆沉友人附逆的浊乱之世，以高洁的梅花自励，也即有以巢、许自比了。这种自比还是隐性的，在另外两首诗中就显性了。《读唐诗偶成》（1920 年）："生年十八九，亦作时世装。而今英气尽，谦抑让人强。但觉幽居乐，千里来穷乡。读书适我性，野径自回翔。日与山水亲，渐与世相忘。古人如可及，巢许共行藏。"此诗有陶风，若放在陶集中，人们似也不觉。这也是郁达夫诗中最具隐逸思想的一首诗。若考察他此前此后的境况，则隐逸不过是说读书适性，幽居之乐，从"而今英气尽，谦抑让人强"仍可看出他心中的不平。因为在此前不久，他回国参加高等文官考试落第，还在愤怒于"士生季世多流窜"（《岁暮感愤》，1919 年），感叹"学书学剑事难成"（《和某君》，1920 年），而这里欲与"巢许共行藏"，明以巢许自比，则隐含着对世道不公社会黑暗的谴责。郁达夫远行南洋，亦曾以许由自比。"谁分仓皇南渡日，一瓢犹得住瀛洲。"（《关君谓升旗山大似匡庐，因演其意》，1939 年）据东汉蔡邕《琴操》，许由喝水无杯器，常以手捧水而饮，"人见其无器，以一瓢遗之。由操饮毕，以瓢挂树"。郁达夫用此典而自比许由。言似说欲隐仙山，意实深含隐痛。郁达夫的远赴星洲，其中有一个原因，即妻被人占的耻辱，"如非燕垒来蛇鼠，忍作投荒万里行"（《珍珠巴刹小食摊口占，和胡迈诗原韵》，1940 年），故欲避而走之。他把自己的"南渡"隐与南唐的李煜的"辞庙"相提并论。李煜亡国后感叹"最是仓皇辞庙日"（《破阵子》），郁达夫受辱后伤心"谁分仓皇南渡日"，那么他这里的以许由自比就不是真的要隐，而是避辱守洁的表示了。前面提到的《题悲鸿画梅》就把这意思说白了。先以巢、许喻梅后，接着说"各记兴亡家国恨，悲鸿作画我题诗"，南来原有家国之恨在焉。

---

① 皇甫谧：《高士传·许由》，第 14 页，上海：商务印书馆民国二十六年六月初版。

二、比况范蠡

春秋吴国的范蠡是一个功成身退的典型。他助越灭吴，然后经商致富，人称陶朱公；又携美女西施泛舟五湖而隐。这可以说是中国古代多少文人都很心向往之的。郁达夫用范蠡典比较多，或言己穷，乏资婚娶当为陶朱公所笑（"鸱夷应笑先生拙，难买轻舟泛五湖。"《留别三首》之二）；或以他人比范蠡之富（"难得半闲还治产，五湖大业比陶朱。"《题友人郑泗水半闲居》）；或言己之南行是为抗战宣传而非范蠡之隐（"投荒大似屈原游，不是逍遥范蠡舟。"《前在槟城，偶成俚句，南洋诗友，和者如云。近有所感，再叠前韵，重作三章，邮寄丹林，当知余迩来心境》之三）。这几例都无自比之意，只有用到与孙荃、王映霞、李筱英、何丽有的关系时，才用范蠡的功成身退，泛舟五湖，而以范蠡自比，以美女西施比以上四人。孙、王、李、何是郁达夫生命中四个重要的女性。孙荃是他的结发之妻，刚一结婚，他就欲与孙偕隐了。"一样伤心悲薄命，几人愤世作清谈。何当放棹江湖去，浅水芦花共结庵。"青春方盛，何以欲此呢？诗题可以看出，"新婚未几，病虐势危，斗室呻吟，百忧俱集，悲佳人之薄命，嗟贫士之无能，饮泣吞声，于焉有作"。两试未成，新婚而病，既悲佳人，又嗟贫士，人世可愤，不如"放棹江湖"，以效范蠡了。与王映霞相爱，也是如此，当热恋之中，他就欲"偕隐"了。"朝来风色暗高楼，偕隐名山誓白头。好事只愁天妒我，为君先买五湖舟。"（《寄映霞二首》之一，1927 年）一诗用了两个典。"偕隐名山"用东汉高士梁鸿孟光夫妻隐居典，而末句则是用范蠡典。郁达夫有爱情至上主义的倾向，他的爱王映霞真是轰轰烈烈惊天动地，可与徐志摩的爱陆小曼相媲美，他的《日记九种》就是写王映霞的，人称"恋爱的圣经"。除日记、书信外，郁达夫写给王映霞的诗也不少，而这是给王映霞的第一首诗，就隐然的把中国古代四大美女之首的西施来比王，可见其爱之深，一见即爱，一爱欲隐，其意为何呢？诗写于1927 年，正是郁达夫从广州回沪整顿创造社之时。他的南下本欲想有一番作为，去了一看才知那是"一种龌龊腐败的地方"①，于是写了一篇《广州事情》，对这个所谓的"革命策源地"里的黑暗加以揭露，遂引起创造社的郭沫若、成仿吾对他的不满。社会政治的"龌龊腐败"，同一战壕里的友人责难，使得郁达夫倍感伤心。正在这时他遇到了他生命的救星王映霞，在绝望中看到

---

① 《郁达夫全集》第 5 卷，第 60 页，杭州：浙江大学出版社 2007 年版。

生命的曙光。他掉入爱河，觉得"目下在这个世界上最亲近的就是我和你两个人了"①，"我们应该生在爱的中间，死在爱的心里，此外什么都可以不去顾到"②。因而他在诗里说欲为王映霞"先买五湖舟"，然后共隐，实是对腐败社会的逃避与对美好的爱情生活的追求。郁王离异后，郁达夫在新加坡爱上了李筱英。《乱离杂诗》作于流亡途中，其中的前几首就是写给李筱英以寄托思念的。第二首的尾联："终期舸载夷光去，鬓影烟波共一庐。"夷光即西施，以指代李筱英。《乱离杂诗》是一组抒怀述志之作，其第十一首的"一死何难仇未复，百身可赎我奚辞？会当立马扶桑顶，扫穴犁庭再誓师。"充满了壮烈的情怀。因而他的载李共隐乃是对抗日战争胜利的期盼与对胜利后美好宁静生活的向往。但他与李筱英终于没有走到一起，遂在流亡途中为避日寇之疑而与马来女子何丽有结婚。在日寇环伺的情势下，他仍不失信心与壮志，"赘秦原不为身谋，揽辔犹思定十州"，渴盼着"何日西施随范蠡，五湖烟水洗恩仇"（《无题四首，用〈毁家诗纪〉中四律原韵》之三）。

从整个的郁达夫用范蠡典，以范蠡自况来看，他不比范蠡的灭吴与致富，而独重其与西施的泛舟偕隐。范蠡是真隐，郁达夫则是借隐以寄托。无论是欲与孙、王的"放棹江湖去"，还是欲与李筱英的"烟波共一庐"，都是对未来生活的憧憬。郁达夫有隐的思想，更有士的情怀。这个士不是隐士，而是英雄志士之士，忠勇义士之士。当"西施随范蠡"之日，那"五湖烟水"不是放棹归隐之处，而是用来一"洗恩仇"的。此情此怀非有大忠大勇大志之士而不能为。

三、比况严陵

郁达夫很以"家在严陵滩上住"而自豪。严陵即严子陵，东汉的著名隐士。因他与光武帝刘秀是同学，刘秀做了皇帝，请他出来做官，他坚辞归隐而名亦高。《后汉书·严光传》是这样说的："严光字子陵，一名遵，会稽余姚人也。少有高名，与光武（刘秀）同游学。及光武即位，乃变名姓，隐身不见。……乃耕于富春山，后人名其钓处为严陵濑焉。"③ 郁达夫也是富春（今

① 郁达夫：《致王映霞》，《郁达夫全集》第6卷，第137页，杭州：浙江大学出版社2007年版。

② 郁达夫：《致王映霞》，《郁达夫全集》第6卷，第142页，杭州：浙江大学出版社2007年版。

③ 范晔撰：《后汉书》下册，第1206～1207页，长沙：岳麓书社1994年版。

名富阳)人，所以说是"家在严陵滩上住"。富春因严陵之高而名更彰，严陵也因富春之美而名更显。郁达夫爱故乡，亦爱乡贤之品节。在郁达夫的心理世界，富春江（山）与严陵滩是一体的，是富美与高洁的象征。所以自比严子陵，也不是有意去隐，而是借以抒发对家乡的怀念。这种怀念之情在他初到日本留学时表现得尤其强烈。"望空邺上新征诏，忆杀春江旧钓台"（《初秋客舍二首》之一，1915 年），"我欲乘风归去也，严滩重理钓鱼竿"（《无题三首》之三，1916 年），可见其思乡念乡之情切。思念不足而为梦，于是而有《梦登春江第一楼严子陵先生钓台，题诗石上》（1916 年）之作。1918 年，他作《自述诗》十八首，以概其早年的学业经历，其第四首即以严陵代家乡。"家在严陵滩上住，秦时风物晋山川。碧桃三月花如锦，来往春江有钓船。"诗后注曰："家住富春江上，西去桐庐则严先生垂钓处也。"他一再提到严陵而以先生尊崇之，正是仰慕其高品洁行。宋范仲淹的《严先生祠堂》说严子陵"先生之心出乎日月之上"，光耀宇宙。郁达夫即以之来励己。不仅如此，他还欲与严子陵共隐共醉，"曾与严光留密约，鱼多应共醉花阴"（《为刘开渠题画》，1935 年），严陵不再是千多年前的隐士，而是现代一个热爱生活的人了。郁达夫赋予了他以今人的生命。是的，一个品行高洁的人正是我们这个时代所需要的。而这里的严子陵不正是郁达夫自己吗？

郁达夫说："名义上自然是隐士好听，实际上终究是漂流有趣。"① 言下之意是他并不想去做隐士。事实上，郁达夫也并没有真的去做逃离世界的逸民。那么，他在诗中企慕隐士究是何为呢？隐士到底是一种什么样的人呢？"隐士是以不仕为自己身份特征，以追求精神的独立和超越作为理想境界。同时，隐士还是一种形象，在中国人的心目中，他们所具备的飘逸、潇洒、清高、淡泊，都成为中国文化传统中独具意义的品格，为世人所仰慕。"② 郁达夫所仰慕的正是他写到的隐士身上所具有的那种境界与品格。从他对隐士的自比里我们看到了郁达夫又一面的形象，他的欲隐是愤于世浊世乱世暗；他的欲隐是希望海晏河清与国家太平；他的欲隐是期盼抗战早日胜利，人民（也包括自己）得以安居；他的欲隐是憧憬向往美好宁静社会的早日实现；他的欲隐小而言之是热爱家乡，大而言之是热爱祖国山河的诗性表达。因而，郁达夫的隐士形象，"隐"是其表，而"士"，一个真正的爱国志士，才是其真实的面目。

---

① 郁达夫：《海上通信》，《郁达夫全集》第 3 卷，第 65 页，杭州：浙江大学出版社 2007 年版。

② 马华、陈正宏：《隐士生活探秘》，第 16 页，济南：山东文艺出版社 1992 年版。

有人说郁达夫的诗是"獭祭"，这是讥讽他的诗用人物典太多。这是没有读进去，没有读懂诗，当然就不会理解郁达夫。孙席珍说："达夫用典精工自然，毫无矫饰。"① 还是大体符合实际的。郁达夫用典是借人喻己以明志，并非在矜才炫博，虽有微瑕而不掩瑜。综观郁达夫的用典有以下几个特点。一是人物众多。除了以上论列的几类形象外，尚有帝王、丞相、侠士、名士、辩士、儒士、仙人、道人、女性等各类多达一二百名，有时一首诗就用上好几个人，不免微伤诗意。二是自比适己。人物虽多，但有的有自比，有的则没有。古代的各个人物也有其各不相同的侧面，郁达夫用以自比的只是取其适合自己的一面。如项羽、韩信取其失志，楚臣申胥取其忠诚，大夫范蠡取其退隐，隐士严陵取其高洁等。这些不同的侧面的组合，就构成了郁达夫的一个完整的形象。三是取喻主导。即取历史人物身上的主导面以自比自况。如屈原取其忧时伤世，苏武取其持守节操，陈登取其英气豪纵，陈琳取其草檄军功，（陆）机（陆）云取其才华横溢，刘蕡取其忠直，文天祥取其正气等等。当郁达夫在用这些人物典凸显其性格的主导面时，似乎这些千年前的人物在郁达夫诗中又复活了，而郁达夫自己也立体化了。那么，郁达夫自身究竟是怎样一个形象呢？

在本章的开头引用了郁达夫的一个自我评价："我是一个作家，不是战士。"他对徐志摩，对史沫特莱都这样说过。这实在是他的自谦。他的社会活动，他的前线劳军，他的远赴南洋，他的投身抗战等诸多实际行动，已经证明了他是一个战士。那么从他的诗歌所用的诸多历史人物典来看，则郁达夫的形象是一体多面而又统一于他一身的。他首先是个文士，同时他又是一个志士、英雄、义士与隐士，当然这个隐士是个"所重在于其志，在于其道，坚守志道"② 的隐士。过去，有人说过郁达夫性格的复杂性，其实，若从另一个角度来看，则是郁达夫性格具有丰富性。他把中国古代知识分子身上众多的分散之点，都集合到了一己的身上，以至人们看不太清楚他，甚至误解了他，更有戴着有色眼镜看坏了他。这是郁达夫的不幸，更是这个民族的不幸。中国人的看人多装出一副假道学伪君子的面孔，动辄以所谓的"人品不端"以定人罪，仿佛一声色俱厉定人不端，就立马显得自己多么正经似的，其实正是欲以掩盖自己的"男盗女娼"罢了。而郁达夫呢，正如郭沫若所说："他那大胆的自我暴露，对于深藏在千年万年的背甲里的士大夫的虚伪，完全是一种暴风雨式的

① 孙席珍：《怀念郁达夫》，载陈子善、王自立编：《回忆郁达夫》，第83页，长沙：湖南文艺出版社1986年版。
② 马华、陈正宏：《隐士生活探秘》，第30页，济南：山东文艺出版社1992年版。

闪击，把一些假道学、假才子们震惊得至于狂怒了。为什么？就因为有这样露骨的真率，使他们感受着作假的困难。"① 郭沫若是评价其小说，也同样可以用来论其诗。因为苏雪林所写的《文坛话旧——黄色文艺大师郁达夫》一文就说到："谈到郁氏的旧诗，……其实并不恭维"②，然后对其一首诗批得一无是处。批其诗实是批其人。郁达夫在苏雪林等人眼里不过是"黄色文艺大师"。但我们全面观照郁达夫的诗，全面考察郁达夫所用自况的人物典，即不难看出苏氏所论之非。

郁达夫不仅是一个杰出的文士，还是一个伟大的战士，一个忠于国家献身民族的英雄志士。这就是我们从郁达夫所用历史人物典以自比而认识的郁达夫的自我形象。

---

① 郭沫若：《论郁达夫》，载陈子善、王自立编：《回忆郁达夫》，第3页，长沙：湖南文艺出版社1986年版。

② 苏雪林：《黄色文艺大师郁达夫》，转引自赵寿珍《漫谈郁达夫诗》，载陈子善、王自立编《郁达夫研究资料》，第172页，广州：花城出版社，香港：三联书店1986年版。

第八章

郁达夫诗词中女性人物的情意指向

郁达夫的旧体诗词有六百余首，以七绝为主，律诗次之，体制上十分短小，既没有屈原《离骚》型长篇抒情诗，也没有白居易《长恨歌》那样的长篇叙事诗，因而不以塑造人物形象为重心。但郁诗却大量地借用人物，以这些人物在历史文化的衍变中已经凝定的意义，指向自己所欲言又不宜直言的人事。这种意指功能极大地增强了诗歌的意蕴，使得诗歌更含蓄更有韵味，并构成郁达夫诗歌创作的鲜明特色。分析郁达夫所借用的人物，由此深入郁达夫的情感世界，探索其对女性的态度，以及在方法上，继承《离骚》"美人香草"的意象传统，这是郁达夫诗歌研究的一个新的课题。

第一节　人物之类型与指代

郁达夫诗词中借用的女性人物之多，在其他诗人的诗作中是很少见的，借用的人物类型又是多方面的。既有神话传说中的人物，又有文艺作品中的人物，更多的是历史上常见的人物。对这些人物若做分类，则有：

一、仙女型

1. 麻姑　女仙名，晋葛洪《神仙传·麻姑》："汉孝桓帝时，神仙王远，字方平，降于蔡经家……即令人相访麻姑。……麻姑至，蔡经亦举家见之，是好女子，年十八九许，于顶中作髻，余发垂至腰。其衣有文章，而非锦绮，光彩耀目，不可名状。……麻姑鸟爪，蔡经见之，心中念言，背大痒时，得此爪以爬背，当佳。……宴毕，方平、麻姑命驾升天而去……"① 郁达夫于诗中多次提到麻姑，但并非以之为诗中歌咏之对象，而是借用而有所指向。《日本谣》："怜他如玉麻姑爪，才罢调筝更数钱。"这是写一个弹筝女子，演技很精妙，借麻姑鸟爪赞美女子手指纤白。《西湖杂咏》："荷风昨夜凉初透，引得麻姑出蔡家。"此诗后有注："湖上仕女，乘晚凉出游者颇众。"故这里的麻姑乃是比湖上乘凉的游女。《舒姑屏题壁》："桐柏峰头别起庐，飞升人共说麻姑。"这是借麻姑飞升以言舒姑屏山乃是仙境，舒姑与麻姑，两姑巧合。《庚辰冬录旧作小游仙诗赠浪漫兄》："只因曾与麻姑约，争摘黄精一寸根。"诗题"游仙"，乃是借神仙故事写男女之情，故此处麻姑非实有所指。

2. 云英 女仙名，唐裴铏《传奇·裴航》述唐长庆中，秀才裴航举试未中，于蓝桥驿遇美女云英，"露裛琼英，春融雪彩，脸欺腻玉，鬓若浓云，娇而掩面蔽身，虽红兰之隐幽谷，不足比其芳丽也"②。于是裴欲向她求婚，她的祖母提出条件，要裴航以玉杵臼为聘礼，方能应允婚事。裴无聘礼，以捣药百日以代，得以为眷属，方知其为女仙。云英在郁达夫诗中亦频频出现，也都就原故事内容而有不同指向。《日本谣》之十二："十五云英初见世，犹羞向客唤檀郎。"诗后注曰："吉原初见世。"此诗写日本女伎吉原，以云英指代其年少貌美。《犬山堤小步，见樱花未开，口占两绝》之一："一种销魂谁解得？云英三五破瓜前。"这是以人喻花，以十五岁的云英比喻未开之樱花，美艳令人销魂。《乱离杂诗》之一："终欲穷荒求玉杵，可能苦渴得琼浆？"这里的"玉杵琼浆"是用云英祖母要裴航以玉杵臼为聘礼事，并裴航的诗句："一饮琼浆百感生，玄霜捣尽见云英。"郁诗中用事未用人，是暗以云英比郁达夫的女友李筱英。但在此组诗之九中有"为访云英上玉京"加以点明。

二、美女型

1. 西施 春秋末越国人，中国古代最有名的美女之一，初在若耶溪浣纱，越王勾践败于会稽，用范蠡谋，献之于吴王夫差，相传吴亡后复归范蠡，泛五湖而去。郁达夫于诗中或用以为喻，或用其美貌，或用其隐去。《西湖杂咏》之一诗注："西湖面目近来大有移变，西子凌波，亦作时世变矣。"这是从苏轼的"欲把西湖比西子"（《饮湖上初晴后雨》）而来，即以西施（西子）比喻西湖。《无题——效李商隐体》之一："锦样文章怀宋玉，梦中鸾凤恼西施。"

---

① 李昉等编：《太平广记》第2册，第369～370页，北京：中华书局2003年重印。
② 元稹等著：《唐宋传奇》，第216页，北京：华夏出版社2015年版。

这是以西施比结发妻子孙荃，写自己与孙荃结婚后亲昵和爱，梦中的妻子比西施还美，使得西施着恼而生嫉妒。《乱离杂诗》之二："终期舸载夷光去，鬓影烟波共一庐。"夷光即西施，这里指代郁达夫的女友李筱英。言抗战胜利后欲与她学范蠡西施一样泛湖共隐。《无题四首，用〈毁家诗纪〉中四律原韵》之三："何日西施随范蠡，五湖烟水洗恩仇。"此处意同上例，然指代不一，西施指代郁达夫第三任妻子何丽有。

2. 罗敷　相传为战国时赵国邯郸女，姓秦，赵王家令王仁之妻，采桑陌上，赵王登台，见而欲夺之，不愿，乃作《陌上桑》诗以明志，赵王乃止。古辞《陌上桑》："日出东南隅，照我秦氏楼。秦氏有好女，自名为罗敷。"①"好女"即美女。郁达夫于诗中均以罗敷指代不同的人。《由柳桥发车巡游一宫犬山道上作》之二："麦苗苍翠柳条黄，倒挂柔枝陌上桑。""陌上桑"即罗敷所作《陌上桑》诗，隐指罗敷，又以采桑陌上的罗敷指代日本一宫山一带的采桑女子，赞其美而爱劳动。《七月十二夜见某，十六日上船，十七日有此作即寄》之一："许侬赤手拜云英，未嫁罗敷别有情。""云英、罗敷"均指代郁达夫未婚妻孙荃。"赤手拜云英"用以玉杵臼为聘礼事，见前。《自述诗》之九："一失足成千古恨，昔人诗句意何深。广平自赋梅花后，碧海青天夜夜心。——附注：罗敷陌上，相见已迟。与某某遇后，不交一言。"郁达夫少时曾暗恋一赵家的少女②，诗即记此，以罗敷指代"某某"，"某某"隐指赵家少女。《留别梅浓》："莫对菱花怨老奴，老奴情岂负罗敷。"罗敷指代日本女子梅浓。《毁家诗纪》之十三："自愿驰驱随李广，何劳叮嘱戒罗敷。"以罗敷指代郁达夫第二任妻子王映霞，着意"戒"字颇含深意。《无题四首，用〈毁家诗纪〉中四律原韵》之二："故国三千来满子，瓜期二八聘罗敷。"以罗敷指代自己流亡苏门答腊时新婚的妻子何丽有。

3. 莫愁　南朝梁洛阳人。梁武帝萧衍《河中之水歌》："河中之水向东流，洛阳女儿名莫愁。莫愁十三能织绮，十四采桑东陌头，十五嫁为卢家妇，十六生儿字阿侯。"③又为唐复州竟陵人，善歌谣，有《莫愁乐》。郁达夫于诗中或用其人，或用其歌。《佩兰雅集，予不果往，蝶如君意予赴会也，寄诗至，和其三》之二："何日江城吹玉笛，共君听唱莫愁歌。""莫愁歌"即《莫愁乐》，然此处乃是用字面意，无所指代，意谓因未能参加佩兰诗社的雅

---

① 逯钦立辑校：《先秦汉魏晋南北朝诗》上册，第259页，北京：中华书局1983年版。
② 于听：《郁达夫风雨说》，第71页，杭州：浙江文艺出版社1991年版。
③ 逯钦立辑校：《先秦汉魏晋南北朝诗》中册，第1520页，北京：中华书局1983年版。

集，很遗憾，何日再有此会，一定参加就没有遗憾（莫愁）了。《春江感旧》之一："泥落可怜双燕子，低飞犹傍莫愁家。"又同题之二："仙山春梦记前游，不把忘情怨莫愁。""莫愁"即"十五嫁为卢家妇"的莫愁，指代自己过去所恋的女子已嫁，或即是前面的赵家少女。

三、后妃型

1. 赵飞燕　汉成帝皇后，性妖冶。《日本谣》之三："纨扇轻摇困依床，歪鬌新兴赵家妆。""赵家妆"即赵飞燕妆，诗写一日本妖冶女子，轻摇着纨扇，慵懒地依床，歪斜着发髻，一副妖冶相，故以赵飞燕指代之。

2. 班婕妤　汉成帝妃，受赵飞燕谗而失宠，作《怨诗》："新裂齐纨素，鲜洁如霜雪。裁为合欢扇，团团似明月。"① 郁达夫既借其人又用其诗。《日本谣》之七："纨扇秋来惹恨多，薰笼斜依奈愁何。商音谱出西方曲，肠断新翻《复活》歌。"俄国著名作家托尔斯泰小说《复活》写农奴女玛斯洛娃为贵族聂赫留道夫引诱失身又被弃的故事，郁诗即以班婕妤指代玛斯洛娃，"纨扇"即出自她的《怨歌行》，由词而歌而人，用得含蓄。

四、贤妻型

1. 桓少君　西汉末鲍宣妻。据《后汉书·列女传》：鲍宣少时就学于少君父桓氏，桓奇其清苦，妻以女，嫁资丰盛，宣不悦。少君乃悉归资御服饰，与宣共挽鹿车归乡里。拜姑礼毕，即治家事尽妇道，乡里称之②。后即以之为勤俭守贫的典型。《代洪开榜先生祝梁母邓太夫人八秩开一大庆之作》："不妨太素同朋少，到底桓君后代昌。"诗题是祝邓太夫人大寿，故以桓少君指代之，以赞其贤。

2. 孟光　字德曜，东汉高士梁鸿妻，事夫敬，成语"举案齐眉"即出自于她。《后汉书·梁鸿传》载：梁鸿为人赁舂，每归，孟光为具食，不敢于鸿前仰视，举案齐眉③。《毁家诗纪》之九："亦欲赁舂资德耀，燹豗初谱上鲲弦。"德耀乃孟光字，以比郁达夫妻子王映霞。因王私从国民党教育厅长许绍棣，郁达夫愤其事夫不忠，故欲其向孟光学习。"燹豗"即用春秋百里奚妻事以讽王。

---

① 逯钦立辑校：《先秦汉魏晋南北朝诗》上册，第 117 页，北京：中华书局 1983 年版。
② 范晔撰：《后汉书》下册，第 1215 页，长沙：岳麓书社 1994 年版。
③ 范晔撰：《后汉书》下册，第 1209 页，长沙：岳麓书社 1994 年版。

五、姬妾型

1. 绿珠　西晋石崇爱妾，美而艳，善吹笛。《晋书·石崇传》：赵王司马伦专权，伦党孙秀使人求之（绿珠），崇坚拒不许。"秀怒，乃劝伦诛崇……崇正宴于楼上，介士到门，崇谓绿珠曰：'我今为尔得罪。'绿珠泣曰：'当效死于官前。'因自投于楼下而死。"① 郁达夫对有志节的女子十分怜爱。《春江感旧》之二："闻说侯门深似海，绿珠今夜可登楼。""绿珠"指代自己过去所恋之女子，惜其已嫁，隐含的意思是，你是我的所爱，既已嫁入侯门，有没有像绿珠那样有志节而为我坠楼呢？《寄孙荃》："我久计穷朱亥市，君应望断绿珠楼。"这是写给未婚妻孙荃的诗，以绿珠指代孙荃，欲其像绿珠那样有志节。

2. 桃叶　东晋王献之爱妾，相传王献之在金陵秦淮河渡口送桃叶过江，作《桃叶歌》："桃叶复桃叶，桃叶连桃根。相怜两乐事，独使我殷勤。""桃叶复桃叶，渡江不用楫。但渡无所苦，我自迎接汝。"桃叶又有《答王团扇歌》："团扇复团扇，持许自遮面。憔悴无复理，羞与郎相见。"② 郁达夫对桃叶似情有独钟，诗中用的频率比较高，或用《桃叶歌》《答王团扇歌》，或用王献之金陵渡口送桃叶事，或指代人。《大桃园看花》："只恐钟山无妙唱，尊前愁杀沈休文。""钟山妙唱"即指金陵秦淮河渡口王献之送桃叶所作之《桃叶歌》，诗题是看桃花，故由桃花而联想到桃叶歌。《遇释无邻，知旧友某尚客金陵，作此寄之》："横流将到桃根渡，一叶轻航买未曾？""桃根渡"即桃叶渡，用王献之秦淮河渡口送桃叶事，此处指代金陵。《宿钱塘江上有赠》："危樯独夜怜桃叶，细雨重帘病莫愁。"莫愁事见前，"桃叶、莫愁"均是指代作者在杭州初相识的一个女子，以两人同时指代一人。

3. 碧玉　南朝宋汝南王妾，今之"小家碧玉""二八破瓜"之成语即出自汝南王的《碧玉歌》："碧玉小家女，不敢攀贵德。""碧玉破瓜时，郎为情颠倒。"③ 郁达夫于诗中借用分别指代不同的人。《日本谣》之四："碧玉华年足怨思，珠喉解唱净琉璃。"此诗后有注："《净琉璃》，歌剧也。"则碧玉是指代唱歌剧的女子。《无题——效李商隐体》之一："妙年碧玉瓜初破，子夜铜

---

① 房玄龄等撰：《晋书》第4册，第1008页，北京：中华书局1974年版。
② 逯钦立辑校：《先秦汉魏晋南北朝诗》中册，第903，904页，北京：中华书局1983年版。
③ 同上，第1337页。

屏影欲流。"以碧玉指代初婚的妻子孙荃,言其如碧玉一样正当芳年妙龄。《将之日本别海棠》之三:"碧玉生涯原是梦,牧之任侠却非狂。""碧玉"指代作者在安庆相识的女子海棠。《无题四首,用〈毁家诗纪〉中四律原韵》之一:"洞房红烛礼张仙,碧玉风情胜小怜。""碧玉"指代作者流亡苏门答腊后新婚的妻子何丽有。以上四人都出身寒门,故以小家碧玉指代之。

4. 红拂　隋杨素的侍姬,后异李靖之才而奔之,乃风尘中侠女。郁达夫亦重其侠气。《西归杂咏》之七:"苏小委尘红拂死,谁家儿女解怜才。""苏小"详后,"红拂"指代有侠气的奇女子,意谓像苏小小、红拂那样的奇女子已没有了,还有谁家的儿女(偏意復词单指女儿)能怜惜才人呢?

5. 关盼盼　唐徐州人。白居易《燕子楼三首并序》云:"徐州故张尚书有爱妓曰盼盼,善歌舞,雅多风态……云:'尚书既殁,归葬东洛。而彭城有张氏旧第,第中有小楼,名燕子。盼盼念旧爱而不嫁,居是楼十余年,幽独块然,于今尚在。'"① 郁达夫在诗中不用其名,而以燕子楼称之,燕子楼因人而闻名,今徐州尚有燕子楼。《梦醒枕上作,翌日寄荃君》之五:"儿郎亦是多情种,颇羡尚书燕子楼。"以燕子楼指关盼盼,意谓我也是一个多情的人,很希望能像张尚书那样有一个关盼盼,将来能为我守节操。则以关盼盼隐指初婚的妻子孙荃。《毁家诗纪》之十一:"荔枝初熟梅妃里,春水方生燕子楼。"以燕子楼指代徐州,郁达夫曾于抗战初来徐州劳军,故言。

6. 樊素　唐诗人白居易的侍姬,善歌舞。白老病将其遣去,作《别柳枝》诗,又有《不能忘情吟》记其事,其《序》云:"妓有樊素者,年二十余,绰绰有歌舞态,善唱《柳枝》,人多以曲名之,由是名闻洛下。"郁达夫于诗中或用樊素名,或用柳枝称之。《望仙门》:"恨他樊素忒无情,与春行,剩我苦零丁。"《自述诗》之十附记:"是岁秋又遇某氏姊妹及某氏,英皇嫁后,樊素亦与春归矣。"此两处樊素,均指某氏,或即前之赵家少女,恨她无情别嫁了。《相思树》之三:"他年倘向瑶池见,记取杨枝舞影斜。""相思树"是郁达夫早年欲写未就之小说,则杨枝当是指代小说中人物。《毁家诗纪》之十八:"老病乐天腰渐减,高秋樊素貌应肥。"《三月一日对酒兴歌》:"杨枝上马驰成骋,桃叶横江去不回。"《五月廿三别王氏于星洲,夜饮南天酒楼,是初来时投宿处》:"山公大醉高阳夜,可是伤心为柳枝。"此三处樊素、杨枝、柳枝均指代郁达夫已离婚之妻王映霞,桃叶亦指代王,事见前。

7. 小蛮　亦白居易的女侍,善舞,今已为成语的"杨柳小蛮腰"即是白

---

① 顾学颉校点:《白居易集》第1册,第311~312页,北京:中华书局1979年版。

居易写小蛮的诗。郁达夫于诗中仅一用。《留别梅浓》："苏武此身原属汉，阿蛮无计更离胡。""阿蛮"即小蛮，指代日本女子梅浓。意谓我本是中国人，而你又不能离开日本，相爱而不能在一起。日本乃异域，故以言胡，胡人即蛮人，故用小蛮。则小蛮有双层意，既以人名指代梅浓，又以字面意切合异域蛮方的日本。用得非常巧妙，亦见手段之高超。

8. 朝云　宋苏轼侍妾，钱塘人，本姓王，字子霞，原为妓，苏轼通判杭州，纳为常侍。初不识字，从苏轼学书，能知轼"一肚皮不合时宜"。后轼贬惠州，家妓皆散去，独朝云相依。郁达夫于诗中因其姓王，又字子霞，故借用以单指王映霞。《登杭州南高峰》："题诗报与朝云道"，《感怀》："朝云未劫终尘土"即是。然前后朝云因王映霞的移情别恋而意有不同。

9. 紫云　唐司徒李听的歌妓，绝艺殊色，为杜牧所爱慕。郁达夫于诗中以紫云分指两人。《毁家诗纪》之七："清溪曾载紫云回，照影惊鸿水一隈。"紫云指代郁达夫的爱人王映霞。《无题四首，用〈毁家诗纪〉中四律原韵》之四："年年记取清秋节，双桨临风接紫云。"此处接的紫云则是何丽有，郁达夫流亡苏门答腊时的妻子。

10. 小红　宋诗人范成大的侍女，颇有色艺。范请老，词人姜夔诣之，制"暗香""疏影"二曲，范使小红习之，音节清婉。范遂以小红赠夔，夔作《过垂虹》诗有"自作新词韵最娇，小红低唱我吹箫"之句即咏此事。郁达夫于诗中既用小红之人，又用小红之事。《七月十二夜见某，十六日上船，十七日，有此作即寄》之二："他年来领湖州牧，会向君王说小红。"以小红指代未婚妻子孙荃，意谓他年将践约来娶。《采桑子——和衡子先生》："意浓情淡，可惜今时没小红。"以小红指代歌女，意谓如此情意，竟没有一个歌女来唱一曲。《听丹书画伯述小红事有赠》，所谓小红事即指范成大赠小红给姜夔事。

11. 杨爱　即明末吴江名妓柳如是，能诗善画，色艺冠一时，后归诗人钱谦益为妾。《感怀》："朝云未劫终尘土，杨爱前身是柳花。"朝云见前，此与杨爱一起均指代王映霞，意有所讽。"杨爱"之"杨"亦即水性杨花之杨，而柳花即杨花。北魏胡太后有《杨白花歌》："阳春二三月，杨柳齐作花。春风一夜入闺闼，杨花飘荡落南家。"[1] 所谓"杨爱是柳花"，即是说"杨爱"（王映霞）是水性杨花之人，而其末路终将归于"尘土"。

12. 筠姬　清诗人吴嵩梁的侍姬，资性慧丽，善画兰花。《秋夜怀人》之

---

① 逯钦立辑校：《先秦汉魏晋南北朝诗》下册，第2246页，北京：中华书局1983年版。

四："君诗酷似香苏馆，可有筠姬伴索居。"这是怀日本汉诗人担风居士的，说他的诗像香苏馆（即吴嵩梁），那么可有筠姬相伴身边吗？则筠姬是指代侍女。

六、娼妓型

1. 苏小小　南齐钱塘名娼。《玉台新咏·钱塘苏小歌》："妾乘油壁车，郎乘青骢马。何处结同心，西陵松柏下。"① 由歌可见是个忠于爱情的女子。苏小小死后葬在嘉兴"贤娼弄"。郁达夫慕其品把她与侠女红拂并提，"苏小委尘红拂死"（《西归杂咏》之七）则以苏小小指代奇女子。《题闽县陈贻衍〈西湖记游〉画集》之一："南渡江山气不雄，钱塘苏小可怜虫。"宋室南渡，北宋沦亡，殃及人民，苏小即指代百姓。

2. 红儿　唐鄜州李孝恭歌伎，美而慧，善歌舞。诗人罗虬慕之，请歌，不答，杀之，后悔，作《比红儿》绝句百首。郁达夫于诗中三提之。《懊恼》之二："百丈情丝万丈风，红儿身是可怜虫。"红儿，不知所指，诗作于1916年左右，大约是指代早年所恋之女子。《自述诗》之十："二女明妆不可求，红儿体态也风流。"诗后有注："是岁秋又遇某氏姊妹及某氏，英皇嫁后，樊素亦与春归矣。"此红儿与前之樊素一样是指代"某氏"即赵家的少女。《毁家诗纪》之十五："歌翻桃叶临官渡，曲比红儿忆小名。""桃叶"见前，指王献之的《桃叶歌》，然词已新"翻"了，红儿指代王映霞。这两句"是写作者在南行途中到浙江江山之夜听流娼高唱京剧的感受，因为《乌龙院》的情节，与作者的婚姻遭遇有相类似之处，其诗中的'歌翻'，'曲比'等词可证。"②

3. 琴操　北宋杭州名妓，与苏东坡参禅，受苏点悟，削发为尼。郁达夫曾"谒苏小墓"，又于《临安县志》中搜寻琴操事迹。《玲珑山寺琴操墓前翻阅新旧〈临安县志〉，都不见琴操事迹，但云墓在寺东》："山既玲珑水亦清，东坡曾此访云英。如何八卷临安志，不记琴操一段情？"这首诗有点特别，琴操并无指代，却以仙女云英指代琴操，叹息煌煌八卷的临安志却不记琴操事迹，深含为女子不平之意。

4. 李宜　北宋黄州妓，有色艺，苏东坡有诗赠她："东坡居士文名久，何事无言及李宜。"郁达夫则又仿苏之句而为："纵横写尽三千牍，总觉无言及

---

① 逯钦立辑校：《先秦汉魏晋南北朝诗》中册，第1481页，北京：中华书局1983年版。
② 蒋祖怡、蒋祖勋：《郁达夫旧体组诗笺注》，第250页，杭州：杭州大学出版社1993年版。

李宜。"(《秋夜怀人》之七）苏轼是实指李宜其人，郁达夫是借李宜指代所怀之人。

5. 李师师　北宋开封名妓，色艺双全，慷慨有侠名。据《李师师外传》：钦宗嗣位，尝献资助饷抗金。开封沦陷，被张邦昌送往金营，李怒斥邦昌，吞金簪自尽①。郁达夫对有志节侠气的女子特别钦敬。《读靖陶兄寄旧都新艳秋，为题看云楼觅句图》："忽忆旧京秋色艳，凭君传语慰师师。"师师即李师师，此处指代京剧女演员新艳秋，期望新艳秋能像李师师一样有侠骨志气。

6. 苏小卿　明庐州娼。明梅鼎祚《青泥莲花记》卷七：苏小卿"与书生双渐交昵，情好甚笃。渐出外，久之不还，小卿守志待之，不与他狎。"《春江感旧》之三："一梦扬州怜杜牧，廿年辛苦忆苏卿。"《春江感旧》是一组思忆几位女友的诗，故此处苏卿即苏小卿，也即指代所忆之女子。

7. 李香君　明末金陵教坊女，聪慧而有侠气。郁达夫以之指代王映霞。《毁家诗纪》之十："佳话频传王逸少，豪情不减李香君。"是说当年王映霞与郁达夫的恋爱，那种豪情是不减李香君的，郁达夫有《日记九种》详记两人恋爱之事。

8. 卞玉京　明末金陵秦淮名妓，工于小楷，善画兰花、鼓琴，后削发归吴中，郁达夫于诗中仅一用，且是以妓指代妓。《将之日本别海棠》之一："最难客座吴伟业，重遇南朝卞玉京。"海棠是郁达夫在安庆教书时认识的一个妓女，他的小说《茫茫夜》中的主人公海棠即以她为原型。此处则以卞玉京指代她，身份恰好相合。

七、虚构型

1. 崔莺莺　唐元稹传奇《莺莺传》中人物，因慕张生而作《明月三五夜》："待月西厢下，迎风户半开。拂墙花影动，疑是玉人来。"② 元王实甫据之而作戏曲《西厢记》，以崔莺莺为女主人公。郁达夫于诗中称之为双文，莺莺重文，故称。《梦逢相识》之二："牧之去国双文嫁，一样伤心两样愁。"双文即崔莺莺，此处指代郁达夫少年时代一女友。《张碧云》："几年萧寺梦双文，今日江南吊碧云。"双文（崔莺莺）指代张碧云，她是郁达夫的一位死去的女友。《西泠话旧》："日暮楼空人独立，满江秋意哭莺莺。"此处莺莺指代郁达夫旧识的一个女子。

---

① 元稹等著：《唐宋传奇》，第 396～402 页，北京：华夏出版社 2015 年版。

② 元稹等著：《唐宋传奇》，第 101 页，北京：华夏出版社 2015 年版。

2. 真真　绘画中人。唐杜荀鹤《松窗杂记》：唐进士赵颜于画工处得一软障，绘妇人甚丽，谓此女名真真，呼其名百日必应，应后以百家彩灰酒灌之，女则活，颜如其言，女果下障。郁达夫于诗中以之分代两人。《留别梅浓》："一春燕燕花间泣，几夜真真梦里呼。"此处真真指代日本女子梅浓。《扬州慢·寄映霞》："叫真真画里，商量供幅生绡。"此处真真指代王映霞。

3. 霍小玉　唐蒋防传奇《霍小玉传》中人物。写娼女霍小玉与书生李益相爱，后李负情别娶，小玉悲愤成病，有一黄衫豪士持李益至小玉家，强令其相见①。《五月廿三别王氏于星洲，夜饮南天酒楼，是初来时投宿处》："忍抛白首名山约，来谱黄衫小玉词。"小玉即霍小玉，指代王映霞，然有反讽之意。

第二节　人物指代之特点与情感倾向

以上七型三十二人，大多有所指代，然指代方式不同，或实指，或虚指，或暗指，或无指，或喻指，或泛指，或一指代多，或多指代一，指代人与被指代人相合，寄托着作者一定的情感倾向。

（一）虚指　有些人与作者并无多少关系，仅偶一相逢，不记其名；或早年旧识，已忘其名；触事想起，便借古人虚指代之。如"记取杨枝舞影斜"，杨枝即白居易侍妾樊素，此处虚指指代郁达夫欲作之小说《相思树》中的人物。"总觉无言及李宜""细雨重帘病莫愁""满江秋意哭莺莺"。李宜、莫愁、莺莺均是虚指代作者相识的某女子，当然并非同一个人。"可有筠姬伴索居"，筠姬虚指代某个侍女。

（二）实指　这在郁达夫诗中用的最多。即以某古人实际指代生活中的某一个人。"碧玉生涯原是梦"，以碧玉指代海棠。"阿蛮无计更离胡"，以阿蛮指代梅浓。"凭君传语慰师师"，以李师师指代新艳秋。"到底桓君后代昌"，以桓少君指代邓太夫人。"几年萧寺梦双文"，以双文（崔莺莺）指代张碧云。

（三）暗指　有的人在作者的记忆中不能忘却，又不便明说，故借以暗指。"恨他樊素忒无情""绿珠今夜可登楼""红儿体态也风流""廿年辛苦忆苏卿""罗敷陌上，相见已迟""不把忘情怨莫愁""牧之去国双文嫁"，这里的樊素、绿珠、红儿、苏小卿、罗敷、莫愁、双文均是暗指郁达夫少年时代所

---

①　元稹等著：《唐宋传奇》，第64～69页，北京：华夏出版社2015年版。

恋之女子，或赞其体态风流，或惜其无情早嫁。

（四）无指　即无所指代，就其人写其人。如"共君听唱莫愁歌""不记琴操一段情""谒苏小墓而归""听丹书画伯述小红事有赠"，这里的莫愁、琴操、苏小小、小红均无所指代。

（五）喻指　即以人比喻人或物。"怜他如玉麻姑爪"，以女仙麻姑的鸟爪比喻弹筝女子手指的纤细。"云英三五破爪前"，以女仙云英，比喻尚未盛开的樱花。"西子凌波"，以西施喻西湖。

（六）泛指　不专指代某一个人，而是泛泛指代某些人。如"苏小委尘红拂死"，以苏小小、红拂泛指代世上的那些有侠气的奇女子。"倒挂柔枝陌上桑"，以罗敷泛指陌上采桑的女子。"引得麻姑出蔡家"，以麻姑泛指西湖上纳凉的游女。

（七）一指代多　即以一人指代多人。如仙女云英既指代日本女伎吉原，"十五云英初见世"；又指代孙荃，"许侬赤手拜云英"；又指代宋妓琴操，"东坡曾此访云英"；又指代李筱英，"为访云英上玉京"。

（八）多指代一　即以多人指代某一人。如孙荃除了以云英指代之，又有碧玉（"妙年碧玉瓜初破"），关盼盼（"颇羡尚书燕子楼"），小红（"会向君王说小红"），绿珠（"君应望断绿珠楼"），西施（"梦中鸾凤恼西施"），罗敷（"未嫁罗敷别有情"）作指代。

作者以某一个人指代另一个人，不是随意的，除了诗词创作中人名要合平仄的要求外，更多的还是为了适应情感表达的需要，有其一定的情意指向。在诗中以王映霞的被指代人为最多，但作者与其初恋时，有了感情裂痕时，婚姻破裂时，感情是不一样的，因此所用以指代她的人，即便是同一个人，也因前后感情的变化而不同。

郁达夫一生有过三段婚姻，与王映霞的这段最为深刻，一部《日记九种》把两人的恋爱写得既缠绵悱恻，又大胆真挚；一组《毁家诗纪》又写得那么怨愤而悲怆。《日记九种》是郁之日记，不在本章论述范围内，然与之大约写于同时的一首词《扬州慢·寄映霞》则是郁达夫追求热恋王映霞的最真情的记录。郁达夫写词不多，仅十一首，而以一首长调寄某人的，仅此一首。全词是这样的："客里光阴，黄梅天气，孤灯照断深宵。记春游当日，尽湖上逍遥。自东向离亭别后，冷吟闲醉，多少无聊！况此际，征帆待发，大海船招。

相思已苦，更愁予、身世萧条。恨司马家贫，江郎才尽，李广难朝。却喜君心坚洁，情深处够我魂销。叫真真画里，商量供幅生绡。"词的上半阕写自己的孤寂无聊，又欲远去。下半阕赞美王映霞的坚洁、情深，欲以生绡绘其像。这时的王映霞是郁达夫热恋中的王映霞，而以绘画中的艺术性人物"真真"指代之，而"真真"又隐含着对王映霞那种"坚洁"的真心、真情、真意、真爱的深情赞美。画幅中的真真即是生活中真善美的王映霞。郁王婚后，生活美满，被人称之为"富春江上神仙侣"，郁达夫常挽王映霞外出旅游，《登杭州南高峰》一诗，原还有一题是《寄映霞》，末联为："题诗报与朝云道，玉局参禅兴正赊。"以宋代大文学家苏轼的侍妾朝云指代王映霞。因朝云原姓王，字子霞，又是杭州人。姓、名、地与王映霞都非常切合，更重要的是，苏东坡被贬惠州，家妓散去，独朝云深深了解他的"一肚皮不合时宜"而与其相依，这就隐含着郁达夫欲与王映霞相伴终生，白头偕老之意。到了后来两人感情有了裂痕时，郁达夫仍然常常回忆起恋爱中的王映霞。他忆恋她的小名，"曲比红儿忆小名"；记起刚刚结婚的情景，"犹记当年礼聘勤"；想念她那丰腴的体态，"高秋樊素貌应肥"；更赞赏她的抛除世俗偏见勇敢追求恋爱的侠气，"豪情不减李香君"。郁达夫对王映霞的爱是刻骨铭心的，是可以为她不顾惜一切的，"为了你我情愿把家庭，名誉，地位，甚而至于生命，也可以丢弃，我的爱你，总算是切而且挚了。……我从来没有这样的爱过人，我的爱是无条件的，是可以牺牲一切的，是如猛火电光，非烧尽社会，烧尽己身不可的。"① 郁达夫以全身心去爱王映霞，而王却移情别恋，与浙江教育厅长许绍棣有染，"一饭论交竟自媒"（《毁家诗纪》之十二），这对郁达夫的打击是巨大的，不亚于山崩地裂；因而"情到真时恨亦深"（《出晴雪园赋寄石埭四首》之四），恨由爱生，有大爱才有大恨，他把满腔悲愤与怒火化作仇恨一齐倾向了王映霞。他恨王映霞背叛自己另寻新欢；恨她不念"三春"（"终觉三春各恋晖"），离己而去。"杨枝上马驰成骋，桃叶横江去不回。"连用两人指代她，极言己心之伤痛，"可是伤心为柳枝"。恨尤不足，郁达夫则痛骂她的不贞不忠与轻浮无耻。"杨爱前身是柳花"，你原来就是轻薄浮浪水性杨花的人；你连娼女霍小玉都不如，而郁达夫则要"来谱黄衫小玉词"，霍小玉忠于爱情，不负爱人，而王却攀权附贵，私许己身。这是对王映霞的反讽。而最终你的末路将会归于尘土，"朝云末劫终尘土"，这是在诅咒她赶紧去死。这里用"朝云"而不用其他人，可见郁达夫的明确所指。朝云，即王子霞。前言"题诗报与朝云道"，最后则是"朝云末劫终尘土"，皆是以王子霞（朝云）指代王映霞。郁达夫对王映霞全部的爱与全部的恨都在这两句诗里了。

---

① 郁达夫：《致王映霞》，《郁达夫全集》第 6 卷，第 79 页，杭州：浙江大学出版社 2007
年版。

指代者本身仍是原色调的人，她们在郁达夫的笔下化身为王映霞，因王映霞的性移情迁，导致郁达夫的心理裂变，以致那些指代者也染上了杂色。杨爱，即柳如是，在历史上，原是一个有反清复明大志的女子，因杨柳水性，郁达夫用其字面意以斥王映霞。朝云，同为一人，在前后诗中，也已发生了裂变。郁达夫把自己的情感，爱与恨，已附着在了指代者身上。除了王映霞外，郁达夫对其他女子的情感与态度则是单纯单一的。

第三节 对女性的情感与态度

郁达夫所借用的人物，除神话、传说、文艺作品中的人物外，全部是历史上实有的人物。他对她们的情感，也即是他对现实生活中女性的情感，这种情感的主导倾向是赞颂。

真，是郁达夫所赞女子的主题之一。郁达夫本身即是一个绝假存真的人，是一个真性情实心肠的人。郭沫若说，"达夫的为人坦率到可以惊人"[1]。刘海粟说，"我尊敬达夫的坦白真诚"[2]。李俊民说"他待人恳挚"[3]。李剑华说他"热诚恳挚，虽近中年，而天真未泯"[4]。郁达夫自己真，当然也就期求别人以真，他以画中人的"真真"来指代日本女子梅浓（"几夜真真梦里呼"）和自己热爱的王映霞（"叫真真画里，商量供幅生绡"），他把梅浓与王映霞作为"真"的化身，是他对"真"的崇尚。

善，是郁达夫所赞女子的主题之二。在郁达夫诗中，借用的贤妻良母形象一是西汉末的女子桓少君，一是东汉的孟光。桓少君原出生于富裕之家，嫁给贫贱丈夫鲍宣后，能提瓮出汲，修行妇道。以这么一个甘贫守德的女子指代一个高寿的老太太，"到底桓君后代昌"，即是赞其贤而有德，才使得家族兴旺。而以孟光比王映霞，"亦欲赁春资德曜"，德曜是孟光的字，特别用她的字有两层意，一是指人，一是强调她有德，郁达夫希望王映霞能像这位事夫以敬有

① 郭沫若：《论郁达夫》，载陈子善、王自立编：《回忆郁达夫》，第5页，长沙：湖南文艺出版社1986年版。

② 刘海粟：《回忆诗人郁达夫》，载陈子善、王自立编：《回忆郁达夫》，第115页，长沙：湖南文艺出版社1986年版。

③ 李俊民：《落花如雨拌春泥》，载陈子善、王自立编：《回忆郁达夫》，第119页，长沙：湖南文艺出版社1986年版。

④ 李剑华：《缅怀郁达夫先生》，载陈子善、王自立编：《回忆郁达夫》，第151页，长沙：湖南文艺出版社1986年版。

贤德的妇女学习。贤即是善，贤德也即善德。

美，是郁达夫所赞女子的主题之三。郁达夫无论是对少年时代暗恋女子，萍水一逢的女子，还是恋而已婚（孙荃）恋而未婚（李筱英）或无恋而婚（何丽有）的女子，都是以美的形象来指代她们。何丽有，是郁达夫第三任妻子，名即为郁达夫所改。本不识字，人如其名。但因是在流亡的患难期间结的婚，郁达夫不以为丑，而以中国四大美人之首的西施来指代他，希望抗战胜利后与她一起归隐终老，"何日西施随范蠡，五湖烟水洗恩仇"。那么像李筱英那样年轻貌美又有才的女子，郁达夫更是不惜以仙女云英、美女夷光（即西施）来指代她，以表达他的赞美喜爱之情。

节，是郁达夫所赞女子的主题之四。气节，节操是郁达夫极为尊崇的一种道德。他的"气节应为弱者师"（《赠〈华报〉同人》）真是掷地有声。同样，他对有气节，有节操的女子充满敬意。绿珠感于石崇之爱遂为之坠楼而死，他就以绿珠指代初婚的妻子孙荃，期望于她也像绿珠一样有气有节。（《寄荃君》："君应望断绿珠楼"）李师师，北宋名妓。当汴京开封被破，张邦昌欲把她献给金人，遭到她的痛骂。后脱金簪折断自尽而死。如此节烈，是为国家。郁达夫以之指代京剧女演员新艳秋。"忽忆旧京秋色艳，凭君传语慰师师。"是期望她像李师师那样坚守节操。

侠，是郁达夫所赞女子的主题之五。郁达夫所借用的女子有既美又侠的。如红拂，李香君。红拂原是隋朝司空杨素的侍姬，因慕李靖（后为唐之大将）为豪杰之士，乃夜奔而归之。前蜀杜光庭的《虬髯客传》，明张凤翼的传奇《红拂记》，凌濛初的杂剧《虬髯翁》均写红拂独能怜才的侠气。郁达夫以之为奇女子，叹息天下没有像红拂这样的有侠气的奇女子，独能爱才惜才，"苏小委尘红拂死，谁家儿女解怜才"。李香君是明末秦淮河的名妓，美慧而侠。许身东林名士侯方域后，有田仰谋想夺之，遭李香君坚拒，以血溅扇面。郁达夫对当初"坚洁""情深"，能冲破礼教传统大胆嫁给他的王映霞即称"豪情不减李香君"，赞美之情溢于言表。

对真的崇尚，对善的钦仰，对美的热爱，对节的敬佩，对侠的叹赏，郁达夫把对女性的情感凝铸成真、善、美、节、侠而加以热烈地赞美与歌颂。

郁达夫对女性的情感是赞颂，这种赞颂则是出自他对女性尊重的态度。他曾对女作家白薇说："有人认为我很浪漫，其实我的内心是很正直的，别看我常常和女孩子们也握握手，拍拍肩，我认为这是友爱，不是邪爱。你不信？即使有哪个女孩子在我家过夜,我决不会触犯她。"① 为人正直,珍视友爱,决不越轨,所谓"动乎情,止于礼义",这就是郁达夫一生有那么多女友的原因。在他六百余首诗词中,留赠给女子的诗不在少数,像日本的梅儿、隆儿,国内的旧识、新交,他都赋诗,或感叹初恋女子的早嫁,或伤悼女友的早逝,或记述偶然一遇留下的美好印象,或寄诗给自己的学生。如李辉群已是自己喜欢的学生刘大杰的爱人,他坦然寄诗给她,"十载神交如水淡,多情谁似李辉群?"(《赠女学生李辉群》)当然最能表示他对女性尊重的态度的还是那些有指代意义的女子。

在郁达夫诗词的七型三十二个女子中,以侍妾型、娼女型为最多,达二十个占三分之二。(尚有才女型,如"怜君亦是多情种,瘦似南朝李易安。"即以女词人李清照指代孙荃,因用得少,此略。)这些女子,在中国古代社会,处在最底层是被人玩弄的对象,最为人所轻贱、毫无社会地位,甚至连人格也受到漠视与玷污。侍妾是侍丈夫的,可随时被遣归,娼女是侍众夫的,可随时被卖掉。这些女子,被郁达夫采入诗中,借用以指代生活中的女子,正表明郁达夫对其人格的尊重。他并不因她们是侍妾娼女而贱视她们。他打破了几千年的封建社会妾妓为下贱女子的传统观念。他的勇气与大胆是惊世骇俗的。人们往往惊诧于他小说中对两性关系的暴露性描写,却没有看到他以妾妓代妻子的直率。在中国现代作家中没有第二个人敢于如此做。郁达夫一生由于特殊时代与历史环境的原因,前后结过三次婚。从孙荃、王映霞到何丽有,他都有以妾妓来指代过她们。用汝南王妾碧玉、张愔妾关盼盼、范成大侍妾小红来指代孙荃;用王献之侍妾桃叶、白居易侍姬樊素、娼女霍小玉、李听歌伎红儿、苏轼侍妾朝云、明妓柳如是、李香君指代王映霞;用碧玉、紫云指代何丽有。在郁达夫心目中,她们虽是妓妾但并不低人一等,她们身上具有的美与慧能净化人心,她们的节与侠是那些饱读孔孟之书的士大夫也做不到的。在她们身上,郁达夫看到了人性的光辉。这也就是他为什么在小说中有以妓女为题材的原因。在诗歌尤其是五绝七律这样的短章中不便塑造人物形象,他就以古代的这些现成的已经定型的女子来直接指代现实生活中的女性,使现实生活中的女性有了让人更多更大的想象空间。

在封建时代,妓女是不入正史的,连方志也少有记载。故郁达夫翻遍了新旧《临安县志》,都没有找到有关杭州名妓琴操的事迹。他非常感慨:"如何

① 白薇:《回忆郁达夫先生》,载陈子善、王自立编:《回忆郁达夫》,第175页,长沙:湖南文艺出版社1986年版。

八卷临安志,不记琴操一段情?"在这感慨里有着为女子深深鸣不平之意。他以仙女云英指代妓女琴操,也就表明了他敬重的态度。

第四节　对《离骚》意象传统的承创

郁达夫在诗中大量借用女性人物作指代,其方法乃是出自《离骚》。"美人香草闲情赋,岂是离骚屈宋心?"(《和广勋先生赐赠之作》之二)郁达夫是自觉地继承《离骚》"美人香草"的意象传统。东汉王逸最早总结出《离骚》"美人香草"的比譬系统,他说:"《离骚》之文,依《诗》取兴,引类譬喻。故善鸟香草以配忠贞;恶禽臭物以比谗佞;灵修美人以媲于君;宓妃佚女以譬贤臣;虬龙鸾凤以托君子;飘风云霓以为小人。"[①] 自此香草美人意象就成为《离骚》的艺术特征而为历代诗人所承用。郁达夫于诗中取其美人意象而进行了本质的改造,创造出了一个新的不同于《离骚》体系的美人形象指代系统。

首先,郁达夫诗中的女性人物是形象而非意象。妓妾型的女性原本就是生活中实有的人物,麻姑、云英、霍小玉、崔莺莺、真真则是文艺作品中塑造出来的人物形象,在她们身上具有一定的情感意义,但并不指向某一类人,具体借用时也是以一代一,而且特别要注意到指代者与被指代人之间的相称与相合。因此形象一般趋向于典型,而意象趋向于类型,只要看到《离骚》中的美人,我们就知道她的具体所指。

其次,郁达夫诗中的美人多是妓妾下女而非《离骚》的宓妃佚女。屈原为了追求自己的政治理想,所借用的女性身份都非常高贵且具有神性,如宓妃,无论有说是古帝伏羲氏的女儿,后溺水而为洛神;还是说是伏羲氏之妃,身份都很高贵。佚女是上古有娀国的美女简狄,后嫁给帝喾,生商代的祖先契。二姚是指上古有虞国的两个公主。屈原欲"求宓妃之所在""见有娀之佚女""留有虞之二姚",《离骚》即是把她们作为自己政治理想的化身去追求。他把抽象的理化为具体的人。郁达夫的诗所借用的人物没有政治地位上的崇高性与政治身份上的高贵性。即使是仙女麻姑、云英也已平民化(且云英或指唐钟陵的名妓)。而那些妾妓更是平常又普通的女子。她们以自身所具有的德性真、善、美、节、侠而附着于被指代的人物身上,或是作者期望被指代人具有指代者的某种品质。《离骚》的美人被抽象化了,而郁达夫诗中的人物始终

---

① 黄灵庚:《楚辞章句疏证》第1册,第9~11页,北京:中华书局2007年版。

是以具体代具体。她们无论是指代者还是被指代者都是一个个鲜活的人物。

　　第三，郁达夫诗中的美人指代的是常人而非《离骚》以美人媲君主。在《离骚》中，美人并非就是女子，美人也并非是哪一个具体的美人。美人是抽象的，他就是指君，指楚怀王。屈原有《思美人》即是写他对楚怀王的思念。"思美人兮揽涕而伫眙。"在《离骚》中美人与美女不是一个概念，美女即宓妃、简狄、二姚，美人即君王，而用美这个集合概念把他们绾合起来，构成美人意象。郁达夫的诗中美人即是美女，美女所指代的也只是生活中的常人，极其普通的女子，甚至还是最下层的妓女。"美人情性淡宜秋"（《宿钱塘江上有赠》），"美人"指所恋之女子。"美人应梦河边骨"（《岁暮感愤》），"美人"即指一般女子。"韩家潭上美人多"（《己未都门杂事诗两首》之一），"美人"即指妓女。"正要美人鸣战鼓"（《赠一萍》），"美人"即指南宋大将韩世忠的夫人梁红玉。所有"美人"都不是专指代某一人，这种指代不像《离骚》的意象所指那么单一而凝固，而具有象征性，它具有泛指性与随意性，完全依情感表达的需要而选用，甚至因情感的变化而反用。从"题诗报与朝云道"到"朝云末劫终尘土"，同一朝云，而为霄壤。

　　郁达夫对《离骚》美人意象传统的改造与继承是个大胆尝试，也是一个成功尝试。他打破了这种意象传统的固定性与高贵性，化个体意象为群体形象，使指代人物附上作者的情感色彩与被指代人同为一体，而获得新的鲜活的生命。

第九章

郁达夫诗词的青衫红豆意象

　　诗用意象，是诗歌基本的艺术特征。最早在文学理论史上提出意象一词的是南朝梁的刘勰。他在《文心雕龙·神思》篇中说："然后使玄解之宰，寻声律而定墨；独照之匠，窥意象而运斤，此盖驭文之首术，谋篇之大端。"此说一出，而后遂形成了意象论。这里所说的"意象"正如其《神思》篇名，是谈的艺术构思，艺术思维，而非我们今天所说的艺术形象。经唐到宋以后，意象始有今天的艺术形象的意义。如宋代《唐子西文录》的"便觉意象殊窘"，明李东阳《麓堂诗话》的"但恨其意象太著耳"，又陆时雍《诗镜总论》的"《河中之水歌》……风格浑成，意象独出"，清代沈德潜《说诗晬语》的"孟东野诗……意象孤峻"等等皆是。所以意象作为构思是"意中之象"，作为艺术形象乃是"含意之象"，也即是用语言文字物质了的艺术形象。西方的意象派诗派盛赞中国诗用意象，即是指此。这种已经成为"含意之象"的意象在诗人长期的使用过程中有的被逐渐地凝固化、范型化，而有了某种象征的意义。如一提到月亮就想到了故乡，提到柳树就想到惜别，提到菊花就想到高洁的人品，提到孤雁就想到飘零的游子。这些意象成为诗词中的传统，化入诗人的潜意识，一旦到情境合意时就可以借用以诗性的表达。诚如庞德所说的："中国诗人从不直接谈出他的看法，而是通过意象表现一切。"① 庞德虽不是特指郁达夫，而郁达夫恰恰是擅用意象写诗的一个"中国诗人"。在他的诗中，青衫、红豆就是两个频频出现的象征性意象，寄托了郁达夫诸多的情思。

---

　　① 转引自赵毅衡：《意象派与中国古典诗歌》，《外国文学研究》1979 年第 4 期。

第一节　青衫意象

郁达夫于 1913 年赴日留学，由此开始了他长达十年的海外学生生涯。初到日本，乡思来袭；客居寂寞，以诗自遣。"缴外深秋鼓角悲，寸心牢落鬓丝知。满天风雨怀人泪，八月莼鲈系我思。客梦频年驮马背，交游几辈跃龙池。一帆便欲西归去，争奈青衫似旧时。"（《客感》，1913 年）郁达夫留学是欲"成一大政治家""成一大思想家"，要"一身尽瘁，为国而已"的①。只是在刚刚踏上异国的土地时，一股思乡之情油然而生，顿时就想挂帆西归（中国在日本之西），可是朋辈们都已跃出龙池，事业有成，而自己若回去，也还是"青衫似旧时"，来是一学生，回也是一学生。这里的"青衫"典出《诗经·郑风·子衿》，其诗曰："青青子衿，悠悠我心；青青子衿，悠悠我思。"汉毛亨《传》释"青衫"为"青领也，学子之所服"。即以学生所穿的衣服代学生，在修辞上是借代。郁达夫此处的"青衫"与《诗》之"青衫"意同。但在郁达夫的诗中，"青衫"又不只是指学生，它与白居易的"江州司马青衫湿"的"青衫"相合，作为诗歌的意象，它有几层意思：一是其本意学生服；二是其借代意学生；三是其引申意。现分别论述之。

青衫的本意即青衿、学生服。郁达夫在诗中一用，《日暮归舟中口占，再叠前韵》："向晚独寻孤店宿，青衫灯下涤春泥。"意谓天晚了找旅店借宿，在灯底下把穿的学生服洗涤一番。

青衫借代学生，郁诗用得较多。除前面的《客感》外，尚有《西归杂咏》之四："青衫零落乌衣改，各向车窗叹式微。"抒发穷学生思归之情。《乘车赴东京过天龙川桥》："十年湖海题诗客，依旧青衫过此桥。"写十年留学，空有湖海之志，到如今依旧是一穷学生而已。《晓发东京》："白雪几能惊俗耳，青衫自古累儒冠。"这是说无人赏识自己（《白雪》曲高，俗耳听不懂），到头来我这个青年学生反倒为儒冠所误。言下之意不如不去读儒书，读了也无人用。乃是愤激语。

青衫的引申义是失意者的意思。《西归杂咏》之七："嬉笑怒骂生花笔，泪洒青衫亦可哀。"此已脱出《诗经》而用白居易《琵琶行》："座中泣下谁最多，江州司马青衫湿。"白居易在诗前的《序》中说："元和十年，予左迁

---

① 《郁达夫全集》第 5 卷，第 3、5 页，杭州：浙江大学出版社 2007 年版。

九江郡司马。""左迁"即是贬谪。白居易是从京官（太子善赞大夫）被贬到江西九江郡为司马，一个六品官。唐制官服六品为绿，九品为青。白居易故意说自己服"青衫"，一是承《诗经》之典，以示语出有据，且白本来即是一儒学生。二是被贬而再自贬，以示对朝廷处罚的不满。三则是为了诗本身的平仄需要，此处当用以平声为佳，故用"青"。白居易把"青衫"与"江州司马"一联系，"青衫"遂成了贬官的代名词，由贬官又引申为失意者。此后在文学史上大凡贬官、失意者一到发牢骚时总要用上"青衫"这个意象，它已被凝定化为一个象征体。无论是诗词散文还是小说戏曲常常用到。宋·晁端礼《踏莎行》："琵琶休洒青衫泪，区区游宦亦何为？"元·王实甫《西厢记》第四本第三折："淋漓襟袖啼红泪，比司马青衫更湿。"明·王世贞《鸣凤记》第二十九出："我岂学做重婚的王九愚？岂湿着司马青衫泪。"清·魏秀仁小说《花月痕》第三回："旧青衫，泪点都成血，无限事向谁说。"近人柳亚子《有感示子美》："尊前莫洒青衫泪，我亦名扬潦倒人。"柳亚子的"青衫潦倒人"再准确不过地点出"青衫"意象的直接含意。青衫已是那些在官场上、仕途上潦倒失意者的象征。郁达夫也是承袭此意而用此意象。不同于白居易的是郁达夫并未为官，更非贬官，他只是感到自己有志难申、青春失意。"悔将词赋学陈琳，销尽中原万里心。书剑飘零伤白也，英雄潦倒感黄金。"这首1916 年写给他大哥的《寄曼陀长兄》即诉说了他心中的愤慨与无奈。虽然他此时还只是个学生，他已退出学生身份，而以"书剑英雄"想见用于时却反而"违时成逐客"（《谒岳坟》，1917 年），所以而有一种"泪洒青衫亦可哀"的感伤。这一意象在此后又反复用之。《春江感旧四首》之四："折来红豆悲难定，湿尽青衫泪不干。"《盛夏闲居，读唐宋以来各家诗仿渔洋例，成诗八首录七》之"吴梅村"："冬郎忍创香奁格，红粉青衫总断魂。"《赠别》："伤离我亦天涯客，一样青衫有泪痕。"《寄荃君》："去年今日曾相见，红粉青衫两欲愁。"《寄内五首》之二："红粉青衫两蹉跎，偕隐名山计若何？"《将之日本别海棠三首》之二："检点青衫旧酒痕，歌场到处有名存。"此几例的青衫皆事业无成、功名未就的失意者形象，只是又融入了清·吴伟业的"青衫"之意。吴伟业《琴河感旧》云："青衫憔悴卿怜我，红粉飘零我忆卿。"写失意才子与红粉佳人的感念。郁达夫受其影响，由白居易的左迁贬官，到自我的英雄潦倒，再到吴伟业的失意才子，青衫意象的具体所指有变，而失意、潦倒、落魄的基本情绪毫无所改。由此意象可以体察郁达夫青年时代那颗拳拳报国之心。

青衫由上一层的引申义再作深一层的引申，即蕴含失败者之意。它虽用白居易、吴伟业之青衫词面，而意义有所翻进。这一意象用于郁达夫晚年之诗作《赠紫罗兰》："正似及时春帖子，羌无故实紫罗兰。途栽香种传歌德，帘卷西风陋易安。沧海曾经人未老，青衫初浣泪偷弹。不堪听唱江南好，幽咽泉流水下滩。"诗作于1941年的新加坡。郁达夫远赴南洋是为抗战做宣传，不同于白居易的贬官江州，也不同于吴伟业的才子失意，甚至也不同于自己早年的青春潦倒，这是一个完全含有新意的意象。当抗战爆发后，郁达夫奔走劳军于前线，"戎马间关为国谋"时（《毁家诗纪》之十一），而王映霞则"一饭论交竟自媒"（《毁家诗纪》之十二），这给郁达夫以沉重的情感打击。大敌当前，老母惨死，而自己后院失火，郁达夫感到蒙受奇耻大辱。国将亡，家欲破，郁达夫有一种从未有过的人生失败者之感。"欲返江东无面目，曳尾涂中当死。"（《贺新郎》）他自比垓下失败的项羽，再无面目见家乡父老，只能如乌龟一样曳尾涂中，苟且偷活。"曳尾涂中"典出《庄子·秋水》。郁达夫在此后的诗中亦曾多次用到。如《寄若瓢和尚》："莫忏泥涂曳尾行，万千恩怨此时情。念家山破从何说，地老天荒曳尾生。"《前在槟城，偶成俚句，南洋诗友，和者如云。近有所感，再叠前韵，重作三章，邮寄丹林，当知余迩来心境》之二："纵移团扇面难遮，曳尾涂中计尚赊。新得天随消遣法，青泥梳剔濯莲花。"为念家山，为持品洁，而不得不含垢隐忍，泥涂曳尾。所以郁达夫的星洲抗战，也有逃辱避耻之意（"张禄有心逃魏辱"，《抵星洲感赋》），他把自己与被楚王放逐的屈原相比，"投荒大似屈原游"（《前在槟城……》）。屈原热爱楚国，主张抵抗暴秦，而楚王昏庸将其流放于江湘。郁达夫不同于屈原的是自我放逐，所以仅说："似屈原。"作为一个人生（家庭生活、爱情生活）失败者，郁达夫既要自我惩谴，又欲自我振作。所以当紫罗兰女士为抗战来星洲卖艺筹赈时，听歌触发相思悲情。"沧海曾经人未老，青衫初浣泪偷弹。"紫罗兰很小的时候就登台唱歌，郁达夫1926年在广州中山大学任教即常听其唱歌，世事沧桑，十多年过去了，而紫女未老，自己则是"青衫憔悴"，大有江州司马之感。此诗尚有一题：《辛巳元日，重遇紫罗兰女士于星洲，烽火连天，青衣憔悴，大有江州司马之感，赠以长句，聊志雪鸿》再明白不过地表达了他的心情。紫罗兰正是青春盛时以艺报国；自己则是家散妻离，投老炎荒，青衫才浣，悲泪即来，但有泪还只是偷偷暗暗地掉。一副失败者自悼自伤之情，其实内心之苦是更重于白居易的"江州司马之感"的。

青衫意象从其本意到引申意，郁达夫在诗中因时因境因心的不同都各有所用，极大限度地借青衫意象功用以抒情述怀。

第二节　红豆意象

　　"红豆生南国，春来发几枝。劝君多采撷，此物最相思。"唐朝诗人王维的这首《相思》千古流传，多少年来，一直是青年男女表达思念、表达怀想、表达爱情、表达心灵寄托的不朽名篇。"红豆"也成了中国古典诗歌中爱情的象征意象，为历代诗人所借用。仅唐代就有温庭筠的《酒泉子》（"罗带惹香，犹系别时红豆。"）、韩偓的《玉盒》（"中有兰膏渍红豆，每回拈著长相忆。"）、路德延的《小儿诗》（"宝箧擎红豆，妆奁拾翠钿。"）、释贯休的《将入匡山别芳昼二公》（"红豆树间滴红雨，恋师不得依师住。"）、和凝的《天仙子》（"柳色披衫金缕凤，纤手轻拈红豆弄。"）、花蕊夫人的《宫词》（"却被内监遥觑见，故将红豆打黄莺。"）、后唐牛希济的《生查子》（"红豆不堪看，满眼相思泪。"）等若干诗篇都写到这种植物。而红豆又名相思子，则又有徐汇的《再幸华清宫》："年来却恨相思树，春至不生连理枝。"红豆经唐代诗人的大量入诗使其意象丰盈而凝定。郁达夫家住富春，亦属南国，对这种植物也是十分钟爱，常引用入诗，以寄托相思。

　　思故乡。思乡在郁达夫诗中是个十分重要的主题。他15岁离故乡去杭州读书，离开祖母、母亲；后又漂泊海外，寄宿异乡。"离家少小谁曾惯"（《自述诗》十六），对于一个依偎在祖母怀里，尚需母亲呵护疼爱的孩子来说，怎舍得远离故乡呢？"只身去国三千里，一日思乡十二回。"（《有寄》）语虽朴而情深，情浓，情挚，情切。他在1913年秋到日本后的第一首诗就是《乡思》："闻道江南未息兵，家山西望最关情。几回归梦遥难到，才渡重洋已五更。"小小少年，在思乡里还寄托着思国呢！诗思远而诗境阔。除了这些直接的抒情外，郁达夫还借红豆意象以寄托相思之苦。"白日相思觉梦长，梦中情事太荒唐。早知骨里藏红豆，悔驾天风出帝乡。"（《金丝雀诗五首》之二）"白日"句用王维《相思》典，直陈胸怀。"早知"句用温庭筠《南歌子》典："玲珑骰子安红豆，入骨相思知不知。"言相思太深，相思入骨了。郁达夫用此意而意更深，早知道别离远游会因思乡入骨，真后悔离开"帝乡"祖国了。"红豆秋风万里思，天涯芳草日斜时。不知彭泽门前菊，开到黄花第几枝。"（《不知》之二）这已是到日本的第四年（1916年）了，而思乡之情仍是不减，秋风万里，相思绵绵；关心陶菊，隐含清高。即不因远离祖国、漂泊异邦而失节，红豆天涯，永远保持着一个中国人高洁的品性。在思乡的红豆意象里，郁达夫的情感寄托深而挚，诚而远。

思友人。郁达夫与日本汉诗人服部担风年有少长，情兼师友。郁达夫以师长父辈敬之，对服部担风称道备至。"行尽西郊更向东，云山遥望合还通。过桥知入词人里，到处村童说担风。"（《访担风先生道上偶成》）郁达夫初到日本不久就参加了服部担风的佩兰吟社，常相唱和。担风对这个来自中国的青年诗人也是关爱有加，他写诗赞扬郁达夫的《日本谣》说："郁君达夫留学吾邦犹未出一二年，而此方文物事情，几乎无不精通焉。自非才识轶群，断断不能。《日本谣》诸作，奇想妙喻，信手拈出，绝无矮人观场之憾，转有长爪爬痒之快。一唱三叹，舌撟不下。"① 担风还写诗称赞他："才驾李昌谷，狂追贺季真。"② 从日本学者稻叶昭二的《郁达夫——他的青春和诗》可知，郁达夫与服部担风互相唱和的诗即有数首。更难能可贵的是担风先生对郁达夫爱国之心、报国之志的理解与支持。当郁达夫欲回国参加高等文官考试以实现奉献祖国的理想时，担风写诗到："万里悲哉气作秋，怜君家国有深忧。功名唾手抛黄卷，车笠论交抵白头。鲈味何曾慕张翰，鹏图行合答庄周。略同宗悫平生志，又上乘风破浪舟。"（服部担风《郁达夫寄示近作即次其韵却寄》）③ 这么一个既爱郁达夫超逸卓突之才，又怜郁达夫忧国爱国之心的日本老人，郁达夫又怎能不敬爱不念不思呢？《辞祭花庵蒙蓝亭远送至旗亭，上车后作此谢之》："半寻知己半寻春，五里东风十里尘。杨柳旗亭劳蜡屐，青山红豆羡闲身。闭门觅句难除癖，屈节论交别有真。说项深恩何日报，仲宣犹是未归人。"兰亭是服部担风的斋号，此以指担风。郁达夫视担风为"知己"，担风以诗坛盟主屈节降尊送他至旗亭，这令郁达夫非常感动。如此礼遇，会让我青山遥遥红豆绵绵思念不绝的。这里即用红豆意象寄托相思之情。日本学者稻叶昭二认为："服部担风对于郁达夫就如同藤野先生之于鲁迅。"④ 这个比方是非常确当的。郁达夫的《送担风》也有似鲁迅的《藤野先生》。诗曰："春风南浦黯销魂，话别来敲夜半门。赠我梅花清几许，此生难报丈人恩。"前用红豆寄托相思，此用伍子胥典表达受担风先生之恩深。

思恋人。红豆意象的基本意即是表达爱情。诗人历来也把它作为爱情的象征物。郁达夫在诗中有时用红豆，有时用相思树。因红豆又叫相思子，红豆树

---

① 稻叶昭二：《郁达夫——他的青春和诗》，见稻叶昭二、小田岳夫：《郁达夫传记两种》，第 215 页，杭州：浙江文艺出版社 1984 年版。

② 同上，第 220 页。

③ 同上，第 222 页。

④ 同上，第 223 页。

即叫相思树。红豆为物（象）而含意，相思为意而指物（象），两实为一。郁达夫有《相思树三首》，即是写爱情的。诗作于 1917 年 5 月 31 日，据其当天日记，这三首是小说中的诗。然小说未见，由诗意可推知内容。其一："吐雾含烟作意娇，好将疏影拂春潮。为谁栽此相思树，远似愁眉近似腰。"此写相思树的意态。其二："江水悠悠日夜流，江干明月照人愁。临行栽取三株树，春色明年绿上楼。"此写植树寄思。其三："我去蓬莱觅枣瓜，君留古渡散天花。他年倘向瑶池见，记取杨枝舞影斜。"此写我去君留之思恋。郁达夫在少年时曾恋"左家娇女字莲仙"（《自述诗》之八），然"二女明妆不可求"，人家早已是"杏花又逐东风嫁"了（《自述诗》之十），因此《相思树》不可能是写给"左家娇女"的。写作此诗时郁达夫尚未与孙荃相识，故也不可能是写给孙荃的。据这段时期郁达夫的日记与诗来看，他正与一日本女子后藤隆子相恋。稻叶昭二说："在名古屋八高读书的时候，他的下宿处有个少女，名叫隆子。他为她写了诗，可见他心下是钟情于这个少女的。"[①] 郁达夫在 1917 年 6 月 11 日的日记中也有一段记述："……念隆子不置。……坐立不安，总觉有一物横亘胸中，吞之不得，吐又不能，似火中蚁，似圈中虎。……已为 Venus 所缚矣！"[②]《赠隆儿》诗二首，其一说："人事萧条春梦后，梅花五月又逢君。"《相思树》诗即作于这年五月，而"又逢"则说明此前很早即已相识。故可推知《相思树》诗及小说很可能即是写隆子的。借相思树即红豆树含蓄地表达爱恋之情。大约是家里要他回家定亲，这段异国情缘无法维持，不久郁达夫又作了《别隆儿》："只愁难解名花怨，替写新诗到海棠。"以名花海棠喻隆儿，还要为她再写诗，爱恋之情仍是绵绵不绝。

以红豆意象表达爱情的，在前面曾与"青衫"对举而为联，即《春江感旧》的第四首，全诗是："一夜天风到蕙兰，花香人梦两阑干。折来红豆悲难定，湿尽青衫泪不干。佳妇而今归帝子，腐儒自古苦酸寒。绵绵此恨何时了，野雉朝飞不忍看。"诗作于 1917 年 8 月作者回国返乡定亲之日，颇值得玩味。从内容上看不是写给未婚妻孙荃的，那么"折来红豆"欲寄相思给谁呢？诗是怀念那少年时代曾惹起自己"水样的春愁"的少女的，如今"佳妇而今归帝子"了，自己仍是一个酸寒的腐儒，青衫潦倒的失意者。所以即使"折来红豆"欲寄无着处，而又此恨绵绵无时能了。折来的红豆既寄不出去，又止

---

①　稻叶昭二：《郁达夫——他的青春和诗》，见稻叶昭二、小田岳夫：《郁达夫传记两种》，第 254 页，杭州：浙江文艺出版社 1984 年版。

②　《郁达夫全集》第 5 卷，第 5 页，杭州：浙江大学出版社 2007 年版。

不住悲情。内心里对往事，对少年朦胧的爱情有着难断难了欲割不能的感伤意绪。郁达夫后来在与王映霞离婚后曾两用红豆意象。一是《五月廿三别王氏于星洲，夜饮南天酒楼，是初来时投宿处》："自剔银灯照酒卮，旗亭风月惹相思。忍抛白首名山约，来谱黄衫小玉词。南国固多红豆子，沈园差似习家池。山公大醉高阳夜，可是伤春为柳枝。"诗是为饯别王映霞而作实际却是自己南天酒楼独酌。郁达夫悲伤不能自已，既恨王映霞"忍抛白首名山约"（郁王初识时，郁达夫寄诗王映霞："朝来风色暗高楼，偕隐名山誓白头。"），又自宽自慰"南国固多红豆子"，则此处的"红豆子"不是寄思于王映霞，而是指在南国的新加坡也是会有异性的朋友可寄托我的相思的。"红豆子"虽作爱情之物却并无实指（因此时李筱英尚未进入他的生活）。而另一处则有具体所指。《乱离杂诗》之九："多谢陈蕃扫榻迎，欲留无计又西征。偶攀红豆来南国，为访云英上玉京。细雨蒲帆游子泪，春风杨柳故园情。河山两戒重光日，约取金门海上盟。"此诗作于1942年春，作者撤离新加坡流亡途中，虽是为谢保东村居亭主人陈仲培收留之意，亦抒发了他在新加坡认识并已相恋的女友李筱英。颔联的"红豆""云英"（唐传奇《裴航》中的女仙名）均是实指李。来到南国与李相识虽是偶然，却结下了爱情；那么为追求爱情不惜赶上玉京（隐言星洲）去寻访李晓英。作者特意把对爱情的追求放在期待抗战的胜利中（即末联语），尤见其对爱情的信心与对于胜利的执著。

思乡思友思恋人，红豆意象的能指均为郁达夫所用，并对传统意义有所拓展。

第三节　青衫红豆意象出现于前后两个时期的原因

郁达夫的诗歌创作大体分为留日时期（1913～1922）、国内时期（1926～1938）、南洋时期（1939～1945）。青衫红豆意象集中用于前后两段，而于回国后所写一百六十余首诗词中从未一用，这是很特别的现象，与郁达夫的处境心境身份地位有很大关系。郁达夫回国后致力于新文学创作，成为著名作家，又是大学教授，当然不再是着"青衫"的学子或"江州司马"。与王映霞恋爱成功，是上个世纪轰动文坛的艳闻，一部《日记九种》人称"恋爱的圣经"。郁达夫自己也说："和映霞结缡了十余年，两人日日厮混在一道，三千六百日中，从没有两个月以上的离别。"（《毁家诗纪》之一注文）当然也就用不着借"红豆"以寄托相思。所以在国内的诗作中一无所用。那么又为何出现在前后两段呢？

留日时期用青衫意象，除用其本意点明自己学生身份外，则是用其引申意的失意者。郁达夫有少年报国之志，并不想以腐儒自甘（"半世悔为儒"，《丙辰元日感赋》），觉得"自惭投笔吏，难上使君台"（《梦登春江第一楼，严子陵先生钓台，题诗石上》），期望的是"男儿要勒燕然石"（《七夕行装已具，邀同学数人小饮于室，王一之有诗饯行，依韵和之》）。所以常常是比项羽，思祖逖，吊田横，而现实是"文章如此难医国"（《题写真答荃君三首》之一），自己是依旧一青衫。所以他又常常有"青春潦倒""英雄时钝"之感。他写作了许多政论诗，咏史诗，如《秋兴四首》《杂感八首》《谒岳坟》等，以抒发自己报国的情怀。对"将军原是山中盗"（《杂感》之三）的愤慨，对"努力救神州"（《秋兴》四首之一）的渴望，对"绝无功业比冯唐"（《病后访担风先生有赠》）的感伤，这往往使他与贬官的白居易产生共鸣。自伤自悼自叹中，不免把自己也当作是千古文人失意者中的一个而用"青衫意象"以寄托悲愤之情。

至于留日时期的红豆（相思树）意象，以尽意象的所有意。少小离家，但远不同于贺知章，那是漂洋过海远离祖国。初到日本尚有兄嫂，一年后已是自身一人举目无亲了，那种思乡病之深是"入骨"的，难怪他要"一日思乡十二回"了。这时服部担风的出现以及担风先生长辈般的关怀当然会使郁达夫感激不尽。他写了很多诗给担风，并把"红豆子"抛给了担风。对担风的思念与爱实际上隐含着郁达夫对亲人长辈的渴念与深深的怀想。郁达夫三岁丧父，担风长他三十岁，正是他的父辈，所以这种恋情就非是一般的以"红豆"思友了。郁达夫在日本正当青春时期，情窦已萌，故爱情之思爱情之苦也时常迫压着他。如果说他对"左家娇女字莲仙"（实是他自传中所说的赵家的少女）的爱恋是朦胧的，那么他对后藤隆子的爱则是自我觉醒的，真切真挚且热烈的爱了。《相思树》小说不见，那三首诗我们有理由推断他就是写给这个隆子的。其后虽与她诀别了，两年后的1919年郁达夫再见隆子还写了《留别隆儿》向她倾诉"平生窃羡蓝桥梦"，希望有那蓝桥的仙遇。这些诗里所用"红豆"（相思树）意象反映了青春期的郁达夫对爱情的大胆追求。在那个礼教的时代也有着某种特定的反封建的意义。

到了新加坡时期，主要是婚姻的破裂、家庭的离散，孤身一人，独自叹息："相看无复旧家庭，剩有残书拥画屏。异国飘零妻又去，十年恨事数番经。"（《自叹》）所以不免又自比左迁的江州司马白居易了。然而此时的郁达夫与白居易的境况并不同，白是被贬，郁则是自放。白是官场仕途上的失意者，郁则是人生道路上的失败者，但"青衫"意象也照样可以作为失败者的象征（写照）。以现成的旧有的熟的意象写自己的境况，也容易为人所理解并能引起共鸣。而红豆之意象的再度使用，也不同于早年那般的泛指，思乡思友思恋人，而是只单指恋人，一虚一实，反映郁达夫晚年经历了妻离之后极度哀伤，在一番自慰（"南国固多红豆子"）后，又重新找到所爱并逐渐树立起了爱的信心（"为访云英上玉京"）。至此，红豆意象在郁达夫诗的最后完成了原本的象征性意义——爱情。

　　青衫红豆意象在古典诗词中的意义是比较单一的，青衫即是失意者，红豆即是寄相思。郁达夫在运用中不仅如此，还以红豆寄思乡以青衫作为失败者，这是郁达夫对传统意象的传承，同时又作了一定意义的拓展。

第十章

郁达夫借鉴古典诗词的广泛性与艺术性

　　王瑶先生在其《论现代文学与中国古典文学的历史联系》一文中深刻指出："'五四'时期的新作家、新诗人尽管在公开场合都提倡新诗，自觉学习外国诗歌，表现出与传统诗词的决绝姿态，但他们自幼自然形成的古典诗词的深厚修养却不能不在他们的实际创作中发生影响；尽管这种影响有一个从'潜在'到'外在'、从'不自觉'到'自觉'的过程，但这种影响存在的本身就表现出了一种深刻的历史联系。"[①] 这在郁达夫身上体现的尤其明显而突出。在中国现代作家中，鲁迅、郭沫若、茅盾、田汉、朱自清等人都随兴而作旧体诗，那只是写给"自己看的"（鲁迅语），而唯独郁达夫可以说是自觉地大量地创作发表旧体诗的一个人，从 1911 年发表《咏史三首》，到其生命的最后一年（1945 年）于异域的苏门答腊写作《题新云山人画梅》，一生作诗不辍，"写了千篇内外的诗歌"[②]，现收录于《郁达夫全集》第 7 卷的诗词共有 634首。研读郁达夫的全部诗词，可以发现郁达夫诗歌对中国古代文学尤其是古典诗词的吸收与借鉴的广泛性，继承与革新的艺术性。郁达夫虽以小说闻世，是"五四"时期杰出的小说家，中国现代文学史上浪漫派小说大师，然而许多人，像郭沫若，刘海粟这些大诗人大艺术家都认为郁达夫的散文胜于他的小说，而旧诗则胜于他的散文。早在日本留学时期，他即与日本著名的汉诗作家服部担风来往，还相互唱和，参加其诗社，在《新爱知新闻》《校友会杂志》以及国内的《神州日报》上发表若干旧体诗，为日本友人富长蝶如等，留日学生郭沫若、郑伯奇等所推崇。即使后来创作小说散文，也还是未停旧诗的创作。尤其是在其小说散文中融化入他的旧诗，而形成他抒情性创作的一大特

---

　　① 　王瑶：《论现代文学与中国古典文学的历史联系》，《王瑶全集》第 5 卷，第 80 页，石家庄：河北教育出版社 2000 年版。

　　② 　于听：《说郁达夫的〈自传〉》，《郁达夫风雨说》，第 93 页，杭州：浙江文艺出版社1991 年版。

色。到了新加坡，他的主要文体小说、散文已经停止创作，除了杂文政论就是
旧体诗了。诗成了他情感寄托的唯一文学载体，诗成了他投身战斗的重要文学
武器，诗也成了他生命的一部分。他在以生命去创作诗，这是他旧体诗创作达
到高度艺术成就的内在原因。因而，从接受美学的角度，对郁达夫的全部诗词
进行研究，探讨其对中国古代文学尤其是古典诗词的吸收与借鉴，继承与革
新，对这一最具有国学特性、最具有民族文化特色的诗歌体裁加以传承，革
新，是非常有现代意义与价值的。

第一节　郁诗所接受之影响

郑子瑜先生是对郁达夫诗词研究最早且用功最深的一位新加坡著名学者。
早在 20 世纪 30 年代（1936 年），郑子瑜在厦门天仙旅社拜见郁达夫时即对其
说要写一篇题为《郁达夫诗出自宋诗考》的文章。"达夫没有否认他的诗与宋
诗有关缘，只是笑着说：'什么时候大作写成了，请寄给我看一看。'"① 遗憾
的是此文当时没能写成，郁达夫生前亦未能看到。直至四十多年后 1978 年才
发表。随之即成为郁诗研究的一篇重要著作。此外郑子瑜先生还写有《谈郁
达夫的南游诗》（1955 年 10 月）、《论郁达夫的旧体诗》（1963 年）、《蒋祖怡
著〈郁达夫旧诗笺注〉序》（1990 年）等数篇论郁诗的文章，历时五十余年，
并编有《郁达夫诗集》，步郁达夫《钓台题壁》原韵而作诗，可见其对郁诗的
深爱。在这几篇文章中，郑先生的基本观点，即是郁达夫的诗出自宋诗，郁达
夫受宋人影响最深。他说："达夫的旧诗，受宋人的影响最深，可能是因为他
所处的时代，与宋朝有若干仿佛之处。但宋词（应为宋诗——引者注）主说
理，达夫诗却以道情取胜；我想最大的原因，是宋代诗人，喜欢以文入诗，这
就正合达夫的脾胃了。"② "我以为宋诗只是意境稍差，音韵不够响而已，若就
诗的内容和它所含的社会意义来说，则宋诗未必不愈于唐诗。……说也奇怪，
以绝世才华的郁达夫，却颇喜摹拟宋诗。"③ "他（指郁达夫——引者注）既
喜欢厉鹗，当然也就喜欢厉鹗所撰制的东西，所以必定熟读厉鹗所编制的

---

① 郑子瑜：《郁达夫诗出自宋诗考》，《郑子瑜学术论著自选集》，第 209 页，北京：首都师
范大学出版社 1994 年版。
② 郑子瑜：《论郁达夫的旧诗》，《郑子瑜学术论著自选集》，第 142 页，北京：首都师范大
学出版社 1994 年版。
③ 同①，第 211 页。

《宋诗纪事》和《南宋杂事诗》，因而对宋诗有极其深刻的印象，'染指既多，自成习套'，这也许是达夫诗出自宋诗的一个更为可能的原因吧?"① 而《郁达夫诗出自宋诗考》一文即对郁达夫四十余首诗进行翔实的考引，以证郁达夫"受宋人的影响最深"之论。郑先生的观点颇为学界所重，所以他的《郁达夫诗出自宋诗考》一文即为多种权威的《郁达夫研究资料》《郁达夫研究论文选》所收入。郑先生的观点，不无道理，郁达夫受宋诗影响亦是肯定的，但若认为郁达夫的旧诗"受宋人的影响最深"，郁达夫的诗都或多"出自宋诗"，似非确论。

有一种观点，与郑子瑜先生的恰好相反。郁达夫"对宋诗似乎从来就不甚喜欢"，于听先生说："早年多次谈诗的书信中，只在 1916 年致兄、嫂书中见到过'在宋则欧阳永叔、曾南丰、陆剑南诸家诗可诵'的一语，此外，几乎言不及宋。"② 于听即郁达夫长子郁天民，早在 20 世纪 50 年代，开始收集整理郁达夫诗词，至 80 年代出版《郁达夫诗词抄》一书。在后记中他说："郁达夫除喜爱'山谷诗孙'的黄仲则外，很明显，李白、杜牧、李商隐、温庭筠、黄庭坚、陆游直至吴伟业、王士禛、龚自珍等先辈诗人对他都有一定的影响。"③ 于宋人只提到黄庭坚与陆游，而唐人则有四个。

那么，郁达夫自己的观点喜好是怎样的呢? 看看他的《论诗绝句寄浪华》（1916 年）是如何评价宋诗的："遗山本不嫌山谷，无奈西昆学者狂。欲矫当时奇癖疾，共君并力斥苏黄。"苏即苏东坡，黄即黄庭坚，乃宋之两大诗人，郁则欲"并力斥之"。《云里一鳞》（1917 年）亦说："宋人诗不及元人之多致。"④ 这两则都是早年的观点。至 30 年代，郁达夫有一篇《娱霞杂载》（1935 年），谈到宋人诗时说："张泌初仕南唐，入宋官虞部郎中，《寄故人》一绝:'别梦依依到谢家，小廊回合曲阑斜。多情只有春庭月，犹为离人照落花。'尚有'扬子江头杨柳春'的遗味; 至汪水云《湖州歌》中之'京口沿河卖酒家，东边杨柳北边花。柳摇花谢人分散，一向天涯一海涯。'则语意率直真是宋人口吻。"所谓"语意率直，宋人口吻"明显有鄙薄之意，虽文后赞

---

① 郑子瑜:《郁达夫诗出自宋诗考》,《郑子瑜学术论著自选集》, 第 213 页, 北京: 首都师范大学出版社 1994 年版。

② 于听:《说郁达夫的〈自传〉》,《郁达夫风雨说》, 第 101~102 页, 杭州: 浙江文艺出版社 1991 年版。

③ 于听、周艾文编:《郁达夫诗词抄·编后记》, 第 185 页, 杭州: 浙江人民出版社 1981 年版。

④ 郁达夫:《云里一鳞》,《郁达夫全集》第 6 卷, 第 19 页, 杭州: 浙江大学出版社 2007 年版。

上一句"诗分唐宋，并无优劣之意，不过时代不同，语气自然各异耳。"① 这正如于听先生所说的是"意在安抚宋人的外交辞令。'语意率直'难道是语气各异的问题吗？其实，此种评价，他内心是由来已久了。"② 当然这与郁达夫的年龄颇有一定关系。早年郁达夫年轻气盛，出言无碍，故直说"宋人诗不及元人之多致"。到了中年，阅历既丰，学问既深，文学业成，为人成熟，故话语也就变得谨慎厚道，平和中正而不过头或极端。再到晚年的新加坡时期，他为萧遥天的《不惊人草》作序，谈到旧诗时说到自己的"口味"："我是始终以渔洋山人的神韵，晚唐与元诗的艳丽，六朝的潇洒为三一律。……因此有时虽也颇爱西昆，但有时总独重香奁。明前后七才子的模仿盛唐，公安竟陵的不怪奇而直承白苏李贺孟郊一派时的好句，虽然也很喜欢，但总觉得不如晚唐元季的诗来得更有回味。"而对萧遥天的诗呢，他认为萧遥天的"古体诗比今体诗好得多"，"萧先生的今体诗，却都半是近似宋人的。"③ 所谓"近似宋人"，言下之意，即不合于自己的口味，只不过说得比较含蓄。

郑说不无道理，于说合于实情，而郁达夫自己的观点才是最值得重视的。由于郑子瑜先生的考证仅及其四十余首诗，只是郁达夫全部诗词的二十分之一强，难免有一定的局限。若从郁达夫现存六百余首诗词（《郁达夫全集》第七卷诗词共收诗词六百三十四首）来看，郁达夫对中国古代文学主要是古典诗词的借鉴是十分广泛的，且借鉴的艺术也是十分高超的。郁达夫对古典诗词艺术上的继承与革新"恰好说明了郁达夫古典文学修养之深厚"④。

第二节　郁诗借鉴的广泛性

唐代诗人杜甫有一首论诗绝句曰："未及前贤更勿疑，递相祖述复先谁？别裁伪体亲风雅，转益多师是汝师。"（《戏为六绝句》其六）郁达夫对古典诗词的学习，吸收，借鉴正是"转益而多师"，广收而博采，从而熔铸成自己新

---

① 郁达夫：《娱霞杂载》，《郁达夫全集》第8卷，第183页，杭州：浙江大学出版社2007年版。

② 于听：《说郁达夫的〈自传〉》，《郁达夫风雨说》，第102页，杭州：浙江文艺出版社1991年版。

③ 郁达夫：《序〈不惊人草〉》，《郁达夫全集》第11卷，第351页，杭州：浙江大学出版社2007年版。

④ 王瑶：《论现代文学与中国古典文学的历史联系》，《王瑶全集》第5卷，第80页，石家庄：河北教育出版社2000年版。

的创作。

一、作家的广泛性

中国是个诗的国度，有三千年的诗歌史，有上万名的诗人，郁达夫徜徉于诗海，不薄今人爱古人，向一切有名无名的诗人学习。从其诗词所接受古代诗人的影响来看，遍及历朝各代。有先秦时期创作《诗经》的诗人与屈原；汉魏六朝时期的刘邦、司马相如、司马迁、班婕妤、蔡邕、《古诗十九首》诗人、曹操、曹植、陆凯、范云、谢道韫、陶渊明、谢灵运、王僧孺、孔稚圭、江淹、庾信等；隋唐五代时期的薛道衡、王绩、慧能、王勃、沈佺期、刘希夷、贺知章、唐玄宗、李义府、王之涣、孟浩然、王昌龄、王维、李白、王湾、高适、杜甫、岑参、钱起、金昌绪、张继、于鹄、张志和、孟郊、杨巨源、崔护、刘皂、王建、崔郊、韩愈、柳宗元、刘禹锡、白居易、元稹、张祜、徐凝、贾岛、朱庆馀、杨敬之、李贺、杜牧、李商隐、陈陶、温庭筠、罗隐、章碣、秦韬玉、裴铏、郑谷、陈玉兰、汪遵、张泌、郑繁、贯休、牛希济、冯延巳、李煜、唐无名氏等；两宋辽金时期的林逋、魏野、范仲淹、柳永、张先、宋祁、梅尧臣、欧阳修、苏舜钦、程颢、王安石、苏轼、黄庭坚、释参寥、秦观、贺铸、陈师道、潘大临、施常、朱淑真、李清照、曾几、陈与义、张元幹、岳飞、陆游、范成大、朱熹、王炎、翁卷、赵师秀、张谷山、叶绍翁、王清惠、林升、萧澥、李曾伯、卢梅坡、文天祥、完颜亮、元好问等；元明清时期的王实甫、马致远、虞集、张昱，高启、袁宏道、唐寅、徐霞客、钱谦益、吴伟业、朱彝尊、郑小谷、厉鹗、曹雪芹、赵翼、黄仲则、魏秀仁、龚自珍等；近代诗人秋瑾、苏曼殊等近二百位，而实际尚远不止这些。郁达夫对以上诗人的一些诗、词、文句都有所吸收与借鉴。

二、文体的广泛性

郁达夫创作旧体诗固然以古代的唐诗宋词为借鉴，故以这种文体为郁达夫研读最深。此外像《诗》《骚》、文、赋、骈、散、《语》《孟》《庄》、曲，甚至史传、传奇、小说、笔记、章回、游记等多种文体都为郁达夫所吸收。用《诗经》例的，如《题淡然纪念册》的"风雨鸡鸣夜五更"，用《诗经·郑风·风雨》："风雨如晦，鸡鸣不已。"《乱离杂诗》的"百身可赎我奚辞"，用《诗经·秦风·黄鸟》："如可赎兮，人百其身。"用《楚辞》例的，如《赠名》的"两字兰荃出楚辞"，《毁家诗纪》之九的"楚泽尽多兰与茞"，出自《楚辞·离骚》："兰芷变而不芳兮，荃蕙化而为茅。"用散文例的，如《和广勋先生赐赠之作》之四的"沧海乘桴咏四愁"，用《论语·公冶长》："子曰：道不行，乘桴浮于海。"《晴雪园卜居》的"望去河山能小鲁"，用《孟子·尽心上》："孔子登东山而小鲁，登泰山而小天下。"《贺新郎》的"曳尾涂中当死"，用《庄子·秋水》："宁其生而曳尾于涂中乎？"《觉园独居寄孙百刚》："此间事不为人道"，出自陶渊明《桃花园记》："不足为外人道也。"用赋例的，如《客感》的"寸心牢落鬓丝知"，用陆机《文赋》："心牢落而无偶。"《题陶然亭壁》："明年月白风清夜，应有蹁跹道士来。"用苏轼《后赤壁赋》的："月白风清，如此良夜何？"与"梦一道士，羽衣蹁跹，……"用骈文例的，如《去卜干峇鲁赠陈金绍》："故乡猿鹤动人愁"，用孔稚圭《北山移文》："蕙帐空兮夜鹤怨，山人去兮晓猿惊。"用戏曲例的，如《毁家诗纪》之七："州似琵琶人别抱"，用孟称舜《鹦鹉墓贞文记·哭墓》："怎把琵琶别抱归南浦，负却当年鸾锦书。"《夜归寓舍，值微雨，口占一绝》："瘦马嘶风旅客归"，用马致远《天净沙·秋思》："古道西风瘦马。"用史书例的，如《贺新郎》："匈奴未灭家何恃？"用《史记·卫将军骠骑列传》："匈奴未灭，无以家为也！"用传奇例的，如《村居杂诗》之二："何必崎岖上玉京"，用裴铏《传奇·裴航》中诗句："蓝桥便是神仙窟，何必崎岖上玉清。"用小说例的，如《出晴雪园赋寄石埭》之一："情钟我辈原应尔"，用刘义庆《世说新语·伤逝》："情之所钟，正在我辈。"《金丝雀诗》之五："中天恐被万人看"，用曹雪芹《红楼梦》第一回贾雨村咏月诗："天上一轮才捧出，人间万姓仰头看。"用游记例的，如《偕镜甫、成章、宝荃三人登东天目绝顶大仙峰望钱塘江》："凤舞龙飞两乳长"，用《西湖游览志余》卷一所传之谶诗："天目山垂两乳长，龙飞凤舞到钱塘。"

三、名诗的广泛性

郑子瑜先生的《郁达夫诗出自宋诗考》一文，王瑶认为他"列举出郁达夫的许多旧诗都从宋诗点化出来，而所举的宋诗有相当部分都是比较冷僻、为一般人所不熟悉的"[①]。其实，从郁达夫所有诗词来看，他所"点化"的诗倒更多是"名"诗，名家的名篇，或非名家的名篇。有很多都是我们所耳熟能详，脱口成诵的。如刘邦的《大风歌》、贺知章的《回乡偶书》、李白的《黄

---

① 王瑶：《论现代文学与中国古典文学的历史联系》，《王瑶全集》第5卷，第80页，石家庄：河北教育出版社2000年版。

鹤楼送孟浩然之广陵》、杜甫的《春望》《秋兴》、孟浩然的《过故人庄》、王维的《红豆》《九月九日忆山东兄弟》、王之涣的《登鹳雀楼》《凉州词》、王昌龄的《出塞》《闺怨》《芙蓉楼送辛渐》、白居易的《琵琶行》《长恨歌》、元稹的《离思》、刘禹锡的《乌衣巷》《西塞山怀古》、张继的《枫桥夜泊》、张志和的《渔父词》、贾岛的《题李凝幽居》、杜牧的《遣怀》《山行》、李商隐的《无题》、温庭筠的《商山早行》、李煜的《虞美人》、林逋的《山园小梅》、苏轼的《和子由渑池怀旧》《水调歌头·中秋月》、陆游的《书愤》、叶绍翁的《游园不值》、文天祥的《过零丁洋》、龚自珍的《己亥杂诗》等名家名诗都被郁达夫"点化"入自己的诗中。

特别是那些在文学史上非大亦非名的诗人但很有名的诗（句）也照样被郁达夫所吸收。战国荆轲的"风萧萧兮易水寒，壮士一去兮不复还"，郁达夫《过易水》用之曰："依旧秋风易水寒。"东汉蔡邕《饮马长城窟行》："客从远方来，遗我双鲤鱼。呼儿烹鲤鱼，中有尺素书。"郁达夫的《寄王子明业师居富阳》用之曰："海外难通尺素书。"曹植《七哀》："明月照高楼，流光正徘徊。"《古诗十九首》之二："荡子行不归。"郁达夫用为"楼上月徘徊，……荡子不归来……"（《红闺夜月》）《玉台新咏·东飞伯劳歌》："东飞伯劳西飞燕"，郁达夫用为"伯劳飞燕东西别"（《别戴某》）。三国吴陆凯《寄赠范晔》："折梅逢驿使，寄与陇头人。江南无所有，聊寄一枝春。"郁达夫用为："庾岭梅花寄一枝。"（《送友人之广东》）晋桃叶《答王团扇歌》："团扇复团扇，持许自遮面。"郁达夫用为："纵移团扇面难遮。"（《前在槟城，偶成俚句，南洋诗友，和者如云。近有所感，再叠前韵，重作三章，邮寄丹林，当知余迩来心境》）东晋谢道韫的断句："未若柳絮因风起"，郁达夫用之曰："谢家院里絮霏霏。"（《访担风于蓝亭，蒙留饮，席上分题得"雪中梅"，限"微"韵》）"柳絮无心落凤池。"（《雪》）谢灵运的名句："池塘生春草"，郁达夫用为："草满池塘水满汀。"（《梅雨连朝不霁，昨过溪南，见秧已长矣》之一）隋薛道衡《昔昔盐》："空梁落燕泥"，郁达夫用之曰："今日梁空泥落尽"（《毁家诗纪》十七），"泥落危巢燕子哀"（《题陶然亭壁》）。唐李义府诗："上林如许树，不借一枝栖。"（《全唐诗话》卷一）郁达夫反用为："愿向丛林借一枝。"（《偕某某登岚山》）唐刘希夷《代悲白头翁》："年年岁岁花相似，岁岁年年人不同。"郁达夫用为："一春绮梦花相似。"（《赠姑苏女子》）唐王湾《次北固山下》："潮平两岸阔，风正一帆悬。"郁达夫用为："江阔一帆林外低。"（《题画》之一）唐钱起《省试湘灵鼓瑟》："曲终人不见，江上数峰青。"郁达夫用之曰："江上青峰江下水。"（《题春江第一楼壁》）唐金昌绪

《春怨》："打起黄莺儿，莫教枝上啼。啼时惊妾梦，不得到辽西。"郁达夫用之曰："黄叶林疏鸟梦轻。"（《车过临平》）唐崔护《题都城南庄》："去年今日此门中，人面桃花相映红。"郁达夫用之曰："去年今日题诗处"（《重访蓝亭有赠》），"去年今日曾相见"（《寄荃君》），"人面桃花春欲暮"（《张碧云》）。唐崔郊《赠婢》："侯门一入深如海"，郁达夫用之曰："侯门似海故沉沉"（《毁家诗纪》之十九），"闻说侯门深似海"（《春江感旧》之二）。唐刘皂《旅次朔方》："客舍并州已十霜，归心日夜忆咸阳。"郁达夫用为："并州风物似咸阳。"（《青岛杂事诗》之八）唐杨敬之《赠项斯》："平生不解藏人善，到处逢人说项斯。"郁达夫用之曰："到处村童说担风。"（《访担风先生道上偶成》）在《将去名古屋别担风先生》一诗中，又直用杨之成句。唐陈陶《陇西行》："可怜无定河边骨，犹是春闺梦里人。"郁达夫用之曰："美人应梦河边骨。"（《岁暮感愤》）唐徐凝《忆扬州》："天下三分明月夜，二分无赖是扬州。"郁达夫用为："二分明月千行泪。"（《史公祠有感》）唐罗隐《赠妓云英》："我未成名君未嫁"，郁达夫改而用之曰："侬未成名君未嫁。"（《留别梅儿》）唐章碣《焚书坑》："坑灰未冷山东乱，刘项原来不读书。"郁达夫用为："坑灰未冷待扬尘。"（《岁暮穷极，有某府怜其贫，嘱为撰文，因步〈钓台题壁〉原韵以作答》）唐朱庆馀《近试上张水部》："洞房昨夜停红烛"，郁达夫用为："洞房红烛礼张仙。"（《无题四首，用〈毁家诗纪〉中四律原韵》之一）唐陈玉兰《寄夫》："夫戍边关妾在吴，寒到君边衣到无。一行书信千行泪，西风吹妾妾忧夫。"郁达夫用之曰："汝在江南我玉关"（《题〈阴符夜读图〉后寄荃君》之二），"秋来谁与寄寒衣"（《募寒衣》）。唐无名氏《杂诗》："等是有家归未得，杜鹃休向耳边啼。"郁达夫用之为："不是有家归未得。"（《毁家诗纪》之四）唐无名氏《异闻录·沈警》："徘徊花月，空度可怜宵。"郁达夫用之曰："书灯空照可怜宵。"（《寄感》之二）唐慧能诗偈："本来无一物，何处惹尘埃。"郁达夫用为："本来无物却沾埃。"（《三月一日对酒兴歌》）唐释贯休《献钱尚父》："满堂花醉三千客，一剑霜寒十四州。"郁达夫用为："满堂花醉我何求？"（《和广勋先生赐赠之作》之三）又《陈情献蜀皇帝》："一瓶一钵垂垂老，千水千山得得来。"郁达夫用为："一瓶一钵走天涯。"（《感怀》）唐张泌《寄人》："别梦依依到谢家。"郁达夫用为："别梦依依绕富春。"（《毁家诗纪》十七）宋潘大临的断句诗："满城风雨近重阳"，郁达夫的《重阳日鹤舞公园看木犀花》用为"满城风雨正重阳"。宋释参寥《答杭妓》的"禅心已作沾泥絮，不逐东风上下狂。"郁达夫《奉答长嫂兼呈曼兄》之三用之曰："从今泥絮不多狂。"宋朱淑真《生查子》："月上柳梢头，人约黄昏后。"郁达夫

《八月初三夜发东京，车窗口占别张杨二子》用之曰："蛾眉月上柳梢初"，又《无题——效李商隐体》之二："柳梢月暗猜来约。"宋赵师秀《约客》："黄梅时节家家雨"，郁达夫用之曰："分秧时节黄梅雨。"（《梅雨连朝不霁，昨过溪南，见秧已长矣》之二）宋李曾伯《挽史鲁公》："盖棺公论定，不泯是人心。"郁达夫用为："论定盖棺离乱日。"（《为霭民先生题经公子渊画松》之一）宋张先词《一丛花令》"不如桃杏，犹解嫁东风"，郁达夫化用为"杏花又逐东风嫁"（《自述诗》之十）。宋林升《题临安邸》："山外青山楼外楼，西湖歌舞几时休。暖风熏得游人醉，直把杭州作汴州。"郁达夫用之曰："歌舞西湖旧有名"（《西湖杂咏》之一），"欲把杭州作汴京"（《自述诗》十四）。宋王清惠《秋夜寄水月水云二昆玉》之句"万里倦行役"为郁所整用（《得渝友诗柬，谓予尚不孤。实则垂老投荒，正为儇子辈所诟谇。因用原韵鱼虞通洽奉答，亦兼告以此间人心之险恶耳》）。金完颜亮《题画屏》名句："提兵百万西湖上，立马吴山第一峰。"郁达夫的《寄钱潮》用之曰："何日吴山重立马。"元虞集《风入松》："杏花春雨江南"，郁达夫用之曰："二月江南遍杏花。"（《春夜初雨》）元无名氏《普乐天·离情》："繁华一撮，好事多磨。"郁达夫用为："好事如花总有磨。"（《盐原诗抄》之四）明唐寅《废弃诗》名句："一失脚成千古笑，再回头是百年人。"郁达夫改而用之曰："一失足成千古恨。"（《自述诗》之九）明徐霞客《漫游黄山仙境》诗："五岳归来不看山"，郁达夫用为："五岳游罢再入山。"（《游金马仑》之二）清秋瑾临刑绝笔"秋雨秋风愁煞人"，郁达夫用为："秋雨秋风遍地愁。"（《过徐州、济南》）

以上或非名家而有名诗，或非名诗而是名家，甚至连僧诗、无名氏诗、侍女诗等等，也都为郁达夫"点化"而入己诗。

四、形式的广泛性

这里的形式仅指语言形式。对语言的运用，郁达夫并不囿于诗、词、曲这些诗歌体的语言，而于俗语、口语（话语）、佛语、成语等也都能"点化"入诗。如俗语："夫妻本是同林鸟，大难来时各自飞。"郁用为"大难来时倍可怜"（《毁家诗纪》之九）。佛语："狮子翻身，拖泥带水。"（《五灯会元》卷十五《惟简禅师》）郁用为"忍再拖泥带水行"（《毁家诗纪》十五）。话语（口语）如《史记·项羽本纪》："项籍少时，学书，不成，去；学剑，又不成。"郁用为"学书学剑事难成"（《和某君》）。曹操对刘备说："今天下英雄，唯使君与操耳。"（《三国志·蜀书·先主传》）郁用为"天下英雄君与操"（《奉寄曼兄》）。《新五代史·李振传》载李振对太祖说的话："此辈尝自言清流，可投之河，使为浊流也。"郁用为"又见清流下浊流"（《过徐州、济南》）。成语"为富不仁"，郁用为"本来为富不成仁"（《秋兴》之二）。"卷土重来"，郁用为"卷土重来应有日"（《廿八年元旦因公赴槟榔屿，闻有汪电主和之谣，车中赋示友人》）。"好事多磨"郁用为："好事如花总有磨"（《盐原诗抄》之四）。偈语，如唐慧能的"本来无一物，何处惹尘埃"，郁用为"本来无物却沾埃"（《三月一日对酒兴歌》）。谶诗如《西湖游览志余》卷一载："天目山垂两乳长……五百年间出帝王。"郁用为"五百年间帝业微……莫信天山乳凤飞"（《自万松岭步行至凤山门怀古之作》）。僧诗如唐释贯休《陈情献蜀皇帝》的"一瓶一钵垂垂老"，郁用为"一瓶一钵走天涯"（《感怀》），"年来宗炳垂垂老"（《题刘大师画祝融峰水墨中堂》）。出对语，如唐玄宗给杨贵妃出的上联："软温新剥鸡头肉"（宋刘斧《青琐高议·骊山记》），郁亦引之而用为"鸡头新剥尝山竹"（《咏星洲草木》）。

　　酿得百花而成蜜。郁达夫正如一只小蜜蜂在诗词曲赋文苑林中，广收博采，"点化"融裁，熔铸新诗。这实在不是一句"出自宋诗"所能包括的。

第三节　郁诗革新的艺术性

　　吸收是为了化为己用，借古是为了革旧开新。郁达夫吸收而能化，借古而不泥古。在对古诗词的运用上，他方法多样，运用灵活，能做到"点化"而无痕迹，自然有如独创。

一、方法的多样性

　　从对郁达夫的全部诗词研读来看，他"点化"古诗词的方法有二十余种之多，有整用、集用、调用、改用、增用、减用、断用、提用、截用、倒用、顺用、缩用、暗用、反用、翻用、仿用、化用、转用、意用、合用、杂用等（详见下章）。如提用，即对一首或一句很有名的诗，提取其中一个词而立即让人联想到这首或这句诗，这样用可以使自作的诗更有内蕴。《寄王映霞》："纵无七子齐哀社，终觉三春各恋晖。""七子"提用《诗经·邶风·凯风》："有子七人，母氏劳苦"，"有子七人，莫慰母心。"《毛诗序》云："《凯风》美孝子也。卫之淫风流行，虽有七子之母，犹不能安其室，故美七子能尽孝道，以慰母心，而成志尔。""三春"是提用唐孟郊《游子吟》名句："谁言寸草心，报得三春晖。"又如截用，即对一联诗截头去尾，各取上下两句的二三字（词）根据已诗意写成一新诗句。《养老山中作》："又是三春行乐日，西园飞盖夜遨游。""西园飞盖"是截取魏曹植的《公宴诗》："清夜游西园，飞盖相追随。"《关君谓升旗山大似匡庐，因演其意》："匡庐曾记昔年游，挂席名山孟氏舟。"次句截用孟浩然诗："挂席几千里，名山都未逢"（《晚泊浔阳望香炉峰》），而以"孟氏舟"点明。

二、运用的灵活性

郁达夫把前人的诗词融入自己的血液，化入自己的脑海，一旦自己欲吟诗创作时，不经意间旧的诗句就随自己的思想感情的喷发而跳脱出来。不是生硬的挪借，不是死板的套用，而是已经过了"奇思妙手的点化"，所以他才能把前人的诗词文赋随手拿来，如韩信点兵，既运用自如，而有二十一法之多；又运用灵活，而有反复变化之妙。

对诗歌史上许多名诗名句，郁达夫往往不惜重复用，变着用。李商隐《无题》："蓬山此去无多路。"对此句诗郁达夫或改用，或反用，或化用，以入自己的诗中。在《刘院长招饮西竺山，沿花姑堤一带，风景绝佳，与君左口唱，仍用"微"韵》一诗中将李诗改用为"桃源此去无多路"。在《乱离杂诗》之三中则将李句化用为"蓬山咫尺南溟路"。又在之十中将此句反用为"未必蓬山有路通"。宋林逋的《山园小梅》："疏影横斜水清浅，暗香浮动月黄昏。"乃千古名联，郁达夫在《野客吃梅赋此却之》中："疏影横斜雪里看，空山唯此慰袁安。""疏影横斜"是对林诗的断用。在《访担风于蓝亭，蒙留饮，席上分题得"雪中梅"，限"微"韵》中有句："林氏山中香袭袭"即是对林诗的提用。在《为君濂题海粟画梅》中"展画时闻香暗散"是对林诗的暗用。在《晴雪园卜居》中"月明梅影人同瘦"则是对林诗的化用。此外像杜牧《题乌江亭》诗句"江东子弟多才俊，卷土重来未可知。"郁达夫或仿用为"炎黄后裔多英俊"（《联句七绝》之三），或断用为"卷土重来应有日，俊豪子弟满江东"（《廿八年元旦因公赴槟榔屿，闻有汪电主和之谣，车中赋示友人》）。陆游《花时遍游诸家园》之"绿章夜奏通明殿"，郁达夫对此句或整用（《将之日本别海棠》之一），或化用为"绿章连夜奏空王"（《秋夜怀人》之三），或改用为"绿章迭奏通明殿"（《毁家诗纪》之九）。

若没有对古典诗词很深的记忆、理解、把握与体悟，是不能做到娴熟运用，变化自如的。只有能入，才能胸如丘壑包藏万首；只有能出，才能笔如生花，"点化"千诗。能入能出，出入"诗阵"，从而铸我之诗。此正是郁达夫能对古典诗词运用之"灵"与妙裁之"活"。

三、一法多变

郁达夫于古典诗词的"点化"虽有二十余法之多，然在一法之内，他又能点而再生、化而再变，以一法而成多法，使妙用而有无穷。下面以截用法之变试举数例，以见其妙。

截而倒用的，《题写真答荃君》之三："儒生无分上凌烟，出水清姿颇自怜。"首句先截取李贺的"请君暂上凌烟阁，若个书生万户侯"（《南园十三首》之五），即截取上句的"凌烟阁"下句的"书生"，颠倒而用为"儒生上凌烟"。"儒生"也即"书生"。截而翻的，《赠姑苏女子》："故国烽烟伤满子，仙乡消息忆秦楼。"首句先截唐张祜诗："故国三千里，深宫二十年。一声何满子，双泪落君前。"即截第一句的"故国"与第三句的"满子"而成"故国烽烟伤满子"，"满子"也即"何满子"之略，《何满子》曲名。张诗是一首"宫怨"诗，写深宫女子之怨的，故有"深宫二十年"的女子一听到《何满子》曲，而"双泪落于君前"。而郁达夫此诗写于1921年的日本，当时国内军阀混战不已，郁有感于国事而作。故身在国外（日本）而言"故国"，情深于张；而"故国"又"烽烟"不断，战云密布，则再听到《何满子》之曲，能不更心"伤"吗？一片忧国之情隐然而现。郁诗之意明显深于张诗，是对张诗的翻进与深化。截而化用的，《乱离杂诗》之九颔颈两联："偶攀红豆来南国，为访云英上玉京。细雨蒲帆游子泪，春风杨柳故园情"。"为访"句先截取于唐裴铏《传奇·裴航》中诗："一饮琼浆百感生，玄霜捣尽见云英。蓝桥便是神仙窟，何必崎岖上玉清。"即截第二句"云英"与第四句之"上玉清"而成"（为访）云英上玉京。"裴写的是裴航与仙女云英的爱情故事，郁达夫借之化用以言自己南来的原因。郁诗写于1942年春，正是流亡于苏门答腊时，想到在新加坡与李筱英的一段爱情，故有"为访云英上玉京"，云英以比李筱英，玉京即指新加坡。截取裴诗点化成己句。又"春风"句，亦是截而化用。先截取李白《春夜洛城闻笛》诗："谁家玉笛暗飞声，散入东风满洛城。此夜曲中闻折柳，何人不起故园情。"即截取第二句的"春风"，第三句的"柳"与第四句的"故园情"化而成"春风（杨）柳故园情"。截三增一，化而成句，然意又有所翻。李白写的是春夜闻笛，曲送《折柳》，顿起故乡之思。"折柳"即古之《折杨柳》，乃送别之曲。郁达夫写的是春风吹绿杨柳，流亡之地一派生机盎然，想到故乡风物，富阳春景，东山之色，顿然而生"故园情思"，而起"故园之情"，这里的"故园"也即"故国"，家乡即祖国，家国一体。因此郁达夫的"故园情"更深于李白的"故园情"而有翻进之意，而非因袭成诗。截而杂用的，《与王氏别后，托友人去祖国接二幼子来星，王氏育三子，长名阳春，粗知人事，已入小学，幼名殿春、建春，年才五六》之"秋雨茂陵人独宿，凯风棘野雉双飞。"次句先截取《诗经·邶风·凯风》诗："凯风自南，吹彼棘心。"即截取首句"凯风"与次句"棘（心）"而成"凯风棘（野）"，接着又取《诗经·邶风·雄雉》之"雄雉于飞"，化而为"雉双飞"（隐喻王映霞与许绍棣情事），再将两者杂糅在一起而成诗。而"秋雨茂陵人独宿"之"秋雨茂陵"则是先断取后倒用李商隐《寄令狐郎中》之"茂陵秋雨病相如"句。

此外尚有以仿为主仿而改用，以反为主反而倒用，以倒为主倒而暗用等种种变化。

四、多法并用

写旧体诗不同于写新体诗。新诗口语化，又无需用典故。旧体诗则不然，要写得有内蕴，有意蕴，有底蕴，若无胸罗万首诗，则难有熔化，也就不会超越前人。因此，写作旧体诗非仅是押韵平仄而已。郁达夫写诗，咏史、感怀之类，多用典故；一般写景之作，虽描眼前景，直抒胸中情，亦常于用典处而不见用典，"点化"旧诗而不见旧诗之痕。虽短短四句（郁达夫最擅长七绝体）则有古人千词百句在他心中翻卷腾涌，自然组合，虽成一诗，而多法并用。然后脱口成诗似有古人语，却是自家意。

《日本谣》之七："纨扇秋来惹恨多，薰笼斜倚奈愁何。商音谱出西方曲，肠断新翻复活歌。"此诗四句而有三句"点化""前人诗"。"纨扇"句用汉班婕妤的《怨诗》："新裂齐纨素，鲜洁如霜雪。裁为合欢扇，团团似明月。出入君怀袖，动摇微风发。常恐秋节至，凉风夺炎热。弃捐箧笥中，恩情中道绝。"班婕妤为西汉成帝妃，后来汉成帝喜欢上了赵飞燕，班婕妤失宠，又受到赵飞燕所谮，班恐被害，求供养太后于长信宫，并作《怨诗》自伤。言自己如夏之"纨扇""出入君怀"；一旦秋风夺炎，纨扇即弃，"恩情"也就"中道而绝"了。诗中含怨，诗情如题，写尽了中国古代宫女的不幸命运。"秋扇"也即成了女子被弃的意象。郁达夫乃是用其意而写另一女子。郁达夫在此诗后有个注："《复活》，乃文豪杜斯泰所著小说，也有谱成歌者，里巷争唱之。"杜斯泰今译托尔斯泰，《复活》乃其名著。写一农奴女儿玛斯洛娃因受贵族聂赫留道夫引诱失身，后被抛弃沦落为妓。班婕妤与玛斯洛娃都为男人如"秋扇"所弃，是一样的，故郁达夫引班婕妤诗以伤玛女，是对班诗的意用。"薰笼"句则出自白居易的《宫词》："斜倚薰笼坐到明"，再缀以"奈愁何"以承上句的"惹恨多"。"肠断新翻复活歌"句则是对清钱谦益的"乐府新翻红豆篇"（《遵王敕先共赋胎仙阁看红豆花诗吟叹之余走笔属和》之六）的仿用，是句型结构的仿拟。"肠断"即是"心肠断绝"，乃是出自古乐府《陇头歌辞》："陇头流水，鸣声幽咽。遥望秦川，心肠断绝。"古辞之意，与郁诗相合，故取而为用。则此句又是断取《陇头歌辞》的"肠断"与仿用钱谦益诗的句型而两种方法的结合。

一诗三句"点化"前人之诗，多法并用，融合而成己创。这很见融裁的功夫，不但要"读书破万卷"，还要胸罗万首诗，更要笔化万千词。若不能"化"，就不能出新，再有多少法，也只能是抄袭剽窃了。

第四节　郁诗的艺术经验

郁达夫从对古典诗词的吸收与借鉴，到自己创作时的继承与革新，他积累了丰富的艺术经验，对今人有着十分可贵的启迪。

一、借鉴广泛，独重唐诗

郁达夫对古典诗词修养之深，在中国现代作家中恐少有企及者。他于诗、词、曲、赋、骈、散、传奇、史传、游记、杂书等都广泛吸收，不囿一家，而又独重唐诗，于唐诗中又侧重晚唐。所以他的诗于盛唐的李、杜与晚唐的李商隐、杜牧、温庭筠所受影响特深。郁说自己的诗是"依诗粉本出青莲"（《自述诗》），青莲即李白。他的《论诗绝句寄浪华》又有"少陵白也久齐名，诗圣诗仙一样评"之句。杜牧的《樊川集》更是让他"销魂"（"销魂一卷樊川集"）。在《盛夏闲居，读唐宋以来各家诗，仿渔洋例，成诗八首录七》中特别写到晚唐诗人有李商隐与温庭筠，他还作《无题——效李商隐体》。他诗词创作的实际正好印证他的"偏嗜"的诗论："盛唐不及中唐，中唐不及晚唐。"①

二、博采众家，化为己用

郁达夫"诗胸"开阔，博采众家，故能于诗乡田地与古代诗人"平分"

---

① 郁达夫：《致郁曼陀、陈碧岑》，《郁达夫全集》第 6 卷，第 5 页，杭州：浙江大学出版社 2007 年版。

（《寄浪华，以诗代简》之三），由前之"诗人的广泛性"，可见他不管是大诗人还是小诗人，也不管是名诗人，还是不出名的诗人，甚至僧人、妇女、无名氏，只要有一言可采、一句可用，他都驱遣于笔下，而在驱遣古人与古诗时，关键在于能"化"，要熔化"点化"而成自己的新创。"化"用之妙，存乎一心。非"化"则死，而为抄袭；一"化"则活，而为承创。郁达夫于袭用前人成句，往往都在诗后加注，或在诗中点明，以示不掠前人的劳动成果。此外的诗，一经点化，即已非前人之意，如意用、翻用、反用类诗，都已"点化"到无痕无迹，诗为己出的地步。

三、方法多样，善于吸收

郁达夫于前人诗词的运用，方法有二十余种之多，而法中又有法，变中又有变，手之巧，变之活，用之灵，真到了出神入化的地步。他的"用诗"之法，有些即使在修辞学辞典中亦不能见到，他极大地丰富了古典诗词修辞的辞格，是对修辞学的一大贡献，而这又有赖于他对古典诗词的"善于"吸收。善于吸收，善于借鉴，才能做到以"法"点化、化而无痕，无迹可求。

若把王瑶先生论郑子瑜《郁达夫诗出自宋诗考》中的一段话"郁达夫的许多旧诗都是从宋诗点化出来"，改为"都是从中国古典诗词中点化出来"，那么，也许更能"说明""郁达夫古典文学修养之深厚"。

第十一章

郁达夫习用古典诗词方法通证

郁达夫"九岁题诗"，15岁即专研声律，16岁以《咏史三首》"曾博微名"（《致陈碧岑》，1914）①，其后一生作诗不辍，直至生命的最后。新版《郁达夫全集》第7卷共收录郁达夫诗词634首。就现收的郁达夫诗词来看，郁达夫对古代文学尤其是古典诗词的学习与运用是多方面的。上溯诗骚，下迄晚清，转益多师，都有继承。且运用非常娴熟，方法十分灵活，或直用成言，或化为己句，或反用其意，或顺承其语。若作分类，则有偏于形式的，有偏于意义的，也有形式与意义兼顾的，共有20种之多。现分别缕述之。有时所引一联诗分属所用不同的方法，也一并叙述之，以避重复。

第一节　整用及其形变

一、整用

即把古人诗句一字不改地整体地直接移用过来。郁达夫有时在诗后往往加注是某某成句，或在诗中加以点明。

（一）整用唐诗

1. 杜甫

（1）《除夜有怀》颈联："多病所须唯药物，此生难了是相思。"首句直接取自杜甫的《江村》："多病所须唯药物，微躯此外更何求？"

（2）《海上侯曼兄不至，回杭后得牯岭逭暑来诗，步原韵奉答，并约于重九日同去富阳》首联："语不惊人死不休，杜陵诗只解悲秋。"首句用杜甫

---

① 《郁达夫全集》第6卷，第1页，杭州：浙江大学出版社2007年版。

《江上值水如海势聊短述》："为人性僻耽佳句，语不惊人死不休。"而以"杜陵诗"点明。

（3）《赠鲁迅》尾联："群盲竭尽蚍蜉力，不废江河万古流。"次句用杜甫《戏为六绝句》："尔曹身与名俱灭，不废江河万古流。"首句化用韩愈《调张籍》诗意："不知群儿愚，哪用故谤伤。蚍蜉撼大树，可笑不自量。"

2. 刘禹锡

《杂感八首》之四颔联："郝隆幕府夸蛮语，王浚楼船下益州。"次句用刘禹锡《西塞山怀古》："王浚楼船下益州，金陵王气黯然收。"

3. 白居易

《赠紫罗兰》尾联："不堪听唱江南好，幽咽泉流水下滩。"首句是提用白居易《忆江南》："江南好，风景旧曾谙。"次句则是用白居易《琵琶行》："间关莺语花底滑，幽咽泉流水下滩。"

4. 杨敬之

《将去名古屋，别担风先生》："到处逢人说项斯，马卿才调感君知。"首句用杨敬之《赠项斯》："平生不解藏人善，到处逢人说项斯。"

5. 温庭筠

《题〈阴符夜读图〉后寄荃君》其一尾联："今日爱才非昔日，欲归无计奈卿何。"又《温飞卿》尾联："今日爱才非昔日，独挥清泪吊陈琳。""今日"句用温庭筠《蔡中郎坟》："今日爱才非昔日，莫抛心力作词人。"

6. 李商隐

（1）《自述诗》其九尾联："广平自赋梅花后，碧海青天夜夜心。"次句用李商隐《嫦娥》："嫦娥应悔偷灵药，碧海青天夜夜心。"

（2）《梦醒枕上作翌日寄荃君》其二首联："昨夜星辰昨夜风，一番花信一番空。"首句用李商隐《无题》："昨夜星辰昨夜风，画楼西畔桂堂东。"

（3）《乱离杂诗》其七尾联："此情可待成追忆，愁绝萧郎鬓渐丝。"首句用李商隐《锦瑟》："此情可待成追忆，只是当时已惘然。"

7. 汪遵

《改昔人咏长城诗》首联："秦筑长城比铁牢，当时城此岂知劳。"首句用汪遵《长城》："秦筑长城比铁牢，蕃戎不敢过临洮。"

（二）整用宋诗

1. 陆游

《将之日本别海棠》其一首联："绿章夜奏通明殿，欲向东皇硬乞情。"首句用陆游《花时遍游诸家园》："绿章夜奏通明殿，乞借春阴护海棠。"

2. 王清惠

《得渝友诗柬，谓予尚不孤，实则垂老投荒，正为僬子辈所诟淬。因用原韵鱼虞通洽奉答，兼告以此间人心之险恶耳》首联："万里倦行役，时穷德竟孤。"首句用王清惠《秋夜寄水月水云二昆玉》："万里倦行役，秋来瘦几分。"

（三）整用清诗

1. 王士禛

《东天目昭明太子分经台》："自从兵马迎归后，寂寞人间五百年。"次句用王士禛《高邮雨泊》："风流不见秦淮海，寂寞人间五百年。""自从"则是仿用唐李益《隋宫燕》"自从一闭风光后"句型。

2. 郑小谷

《读〈壁山阁存稿〉寄二明先生四首》之三："大有为人不著书，象州豪语太粗疏。"首句用郑小谷诗："最无赖事惟谋食，大有为人不著书。"郑小谷是象州人，故以"象州豪语"加以点明。

3. 龚自珍

《无题——效李商隐体》其一首联："梦来啼笑醒来羞，红似相思绿似愁。"次句用龚自珍《己亥杂诗》二五一："盘堆霜实擘庭榴，红似相思绿似愁。"

4. 魏秀仁

《懊恼》其一首联："生太飘零死亦难，寒灰蜡泪未应干。"首句用魏秀仁小说《花月痕》第二十五回韩荷生所题之诗："生太飘零死亦难，早春花事便摧残。""寒灰"句则是翻用唐李商隐的"蜡炬成灰泪始干"（《无题》）。

二、集用

即集用前人成句而为己诗的一部分（一联），是整用的又一种形式。

1. 《孟奎先生营敬庐学塾于纽敦郊外，诗以奉贺》颔联："旁人错比杨雄宅，异代应教庾信居。"分别用杜甫《堂成》："旁人错比扬雄宅，懒惰无心作解嘲。"与李商隐《过郑广文旧居》："可怜留着临江宅，异代应教庾信居。"

2. 《集龚定庵句题〈城东诗草〉》："秀出南天笔一枝，少年哀艳杂雄奇。六朝文体闲征遍，欲订源流愧未知。"四句诗分别用龚自珍《己亥杂诗》第二十七首的首句，第一百四十二首的首句，第二百六十六首的第三句和第一百九十二首的第二句。

3. 郁达夫尚有几副集句联，如《无题》："直以慵疏招物议，莫抛心力作词人。"首句来自柳宗元的《衡阳与梦得分路赠别》，次句来自温庭筠的《蔡中郎坟》。

4.《无题》："莫对青山谈世事，休将文字占时名。"首句来自金元好问《与冯、吕饮秋香亭（三子皆吾友之纯席生)》，次句亦来自柳宗元诗《衡阳与梦得分路赠别》之句。

5.《无题》："百年心事归平淡，十载狂名换苧萝。"首句用龚自珍《己亥杂诗》第二首的第三句，次句用柳亚子为《达夫文集》第六卷《薇蕨集》题诗中的一句。

6.《无题》："芳草有情皆碍马，人间送别不宜秋。"首句用唐罗隐诗《魏城逢故人》第三句，次句用元张昱诗《赠沈生还江州》第四句。

7.《无题》："岂有文章惊海内，断无富贵逼人来。"首句用杜甫诗《宾至》第三句，次句用龚自珍诗《送南归者》之末句。

8.《无题》："芳草有情皆碍马，春城无处不飞花。"首句用唐罗隐《魏城逢故人》第三句，次句用唐韩翃诗《寒食》首句。

三、调用

即只把前人诗句的词序根据己诗平仄的需要加以调整，而不作任何改动。

如《和刘大杰〈秋兴〉》尾联："满城风雨重阳近，欲替潘郎作郑笺。"首句即是调用了潘大临的诗句"满城风雨近重阳"。而《重阳日鹤舞公园看木犀花》首联："满城风雨正重阳，水阁朝来一味凉。"首句则是改潘诗的"近"为"正"而成。

四、改用

即对前人诗句改动一两字而成新句，或仍用原意，或变为新意。

（一）改用汉魏六朝诗

1. 古诗

《红闺夜月》尾联："荡子不归来，忆煞当时景。"首句改用《古诗十九首》之二："荡子行不归，空床难独守"之第一句。

2. 庾信

《将之日本别海棠》序："时乖命蹇，楚歌非悦耳之音；日暮途穷，鲁酒无忘忧之用。"此出自庾信《哀江南赋》:"楚歌非取乐之方,鲁酒无忘忧之用。""楚歌"句是改用,"鲁酒"句则是整用其成句,句型亦仿之。

(二)改用唐诗

1. 高适

《晨发名古屋》其二首联:"朔风吹雁雪初晴,又向江湖浪里行。"首句改用高适《别董大》:"千里黄云白日曛,北风吹雁雪纷纷"的第二句。

2. 李白

《村居杂诗》其一与《不知》其一都有"不知群玉山头伴"句,是对李白《清平调》"若非群玉山头见"的改用。

3. 王维

《游莫干山口占》尾联:"坐卧幽篁里,恬然动远情。"首句改用王维《竹里馆》之"独坐幽篁里"。

4. 杜甫

(1)《无题》首联:"平居无计可消愁,万里风烟黯素秋。"首句改用宋李清照词《一剪梅》:"此情无计可消除";次句改用杜甫《秋兴八首》之六:"瞿塘峡口曲江头,万里风烟接素秋"之第二句。

(2)《寄和荃君原韵四首》其二首联:"未有文章惊海内,更无奇策显双亲。"首句改用杜甫《宾至》的"岂有文章惊海内"。《和冯白桦〈重至五羊城〉原韵》之"薄有文章惊海内"亦改用杜诗,然意又翻进一层。

5. 岑参

《出昱岭关,过三阳坑后,车道曲折,风景绝佳》之首联:"盘旋曲径几多弯,历尽千山与万山。"次句改用岑参《原头送范侍御》:"别君祇有相思泪,遮莫千山与万山"的第二句。

6. 张志和

《刘院长招饮西竺山,沿花姑堤一带,风景绝佳,与君左口唱,仍用"微"韵》首联:"西竺山前白鹭飞,花姑堤下藕田肥。"首句改用张志和《渔父词》:"西塞山前白鹭飞,桃花流水鳜鱼肥"之第一句。次句乃是仿用唐王驾《社日》:"鹅湖山下稻粱肥,豚栅鸡栖半掩扉"的第一句。

7. 王建

《无题四首,用〈毁家诗纪〉中四律原韵》其二尾联:"从今好敛风云笔,试写滕王蛱蝶图。"次句改用王建《宫词》:"内中数日无呼唤,写得滕王蛱蝶图"的第二句。

8. 刘禹锡

(1)《野客吃梅赋此却之》："漫言见惯浑闲事，便饭家常断也难。"首句改用刘禹锡诗："司空见惯浑闲事，断尽苏州刺史肠"的第一句（见《唐诗纪事》卷三十九）。

(2)《毁家诗纪》其七颈联："伤心王谢堂前燕，低首新亭泣后杯。"首句改用刘禹锡《乌衣巷》："旧时王谢堂前燕"句。

(3)《前在槟城，偶成俚句，南洋诗友，和者如云。近有所感，再叠前韵，重作三章，邮寄丹林，当知余迩来心境》其一尾联："沈园可有春消息？忆煞桥边野草花。"次句亦改用刘禹锡《乌衣巷》："朱雀桥边野草花，乌衣巷口夕阳斜"之第一句。

9. 白居易

《自述诗》其十七："鼙鼓荆襄动地来，横流到处劫飞灰。"首句改用白居易《长恨歌》之"渔阳鼙鼓动地来"，位置颠倒以协平仄。

10. 柳宗元

《盐原诗抄》十首之五："客中无限潇湘意，半化烟痕半水痕。"首句改用柳宗元《酬曹侍御过象县见寄》："春风无限萧湘意，欲采蘋花不自由"的第一句。"半化"句则是仿改近代诗人苏曼殊《本事诗》十章之八："袈裟点点疑樱瓣，半是脂痕半泪痕"的第二句。

11. 张祜

《乱离杂诗》其五颈联："月正圆时伤破镜，雨淋铃夜忆归秦。"次句改用张祜《雨霖铃》："雨霖铃夜却归秦，又见张徽一曲新"的第一句。

12. 李商隐

(1)《己未出都口占》尾联："寄语诸公深致意，凉风近在殿西边。"次句改用李商隐的《宫词》："莫向樽前奏《花落》，凉风只在殿西头"的第二句。

(2)《刘院长招饮西竺山，沿花姑堤一带，风景绝佳，与君左口唱，仍用"微"韵》尾联："桃源此去无多路（郁），天遣诗人看落晖（易）。"郁句改用李商隐《无题》之"蓬山此去无多路，青鸟殷勤为探看"之第一句。

(3)《乱离杂诗》其七首联："却喜长空播玉音，灵犀一点此传心。"次句改用李商隐《无题》："身无彩凤双飞翼，心有灵犀一点通"之第二句。

13. 裴铏

《村居杂诗》其一尾联："若能阳羡终耕读，何必崎岖上玉京。"次句改用裴铏《传奇·裴航》中的诗句："蓝桥便是神仙窟，何必崎岖上玉清"的第二句。

14. 崔郊

《春江感旧》其二尾联："闻说侯门深似海，绿珠今夜可登楼。"首句改用崔郊《赠婢》："侯门一入深如海，从此萧郎是路人"之第一句。

15. 杜牧

（1）《木曾川看花》尾联："阻风中酒年年事，襟上脂痕浼泪痕。"首句改并调用杜牧《郑瓘协律》："自说江湖不归事，阻风中酒过年年"的第二句。"襟上"句则是仿用陆游的"衣上征尘杂酒痕"（《剑门道中遇微雨》）。

（2）《七月十二夜见某，十六日上船，十七日有此即寄》其二首联："梦隔蓬山路已通，不须惆怅怨东风。"次句改用杜牧《叹花》："自是寻春去校迟，不须惆怅怨芳时"的第二句。"梦隔"句则是翻用李商隐《无题》的"刘郎已恨蓬山远，更隔蓬山一万重"之第二句。

16. 杨敬之

《无题》尾联："前贤不解藏人善，门户推排孰起初？"首句改用杨敬之《赠项斯》："平生不解藏人善，到处逢人说项斯"的第一句。

17. 罗隐

《留别梅儿》尾联："侬未成名君未嫁，伤心苦语感罗生。"首句改用罗隐《赠妓云英》："我未成名君未嫁，可能俱是不如人"的第一句。

18. 唐无名氏等

《毁家诗纪》其四："不是有家归未得，鸣鸠已占凤凰巢。"首句改用唐无名氏《杂诗》的"等是有家归未得，杜鹃休向耳边啼"的第一句。"鸣鸠"句则是翻用《诗经·召南·鹊巢》："维雀有巢，维鸠居之。"毛传曰："鸣鸠不自为巢，居鹊之成巢。"

（三）改用宋诗

1. 黄宗旦

《感怀》尾联："参透色空真境界，一瓶一钵走天涯。"次句改用黄宗旦《送僧归护国寺》："一瓶一钵是天涯，来扣枢扉带砺家"的第一句。又唐释贯休诗句"一瓶一钵垂垂老"（《陈情献蜀皇帝》）则为两人所断用。

2. 苏轼

《秋夜怀人》其七尾联："纵横写尽三千牍，总觉无言及李宜。"次句改用苏轼《赠妓李宜》："东坡居士文名久，何事无言及李宜"的第二句。

3. 冯山

《赠韩槐准》尾联："新亭大有河山感，莫作寻常宴会看。"次句改用冯山

《山路梅花》句:"莫作寻常花蕊看。"而"莫作……看"句式,唐诗多有。

4. 陆游

(1)《由柳桥发车巡游一宫犬山道上作》其三首联:"春游无处不魂销,抄过苏川第二桥。"首句改用陆游《剑门道中遇微雨》:"衣上征尘杂酒痕,远游无处不销魂"的第二句。

(2)《毁家诗纪》其九颈联:"绿章迭奏通明殿,朱字匀抄烈女篇。"首句改用陆游《花时遍游诸家园》:"绿章夜奏通明殿,乞借春阴护海棠"的第一句。

5. 姜白石

《毁家诗纪》其十尾联:"而今劳燕临歧路,肠断江东日暮云。"次句改用姜白石《送朝天续集归诚斋时在金陵》:"先生只可三千首,回顾江东日暮云"的第二句。而姜诗则本于杜甫的《春日忆李白》:"渭北春天树,江东日暮云。"故姜句"回顾江东日暮云"是对杜句"江东日暮云"的增扩,而郁句又是增扩杜之句。姜、郁所本皆为杜。

6. 张滉

《四十言志》其二尾联:"门前几点冬青树,便算桃源洞里春。"次句改用张滉《留题淡山》:"偷闲切欲访岩扃,恍若桃源洞里春"的第二句。

7. 张叔仁

《己未出都口占》颔联:"此去愿戕千里足,再来不值半分钱。"次句改用张叔仁《送谢枋得》诗:"此去好凭三寸舌,再来不值半文钱"的第二句。全联亦是仿自于张诗。

(四)改用明诗

《自述诗》其九首联:"一失足成千古恨,昔人诗句意何深。"首句改用唐寅《废弃诗》"一失脚成千古笑,再回头是百年人"的第一句。唐之"一失"句也有本作"一失足成千古恨"的,那么,郁诗就是整用其成句,而用"昔人诗句"点明。

(五)改用清诗

1. 钱谦益

《闻杨杏佛被害感书》尾联:"恩牛怨李成何事,生死无由问伯仁。"首句改用钱谦益《吴门送福清公还闽》:"恩牛怨李谁家事,白马清流异代悲"的第一句。

2. 厉鹗

《秋夜怀人》其三首联:"岿然东海鲁灵光,三绝才华各擅长。"首句改用厉鹗《侍读徐坛长先生八十致仕书来索诗赋寄》："杖履萧闲楚水旁，岿然海内鲁灵光"的第二句。

3. 赵翼

《中秋夜中村公园赏月，兼呈丰臣氏》尾联："由来吊古多余慨，赋到沧桑句自工。"次句改用赵翼《题元遗山集》："国家不幸诗家幸，话到沧桑句便工"的第二句。

4. 龚自珍

（1）《三月初九过岳王墓下改旧作》颔联："虫沙早已丧三镇，猿鹤何堪张一军。"次句改用龚自珍《己亥杂诗》二四一："少年尊隐有高文，猿鹤真堪张一军"的第二句。

（2）《赠王沉》首联："鸢肩火色常如此，我马玄黄又日曛。"次句改用龚自珍《己亥杂诗》之二："我马玄黄盼日曛，关河不窨故将军"的第一句。

（3）《汕头口占赠许美勋》："五十余人皆爱我，三千里外独离群。"首句改用龚自珍《己亥杂诗》三八："五十一人皆好我，八公送别益情亲"的第一句。

五、增用

即把前人短诗句增扩为长诗句（五言增为七言），有时根据平仄需要或作改动或作倒用。

（一）增用诗经

《金丝雀》其一："盈盈一水阻离居，岂不怀归畏简书。"次句是对《诗经·小雅·四牡》："岂不怀归，王事靡盬，我心伤悲"的第一句的增用。首句则是对《古诗十九首》之十"盈盈一水间"的增扩。

（二）增用古诗

《日暮过九段偶占》尾联："稳步不妨归去晚，银河清浅月初明。"次句是对《古诗十九首》之十"河汉清且浅"的增改。

（三）增用唐诗

1. 王勃

《志亡儿耀春之殇六首》其六尾联："怜他阮籍猖狂甚，来对荒坟作醉谈。"首句是对唐王勃《滕王阁序》："阮籍猖狂，岂效穷途之哭"第一句的增用。

2. 李白

《养老山中作》首联："又是三春行乐日，西园飞盖夜遨游。"首句是对李白《月下独酌》："行乐须及春"的增改；次句是截用魏曹植《公宴诗》："清夜游西园，飞盖相追随。"

3. 王维

《秋夜怀人》其六首联："晚年好静南乡住，仙寿溶溶乐隐沦。"首句是对王维《酬张少府》："晚年唯好静，万事不关心"第一句的增用。

4. 杜甫

（1）《七月十二夜见某，十六日上船，十七日有此作即寄》其五首联："一纸家书抵万金，少陵此语感人深。"首句是对杜甫《春望》："烽火连三月，家书抵万金"第二句的增用，而以"少陵"点明。

（2）《宿钱塘江上有赠》颔联："危樯独夜怜桃叶，细雨垂帘病莫愁。"首句是对杜甫《旅夜书怀》："细草微风岸，危樯独夜舟"第二句的增用。就整联来看，又是对杜诗的倒仿而增用，艺术性很高。

5. 钱起

《题春江第一楼壁》尾联："江上青峰江下水，不应齐向夜郎流。"首句是对钱起《省试湘灵鼓瑟》："曲终人不见，江上数峰青"第二句的增改。

6. 白居易等

《毁家诗纪》其一尾联："转眼榕城春欲暮，杜鹃声里过花朝。"首句是对白居易《买花》诗："帝城春欲暮"的增改；次句则是改用清黄仲则《秦淮》诗："回首南朝无限恨，杜鹃声里过秦淮"的第二句。

7. 张祜

《有寄》首联："只身去国三千里，一日思乡十二回。"首句是对张祜《何满子》："故国三千里"的增改；次句则是改用宋黄庭坚《思亲汝州作》："五更归梦三千里，一日思亲十二时"的第二句。

8. 唐无名氏

《寂感》其二尾联："无奈夜长孤梦冷，书灯空照可怜宵。"次句是对唐无名氏《异闻录·沈警》："徘徊花上月，空度可怜宵"第二句的增改。又苏轼《临江仙·疾愈登望湖楼赠项长官》亦有此句。

（四）增用宋诗

1. 范仲淹

《书示江郎》尾联："酒入愁肠都乏味，花雕未及故乡浓。"首句是对范仲淹《苏幕遮》词"酒入愁肠"一句的增用。

2. 苏轼

（1）《题陶然亭壁》尾联："明年月白风清夜，应有蹁跹道士来。"首句是对苏轼《后赤壁赋》之"月白风清，如此良夜何"第一句的增扩；次句则是该文"梦一道士，羽衣翩跹"的倒装截用。

（2）《无题》其三尾联："我欲乘风归去也，严滩重理钓鱼竿。"首句是对苏轼《水调歌头》（明月几时有）："我欲乘风归去"的增用。

3. 李清照

《西湖杂咏》其二尾联："荷风昨夜凉初透，引得麻姑出蔡家。"首句是对李清照《醉花阴》词"半夜凉初透"的增改。

4. 朱淑真

《八月初三夜发东京，车窗口占别张、杨二子》首联："蛾眉月上柳梢初，又向天涯别故居。"首句是对朱淑真《生查子》："月上柳梢头，人约黄昏后"第一句的增改。

六、减用

即把古人的长诗句减少一两个字成为短句，以合己之诗体。

（一）减用魏人语

《奉寄曼兄》颔联："天下英雄君与操，富春人物我思君。"首句是减用曹操语："今天下英雄，唯使君与操耳。"（《三国志·蜀书·先主传》）

（二）减用唐诗

《杨妃醉卧》尾联："海上有仙山，梦压鸳鸯枕。"首句是减用白居易《长恨歌》："忽闻海上有仙山，山在虚无缥缈间"的第一句。

（三）减用宋诗

1. 苏轼

《西江月》词："红烛两行几对，春宵一刻千金。"次句减用苏轼《春宵》："春宵一刻值千金，花有清香月有阴"的第一句。

2. 陆游

《庚辰元日闻南宁捷报，醉胡社长宅，和益吾老人〈岁晚感怀〉原韵》颔联："中原欣北望，大地庆春回。"首句减用陆游《书愤》的"中原北望气如山"句。

3. 高子洪

《为林建兄题月秀女史画〈深山读易图〉》尾联："山中闲日月，应为故人留。"首句减用高子洪《龙池》："最爱山中闲日月，何须海上记蓬莱"的第一句。

（四）减用清诗

《星洲既陷，厄苏岛，困孤舟中，赋此见志》颔联："偶传如梦令，低唱念家山。"次句减用蒋国平《宫怨》："水殿云房明月苦，玉颜低唱念家山"的第二句。

第二节 断用及其形变

一、断用

即把一句诗从中切断为两节，或取其前，或取其后，然后根据己诗的需要重新写成一新诗句。

（一）断用汉魏六朝诗

1. 蔡邕等

《寄王子明业师居富阳》："海外难通尺素书，病慵容易故人疏。况当少小离家日，更苦娵隅学语初。""尺素书"断用汉蔡邕《饮马长城窟行》的"中有尺素书"句；"故人疏"断用唐孟浩然《岁暮归南山》的"多病故人疏"句；"少小离家"断用唐贺知章《回乡偶书》的"少小离家老大回"句。

2. 陆机

《客感》首联："徼外凉秋鼓角悲，寸心牢落鬓丝知。""心牢落"断用晋陆机《文赋》的"心牢落而无偶"。

（二）断用唐诗

1. 王勃

《穷郊独立，日暮苍然，顾影自怜，漫然得句》尾联："只愁物换星移后，反被旁人唤漫郎。""物换星移"断用王勃《滕王阁诗》："闲云潭影空悠悠，物换星移几度秋"的第二句。又此诗首联："日暮霜风落野塘，荒郊独立感苍茫。""独立苍茫"断用杜甫《乐游园歌》："此身饮罢无归处，独立苍茫自咏诗"的第二句。

2. 刘希夷

《赠姑苏女子》颈联："一春绮梦花相似，二月浓情水样流。""花相似"断用刘希夷《代悲白头翁》句"年年岁岁花相似"。

3. 李白

（1）《梦逢旧识二首》之一："三月烟花千里梦，十年旧事一回头。""三月烟花"断取并倒用李白《黄鹤楼送孟浩然之广陵》的"烟花三月下扬州"。

（2）《赠吉田某从征两首》之一："劝君一战功成后，早向胡天罢远征。""罢远征"断用李白《子夜吴歌·秋歌》"何日平胡虏，良人罢远征"的第二句。

（3）《读靖陶兄寄旧都新艳秋诗，为题看云楼觅句图》首联："看云觅句貌如痴，饭颗山头□健儿。"次句断用李白《戏赠杜甫》："饭颗山头逢杜甫，头戴笠子日卓午"之前句；"看云"句则是王维《终南别业》的"坐看云起时"与杜甫《又示宗武》的"觅句新知津"两诗中杂取糅合而成。

（4）《毁家诗纪》其八首联："风去台空夜渐长，挑灯时展嫁衣裳。""风去台空"断用李白《登金陵凤凰台》："凤凰台上凤凰游，风去台空江自流"的后一句。

4. 杜甫

（1）《花落后，过上野，游人绝迹，感而有作》："九陌尘空春寂寂，浔阳商妇独愁时。""春寂寂"是断用杜甫《涪城县香积寺官阁》："小院回廊春寂寂，浴凫飞鹭晚悠悠"的第一句。"浔阳商妇"是缩用白居易《琵琶行》所写之浔阳商妇故事，概括性很强。

（2）《寄钱潮》尾联："何日吴山重立马，看开并蒂玉芙蕖。""并蒂芙蕖"是断用杜甫《进艇》："俱飞蛱蝶元相逐，并蒂芙蓉本自双"的第二句。

（3）《赠隆儿》其一尾联："人事萧条春梦后，梅花五月又逢君。""人事萧条"是断用杜甫《野望》的"不堪人事日萧条"；次句则是仿用杜甫《江南逢李龟年》的"落花时节又逢君"。

（4）《新正初四蓝亭小集，赋呈担风先生》尾联："明年谁健在，勿却酒千巡。"首句是断用杜甫《九日蓝田崔氏庄》："明年此会知谁健？醉把茱萸仔细看"的第一句。

（5）《将之日本别海棠三首》其一尾联："后会茫茫何日再？中原扰乱未休兵。""未休兵"断用杜甫《月夜忆舍弟》："寄书长不达，况乃未休兵"之第二句。又其二尾联："商量东阁官梅发，江上重招倩女魂。""东阁官梅"断用杜甫《和裴迪登蜀州东亭送客逢早梅相忆见寄》："东阁官梅动诗兴，还如何逊在扬州"的第一句。

（6）《自汉皋至辰阳流亡途中口占》首联："国破家亡此一时，侧身天地我何之。""侧身天地"断用杜甫《将赴成都草堂途中有作先寄严郑公》："侧身天地更怀古，回首风尘甘息机"的第一句。

5. 张志和

《宿汤山温泉》尾联："日暮欲寻孤店宿，斜风细雨入汤山。""斜风细雨"是断用张志和《渔父词》的"斜风细雨不须归"。

6. 李贺

《毁家诗纪》其十五之"天荒地老此时情"与《寄若瓢和尚》其二之"地老天荒曳尾生"两句，都是断用自李贺《致酒行》的"天荒地老无人识"，而"地老天荒"则是"天荒地老"的倒用。

7. 杜牧

（1）《由柳桥发车巡游一宫犬山道上作》其三尾联："白帝城头西北望，青山隐隐雪初消。""青山隐隐"断用杜牧《寄扬州韩绰判官》的"青山隐隐水迢迢"。

（2）《毁家诗纪》其五颈联："碛里碉壕连作塞，江东子弟妙知兵。""江东子弟"断用杜牧的《乌江亭》"江东子弟多才俊"句。

8. 李商隐

（1）《寄和荃君》尾联："阿侬亦是多情者，碧海青天为尔愁。""碧海青天"断用李商隐《嫦娥》句"碧海青天夜夜心"。

（2）《杂感八首》其五颔联："缘溪行为求鱼计，冒死谏成得意初。""得意初"断用李商隐《漫成》："雾夕咏芙蕖，何郎得意初"之第二句。

9. 释贯休

《题刘大师画祝融峰水墨中堂》尾联："年来宗炳垂垂老，卧看风雷笔底凝。""垂垂老"乃断用释贯休《陈情献蜀皇帝》的"一瓶一钵垂垂老"。

10. 章碣

《岁暮穷极，有某府怜其贫，嘱为撰文，因步〈钓台题壁〉原韵以作答》颈联："泥马纵骄终少骨，坑灰未冷待扬尘。""坑灰未冷"断用章碣《焚书坑》："坑灰未冷山东乱，刘项原来不读书"之第一句。

11. 郑谷

《渡黄河》："离亭风笛晚来酣，欲渡黄河怕解骖。""离亭风笛"是郑谷《淮上与友人别》诗"数声风笛离亭晚"的断取而倒用；"欲渡黄河"断用李白《行路难》："欲渡黄河冰塞川，将登太行雪满山"的第一句。

12. 李煜

《自述诗》其十三尾联："笑把金樽邀落日，绿杨城郭正春风。""正春风"断用南唐李煜《望江南》："花月正春风。"

（三）断用宋（金）诗

1. 苏轼

《登春江第一楼》尾联："江山如此无人赏，如此江山忍付人。""江山如此"断用苏轼《游金山寺》的"江山如此不归山";"如此江山"句是对陆游的《剑门城北回望剑关诸峰青入云汉感蜀亡事慨然有赋》之"如此江山坐付人"的改用。

2. 黄庭坚

《辞祭花庵,蒙蓝亭远送至旗亭,上车后作此谢之》颈联:"闭门觅句难除癖,屈节论文别有真。""闭门觅句"断用黄庭坚《病起荆江亭即事十首》之八:"闭门觅句陈无己,对客挥毫秦少游"之第一句。

3. 陆游

《毁家诗纪》其七首联:"清溪曾载紫云回,照影惊鸿水一隈。""照影惊鸿"是对陆游《沈园》诗句"曾是惊鸿照影来"的断取倒用。

4. 萧澥

《屯溪夜泊》首联:"新安江水碧悠悠,两岸人家散若舟。""两岸人家"断用萧澥《常山舟中》:"两岸人家峙两楼,中间一水过行舟"之第一句。亦可看作是对萧诗的截取增用。

5. 文天祥

《杂感八首》其八颈联:"十年潦倒空湖海,半世浮沉伴蠹鱼。""(半)世浮沉"断用文天祥《过零丁洋》的"身世浮沉雨打萍"。

6. 完颜亮

《过岳坟有感》尾联:"饶他关外童男女,立马吴山志竟酬。""立马吴山"断用金完颜亮《题画屏》:"提兵百万西湖上,立马吴山第一峰"之第二句,然意有所惜。又《寄钱潮》:"何日吴山重立马"则是对完句的断取倒用。

(四)断用清诗

1. 钱谦益

《新婚未几,病疟势危,斗室呻吟,百忧俱集,悲佳人之薄命,嗟贫士之无能,饮泣吞声,于焉有作》尾联:"何当放棹江湖去,浅水芦花共结庵。""浅水芦花"断用钱谦益诗:"荒墩木叶谁家戍,浅水芦花何处关"(《后秋兴之五,中秋十九日,暂回村庄而作》)之第二句。

2. 吴梅村

《宿安倍川》首联:"避寒寻梦宿清溪,云雨荒唐一夜迷。""云雨荒唐"是断用吴梅村《赠武林李笠翁》:"江湖笑傲夸齐赘,云雨荒唐忆楚娥"的第二句。

3. 朱彝尊

《不知》其二首联:"红豆秋风万里思,天涯芳草日斜时。""红豆秋风"

句是对朱彝尊《闲情》："秋风红豆总相思"的仿拟，并把"秋风红豆"断取倒用；"天涯芳草"是断用宋苏轼《蝶恋花》的"天涯何处无芳草"。

4. 席佩兰

《题春江第一楼壁》首联："匆匆临别更登楼，打叠行装打叠愁。""打叠行装"是断用女诗人席佩兰《送外入都》："打叠轻装一月迟，今朝真是送行时"的第一句，并改"轻"为"行"。

二、截用

即对一联诗截头去尾，各取上下两句的两三个字（词）根据己诗之意写成一新诗句。在运用上又有些变化，有截而倒，截而反，截而翻，截而化，截而杂等种种。

（一）截用诗经

1. 《题淡然纪念册》首联："风雨鸡鸣夜五更，浮云聚散总关情。""风雨鸣鸣"截用《诗经·郑风·风雨》："风雨如晦，鸡鸣不已。"又《赠曾梦笔》的"漫天风雨听鸡鸣"亦截用此。"浮云"句则是暗用唐李白《送友人》的"浮云游子意，落日故人情"。

2. 《寄王映霞》颔联："秋雨茂陵人独宿，凯风棘野雉双飞。""凯风棘野"是截用《诗经·凯风》的"凯风自南，吹彼棘心"。"雉双飞"则是暗用《诗经·雄雉》的"雄雉于飞，泄泄其羽"。"秋雨茂陵"句是唐李商隐《寄令狐郎中》诗"茂陵秋雨病相如"的断取倒用。

3. 《乱离杂诗》其十一颈联："一死何难仇未复，百身可赎我奚辞？""百身可赎"是对《诗经·秦风·黄鸟》："如可赎兮，人百其身"的截取倒用。

（二）截用汉魏六朝诗

1. 刘邦

《中年（次陆竹天氏二叠韵）》颔联："临风思猛士，借酒作清娱。"首句截用汉高祖刘邦的《大风歌》："大风起兮云飞扬，威加海内兮归故乡，安得猛士兮守四方。"

2. 《古诗十九首》

《李伟南、陈振贤两先生招饮醉花林，叨陪末座，感惭交并，陈先生赐以佳章，依韵奉和，流窜经年，不自知辞之凄恻也》首联："百岁常怀千岁忧，干戈扰攘我西游。"首句是《古诗十九首》十六之："生年不满百，常怀千岁忧"的截用，对后句只略增一字。

3. 曹植

《红闺夜月》首联："楼上月徘徊，泪落芭蕉影。"首句是截用曹植《七哀》诗："明月照高楼，流光正徘徊。"

4. 桃叶

《前在槟城，偶成俚句，南洋诗友，和者如云。近有所感，再叠前韵，重作三章，邮寄丹林，当知余迩来心境》其二首联："纵移团扇面难遮，曳尾涂中计尚赊。""团扇面难遮"截用晋桃叶《答王团扇歌》："团扇复团扇，持许自遮面。"

5. 梁孝元帝

《过小金川看樱，值微雨，醉后作》颔联："细雨成尘催小草，落花如雪锁长堤。""细雨成尘"截用梁孝元帝《咏细雨》："风轻不动叶，雨细未沾衣。入楼如雾上，拂马似尘飞。"

6. 范云

《为秋杰兄题海粟画松》首联："蟠根耸干栋梁才，劲质贞心郁未开。"又《为霭民先生题经公子渊画松》其二尾联："一枝剪取长松干，劲质贞心实启予。""劲质贞心"皆是截用南朝梁范云《咏寒松诗》："凌风知劲节，负雪见贞心。"

（三）截用唐诗

1. 孟浩然

（1）《西湖杂咏》其三首联："绿树青山数十程，思亲无计且西征。""绿树青山"截用孟浩然《过故人庄》："绿树村边合，青山郭外斜。"

（2）《关君谓升旗山大似匡庐，因演其意》首联："匡庐曾记昔年游，挂席名山孟氏舟。"次句截用孟浩然《晚泊浔阳望香炉峰》："挂席几千里，名山都未逢。"并以"孟氏舟"点明。

2. 王维等

《题画》其四首联："贪坐溪亭晚未归，四山空翠欲沾衣。"又《夜偕陈世鸿氏、松永氏宿鼓山》第四联："暗雨湿衣襟，攀登足奇致。""四山"句"暗雨"句皆是王维《山中》"山路元无雨，空翠湿人衣"的截用。"溪亭晚未归"则是截用宋李清照的词《如梦令》："常记溪亭日暮，沉醉不知归路。"

3. 王湾

《题画》其一尾联："溪头路尽青山转，江阔一帆林外低。""江阔一帆"截用王湾《次北固山下》诗的名句："潮平两岸阔，风正一帆悬。"

4. 李白

（1）《佩兰雅集，予不果往，蝶如君意予赴会也，寄诗至，和其三》其二尾联："何日江城吹玉笛，共君听唱莫愁歌。""江城吹玉笛"截取并倒用李白《与史郎中钦听黄鹤楼上吹笛》："黄鹤楼中吹玉笛，江城五月落梅花。"又《别戴某》："伯劳飞燕东西别，忍向江城一笛吹。一笛江城从此去，悠悠后会知何处。""江城一笛""一笛江城"亦是截用李诗。

（2）《春江感旧》其三首联："天上琼楼十二城，人间凝望最关情。"首句截用李白的《忆旧游书赠江夏韦太守良宰》诗："天上白玉京，十二楼五城。"

（3）《晓发东京》尾联："升沉莫问君平卜，襟上浪浪泪未干。"首句截用李白《送友人入蜀》："升沉应已定，不必问君平。"

5. 杜甫

（1）《东渡留别同人，春江第一楼上作》颈联："云树他年梦，悲欢此夕餐。""云树"截取杜甫《春日忆李白》诗："渭北春天树，江东日暮云。"上下句各截取一字而倒用。《星洲闻杨云史先生之讣》："江东渭北萦怀久"亦是对杜诗的截取而倒用。

（2）《重阳日鹤舞公园看木犀花》颈联："茱萸莫问明年事，醽醁权倾此日觞。"首句是杜甫《九日蓝田崔氏庄》："明年此会知谁健，醉把茱萸仔细看"诗句的截取倒用。

（3）《论诗绝句寄浪华》其一首联："驿楼樽酒论文日，意气飞扬各有偏。""樽酒论文"截用杜甫《春日忆李白》："何时一樽酒，重与细论文。"

（4）《赠隆儿》其一首联："几年沦落滞西京，千古文章未得名。""千古文章"是杜甫《偶题》："文章千古事，得失寸心知"的截取倒用。

（5）《题六和塔》首联："世事如棋不忍看，雄心散漫白云间。""世事如棋"是杜甫《秋兴》："闻道长安似弈棋，百年世事不胜悲"的截取倒用。

（6）《和刘大杰〈秋兴〉》颈联："乞酒岂能千日醉，看囊终要半文钱。""看囊"是杜甫《空囊》诗："囊空恐羞涩，留得一钱看"的截取倒用。

（7）《前在槟城，偶成俚句，南洋诗友，和者如云。近有所感，再叠前韵，重作三章，邮寄丹林，当知余迩来心境》之一："归去西湖梦里家，衣冠憔悴滞天涯。""衣冠憔悴"是杜甫《梦李白》其二："冠盖满京华，斯人独憔悴"的截用。

6. 张继

《过苏州》："儿时梦想寒山寺，月落乌啼夜半钟。"次句截用张继的名诗

《枫桥夜泊》："月落乌啼霜满天，江枫渔火对愁眠。姑苏城外寒山寺，夜半钟声到客船。"

7. 刘禹锡

《西湖杂咏》其一尾联："如今劫后河山改，来听何戡唱渭城。"次句截用刘禹锡《与歌者何戡》："旧人唯有何戡在，更与殷勤唱《渭城》。"又《赠金子光晴》："渭城谁继何戡唱"是对刘诗的截取倒用。

8. 白居易等

《山村首夏》："四山涨翠昼初长，五月田家麦饭香。一事诗人描不得，绿蓑烟雨摘新秧。""五月田家"是白居易《观刈麦》："田家少闲月，五月人倍忙"的截取倒用。"绿蓑烟雨"则截用唐张志和《渔父词》："青箬笠，绿蓑衣，斜风细雨不须归。"

9. 崔护

《毁家诗纪》其十八："身同华表归来鹤，门掩桃花谢后扉。"又《张碧云》："人面桃花春欲暮，情中我正似刘蕡。""门掩桃花""人面桃花"皆是截用崔护的名诗《题都城南庄》："去年今日此门中，人面桃花相映红。人面不知何处去，桃花依旧笑春风。""人面桃花"也可看着是断用。

10. 刘皂

《青岛杂事诗》其八尾联："颇感唐人诗意切，并州风物似咸阳。"次句截用刘皂《旅次朔方》："客舍并州已十霜，归心日夜忆咸阳。无端更渡桑干水，却望并州是故乡。"并以"唐人诗"点明。

11. 张祜

《赠姑苏女子》颔联："故国烽烟伤满子，仙乡消息忆秦楼。"首句截用张祜的《何满子》："故国三千里，深宫二十年。一声何满子，双泪落君前。"改"何"为"伤"，更有深意，"伤满子"即"伤《何满子》"。

12. 徐凝

《史公祠有感》尾联："二分明月千行泪，并作梅花岭下秋。""二分明月"是对徐凝《忆扬州》诗："天下三分明月夜，二分无赖是扬州"的截取倒用。

13. 杜牧

(1)《秋兴》其一首联："桐飞一叶海天秋，戎马江关客自愁。""一叶秋"截用杜牧《早秋客舍》："风吹一片叶，万物已惊秋。""戎马"句则是顺承杜甫《登岳阳楼》："戎马关山北，凭轩涕泗流"诗句的意思而说。

(2)《秋夜怀人》其一尾联："青山隐隐江南暮，小杜当年亦忆家。"首句截用杜牧《寄扬州韩绰判官》："青山隐隐水迢迢，秋尽江南草木凋。"次句"小杜当年"则加以点明。

（3）《廿八年元旦因公赴槟榔屿，闻有汪电主和之谣，车中赋示友人》尾联："卷土重来应有日，俊豪子弟满江东。"是对杜牧《题乌江亭》："江东子弟多才俊，卷土重来未可知"的截取倒用，句式亦仿自杜诗。

14. 李商隐

（1）《病后寄汉文先生松本君》："大罗天上咏霓裳，亦是当年弟子行。"首句截用李商隐《留赠畏之》："空记大罗天上事，众仙同日咏霓裳。"

（2）《盛夏闲居，读唐宋以来各家诗，仿渔洋例，成诗八首录七》之《李义山》："义山诗句最风流，五十华年锦瑟秋。"次句是李商隐《锦瑟》诗："锦瑟无端五十弦，一弦一柱思华年"的截取倒用，而首句点明之。

（3）《偕董秋芳、郁九龄等游西禅寺》："鹓雏腐鼠漫相猜，世事困人百念灰。""鹓雏腐鼠"是李商隐《安定城楼》："不知腐鼠成滋味，猜意鹓雏竟未休"的截取倒用。

15. 温庭筠

《金丝雀》其二尾联："早知骨里藏红豆，悔驾天风出帝乡。""骨里红豆"是截取倒用温庭筠的《无题》诗："玲珑骰子安红豆，入骨相思知不知。"

16. 惠能

《三月一日对酒兴歌》颔联："未免有情难遣此，本来无物却沾埃。""无物沾埃"是截用惠能的诗偈："本来无一物，何处惹尘埃。"

17. 张泌

《无题——效李商隐体》其一颔联："中酒情怀春作恶，落花庭院月如钩。""落花庭院月"是张泌《寄人》诗："多情只有春庭月，犹为离人照落花"的截取倒用。

18. 牛希济

《木曾川看花》颈联："翠络金鞍公子马，绿罗芳草女儿裙。"次句截用五代诗人牛希济《生查子》词："记得绿罗裙，处处怜芳草。"

（四）截用宋诗

1. 魏野

《西泠话旧》首联："碧纱红袖两无情，壁上凋残字几行。""碧纱红袖"是截取倒用魏野《题壁绝句》诗："闲暇若将红袖拂，还应胜得碧纱笼。"

2. 李振

《过徐州、济南》尾联："黄河偷渡天将晚，又见清流下浊流。"次句乃是

用李振语："此辈尝自言清流，可投之河，使为浊流也。"（见《新五代史·李振传》）

3. 苏轼

（1）《出晴雪园寄石埭》其四尾联："欲学征鸿留爪印，行装成后更长吟。"首句截用苏轼《和子由渑池怀旧》："人生到处知何似？应似飞鸿踏雪泥。泥上飞鸿留指爪，鸿飞那复计东西。"又《风流子·三十初度》："踏雪鸿踪，印成指爪"亦是截用苏诗。"行装"句则是仿用杜甫《解闷》其七："新诗改罢自长吟。"

（2）《与江郎对饮，座上口占》："南楼箫管沉沉夜，绝似秦淮五月天。"首句截用苏轼《春宵》："歌管楼台声细细，秋千院落夜沉沉。"

4. 释参寥

《奉答长嫂呈曼兄》其二首联："垂教殷殷意味长，从今泥絮不多狂。""泥絮不（多）狂"截用释参寥《答杭妓》诗："禅心已作沾泥絮，不逐东风上下狂。"

5. 黄庭坚

《颇闻有公祭东坡者，故作俚语以薄之》首联："笑骂文章读渐多，近来诗怕说东坡。"此乃截用黄庭坚《东坡先生真赞》："东坡之酒，赤壁之笛。嬉笑怒骂，皆成文章。"

（五）截用清诗

《吴梅村》："红粉青衫总断魂"，又《寄荃君》："红粉青衫两欲愁"，又《寄内》其一："红粉青衫两蹉跎"，三句"红粉青衫"皆是截取倒用吴梅村的《琴河感旧》诗："青衫憔悴卿怜我，红粉飘零我忆卿。"

（六）其他

《偕箧甫、成章、宝荃三人登东天目绝顶大仙峰望钱塘江》首联："仙峰绝顶望钱塘，凤舞龙飞两乳长。"次句则是截取倒用一旧传的谶记："天目山垂两乳长，龙飞凤舞到钱塘。"（见《西湖游览志余》卷一）有说这两句是晋郭璞的诗。

三、顺用

即按照原诗句顺承其意而加以进一步承说，有时根据已诗的需要改动原句。

（一）顺用孟、庄

1. 孟子

（1）《晴雪园卜居》颔联："望去河山能小鲁，夜来风雨似行舟。""望去"句是顺着《孟子·尽心上》："孔子登东山而小鲁"的意思说的。

（2）《乱离杂诗》其十二颈联："天意似将颁大任，微躯何厌忍饥寒？"首句出自《孟子·告子下》："故天将降大任于斯人也"，顺承其意而说。

2. 庄子

《定禅》首联："野马尘埃幻似烟，而今看破界三千。""野马尘埃"出自《庄子·逍遥游》："野马也，尘埃也，生物之以息相吹也。"顺承其意而说。

（二）顺用汉魏六朝诗文

1. 司马迁

（1）《过易水》首联："行人犹见白衣冠，依旧秋风易水寒。""秋风易水寒"顺承荆轲的"风萧萧兮易水寒"诗意而说（见《史记·燕世家》）。

（2）《和某君》首联："廿载江河未立名，学书学剑事难成。"次句出自《史记·项羽本纪》："项籍少时，学书，不成，去；学剑，又不成。"顺承其意而说。

（3）《贺新郎》："匈奴未灭家何恃？"是顺承霍去病语意"匈奴未灭，无以家为"而说（《史记·卫将军骠骑列传》）。

2. 《古诗十九首》

《奉答长嫂兼呈曼兄》其四尾联："删去相思千万语，当头还是劝加餐。"次句是顺承"努力加餐饭"（《古诗十九首》）而说。

3. 陶渊明

《觉园独居寄孙百刚》尾联："此间事不为人道，君但能来与往还。""此间"句用东晋陶渊明《桃花源记》中语："不足为外人道也"，顺承而说。

（三）顺用唐诗

1. 王之涣

《偕吴秋山游鼓山》尾联："凭高极目穷千里，一派闽江气象雄。"首句顺用王之涣《登鹳雀楼》："欲穷千里目，更上一层楼"诗意。

2. 李白

（1）《梦醒枕上作》首联："床前明月夜三更，帘外新霜雁一声。""窗前"句是顺承李白《静夜思》："床前明月光"的诗意。

（2）《龙门山题壁》首联："天外银河一道斜，四山飞瀑尽鸣蛙。""天外银河"顺承李白《望庐山瀑布》："疑是银河落九天"的诗意。

3. 杜甫

(1)《寄浪华以诗代简》其二首联："一枝休叹小安栖，牢把雄心勿自迷。""一枝"句顺用杜甫《宿府》诗："强移栖息一枝安。"

(2)《寄养吾二兄》颈联："悔听邹子谈天大，剩学王朗斫地频。"次句是杜甫《短歌行》："王朗酒酣拔剑斫地歌莫哀"诗意的顺用。"王朗斫地"亦可看作是对杜诗的断用。

(3)《西归杂咏》其一尾联："怜君亦为儒冠误，流落人间但掌书。"首句是顺用杜甫的"儒冠多误身"（《奉赠韦左丞丈二十二韵》）句意。

(4)《读〈宋史〉》首联："贫贱论交古不多，弟兄同室尚操戈。""贫贱"句是顺用杜甫《贫交行》诗意："君不见管鲍贫时交，此道今人弃如土。"

(5)《客感寄某》其二颔联："敢随杜甫憎时命，欲向田横放厥声。"首句是顺用杜甫的"文章憎命达"（《天末怀李白》）诗意，而以杜甫点明。

(6)《中年（次陆竹天氏二叠韵）》首联："叔世天难问，危邦德竟孤。""天难问"是顺用杜甫的"天意高难问"意（《暮春江陵送马大卿公恩命追赴阙下》）。"危邦"句是取自《论语·泰伯》："危邦不入"之"危邦"与《论语·里仁》的"德不孤"合而改用，意却有反。

4. 白居易

(1)《日本谣》其九尾联："公子缠头随手掷，买花原为卖花人。"首句是顺用白居易《琵琶行》："五陵年少争缠头"的诗意。

(2)《晴雪园卜居》尾联："猛忆故园寥落甚，烟花撩乱怯登楼。"首句是顺用白居易的"田园寥落干戈后"诗意（《自河南经乱关内阻饥兄弟离散各在一处，因望月有感聊书所怀》）；次句则是缩用杜甫《登楼》诗意："花近高楼伤客心，万方多难此登临。"

5. 杜牧

(1)《金陵怀古》首联："登尽江南寺寺楼，平桥烟柳晚笼愁。""登尽"句是顺用杜牧《江南春》诗意："南朝四百八十寺，多少楼台烟雨中。"

(2)《日本谣》其一尾联："两行红烛参差过，哄得珠帘尽上钩。"次句顺用杜牧《赠别》诗意："卷上珠帘总不如。"

6. 李商隐

《东渡留别同人，春江第一楼席上作》颔联："非关行役苦，总觉别君难。"次句顺用李商隐《无题》："相见时难别亦难"诗意。

7. 崔郊

《毁家诗纪》其十九颈联："秋意着人原瑟瑟，侯门似海故沉沉。"次句顺用崔郊《赠婢》："侯门一入深如海"诗意。

8. 朱庆馀

《无题四首，用〈毁家诗纪〉中四律原韵》其一首联："洞房红烛礼张仙，碧玉风情胜小怜。""洞房"句顺承朱庆馀《近试上张水部》："洞房昨夜停红烛"诗意。

9. 李煜

《望仙门》："莫问愁多少。"顺承南唐李后主《虞美人》："问君能有几多愁"诗意。

（四）顺用宋诗

1. 梅尧臣

《题徐悲鸿赠韩槐准〈鸡竹图〉》尾联："云外有声天欲晓，苍筤深处卧裴真。"首句顺用梅尧臣《鲁山山行》："人家在何许，云外一声鸡"诗意。

2. 苏轼

（1）《懊恼》其二尾联："荼蘼零落春庭晚，九子铃高倩影空。"首句顺用苏轼"荼蘼不争春，寂寞开最晚"诗意（《杜沂游武昌以荼蘼花菩萨泉见饷》）。

（2）《送蝶如归，有怀担风先生》首联："风雨夜萧萧，临歧折柳条。""风雨"句顺用苏轼"夜雨何时听萧瑟"诗意（《辛丑十一月十九日既与子由别于郑州西门之外马上赋诗一篇寄之》）。

3. 李清照

《秋兴》其四颔联："人似黄花重九后，生逢天宝乱离朝。"首句顺用李清照《醉花阴·重阳》："人比黄花瘦"诗意。

4. 张元幹

《晨进东华门口占》首联："疏星淡月夜初残，钟鼓严城欲渡难。""疏星淡月"句是顺承张元幹《贺新郎》："疏星淡月，断云微度"词意，也可看作是增用。

四、倒用

即对前人诗句的词序根据己诗的平仄作一颠倒式运用。

（一）倒用楚辞

《赠郭氏两姐弟》首联："椰园人似月中仙，秋菊春兰各自妍。""秋菊春兰"是楚国屈原《九歌·礼魂》"春兰兮秋菊"的倒用。

（二）倒用南朝诗

1. 谢灵运

《梅雨连朝不霁，昨过溪南，见秧已长矣》其一首联："草满池塘水满汀，江村五月雨冥冥。""草满池塘"倒用南朝宋谢灵运的名句："池塘生春草。"

2. 王僧孺等

《金缕曲》："悔当初千金买笑，量珠论斗。""千金买笑"倒用南朝梁王僧孺《咏宠姬》："一笑千金买"句；"量珠论斗"则是对唐刘禹锡的《泰娘歌》："斗量明珠鸟传意"的断取倒用。

（三）倒用唐诗

1. 唐玄宗

《咏星洲草木》颈联："鸡头新剥尝山竹，粉颊频回剖木瓜。""鸡头新剥"则是倒用唐玄宗语："软温新剥鸡头肉。"（见宋刘斧《青锁高议·骊山记》）

2. 贺知章等

《自述诗》其十六首联："离家少小谁曾惯，一发青山唤不应。""离家少小"是贺知章《回家偶书》"少小离家老大回"的断取倒用。"一发青山"是宋苏轼《澄迈驿通潮阁》"青山一发是中原"的断取倒用。又《金丝雀》之"回首家山一发青"亦是倒用苏诗。

3. 杜甫

（1）《别戴某》第三联："作伴青春得几时，灞陵桥外柳如丝。""作伴青春"断取倒用杜甫《闻官军收河南河北》："青春作伴好还乡。"

（2）《杂感》其四尾联："中朝衮衮诸公贵，亦识人间羞耻否？""衮衮诸公"倒用杜甫《醉时歌》："诸公衮衮登台省。""亦识"句则是顺承而用宋欧阳修句意："是足下不复知人间有羞耻事尔。"（《与高司谏书》）

4. 白居易

（1）《日本谣》其七首联："纨扇秋来惹很多，薰笼斜倚奈愁何。""薰笼斜倚"断取倒用白居易《宫词》："斜倚薰笼坐到明。"

（2）《春江感旧》其四尾联："绵绵此恨何时了，野雉朝飞不忍看。""绵绵此恨"断取倒用白居易《长恨歌》："此恨绵绵无绝期。"

5. 元稹

（1）《留别蝶如》尾联："此去流人归有信，蓬莱谪住只三年。""蓬莱谪住"断取倒用元稹《以州宅夸于乐天》："谪居犹得住蓬莱。"

（2）《赠紫罗兰》颈联："沧海曾经人未老，青衫初浣泪偷弹。""沧海曾经"断取倒用元稹《离思》的名句："曾经沧海难为水。"

6. 杜牧

《论诗绝句寄浪华》其四："惨绿啼红忆六朝，韩文杜句想风标。销魂一卷樊川集，明月扬州廿四桥。""韩文杜句"是杜牧《读韩杜集》："杜诗韩集愁来读"的倒用；末句则是杜牧的《寄扬州韩绰判官》的名句："二十四桥明月夜"的倒用。

7. 温庭筠

《晨发名古屋》："茅店荒村野寺钟"，又《晓发东京》："茅店鸡声梦不安。"两句皆是倒用温庭筠《商山早行》名句："鸡声茅店月。"

（四）倒用宋诗

1. 苏轼

《槐准先生于暇日邀孟奎先生及报社同人游愚园，时红毛丹正熟，主人嘱书楹帖，先得首联，归后缀成全篇》颔联："不辞客路三千里，来啖红毛五月丹。"是对苏轼《食荔枝》诗"日啖荔枝三百颗，不辞长作岭南人"的倒而仿用。

2. 陆游

《无题》尾联："北望中原满胡骑，夕阳红上海边楼。""北望中原"断取倒用陆游《书愤》句："中原北望气如山。"

3. 朱淑真

《七月十二夜见某，十六日上船，十七日有此作即寄》其三首联："杨柳梢头月正圆，摇鞭重写定情篇。""杨柳"句是朱淑真《生查子》："月上柳梢头"的倒用。

4. 李曾伯

《为霭民先生题经公子渊画松》其一尾联："论定盖棺离乱日，寒儒终不变初衷。""论定盖棺"倒用李曾伯《挽史鲁公》："盖棺公论定，不泯是人心"的前句。

5. 林升

《西湖杂咏》其一首联："歌舞西湖旧有名，南朝天子最多情。""歌舞西湖"断取倒用林升《题临安邸》诗句："西湖歌舞几时休。"

（五）倒用清诗

1. 吴梅村

《自述诗》其十二尾联："忽忆江南吴祭酒，梅花雪里学诗初。""梅花雪里"断取倒用吴梅村《戊戌梅信日雨过邓尉哭剖石和尚遇大雪夜宿还元阁》

句："雪里梅花雨后山"，而以"吴祭酒"点明。

2. 黄仲则

《留别——和蝶如韵》其一首联："来日茫茫难正多，英雄时钝奈虞何。""来日茫茫"断取倒用黄仲则《绮怀》句："茫茫来日愁如海。"

五、提用

或可称为选用，即对一首或一句很有名的诗，提（选）取其中一个词而立即让人联想到这首或这句诗，这样用可以使自作的诗更有内蕴。

（一）提用诗经

1. 《客感》颔联："满天风雨怀人泪，八月莼鲈系我思。"首句提用《诗经·郑风》之《风雨》，其小序曰："《风雨》，思君子也。"正是此句"怀人"之意。亦可当作意用来看。次句用张翰典，是对《晋书·张翰传》："翰因见秋风起，乃思吴中菰菜、莼羹、鲈鱼脍……"一句的提取。

2. 《西归杂咏》其四尾联："青衫零落乌衣改，各向车窗叹式微。"首句提用《诗经·郑风·子衿》："青青子衿，悠悠我心。""青衫"即"青衿"，汉毛亨《传》："青衿，青领也，学子之所服。"郁达夫此诗作于1917年，尚在日本留学，故有此用。又《晓发东京》："青衫自古累儒冠"亦是用此。次句提用《诗经·邶风》之《式微》："式微，式微，胡不归?"

3. 《贺新郎》："耻说与衡门墙茨。亲见桑中遗芍药，学青盲，假作痴聋耳。""衡门""墙茨""桑中"皆是《诗经·陈风·鄘风》中的篇名，"遗芍药"亦出自《诗经·郑风·溱洧》。提用篇名和语词，以少概多，以括其意。

4. 《寄王映霞》颈联："纵无七子齐哀社，终觉三春各恋晖。""七子"提用《诗经·凯风》："有子七人，莫慰母心。"《毛诗序》云："《凯风》，美孝子也。卫之淫风流行，虽有七子之母，犹不能安其室。故美七子能尽孝道，以慰母心，而成志尔。""三春"是提用唐孟郊《游子吟》的名句："谁言寸草心，报得三春晖。""三春"又是郁达夫的三个孩子，此处用得很巧。

5. 《为晓音女士题海粟画〈芦雁〉》尾联："炎荒怕读刘郎画，一片蒹葭故国心。""蒹葭"是提用《诗经·秦风·蒹葭》："蒹葭苍苍，白露为霜。所谓伊人，在水一方。"此乃《诗经》中名句，有怀人之意，郁提取移作己抒思国怀乡之情。

（二）提用汉魏六朝诗

1. 蔡邕等

《寄浪华以诗代简四首》其一："远方昨夜到双鱼，向我殷殷索著书。不

211

是江郎才调尽，只因司马惯慵疏。"此诗亦多用提取法。"双鱼"是提用东汉蔡邕《饮马长城窟行》诗意："客从远方来，遗我双鲤鱼。"郁还有诗句"凭君南浦觅双鱼"（《八月初三夜发东京，车窗口占别张、杨二子》）亦本此。"江郎才调尽"则是提用人所熟知的南朝江淹的故事（见《南史·江淹传》）。"慵疏"乃是提用唐柳宗元的诗句"直以慵疏招物议"（《衡阳与梦得分路赠别》），而以"司马"点明（柳宗元为郎州司马）。

2. 陆凯

《读大杰词》尾联："长君一日为师友，岁暮题诗代折梅。""折梅"是提用三国吴陆凯名诗《寄赠范晔》："折梅逢驿使，寄与陇头人。江南无所有，聊寄一枝春。"郁达夫的《送友人之广东》："庾岭梅花寄一枝"则是截用这里的陆凯的诗句。

3. 陶渊明

《赠女学生李辉群》："春申江上赋停云，黄鹤楼头始识君。""停云"是晋陶渊明的诗篇名，其《序》云："《停云》，思亲友也。"郁在此提领一下，以表达对李辉群的怀念。

（三）提用唐诗

1. 李白

（1）《梦逢旧识二首》之二："竹马当年忆旧游，秋风吹梦到江楼。牧之去国双文嫁，一样伤心两样愁。""竹马"提用李白《长干行》的名句："郎骑竹马来，绕床弄青梅。""双文"则是提用自唐元稹《杂忆五首》中的："忆得双文通内里"，"忆得双文人静后"，"忆得双文胧月下"，"忆得双文独披掩"，"忆得双文衫子薄"。元稹用"双文"指莺莺，郁达夫用"双文"则是指旧识的两个女子。

（2）《寄养吾二兄》颔联："首宿东归蜓驿马，烟花难忘故乡春。""烟花"乃提用李白《黄鹤楼送孟浩然之广陵》的名句"烟花三月下扬州"。

（3）《七夕行装已具，邀同学数人小饮于室，王一之有诗饯行，依韵和之》首联："漫问汪伦意浅深，一杯难得与同斟。""汪伦"提用李白的名诗《赠汪伦》："桃花潭水深千尺，不及汪伦送我情。"郁诗的尾联："男儿要勒燕然石，忍使临歧泪满襟。"次句是截用唐王勃《送杜少府之任蜀州》："无为在歧路，儿女共沾襟。"

2. 杜甫

（1）《村居杂诗》其四尾联："陇上秋风香稻熟，前人田地后人收。""香稻"一词乃是提用杜甫《秋兴八首》中的名句："香稻啄余鹦鹉粒。"

（2）《大桃园看花》颔联："诗酒纵难追白也，风流还许到红裙。""白也"是杜甫对李白的称呼，在《春日忆李白》中杜甫开头即说："白也诗无知，飘然思不群。"郁达夫本是"侬诗粉本出青莲"（《自述诗》），对李白特别欣慕，故在好几处加以提用，如"书剑飘零伤白也"（《寄曼陀长兄》），"笑指朱颜称白也"（《步何君〈半山娘娘庙题壁〉续成》），直以"白也"自称了。

（3）《寄和荃君原韵四首》其三尾联："鬼蜮乘轩公碌碌，杜陵诗句只牢愁。""公碌碌"提用杜甫《可叹》诗"吾辈碌碌饱饭行"，此非杜之名句，故次句又以"杜陵诗句"点明。

3. 白居易

《赠别》尾联："伤离我亦天涯客，一样青衫有泪痕。""天涯客"是提用白居易《琵琶行》的名句："同是天涯沦落人，相逢何必曾相识。""青衫"亦是提用该篇的末句"座中泣下谁最多，江州司马青衫湿。""青衫"一词在郁诗中或指学生，如前引之"争奈青衫似旧时"；或指失意人，如此处。

4. 杜牧

（1）《春江感旧》其三颈联："一梦扬州怜杜牧，廿年辛苦忆苏卿。""一梦扬州"是提用杜牧《遣怀》的名句："十年一觉扬州梦，赢得青楼薄幸名。"又《将之日本别海棠》其三首联："替写新诗到海棠，扬州旧梦未全忘"亦是用此。

（2）《无题——效李商隐体》其二首联："豆蔻花开碧树枝，可怜春浅费相思。""豆蔻"是提用杜牧《赠别》的名句："娉娉袅袅十三余，豆蔻梢头二月初。"

5. 李商隐

《西湖闻畅卿讣》："西湖月照高楼夜，雨涨巴山未可知。"次句是提用李商隐的名诗《夜雨寄北》："君问归期未有期，巴山夜雨涨秋池。何当共剪西窗烛，却话巴山夜雨时。""雨涨巴山"亦可看作是对李诗的截用。

（四）提用宋诗

1. 林逋等

《访担风先生于蓝亭，蒙留饮，席上分题得"雪中梅"，限"微"韵》："林氏山中香袭袭，谢家院里絮霏霏。残冬诗思知何在？白雪寒梅月下扉。"此诗有三句皆是提用前人诗意。首句提用宋林逋《山园小梅》的名句"疏影横斜水清浅，暗香浮动月黄昏"，即所谓"林氏山中香"。郁达夫《相思树》有句"好将疏影拂春潮"亦以"疏影"提用林诗。次句的"谢家院里絮霏霏"提用晋谢道韫的名句"未若柳絮因风起"（《咏雪联句》）。第三句"诗思"则是提用《古今诗话》所载："相国（郑）肇善诗……或曰：'相国近为新诗否？'对曰：'诗思在灞桥风雪中驴子背上，此何以得之？'"

2. 苏轼

（1）《重访荒川堤，八重樱方开，盘桓半日，并摄影以志游，赋此题写真后，次前韵》尾联："春游欲作流传计，写得真容证雪泥。""雪泥"句是提用苏轼《和子由渑池怀旧》："人生到处知何似？应似飞鸿踏雪泥。泥上偶然留指爪，鸿飞那复计东西。"

（2）《中秋无月，风紧天寒，访诗僧元礼，与共饮于江干，醉后成诗，仍步曼兄〈逭暑牯岭〉韵》尾联："东坡水调从头唱，醉笔题诗记此游。"首句则是明显提用苏东坡的中秋词《水调歌头》；次句仿用宋王安中《灵岩山》的"醉墨淋漓记此游"。

（3）《月夜怀刘大杰》首联："青山难望海云堆，戎马仓皇事更哀。""青山"句是提用苏轼《澄迈驿通潮阁》："杳杳天低鹘没处，青山一发是中原。"时郁达夫在新加坡，故以"青山"代中原，亦代祖国。

3. 文天祥等

《初抵望嘉丽，赠陈长培》："伶仃绝似文丞相，荆棘长途此一行。犹幸知交存海内，望门投止感深情。""伶仃"句是提用南宋文天祥的名诗《过零丁洋》："零丁洋里叹零丁"，而以文丞相点明。"零丁洋"是地名，"零丁"即孤独，没有依靠。与"伶仃"是一个意思，是"伶仃"的异形词，故郁达夫说"伶仃绝似文丞相"。"海内"句是提用唐王勃的名诗《送杜少府之任蜀州》："海内存知己，天涯若比邻。"

六、缩用

即把几句诗节缩为一句或把一句诗节缩为几个字，此是根据己诗之意化繁为简的用法。

（一）缩用唐诗

1 李白

（1）《日本谣》其三首联："纨扇轻摇困倚床，歪鬟新兴赵家妆。""赵家妆"是李白《清平调》："可怜飞燕倚新妆"一句的缩用。

（2）《乱离杂诗》其九颈联："细雨蒲帆游子泪，春风杨柳故园情。"次句凝缩李白《春夜洛城闻笛》诗："谁家玉笛暗飞声，散入春风满洛城。此夜曲中闻折柳，何人不起故园情。"也可看着是截用。

2. 杜甫

《寄浪华，以诗代简》其二尾联："才大由来人易弃，须知尼父尚栖栖。"
首句缩用杜甫《古柏行》诗意："志士幽人莫怨嗟，古来材大难为用。""栖
栖"一词提用《论语·宪问》微生亩对孔子说的话："丘，何为是栖栖者与？
无乃为佞乎？"而以尼父点明。

3. 金昌绪

《车过临平》首联："清溪波动菱花乱，黄叶林疏鸟梦轻。"次句缩用金昌
绪《春怨》诗意："打起黄莺儿，莫教枝上啼。啼时惊妾梦，不得到辽西。"

4. 杜牧

《懊恼》其一尾联："当年薄幸方成恨，莫与多情一例看。"首句凝缩杜牧
《遣怀》诗意："十年一觉扬州梦，赢得青楼薄幸名。"次句凝缩杜牧另一首诗
《赠别》："多情却似总无情，唯觉樽前笑不成。蜡烛有心还惜别，替人垂泪到
天明。"

5. 陈陶

《岁暮感愤》颔联："美人应梦河边骨，逐客还吹世上箫。"首句缩用陈陶
《陇西行》诗意："可怜无定河边骨，犹是春闺梦里人。"

（二）缩用宋诗

《下鼓山回望》尾联："怪他活泼源头水，一喝千年竟不回。"首句缩用朱
熹《读书有感》诗意："问渠哪得清如许，为有源头活水来。"

第三节　意用及其形变

一、意用

即对前人诗的思想加以概括而撮用其意。

（一）意用汉诗

《日本谣》其七首联："纨扇秋来惹恨多，薰笼斜倚奈愁何。""纨扇"句
意用汉班婕妤《怨歌行》诗："新裂齐纨素，皎洁如霜雪。裁为合欢扇，团团
似明月。出入君怀袖，动摇微风发。常恐秋节至，凉风夺炎热。弃捐箧笥中，
恩情中道绝。"班乃宫妃被谗失宠，诗意如题以借扇诉怨。郁诗"纨扇惹恨"
亦正用其意。

（二）意用唐诗

1. 王绩

《过小金井川看樱，值微雨，醉后作》尾联："我亦随人难独醒，且傍锦瑟醉如泥。"首句意用王绩《过酒家》诗："此日常昏饮，非关养性灵。眼看人尽醉，何忍独为醒。"王言昏饮不醒，当痛于社会之乱。郁诗乃记游写景之作，故此处"随人难独醒"仅用王诗表层意，以写"看樱"之乐。"傍锦瑟"取杜甫《曲江对酒》"暂醉佳人锦瑟傍"的后三字而倒用，"醉如泥"取杜甫《将赴成都草堂途中有作，先寄严郑公五首》之三中的"先拼一饮醉如泥"的后三字，加"且"合而成句。

2. 王维

《海上侯曼兄不至，回杭后，得牯岭诒暑来诗，步原韵奉答，并约于重九日同去富阳》尾联："重阳好作茱萸会，花萼江边一夜游。"首句意用王维《九月九日忆山东兄弟》："遥知兄弟登高处，遍插茱萸少一人。"王言重阳日兄弟登高独少自己，郁诗言重阳日正好兄弟相会。用王诗意而略有不同。

3. 杜甫

（1）《寄家长兄曼陀，次兄养吾同客都门》颔联："紫荆庭外飞花未，鲈鳜江南入梦无？"首句意用杜甫《得舍弟消息》诗意："风吹紫荆树，色与春庭暮。花落辞故枝，风回返无处。骨肉恩书重，漂泊难相遇。犹有泪成河，经天复东注。"杜言紫荆花落得舍弟消息，故郁问"紫荆庭外飞花未"，以明兄弟相忆之情。郁于此句下特注："见杜甫诗"，正表明是用杜诗之意。

（2）《客感寄某》其二颈联："亦有宏才难致用，可怜浊水不曾清。"首句意用杜甫《古柏行》诗："志士仁人莫怨嗟，古来材大难为用。"

（3）《赠〈华报〉同人》尾联："万一国亡家破后，对花洒泪岂成诗。"此乃意用杜甫《春望》诗："国破山河在，城春草木深。感时花溅泪，恨别鸟惊心。"杜言安史之乱后，山河仍在而国事全非。故对花洒泪，感伤时事。郁诗用其意而又翻进一层，等到国破家亡，再对花洒泪已不成诗。

（4）《乱离杂诗》其六首联："久客愁看燕子飞，呢喃语软泄春机。"此乃意用杜甫《燕子来舟中作》诗："湖南为客动经春，燕子衔泥两度新。旧入故园尝识主，如今社日远看人。可怜处处巢居室，何异飘飘托此身。暂语船樯还起去，穿花贴水益沾巾。"杜言旧时燕子识主，如今主人久客漂泊见而不认了。虽然燕子处处可巢，但与我飘飘此身没有两样。郁用其意更添"愁"情，是因为所恋之人"离多会稀"了。

4. 刘禹锡

《寄小馆海月羽后》尾联："定知吟兴秋稍好，雁正来时叶正红。"此意用刘禹锡《秋词》："自古逢秋悲寂寥，我言秋日胜春朝。晴空一鹤排云上，便引诗情到碧霄。"刘言秋日鹤飞，诗兴大发。郁言雁来叶红，秋好可吟，正用刘诗之意。

5. 白居易

《寄钱潮》颈联："怀归半为西湖景，惜别非关北里间。"首句意用白居易《春题湖上》："未能抛得杭州去，一半勾留是此湖。"白言抛别不得杭州是因为留恋西湖。郁言怀乡思归一半也为那西湖，亦正是用白诗之意。

6. 李商隐

《新婚未几，病疟势危，斗室呻吟，百忧俱集。悲佳人之薄命，嗟贫士之无能，饮泣吞声，于焉有作》颔联："剧怜病骨如秋鹤，犹吐青丝学晚蚕。"次句用李商隐的"春蚕到死丝方尽"（《无题》）诗意，然意又翻进了一层。

（三）意用宋诗

《梦登春江第一楼，严子陵先生钓台，题诗石上》首联："帽影鞭丝去，红尘白雾来。""帽影"句意用苏轼诗："登高回首坡垅隔，堆见乌帽出复没。"（《辛丑十一月十九日，既与子由别于郑州西门之外，马上赋诗一篇寄之》）苏言登高回望，人已远去，只见帽影出没。郁诗"帽影鞭丝"正用此意。

二、转用

即虽用前人原诗句而意思已转化他意。

转用唐诗

1. 高适

《正月六日作》颔联："草堂明日是人日，客况今年逊去年。""草堂"句转用高适《人日寄杜拾遗》诗"人日题诗寄草堂"。高言"草堂"指代杜甫（拾遗），郁借而转用为所居之地（当然郁并没有真住茅草屋）。"客况"句仿用清厉鹗《人日立春用壬寅年人日雪韵》："镜里今年健去年。"

2. 李白

《梅雨连朝不霁，昨过溪南，见秧已长矣》其二："分秧时节黄梅雨，飞燕梳妆赤羽衣。不信春归花事尽，野篱到处落蔷薇。""飞燕"句转用李白《清平调》诗："借问汉宫谁得似？可怜飞燕倚新妆。"李诗说的是汉成帝皇后赵飞燕，郁则借"飞燕倚新妆"转而写雨中的燕子，用得十分巧妙，不落痕迹。此诗之"分秧"句则是仿用宋赵世秀《约客》诗："黄梅时节家家雨。"

"野篱"句化用宋张谷山诗:"可惜荼蘼都过了,绕篱犹自有蔷薇。"

3. 杜甫

《永坂石埭以留别鸥社同人诗见示,即步原韵赋长句以赠》颈联:"千首清词追李杜,四方生祀胜金钱。"首句转用杜甫《不见》的"敏捷诗千首",杜以"诗千首"赞李白,郁借而转用以赞永坂石埭。

三、反用

即表达的思想、观点、意思与前人诗句相反或相对,也即所谓"翻前人作","反其意而用之"。

(一)反用先秦文

《和广勋先生赐赠之二》:"尺枉何由再直寻,兰成哀思及时深。美人香草闲情赋,岂是离骚屈宋心。"首句反用《孟子》语:"尺枉而直寻。"第四句用清彭兆荪的"都是离骚屈宋心"(《扬州郡斋杂诗》),从形式上看又是改用,一字之改,意有不用。

(二)反用汉代文

《李伟南、陈振贤两先生招饮醉花林,叨陪末座,感惭交并,陈先生赐以佳章,依韵奉和,流窜经年,不自知辞之凄恻也》颈联:"去国羁臣伤独乐,梳翎病鹤望全瘳。""伤独乐"反用汉司马相如《上林赋》中语:"务在独乐,不顾众庶。"郁时在新加坡,心忧祖国,不忍独乐,故曰"伤独乐"。

(三)反用唐诗

1. 李义府

《偕某某登岚山》尾联:"岚山倘有闲田地,愿向丛林借一枝。"次句反用李义府诗:"上林如许树,不借一枝栖。"(《历代诗话·全唐诗话(卷一)》上)

2. 李白

(1)《金丝雀》其五尾联:"心事莫从明月寄,中天恐被万人看。"首句反用李白:"我寄愁心与明月,随君直到夜郎西"诗意(《闻王昌龄左迁龙标遥有此寄》);次句则是《红楼梦》中第一回贾雨村咏月诗:"天上一轮才捧出,人间万姓仰头看"的缩用。

(2)《抵星洲感赋》尾联:"不欲金盆收覆水,为谁憔悴客天涯。"此联反用李白《妾薄命》诗:"雨落不上天,水覆难再收。君情与妾意,各自东西流。"

(3)《书示江郎》尾联:"酒入愁肠都乏味,花雕未及故乡浓。"次句反用李白《客中作》:"兰陵美酒郁金香,玉碗盛来琥珀光。但使主人能醉客,不知何处是他乡。"

3. 杜甫等

（1）《游八事山中，徘徊于观音像下者久之》颔联："地来上谷逃禅易，人近中年弃世难。"首句先顺承杜甫诗意："苏晋长斋绣佛前，醉中往往爱逃禅"（《饮中八仙歌》）；次句以"弃世难"又反之，即不能弃世而归禅。

（2）《颇闻有公祭东坡者，故作俚语以薄之》颔联："时宜不合应缄口，天意难回忍放歌。""忍放歌"反用杜甫《闻官军收河南河北》："白日放歌须纵酒"，亦反用苏东坡"负瓢行歌"故事（见《侯鲭录》）。"天意难回"则承杜甫"天意高难问"而顺用。

（3）《题梅魂手册》颔联："山河那待重收拾，寇盗何妨任蔓延。"此是愤激而用之反语。首句反用宋岳飞《满江红》："待从头收拾旧山河，朝天阙"；次句反用杜甫《登楼》："北极朝廷终不改，西山盗寇莫相侵。"

（4）《风流子·三十初度》："老奴故态，不改佯狂。""不改"句反用杜甫《不见》："不见李生久，佯狂究可哀。"

4. 白居易

（1）《日暮湖上》尾联："只愁落日红如火，烧尽湖西尺五山。"首句反用白居易《忆江南》："日出江花红胜火。"

（2）《志亡儿耀春之殇》之五首联："魂魄何由入梦来，东西歧路费疑猜。""魂魄"句反用白居易《长恨歌》："魂魄不曾来入梦。"

5. 李商隐

《乱离杂诗》其一首联："飘零琴剑下巴东，未必蓬山有路通。"次句反用李商隐《无题》："蓬山此去无多路。"李言去蓬山有路但无多，郁则言去蓬山无路可通，故为反用。

（四）反用宋诗

1. 苏轼

（1）《出昱岭关，过三阳坑后，车道曲折，风景绝佳》颔联："外此更无三宿恋，西来又过一重关。"首句反用苏轼《别黄州》："桑下岂无三宿恋。"

（2）《为林建兄题陈月英女史画〈匡庐图〉》首联："彭郎依旧小姑单，几叶轻舟懒下滩。""彭郎"句反用苏轼《李思训画〈长江绝岛图〉》："小姑前年嫁彭郎。"

2. 秦观

《织女春思》尾联"暮暮复朝朝，郎今到何处？"首句反用秦观《鹊桥仙》："两情若是久长时，又岂在朝朝暮暮。"

3. 曾几

《客感寄某》其一首联："五月梅黄雨不晴，江南诗赋老兰成。""五月"句反用曾几《三衢道中》诗"梅子黄时日日晴"。

4. 陆游

《毁家诗纪》其五尾联："驱车直指彭城道，伫看雄师复两京。"次句反用陆游诗："天宝胡兵陷两京。"（《五月十一日，夜且半，梦从大驾亲征，尽复汉唐故地，见城邑人物繁丽，云西凉府也。喜甚，马上作长句，未终篇而觉，乃足成之》）

（五）反用明清诗

1. 徐霞客

《游金马仑之作》其二首联："五岳游罢再入山，忙里偷得半日闲。""五岳"句反用明徐霞客语："五岳归来不看山。"（《漫游黄山仙境》）"忙里"句则是杂用唐李涉《登山》的"因过竹院逢僧话，又得浮生半日闲"与宋程颢《春日偶成》的"时人不识余心乐，将谓偷闲学少年"。

2. 黄仲则

《读陈孝威先生上罗斯福总统书》尾联："儒生未必全无用，纸上谈兵笔有神。"首句反用清黄仲则诗："百无一用是书生。"（《杂感》）

3. 龚自珍

《赠隆儿》其二尾联："烟花本是无情物，莫倚箜篌夜半歌。"首句反用龚自珍《己亥杂诗》之五："落红不是无情物。"句式亦仿龚。

（六）其他

1.《自万松岭步行至凤山门怀古之作》首联："五百年间帝业微，钱塘湖不上渔矶。""五百年"句反用一旧传谶记"五百年间出帝王"（见《西湖游览志余》卷一）。

2.《自汉皋至辰阳流亡途中口占》颔联："同林自愿双栖老，大难宁教半镜差。"此反用明冯梦龙《警世通言·庄子休鼓盆成大道》中俗语："夫妻本是同林鸟，巴到天明各自飞"，以表明自己愿与妻子偕老，不愿"大难"分离。"半镜"用破镜重圆典。

四、翻用

即在前人诗句意义的基础上作翻进一层的使用。

（一）翻用汉魏诗

《梦醒枕上作，翌日寄荃君》其四尾联："要知天上双栖乐，不及黄姑渺隔时。"此是翻用魏曹植《种葛篇》："下有交颈兽，仰见双栖禽。"言兽之交颈，禽之双栖，故乐，犹"不及黄姑渺隔"也。又或翻用牛郎织女故事。《古诗十九首》："迢迢牵牛星，皎皎河汉女。……盈盈一水间，脉脉不得语。"言牛郎织女天上双栖故乐，然犹"不及黄姑渺隔"。

（二）翻用唐诗

1. 李白

《乱离杂诗》其七颈联："满地月明思故国，穷途裘敝感黄金。"首句翻用李白《静夜思》："床前明月光，疑是地上霜。举头望明月，低头思故乡。"由李之"思故乡"而翻进其意更"思故国"。

2. 杜甫

《永坂石埭以留别鸥社同人诗见示，即步原韵赋长句以赠》首联："倾盖江湖再结缘，羡君丰仪过前贤。"次句翻用杜甫《戏为六绝句》之"未及前贤更勿疑"。

3. 刘禹锡

《西归杂咏》其一首联："道我新诗锦不如，临歧扣马请回车。""道我"句翻用刘禹锡《酬乐天见贻贺金紫之什》："珍重和诗呈锦绣。"刘谓诗如锦绣，郁则说诗胜锦绣。

4. 李商隐

（1）《八月初三夜发东京，车窗口占别张、杨二子》颈联："乱离年少无多泪，行李家贫只旧书。"首句翻用李商隐《安定城楼》："贾生年少虚垂涕。"李言贾生垂涕是虚的，郁言乱离人已无多泪。"行李"句仿用杜甫《客至》："樽酒家贫只旧醅。"

（2）《丙辰中秋，桑名阿谁儿楼雅集，分韵得寒》尾联："剪烛且排长夜烛，商量痛饮到更残。"首句翻用李商隐的"何当共剪西窗烛"（《夜雨寄北》），李只言"剪西窗烛"，郁则言连宵痛饮，若要剪烛就需排长夜烛了。

（3）《小草》颈联："宁喜宋里东邻意，忍弃吴王旧苑花。"次句翻用李商隐的"偷看吴王苑内花"（《无题》），李言欲"偷看"，郁则说"（不）忍弃"。

5. 陈玉兰

《募寒衣》尾联："江上征人三百万，秋来谁与寄寒衣。"次句翻用陈玉兰《寄夫》诗："一行书信千行泪，寒到君边衣到无？"陈问夫衣到否，郁则言少寒衣，此乃回翻。

6. 李煜

（1）《星洲旅次有梦而作》尾联："醒后忽忘身是客，蛮歌似哭断人肠。"

首句翻用南唐李后主《浪淘沙》句：“梦里不知身是客。”

（2）《廿八年元旦因公赴槟榔屿，闻有汪电主和之谣，车中赋示友人》颔联：“许国敢辞千里役，忍寒还耐五更风。”次句亦翻用李后主《浪淘沙》句：“罗衾不耐五更寒。”

（三）翻用宋诗

1. 苏轼

（1）《定禅》尾联：“拈花欲把禅心定，敢再轻狂学少年。”次句翻用苏轼《江城子·密州出猎》句：“老夫聊发少年狂。”苏欲发狂，郁则言岂敢轻狂，此乃倒翻。

（2）《西归杂咏》其二尾联：“只愁难解名花怨，替写新诗到海棠。”又《登日和山口占一绝》尾联：“嬉春我学扬州杜，题尽西川十万笺。”两诗之次句皆是翻用苏轼的《赠妓李宜》：“恰似西川杜工部，海棠虽好不吟诗。”苏言西川笺，海棠虽好，都不去题诗；郁则翻进其意，欲题诗十万笺，欲为海棠写诗。

2. 陆游

（1）《青岛杂事诗》其八首联：“共君日夜话钱塘，不觉他乡异故乡。”次句翻用陆游《南乡子》句：“却恐他乡胜故乡。”陆言恐他乡胜故乡，郁言他乡故乡一样。

（2）《毁家诗纪》其二颔联：“诸娘不改唐装束，父老犹思汉冕旒。”首句翻用陆游诗：“凉州女儿满高楼，梳头已学京都样。”（《五月十一日，夜且半，梦从大驾亲征尽复汉唐故地，见城邑人物繁丽，云西凉府也。喜甚，马上作长句，未终篇而觉，乃足成之》）陆言凉州女儿以前是胡妆，现在改学京都样，郁则说诸娘根本就不改唐装束，意有翻进。次句则是承用范成大《州桥》诗意。

3. 范成大

《赠吉田某从征》其一首联：“也识燕然山铭壮，其如民意厌谈兵。”又《感时》颈联：“南渡君臣争与敌，中原父老厌谈兵。”两诗之“厌谈兵”皆翻用范成大《州桥》诗：“州桥南北是天街，父老年年等驾回。忍泪失声问使者：几时真有六军来。”范言父老盼军来，郁则言父老厌谈兵。

（四）翻用元诗

《夜归寓舍，值微雨，口占一绝》首联：“湿云遮路夜乌飞，瘦马嘶风旅客归。”次句翻用马致远《天净沙·秋思》句：“古道西风瘦马。夕阳西下，断肠人在天涯。”马言前往，郁则言回归。

五、仿用

即仿拟前人诗句的结构形式而改变其中的语（词）素或内容，造成一种意义相反或相似、相近的新的诗句。此法郁诗中用的很多，有句仿，也有韵仿。

（一）仿用唐诗

1. 王之涣、沈佺期

《题剑诗》首联："秋风一夜起榆关，寂寞江城万仞山。"次句仿用王之涣《凉州词》的"一片孤城万仞山"。又此诗之颔联："九月霜鼙摧木叶，十年书屋误刀环。"乃是仿用唐沈佺期《独不见》："九月寒砧催木叶，十年征戍忆辽阳。"

2. 王昌龄

《游于山戚公祠》尾联："但使南疆猛将在，不教倭寇渡江涯。"此乃仿用王昌龄《出塞》："但使卢城飞将在，不教胡马度阴山。"

3. 李白

（1）《七月十二夜见某，十六日上船，十七日有此作即寄》其一尾联："解识将离无限恨，阳关只唱第三声。"首句仿用李白《清平调》句："解释春风无限恨。"次句则是提用王维《渭城曲》之"阳关"："西出阳关无故人"，而以"第三声"点明是此诗之第三句"劝君更尽一杯酒"。

（2）《游金马仑》其二尾联："炎荒也有清凉地，轻车已过万重湾。"次句仿用李白《早发白帝城》："轻舟已过万重山。"

（3）《黄花节日与星洲同仁集郭嘉东椰园遥寄，继以觞咏摄影，同仁嘱题照后藉赠园主》："难得主人能好客，诸孙清慧令公贤。"首句仿用李白《客中作》："但使主人能醉客，不知何处是他乡"的第一句。

4. 杜甫

（1）《寄永坂石埭武藏》："不见诗坛盟主久，红尘三斗若为除。"首句仿用杜甫的"不见李生久，佯狂真可哀"（《不见》）的第一句。

（2）《金丝雀》其三首联："客馆萧条兴正孤，八行书抵万明珠。"次句仿用杜甫《春望》："家书抵万金。"

（3）《汕头口占赠许美勋》："谁知邻外烽烟里，驿路匆匆又遇君。"末句仿用杜甫《江南逢李龟年》："落花时节又逢君。"郁诗《寄浪华以诗代简》之"客路飘蓬又遇君"，《赠隆儿》之"梅花五月又逢君"，《无题四首，用〈毁家诗纪〉中四律原韵》之"摩诃池上却逢君"，这几句皆仿用杜诗此句。

（4）《读〈壁山阁存稿〉寄二明先生》其二尾联："毕竟桂林山水秀，中原旗鼓孰相当？"首句仿用杜甫《江南逢李龟年》："毕竟江南风景好。"

（5）《远适星洲，道出香港，友人嘱题〈红树室书画集〉，因题一绝》："不将风雅薄时贤，红树室中别有天。为问仓皇南渡日，过江载得几残篇。""不将"句仿用杜甫《戏为六绝句》："不薄今人爱古人。""为问"句仿用南唐李煜《破阵子》："最是仓皇辞庙日。"又《关君谓升旗山大似匡庐，因演其意》之"谁分仓皇南渡日"亦仿用此句。

（6）《和广勋先生赐赠之作四首》之一："十载春申忆昔游，江关词赋动离愁。"次句仿杜甫的"暮年诗赋动江关"（《咏怀古迹五首》其一），又是对杜句的断取倒用。

（7）《月夜怀刘大杰》颈联："书来细诵诗三首，醉后犹斟酒一杯。"此是对杜甫《不见》的"敏捷诗千首，飘零酒一杯"两句的仿用而有增。

5. 杨巨源

《盐原诗抄》其十尾联："离人又动飘零感，泣下萧娘一曲歌。"次句仿用杨巨源《崔娘诗》："肠断萧娘一纸书。"

6. 韩愈

《病后访担风先生有赠》颔联："烽烟故国家何在？知己穷途谊敢忘。"首句仿用韩愈《左迁至蓝关示侄孙湘》："云横秦岭家何在。"

7. 刘禹锡

《新秋偶成》颔联："百年事业归经济，一夜西风梦石头。"次句仿用刘禹锡《西塞山怀古》："一片降幡出石头。"

8. 元稹

（1）《辞祭花庵，蒙蓝亭远送至旗亭，上车后作此谢之》首联："半寻知己半寻春，五里东风十里尘。""半寻"句仿用元稹《离思》之"半缘修道半缘君"。

（2）《无题——效李商隐体》其二尾联："明知此乐人人有，总觉儿家事最奇。"此是对元稹《遣悲怀》："诚知此恨人人有，贫贱夫妻百事哀"的仿而反用。

（3）《岁暮穷极，有某府怜其贫，嘱为撰文，因步〈钓台题壁〉原韵以作答》颔联："多惭鲍叔能怜我，只怕灌夫要骂人。"此乃仿用元稹《寄乐天》诗："唯应鲍叔犹怜我，自保曾参不杀人。"

9. 杨敬之

《访担风先生道上偶成》尾联："过桥知入词人里，到处村童说担风。"次句仿用杨敬之《赠项斯》："到处逢人说项斯。"

10. 杜牧

（1）《暮归御器寓》首联："日落篝灯数点明，几家弦管庆秋成。"次句仿用杜牧的"万家相庆喜秋成"（《八月十二日得替后移居雪溪馆，因题长句四韵》）。

（2）《读史梧冈〈西青散记〉》尾联："西青散记闲来读，独替双卿抱不平。"首句仿用杜牧《读韩杜集》："杜诗韩集愁来读。"

（3）《青岛杂事诗》其一尾联："而今刘豫称齐帝，唱破家山饰太平。"次句仿用杜牧《过华清宫绝句》："舞破中原始下来。"

（4）《联句》其三："炎黄后裔多英俊"，句仿杜牧《题乌江亭》："江东子弟多才俊。"

11. 李商隐

（1）《奉答长嫂兼呈曼兄》其一首联："定知灯下君思我，只为风前我忆君。"此乃仿用李商隐《子初郊墅》诗："看山对酒君思我，听鼓离城我访君。"

（2）《寄钱潮》首联："海天云树久离居，青鸟西来绝简书。"此乃仿用李商隐《寄令狐郎中》："嵩云秦树久离居，双鲤迢迢一纸书。"

（3）《日本竹枝词》首联："不负荣名拥绣衫，仙郎才调本超凡。"次句仿用李商隐《贾生》之"贾生才调更无伦"。

（4）《有怀碧岑长嫂却寄》尾联："何当剪烛江南墅，重试清谈到夜分。"首句仿用李商隐《夜雨寄北》："何当共剪西窗烛。"

（5）《寄内》其四首联："贫士生涯原似梦"，又《将之日本别海棠》其三第五句："碧玉生涯原是梦"，此两句均是仿用李商隐《无题》之："神女生涯原是梦。"

（6）《乙亥元日读〈龙川文集〉，暮登吴山》颔联："输降表已传关外，册帝文应出海涯。"此乃仿用李商隐《重有感》诗："窦融表已来关右，陶侃军宜次石头。"

12. 陈玉兰

《题〈阴符夜读图〉后寄荃君》其二尾联："相思倘化夫妻石，汝在江南我玉关。"次句仿用陈玉兰《寄夫》："夫戍边关妾在吴。"

13. 罗隐

《寄内》其三首联："一袭青春不可留，为谁飘泊为谁愁。"次句仿用罗隐《蜂》中的诗句："为谁辛苦为谁甜。"

14. 冯延巳

《蝶恋花》:"忍泪劝君君切记,等闲莫负雏年纪。"首句仿用南唐冯延巳《蝶恋花》句:"泪眼问花花不语。"

(二)仿用宋诗

1. 苏舜钦等

《毁家诗纪》其三尾联:"寂寞渡头人独立,满天明月看潮生。"次句仿改宋苏舜钦《淮中晚泊犊头》:"满川风雨看潮生。"又其四首联:"寒风阵阵雨潇潇,千里行人去路遥。""寒风"句仿用宋黄梦得《观邸报》:"西风飒飒雨潇潇。"又其五颔联:"春风渐绿中原土,大纛初明细柳营。"首句仿用宋王安石《泊船瓜洲》:"春风又绿江南岸。"又其十颈联:"佳话颇传王逸少,豪情不减李香君。"次句仿用宋杨诚斋《送何一之右司出守平江》:"风流不减韦苏州。"又其十四首联:"汨罗东望路迢迢,郁怒熊熊火未消。""汨罗"句仿用唐岑参《逢入京使》:"故园东望路漫漫。"又其十五尾联:"禅心已似冬枯木,忍再拖泥带水行。"首句仿用宋释参寥《答杭妓》诗:"禅心已作沾泥絮。"次句则是《五灯会元》卷十五《惟简禅师》:"狮子翻身,拖泥带水"后句的增用。又其十六首联:"此身已分炎荒老,远道多愁驿递迟。""此身"句仿用宋苏轼《淮上早发》之:"此生定向江湖老。"又其十七首联:"去年曾宿此江滨,旧梦依依绕富春。"次句仿用唐张泌《寄人》:"别梦依依到谢家。"

2. 苏轼

《题闽县陈贻衍氏西湖纪游画集》其四尾联:"他年归隐西湖去,应对春风忆建溪。"此乃仿苏轼《次韵代留别》:"他年一舸鸱夷去,应记农家旧住西。"

3. 陆游

《酒后挥毫赠大慈》首联:"十月秋阴浪拍天,湖山虽好未容颠。""十月"句仿陆游《吴娃曲》:"二月镜湖水拍天。"

4. 李清照

《王师罢北征》颈联:"南渡中流思祖逖,西风落日吊田横。"首句仿用李清照《思项羽》:"南渡衣冠思王导。"

5. 翁卷

《日本谣》其十一:"樱满长堤月满川",与《梅雨连朝不霁,昨过溪南,见秧已长矣》之"草满池塘水满汀",两句仿用翁卷《乡村四月》的"绿遍山原白满川"句。

6. 叶绍翁

《初秋客舍》其一尾联："记得昨宵寻菊去，青鞋浅印上苍苔。"次句仿用叶绍翁《游园不值》："应怜屐齿印苍苔。"

7. 陈与义、元好问（金）

《乱离杂诗》其五颔联："从知灞上终儿戏，坐使咸阳失要津。"首句仿用金元好问《癸巳四月二十九日出京》："只知灞上真儿戏。"次句仿用宋陈与义《伤春》："坐使甘泉照夕烽。"

8. 李防

《青岛杂事诗》其七首联："王后卢前意最亲，当年同醉大江滨。"次句仿用李防《送陈瞻知永州》："昔年同醉杏园春。"

（三）仿用明清诗

1. 袁宏道

《读〈壁山阁存稿〉寄二明先生》其三尾联："康成老后风情减，此论千秋实起予。"首句仿用明袁宏道《天坛》诗："刘郎老去风情减。"

2. 钱谦益

（1）《日本谣》其七尾联："商音谱出西方曲，肠断新翻复活歌。"次句仿用清钱谦益诗"乐府新翻红豆篇"（《遵王敕先共赋胎仙阁看红豆花诗吟叹之余走笔属和》）。

（2）《过扬州》尾联："箫声远渡江淮去，吹到扬州廿四桥。"次句仿用钱谦益《灯屏词》："唱遍扬州廿四桥。"也可看作是改用。

（3）《陆丹林出示所藏〈诸真长病起楼图〉，率赋四章》其四尾联："而今画里重看画，记得相逢在市楼。"首句仿用钱谦益诗"如今盏里重看画"（《戊戌新秋吴巽之持孟阳画肩索题为赋十绝句》）。

3. 吴梅村

（1）《将之日本别海棠》其一颔联："海国秋寒卿忆我，棠阴春浅我怜卿。"此乃仿用吴梅村《琴河感旧》诗："青衫憔悴卿怜我，红粉飘零我忆卿。"

（2）《过西溪法华山觅厉征君墓不见》尾联："十里法华山下路，乱堆无处觅遗坟。"此乃仿用吴梅村《口占赠苏昆生》诗："回首岳侯坟下路，乱山何处葬将军。"

（3）《乱离杂诗》其二首联："望断南天尺素书，巴城消息近何如。"次句仿用吴梅村《赠冯纳先进士教授云中》："故人消息待如何。"

4. 陈伯崖

《村居杂诗》其二首联："事到无成愿转平，从今梦自冷春明。""事到"句仿用清纪昀的先师陈伯崖撰的一副联书："事常知足心常泰，人到无求品自高。"

5. 龚自珍

（1）《自题〈乙卯集〉》其一尾联："断案我从苏玉局，先生才地太聪明。"次句仿用龚自珍《己亥杂诗》六十五："美人才地太玲珑。""断案"句则是对宋苏轼《洗儿戏作》："人皆养子望聪明，我被聪明误一生。惟愿孩子愚且鲁，无灾无难到公卿"一诗的意用。

（2）《西归杂咏》其五尾联："不向东山谋一醉，独遮纨扇过西京。"次句仿用龚自珍《己亥杂诗》七十五之"自障纨扇过旗亭"。

（四）此外，还有仿用韵例

1. 骆宾王

《过易水》用唐骆宾王《于易水送人一绝》诗韵，只是押韵字略有调整。

2. 李商隐

《自述诗》其十七仿用唐李商隐《马嵬》诗韵，《无题——效李商隐体》正如其题。

3. 岳飞

《满江红》"福州于山戚武毅公祠新修落成，于社同人广征纪念文字，为填一阕，用岳武穆原韵"，如题用宋岳飞《满江红》韵。

4. 姜白石

《过扬州》仿用宋姜白石"小红低唱我吹箫"韵。

5. 谢枋得

《抵槟城后，见有饭店名杭州者，乡思萦怀，夜不能寐，窗外乐舞不绝，用宋谢枋得〈武夷山中〉诗韵，吟成一绝》，如题是仿用宋遗民谢枋得《武夷山中》诗韵。

六、化用

即对前人的诗句根据己意加以调整，适当变化以后，化为自己的诗句。

（一）化用汉魏六朝诗

1. 曹植

《相思树》其二首联："江水悠悠日夜流，江干明月照人愁。"次句化用魏曹植《七哀》诗："明月照高楼，流光正徘徊。上有愁思妇，悲叹有余哀。"

2. 陶渊明

《春居杂诗》其三尾联："看到白云归岫后，衡阳过雁两三声。"首句化用东晋陶渊明《归去来兮辞》："云无心以出岫，鸟倦飞而知还。"

3. 刘义庆

《梦醒枕上作》颔联："梦到阑珊才惜别，秋于我辈独无情。"次句化用南朝宋刘义庆《世说新语·伤逝》句："圣人忘情，最下不及情，情之所钟，正在我辈。"此言我辈钟情，郁言秋于我辈无情，化其意而有不同。

4. 孔稚圭

《去卜干峇鲁赠陈金绍》尾联："若问樽前惆怅事，故乡猿鹤动人愁。"次句化用南朝齐孔稚圭《北山移文》句："蕙帐空兮夜鹤怨，山人去兮晓猿惊。"孔文以讽，郁言思乡，意有不同。

（二）化用隋唐诗

1. 薛道衡

《题陶然亭壁》："泥落危巢燕子哀，荒亭欲去更徘徊。""泥落"句化用隋薛道衡《昔昔盐》："空梁落燕泥。"

2. 王昌龄

《拟唐人作》尾联："深闺少妇楼头望，怕见风欺杨柳斜。"此乃化用唐王昌龄《闺怨》诗意："闺中少妇不知愁，春日凝妆上翠楼。忽见陌头杨柳色，悔教夫婿觅封侯。"

3. 王维

《不知》其二尾联："不知彭泽门前菊，开到黄花第几枝。"此乃化用王维《杂诗》诗意："君自故乡来，应知故乡事。来日绮窗前，寒梅着花未？"

4. 李白等

（1）《相思树》其三首联："他年倘向瑶池见，记取杨枝舞影斜。"首句化用李白《清平调》："若非群玉山头见，会向瑶池月下逢。"

（2）《偕某某登岚山》颈联："烟景又当三月暮，多情虚负五年知。"首句化用李白《黄鹤楼送孟浩然之广陵》："烟花三月下扬州。"

（3）《自述诗》其二首联："前身终不是如来，谪下红尘也可哀。"此乃化用李白《答湖州迦叶司马问白是何人》诗："青莲居士谪仙人，酒肆逃名三十春。湖州司马何须问，金粟如来是后身。"

（4）《题写真答荃君》其三："儒生无分上凌烟，出水清姿颇自怜。他日倘求遗逸像，江南莫忘李龟年。"首句化用李贺《南园》诗："请君暂上凌烟阁，若个书生万户侯"；次句化用李白《赠江夏韦太守良宰》："清水出芙蓉，天然去雕饰";末句化用杜甫的《江南逢李龟年》,而于清龚自珍《己亥杂诗》"江南重遇李龟年"则是改用。

(5)《送文伯西归》颔联:"夜静星光摇北斗,楼空人语逼天河。"次句化用李白的《夜宿山寺》:"危楼高百尺,手可摘星辰。不敢高声语,恐惊天上人。"

5. 杜甫

(1)《寄浪华,以诗代简》其三首联:"正伤帝意忌雄文,客路飘蓬又遇君。"首句化用杜甫《天末怀李白》:"文章憎命达,魑魅喜人过。"次句仿用杜甫的"落花时节又逢君"。

(2)《寄和荃君原韵》其三首联:"十年海外苦羁留,不为无家更泪流。"次句化用杜甫《月夜忆舍弟》:"有弟皆分散,无家问死生。"

(3)《寄和荃君原韵》其四尾联:"一曲阳关多少恨,梅花馆阁动清愁。"次句化用杜甫《和裴迪登蜀州东亭送客逢早梅相忆见寄》诗意:"东阁官梅动诗兴,还如何逊在扬州。此时对雪遥相忆,送客逢春可自由。幸不折来伤岁暮,若为看去乱乡愁。江边一树垂垂发,朝夕催人自白头。"

6. 白居易等

(1)《留别梅浓》尾联:"金钗合有重逢日,留取冰心镇玉壶。"首句化用白居易《长恨歌》诗意:"唯将旧物表深情,钿合金钗寄将去。钗留一股合一扇,钗擘黄金合分钿。"次句仿用唐王昌龄《芙蓉楼送辛渐》诗句:"一片冰心在玉壶。"

(2)《宿钱塘》尾联:"相逢漫问家何在,一夕横塘是旧游。"首句化用白居易《琵琶行》:"同是天涯沦落人,相逢何必曾相识。"

7. 柳宗元

《西归杂咏》其六尾联:"十里和歌山下路,雨丝如剑割归心。"次句化用柳宗元《与浩初上人同看山寄京华亲故》:"海畔尖山似箭芒,秋来处处割愁肠。"

8. 杜牧

《题画》其三首联:"云中鸡犬认仙家,霜后秋林石径斜。"次句化用杜牧《山行》诗意:"远上寒山石径斜,白云生处有人家。停车坐爱枫林晚,霜叶红于二月花。"

9. 李商隐

(1)《李义山》尾联:"解识汉家天子意,六军驻马笑牵牛。"此乃化用李商隐《马嵬》诗意:"此日六军同驻马,当时七夕笑牵牛。如何四纪为天子，不及卢家有莫愁。"

（2）《寄内五首》其二尾联："当时只道难离别，别后谁知恨更深。"此联化用李商隐的《无题》："相见时难别亦难。"

（3）《毁家诗纪》其三尾联："蓬山咫尺南溟路，哀乐都因一水分。"首句化用李商隐《无题》诗句："蓬山此去无多路。"

10. 李煜

《登杭州南高峰》颔联："五更衾薄寒难耐，九月秋迟桂始花。"首句化用李后主词《浪淘沙令》的"罗衾不耐五更寒"。

（三）化用宋诗

1. 林逋

《晴雪园卜居》颈联："月明梅影人同瘦，日夕潮声海倒流。"首句化用林逋《山园小梅》："疏影横斜水清浅，暗香浮动月黄昏。"

2. 张先等

（1）《自述诗》其十尾联："杏花又逐东风嫁，添我情怀万斛愁。"首句化用宋张先《一丛花令》词："不如桃杏，犹解嫁东风。"

（2）《自述诗》其十二首联："几度沧江逐逝波，风云奇气半消磨。"次句化用清龚自珍《己亥杂诗》二五二语："风云才略已消磨。"亦可看作改用。

（3）《自述诗》其十三尾联："笑把金樽邀落日，绿杨城郭正春风。"首句化用宋词人宋祁《玉楼春》词："为君持酒劝斜阳，且向花间留晚照。"

（4）《自述诗》其十四首联："欲把杭州作汴京，湖山清处遍题名。""欲把"句化用宋林升《题临安邸》："暖风熏得游人醉，直把杭州作汴州。"林诗在讽刺，言宋人偏安杭州，不去收复中原；郁诗化用后则言意欲久住杭州。

3. 苏轼

《旧历八月十六夜观月》首联："月圆似笑人离别，睡好无妨夜冷凉。""月圆"句化用苏轼《水调歌头·中秋词》诗意："转朱阁，低绮户，照无眠。不应有恨，何事长向别时圆。"

4. 秦观

《毁家诗纪》其十三首联："并马氾州看木奴，粘天青草覆重湖。"次句化用秦观《满庭芳》词："山抹微云，天粘衰草。"

5. 陆游

（1）《春夜初雨》首联："小楼今夜应无睡，二月江南遍杏花。"此乃化用陆游《临安春雨初霁》语："小楼一夜听春雨，深巷明朝卖杏花。"

（2）《秋夜怀人》其二尾联："为祝年年诗祭健，绿章连夜奏空王。"次句化用陆游《花时遍游诸家园》："绿章夜奏通明殿，乞借春阴护海棠。"

6. 李清照

（1）《日本谣》其三尾联："红绡汗透香微腻，试罢菖蒲辟疫汤。"首句化用李清照《点绛唇》语："薄汗轻衣透。"

（2）《读唐诗偶成》第五联："日与山水亲，渐与世相忘。"首句化用李清照《怨王孙》语："水光山色与人亲，说不尽无穷好。"

（四）化用金元诗

1. 元好问

《梦醒枕上作翌日寄荃君》其五首联："万一青春不可留，自甘潦倒作情囚。""情囚"一词乃从元好问诗句"高天厚地一诗囚"（《论诗绝句》）之"诗囚"化出。

2. 张澄

《晚兴》颔联："幽室人疑孤岛住，危栏客数阵鸿过。"次句化用张澄的《永宁王赵幽居》："烟村寂寞无人语，独倚寒藤数暮鸦。"

3. 元无名氏

《盐园诗抄》其四尾联："高楼莫忆年时梦，好事如花总有磨。"次句化用元无名氏《普天乐·离情》语："繁华一撮，好事多磨。"

（五）化用清诗

1. 曹雪芹

《遇释无邻，知旧友尚客金陵，作此寄之》颔联："板桥夜梦钗多少，淮水秋潮浪几层？""钗多少"化自曹雪芹《红楼梦》之"金陵十二钗"，进而以切诗题之"金陵"。

2. 黄仲则等

《乱离杂诗》其七尾联："茫茫大难愁来日，剩把微情付苦吟。"首句化用清黄仲则《绮怀》语："茫茫来日愁如海"。又其九颔联："偶攀红豆来南国，为访云英上玉京。"首句化用唐王维《相思》诗意："红豆生南国，春来发几枝。愿君多采撷，此物最相思。"次句化用唐裴铏《传奇·裴航》中诗意："一饮琼浆百感生，玄霜捣尽见云英。蓝桥便是神仙窟，何必崎岖上玉清。"又其十二首联："草木风声势未安，孤舟惶恐再经滩。"次句化用宋文天祥《过零丁洋》："惶恐滩头说惶恐。"

3. 龚自珍

《客舍偶成》颈联："谈天却少如邹舌，射日分明有羿风。"次句化用龚自珍《己亥杂诗》八十九："学羿居然有羿风。"

第四节　暗用合用与杂用

一、暗用

即对要用的诗句加以融化或综合转述，同自己的诗句一起连用。

（一）暗用汉魏六朝诗

1. 汉乐府等

《由柳桥发车巡游一宫犬山道上作》其二："麦苗苍翠柳条黄，倒挂柔枝陌上桑。天意不教民逸乐，田家此后正多忙。""倒挂"句暗用汉乐府《陌上桑》："罗敷喜蚕桑，采桑城南隅。"融罗敷故事于内。"田家"句暗用宋翁卷《乡村四月》诗："乡村四月闲人少，才了蚕桑又插田。"

2. 谢道韫

《雪》尾联："朔风有意荣枯草，柳絮无心落凤池。""柳絮"乃是暗用东晋谢道韫《咏雪联句》诗："未若柳絮因风起。"

3. 江淹

《赠别》首联："马上河桥月上门，秋风杨柳最销魂。"次句暗用南朝江淹的《别赋》："黯然销魂者，唯别而已矣。"诗题为《赠别》，故暗用以切题。

（二）暗用唐诗

1. 李白

（1）《杨妃醉卧》首联："酒晕醉东风，肌透秦川锦。""秦川锦"暗用李白《乌夜啼》："机中织锦秦川女，碧纱如烟隔窗语。"

（2）《杂感八首》其一颈联："一死拼题鹦鹉赋，百年几上凤凰台。""凤凰台"暗用李白《登金陵凤凰台》诗意："凤凰台上凤凰游，凤去台空江自流。""总为浮云能蔽日，长安不见使人愁。"

2. 杜甫

《谒岳坟》颈联："我亦违时成逐客，今来下马拜将军。"首句暗用杜甫《梦李白》诗意："江南瘴疠地，逐客无消息。"

3. 李益

《梦醒枕上作，翌日寄荃君》其三尾联："问谁甘作瞿塘贾，为少藏娇一亩庐。""瞿塘贾"暗用李益《江南曲》："嫁得瞿塘贾，朝朝误妾期。早知潮有信，嫁与弄潮儿。"

4. 孟郊

《抵星洲感赋》首联："生同小草思酬国，志切狂夫敢忆家。""小草"暗用孟郊《游子吟》："谁言寸草心，报得三春晖"诗意。

5. 白居易

《西京客舍赠玉儿》尾联："钟定月沉人不语，两行清泪落琵琶。""落琵琶"暗用白居易名作《琵琶行》诗意。

6. 贾岛

《癸丑夏夜登东鹳山》尾联："更残万籁寂，踏月一僧归。"次句暗用贾岛《题李凝幽居》诗意："僧敲月下门。"

7. 杜牧

《秋兴四首》其三尾联"云外重闻飞雁过，离情更欲泣青莎。""云外"句暗用杜牧《早雁》诗意："金河秋半虏弦开，云外惊飞四散哀。"

8. 李煜

《己未都门杂事诗》其二尾联："一夜罗衾嫌梦薄，晓窗红日看梳头。"首句暗用李煜《浪淘沙》词："罗衾不耐五更寒，梦里不知身是客，一晌贪欢。"

（三）暗用宋诗

1. 林逋等

《为君濂题海粟画梅》尾联："展画时闻香暗散，陇头春满感刘郎。""香暗散"暗用林逋《山园小梅》名句："暗香浮动月黄昏。""陇头春"暗用三国吴陆凯《寄赠范晔》诗："折梅逢驿使，寄与陇头人。江南无所有，聊寄一枝春。"林、陆皆写到梅，故暗用以切题。

2. 苏轼

《犬山堤小步，见樱花未开，口占两绝》其二尾联："东望浣溪南白帝，此身疑已到西川。"次句暗用苏轼《赠妓李宜》的"恰似西川杜工部"，有以杜甫自视之意。

3. 陆游

《雪》首联："一夜朔风吹布被，天花散处不生根。"次句暗用陆游《夜大雪歌》："初疑天女下散花，复恐麻姑行掷米。"陆诗咏雪，暗用以切己题。

二、合用

即取前人诗甲句的上半句（或下半句）与乙句的下半句（或上半句）而组合成一个新的诗句。这种合用有很大的随意性，可随诗意隔朝代而选用，故不便于按时代划分，现就郁诗写作的时间顺序排列于下。

1.《日本大森海滨望乡》尾联："犹记离乡前夜梦，夕阳西下水东流。"次句取元马致远的"夕阳西下，断肠人在天涯"（《天净沙·秋思》）之"夕阳西下"与南唐李煜的"问君能有几多愁，恰似一江春水向东流"（《虞美人》）或清黄仲则的"最忆溆行尚回首，此心如水只东流"（《感旧杂诗》）之"水东流"合而成句，郁之"望乡"与马之"思"、李之"愁"、黄之"感"亦相联，故取而合用。

2.《日本谣》其八首联："扫眉才子众三千，万里桥边起讲筵。"首句取唐王建《寄蜀中薛涛校书》："扫眉才子知多少，管领春风总不如"之"扫眉才子"与《史记·孔子世家》："孔了以诗书礼乐教，弟子盖三千"之"弟子三千"合用而成句。王之"才子"孔之"弟子"亦与郁所指女子高师的学生意相同故取而合用。

3.《丙辰元日感赋》首联："逆旅逢新岁，飘蓬笑故吾。"次句取杜甫《铁堂峡》："飘蓬逾三年"之"飘蓬"与王炎《元日书怀》："年光除日又元日，心事今吾非故吾"之"故吾"合而成句。郁此诗写于 1916 年，距 1913 年赴日留学恰好三年，与杜诗之意相合。郁是《元日感赋》，王是《元日书怀》，意亦相合；惟王言到了新年之"今吾"已非旧年之"故吾"了。郁因感于离乡游学如"飘蓬"，故"今吾"也还是"故吾"，故我（吾）没变，意有所翻。

4.《木曾川看花》颔联："轻帆细雨刚三月，宠柳娇花又一村。"次句取李清照《念奴娇》："宠柳娇花寒食近"之前四字与陆游《游山西村》："柳暗花明又一村"之后三字合而成句。皆是写景故取而合用。

5.《大桃园看花》首联："夭桃如雾女如云，人影花香两馥芬。""夭桃"句从《诗经·桃夭》之"桃之夭夭，灼灼其华"与《诗经·出其东门》之"出其东门，有女如云"两诗中提取调整后合而成句，其意亦相合。

6.《野客吃梅赋此却之》首联："疏影横斜雪里看，空山唯此慰袁安。"首句断用林逋《山园小梅》："疏影横斜水清浅"之"疏影横斜"，并取唐代僧人齐己的《早梅》："前村深雪里，昨夜一枝开"之"雪里"增一"看"字合而成句，两诗皆是写梅，故郁取而合用。

7.《西归杂咏》其七首联："嬉歌怒骂生花笔，泪洒青衫亦可哀。"首句从黄庭坚《东坡先生真赞》："嬉笑怒骂，皆成文章"与五代王仁裕《开元天宝遗事》："李太白少时，梦所用之笔头上生花"这两句中提取调改合而成句。黄赞苏轼，王写李白，郁因于舟中读德国大诗人海涅，正意合故取而合用。

8.《南船北马，落落无成，自房州赴东京车上有感》尾联："词人清怨知

235

何限，梦里功名镜里花。"次句皆取自《红楼梦》，第五回《晚韶华》之"镜里恩情，更哪堪梦里功名"之"梦里功名"与第五回《枉凝眉》之"一个是水中月，一个是镜中花"之"镜中花"合而成句，改"中"为"里"以协平仄。郁意与曹意相同，故取而合用。

9.《无题》首联："云破月来张子野，枝头春闹宋尚书。"此是把宋张先（即张子野）的名句"云破月来花弄影"（《天仙子》）与宋祁（即宋尚书）的名句"红杏枝头春意闹"（《玉楼春》）提取而合用。

10.《青岛杂事诗》其十首联："一将功成万马喑，是谁纵敌教南侵？"首句取唐曹松《己亥岁》："一将功成万骨枯"之"一将功成"与龚自珍《己亥杂诗》："万马齐喑究可哀"之"万马喑"合而成句。"一将"句也可看作是对曹诗的改用或仿用。

11.《三月一日对酒兴歌》首联："愁怀端赖麴生开，厚地高天酒一杯。"次句取《红楼梦》第五回对联："厚地高天，堪叹古今情不尽"之前四字与杜甫《春日怀李白》："敏捷诗千首，飘零酒一杯"之后三字合而成句。

12.《乙亥夏日楼外楼坐雨》首联："楼外楼头雨似酥，淡妆西子比西湖。"首句取南宋林升的"山外青山楼外楼"（《题临安邸》）之"楼外楼"与韩愈"天街小雨润如酥"（《早春呈张水部张十八员外郎》）之"雨如酥"合而增改成句。次句则是截取倒用苏轼的名诗《饮湖上初晴后雨》："欲把西湖比西子，淡妆浓抹总相宜。"

13.《李伟南、陈振贤两先生招引醉花林，感惭交并，陈先生赐以佳章，依韵奉和，流窜经年，不自知词之凄恻也》颔联："叨陪宾主东南美，却爱园林草木秋。"首句取自唐王勃《滕王阁序》："他日趋庭，叨陪鲤对"之"叨陪"与"宾主尽东南之美"合而成句。

三、杂用

即杂取前人两句或两句以上的诗（词语）提缩凝练成一句新诗。杂用也与合用相似，不便于按时代划分，这里也以郁诗写作时间的顺序排列于下。

1.《奉答长嫂兼呈曼兄》其三尾联："春风廿四桥边路，悔作烟花梦一场。"此乃是从杜牧的"春风十里扬州路"（《赠别》），"二十四桥明月夜"（《寄扬州韩绰判官》），"十年一觉扬州梦"（《遣怀》）与李白的"烟花三月下扬州"（《黄鹤楼送孟浩然之广陵》）等诗句中杂取糅合而成新诗句。《佩兰雅集，予不果往，蝶如君意予赴会也，寄诗至》之"烟花梦不到扬州"亦如上。

2.《秋宿品川驿》尾联："虫语凄清砧杵急，最难安置是乡愁。"首句从《子夜歌》："佳人理寒服，万结砧杵劳"与杜甫《秋兴》的"寒衣处处催刀尺，白帝城高急暮砧"两诗中杂取糅合而成。

3.《寄家长兄曼陀，次兄养吾同客都门》首联："十载风尘一腐儒，暮云千里望皇都。""十载"句从杜甫的"风尘荏苒音书绝，关塞萧条行路难。已忍伶俜十年事，强移栖息一枝安"（《宿府》）与"江汉思归客，乾坤一腐儒"（《江汉》）两诗中杂取糅合而成。

4.《日本谣》其四首联："碧玉年华足怨思，珠喉解唱净琉璃。"首句从南朝宋汝南王的"碧玉破瓜时，郎为情颠倒"（《碧玉歌》）与李商隐的"一弦一柱思华年"（《锦瑟》）两诗中杂取糅合而成。

5.《丙辰元日感赋》颔联："百年原是客，半世悔为儒。"首句从《古诗十九首》："生年不满百，常怀千岁忧"与李白《春夜宴桃李园序》："光阴者，百代之过客"两句中杂取糅合而成。

6.《夜归寓舍，值微雨，口占一绝》尾联："细雨小桥人独立，三更灯影透林微。"首句从五代冯延巳的"独立小桥风满袖，平林新月人归后"（《鹊踏枝》）与宋晏几道的"落花人独立，微雨燕双飞"（《临江仙》）两诗中杂取糅合而成。

7.《秋兴》其一颈联："须知国破家何在，岂有舟沉橹独浮。"首句杂取于杜甫的"国破山河在"（《春望》）与韩愈的"云横秦岭家何在"（《左迁至蓝关示侄孙湘》）两诗。

8.《西归杂咏》其八尾联："残月晓风南浦路，一车摇梦过龙华。"首句杂取于宋柳永的"今宵酒醒何处，杨柳岸晓风残月"（《雨霖铃》）与屈原的"送美人兮南浦"（《九歌·河伯》）。

9.《春江感旧》其一颔联："蓬岛归来天外使，河阳凋尽镜中花。"次句杂取于南朝庾信的"即是河阳一县花"（《枯树赋》）与曹雪芹的"一个是水中月，一个是镜中花"（《红楼梦·枉凝眉》）。又此诗尾联："泥落可怜双燕子，低飞犹傍莫愁家。"首句杂用隋薛道衡的"空梁落燕泥"（《昔昔盐》）与元萨都剌的"王谢堂前双燕子"（《满江红·金陵怀古》）。

10.《重过杭州，登楼望月，怅然有怀》尾联："可怜一片西江月，照煞金闺梦里人。"此乃杂用唐陈陶的"可怜无定河边骨，犹是春闺梦里人"（《陇西行》）与李白的"只今惟有西江月，曾照吴王宫里人"（《苏台览古》）两诗，而有仿拟之似。

11.《将去名古屋，别担风先生》尾联："瓣香倘学涪翁拜，不惜千金买绣丝。"首句杂用宋陈师道的"向来一瓣香，敬为曾南丰"（《观宄文忠公家六一堂图书》）与元好问的"论诗宁下涪翁拜"（《论诗绝句》）两诗。

12.《寂感》其一尾联："君去吴头侬楚尾，知音千里抱孤琴。"首句杂用宋黄庭坚的"山又水，行尽吴头楚尾"（《谒金门》）与宋李之仪的"我住江之头，君住江之尾。日日思君不见君，共饮长江水"（《卜算子》）两诗。

13.《留别》其三首联："几日红楼望驿尘，泥他辛苦祝江神。"次句杂用元稹的"泥他沽酒拔金钗"（《遣悲怀》）与唐于鹄的"偶向江边采白萍，还随女伴赛江神"（《江南曲》）。

14.《题画》其四尾联："秋风吹绝溪声急，树树夕阳黄叶飞。"次句杂取唐王绩的"树树皆秋色，山山唯落晖"（《野望》）与王勃的"况属高风晚，山山黄叶飞"（《山中》）两诗。

15.《赠姑苏女子》颈联："一春绮梦花相似，二月浓情水样流。"次句杂用欧阳修的"离愁渐远渐无穷，迢迢不断如春水"（《踏莎行》）与秦观的"柔情似水，佳期如梦"（《鹊桥仙》）两首词。

16.《步何君〈半山娘娘庙题壁〉续成》首联："春愁似水刀难断，村酿偏醇醉易狂。"首句杂用李煜的"问君能有几多愁，恰似一江春水向东流"（《虞美人》）与李白的"抽刀断水水更流"（《宣州谢朓楼饯别校书叔云》）。

17.《募寒衣》首联："洞庭木落雁南飞，血战初酣马正肥。"首句杂用屈原的"洞庭波兮木叶下"（《九歌·湘夫人》）与王实甫的"西风紧，北雁南飞"（《西厢记·端正好》）。

18.《题刘大师画祝融峰水墨中堂》尾联："年来宗炳垂垂老，卧看风雷笔底凝。"次句杂用苏轼的"异时常轻谪仙人，舌有风雷笔有神"（《和王斿》）与龚自珍的"著书不为丹铅误，中有风雷老将心"（《己亥杂诗》）。

19.《乱离杂诗》其一颔联："空梁王谢迷飞燕，海市蜃楼咒夕阳。"首句杂用隋薛道衡《昔昔盐》的"空梁落燕泥"与刘禹锡《乌衣巷》的"旧时王谢堂前燕，飞入寻常百姓家"。又之三颔联："似闻岛上烽烟急，只恐城门玉石焚。"次句杂用北齐杜弼《檄梁文》的"但恐楚国亡猿，祸延林木；城门失火，殃及池鱼"与《尚书·胤征》的"火炎昆冈，玉石俱焚"。又此诗颈联："誓记钗环当日语，香余绣被隔年熏。"次句杂用李白《寄远十二首》其十一的"床中绣被卷不寝，至今三载闻余香"与柳永《迎春乐》的"良夜永，牵情无奈，锦被里，余香犹在"。又之六尾联："解忧纵有兰陵酒，浅醉何由梦洛妃。"首句杂用曹操《短歌行》的"何以解忧，唯有杜康"与李白《客中作》的"兰陵美酒郁金香，玉碗盛来琥珀光"。

20.《采桑子》："奇事成重，乍见真疑在梦中。"杂用唐司空曙的"乍见翻疑梦，相悲各问年"（《云阳馆与韩绅宿别》）与宋晏几道的"今宵剩把银釭照，犹恐相逢是梦中"（《鹧鸪天》）。

以上从郁达夫数百首诗（词）中，叙录其对古典诗词的学习之深与运用的灵活，方法的多样。就时间与范围来看，从先秦时期的《诗经》《楚辞》，到汉魏六朝时期的《古诗十九首》、曹氏父子、陶潜、庾信、薛道衡，再到唐宋时期各大名家，最后直至清代的钱谦益、吴伟业、黄仲则、龚自珍，近代的苏曼殊，连小说裴铏的《传奇·裴航》、魏秀仁的《花月痕》、曹雪芹的《红楼梦》里的诗，乃至一些经史子书、辞赋文章、诗偈俗语等，都为郁达夫所广泛吸收。这倒不是说郁达夫在有意抄袭古人，而是因为"染指既多，自成习套"。从实际情况来看，他受唐人的影响最深，这与郁达夫自己所说的偏爱唐诗正相吻合。

第十二章

郁达夫写徐州的诗

　　徐州作为一座历史文化名城，当然与历史文化名人是分不开的。郁达夫就是中国现代文学史上著名的作家、诗人。易君左这样称赞郁达夫，说："他是一个人才，一个天才和一个仙才……李太白以后隔了一千多年，才生出一个黄仲则，黄仲则以后又隔了几百年才生出一个郁达夫。"就是这个"数百世而不可一见"① 的郁达夫与徐州却有着很深的关系。他曾两过徐州，一住花园（饭店），写下许多抗战诗文。这些既是郁达夫个人的重要著作，也是他留给徐州人民的一笔值得珍视的宝贵财富。

第一节　过徐州的两首七绝

　　郁达夫于 1913 年去日本留学，在日本第八高等学校学医，后转文科。1919 年 6 月毕业，遂应其长兄郁华之招，回国参加外交官和高等文官考试。就在这一年，国内爆发了五四运动。"一战"结束后，在巴黎和会上，中国北京政府提出取消《二十一条》，归还山东，取消列强在华特权等要求，不仅遭到美英法意日等国的否决，甚而把战败国德国在中国山东的侵略特权转让日本，遂激起中国人民一场伟大的反帝爱国运动。时在日本的郁达夫听到这一消息后，在日记中写道："……山东半岛又被日人窃去，故国日削，予复何颜再生于斯世！今与日人约：二十年后必须还我河山，否则予将哭诉秦庭求报复也！"（1919 年 5 月 5 日）② "……国耻纪念日也。章宗祥被殴死矣。午前摄影

---

① 易君左：《海角新春忆故人——小记郁达夫和王映霞》，载郭文友著：《郁达夫年谱长编》，第 1541 页，成都：四川人民出版社 1996 年版。
② 《郁达夫全集》第 5 卷，第 12 页，杭州：浙江大学出版社 2007 年版。

作纪念，以后当每年于此日留写真一张。"（1919 年 5 月 7 日）① 就是在这一大背景下，郁达夫返国应考的。郁达夫成为一名文学家，那是以后的事，他当时在日本学的专业则是法律科的政治学。日记中所表现出来的强烈的爱国激情，专业又是与济世救国有关的政治，那么，他的回国参加外交官和高等文官考试乃是再自然不过的事了。郁达夫觉得，当此国难之日正是报国之时。遂整装买舟，九月回国。到家（浙江富阳）小住，即乘车进京，七绝《过徐州》就是他进京途中于 9 月 22 日车上所作：

> 红羊劫后几经秋，沙草牛羊各带愁。
>
> 独倚车窗看古垒，夕阳影里过徐州。

诗写出了郁达夫为国难而忧的感情。1919 年是农历丁未年，按五行的说法，丁为火，色赤，未属羊，丁未年是国家多发灾难之年，故称红羊劫。日记中所说"山东半岛又被日人窃去"，"国耻纪念日"，即"红羊劫"之谓。1918 年郁达夫的《题写真答荃君三首》之二亦曾用此典："乱世何人识典谟，遗民终老作奚奴。荒坟不用冬青志，此是红羊劫岁图。"1918 年是丙午年，古人亦以之为灾年。故一典之用，可见郁达夫忧国之深。1894 年，即郁达夫所说的"悲剧的出生"（1896 年）的前三年，甲午海战，中国败于日本，今山东半岛又窃于日本，真是国耻不断，国难连连，已"几经秋"了。独倚车窗，看黄沙漠漠，草见牛羊（化用古诗"风吹草低见牛羊"句），断垣古垒，残阳如血。徐州这个历史上的古战场，楚霸王的古城都，在郁达夫的心里，在这个时当 23 岁尚是热血青年的心里该是多么的难忘。夕辉余照中，郁达夫怀着古垒雄起楚王心而别徐赴京了。然而两试落第，给郁达夫以沉重打击。满腔热血，付之东流。报国无门，而有垓下之悲。他在日记中写到："庸人之碌碌者反登台省；品学兼优者被黜而亡！世事如斯，余亦安能得志乎！余闻此次之失败因无人为之关说。夫考试而必欲人之关说，是无人关说之应试者无可为力矣！取士之谓何？"（1919 年 9 月 26 日）② 又在家信中说："文（郁达夫，名文，字达夫，以字行——引者注）少时曾负才名，自望亦颇不薄，今则一败涂地，见弃于国君，见弃于同袍矣，伤心哉！伤心哉！"（《致孙荃书》1919 年 11 月 29 日）③ 前记述落第之因（"无人关说"），实千古才人之悲；后信写见弃之伤，也是千古英雄同悼之情。后来所作《己未秋，应外交官试被斥，

---

① 《郁达夫全集》第 5 卷，第 13 页，杭州：浙江大学出版社 2007 年版。
② 同上。
③ 郭文友：《郁达夫年谱长编》，第 310 页，成都：四川人民出版社 1996 年版。

仓卒东行，返国不知当在何日》一诗，不禁怜起前不久过徐州时，他想到的"古垒"边的那个垓下失败的英雄楚霸王来。"江上芙蓉惨遇霜，有人兰佩祝东皇。狱中钝剑光千丈，垓下雄歌泣数行。燕雀岂知鸿鹄志，凤凰终惜羽毛伤！明朝挂席扶桑去，回首中原事渺茫。"① 郁达夫对这个建都彭城又在徐州展开壮丽生命史的悲剧英雄楚霸王多有同情，曾自拟项羽，如 1917 年的《西归杂咏》之十："去国今年刚四岁，离家当日是初秋。项王心事何人会，泣上天涯万里舟。"原诗注是"出乡时本拟业毕始归，今日之归实非本意也"，这是说他自己尚未毕业，功业未就，即回国奉母命定亲，实在不是本意。后来他在 1918 年阴历 4 月 19 日给孙荃的信中说的更明白："……布衣返里，未免为父老所笑。去年归时，曾有诗云：……盖谓此也。"② 这里所说的诗即指上面的这首"项王心事何人会"，据此可知郁达夫当时回归的心情，与项王在垓下的兵败而仍不肯回江东，羞见江东父老时的心情有些相同，故感叹无人理会他的"项王心事"。现在他又再引项羽为同调，然并不效其乌江自刎。他觉得羽毛虽伤，而鸿鹄志存；虽国家前途渺茫，还是在"歌泣数行"之后，再提光耀千丈之剑，"挂席扶桑"而去，虽然"返国不知当在何日"，然"项王心事"并不在远，十年之后，郁达夫北上，又再过徐州：

> 秋雨秋风遍地愁，戒严声里过徐州。
>
> 黄河偷渡天将晚，又见清流下浊流。

此诗写于 1931 年的深秋，与第一次过徐州同样是在秋天，不同的是那时郁达夫还是一个未出校门的学生，而此时，郁达夫早于 1922 年从日本东京帝大毕业回国从事文学创作活动，已是名闻海内外的作家了。1919 年的过徐州，是在山东被日窃，国难深重的"红羊劫后"，而 1931 年的再过徐州，国事又如何呢？那就是震惊中外的"九一八"事件的爆发，又是日本侵占了我国的东三省，而蒋介石政府采取不抵抗政策，全国一片反帝抗日之声，正可与"五四"相呼应。郁达夫对时局是怎样认识的呢？他在 11 月 22 日日记中写到："自九月十八日，日军无理侵入东三省后，迄今已将两个半月，然而国际联盟终于一筹莫展。"但是中国的广大民众却"因日帝国主义者强占满州，一步不让，弄得中国上下，举国若狂。然预料此事必无好结果，因中央政府早已与日帝国主义者签有密约也。"尽管如此，郁达夫还是坚信，"无产者的专政

---

① 《郁达夫全集》第 7 卷，第 91 页，杭州：浙江大学出版社 2007 年版。

② 于听、周艾文编：《郁达夫诗词抄》，第 34 页，杭州：浙江人民出版社 1981 年版。

时期不到，帝国主义是无从打倒的"①。他并在左联的外围刊物《文艺新闻》的"文艺界的观察与意见"栏内发表《军阀的阴谋，消灭异己的政策》② 对中央政府加以揭露，同时他还加入了周建人、胡愈之等组织的上海文化界反帝抗日大联盟，投身实际的抗日活动。当此之时，郁达夫由沪入京，他把这次北上称之为"北征"，是有深意存焉的。此时，日本已不仅占领了东三省，又于9 月 21 日继续进兵占领长春，直逼北京。郁达夫的北上当然是有非常危险的，故称之为"北征"。从《过徐州》诗中也可看出，临近北京的徐州已是一片紧张的"戒严声"了，而情势则是"秋雨秋风"，既是实景，不又是战时实况的写照吗？在这里他化用秋瑾的"秋雨秋风愁煞人"句，来表达他心里顿然而生的忧愁。前过徐州，已尝愁味（"沙草牛羊各带愁"）；此番再过，仍不离愁，然愁都不是一己私人之愁，而是为国家忧，为民族愁。徐州已经戒严，黄河渡口封锁，战局吃紧，已不能像上次那样的尚能依窗而望沙草牛羊，古垒残堡，只能向晚"偷渡"，"又见清流下浊流"，过徐入京了。

　　郁达夫的两过徐州，时令上都是在秋天的傍晚，时局上也都恰逢国家多难之秋，每一过，他都留诗而记，是非同寻常的。看来在郁达夫的心目中，徐州不仅是一个历史文化悠久的名城，它还是中国的重镇，是战略要地，交通枢纽，与国家的命脉有关。前过单见古垒，多少还有点发思古之幽情，而今日北征则已闻"戒严声"了。前过只觉"中原事渺茫"，如今眼前却是"秋雨秋风遍地愁"了。国事日非，国难日亟，郁达夫于十余年前所发誓言，"今与日人约：二十年后必须还我河山"，看来他是一定要在徐州为国家干一番大事了。果然，7 年后，1938 年的 4 月，郁达夫真的来到徐州，不是前两番的匆匆而过，而是进住徐州了。

第二节　住徐州的《登云龙山》

　　1937 年七七卢沟桥事变后，中国进入全面抗日战争。1938 年 3 月，以徐州为中心的"徐州会战"取得了台儿庄大捷的辉煌胜利，中国军队歼灭日本板垣、矶谷两个精锐兵团一万余人，打破了日本皇军不可战胜的神话，极大地鼓舞了中国人民抗日必胜的信心。当时在武汉任政治部第三厅少将设计委员的

---

① 　郭文友：《郁达夫年谱长编》，第 1016 页，成都：四川人民出版社 1996 年版。
② 　《郁达夫全集》第 8 卷，第 51 页，杭州：浙江大学出版社 2007 年版。

郁达夫，受命到徐州前线劳军。4 月 14 日，郁达夫与作家盛成等一起代表政治部和文协（中华全国文艺界抗战协会的简称），携带"还我河山"锦旗一面和《告台儿庄胜利将士书》万余份，由武汉经郑州一路巡防视察来到徐州，下榻徐州著名的花园饭店，并在此与美国将军史迪威秘密接触，成就了当时还不为郁达夫所知的对中国抗战在日后产生重大影响的国际（美国）援助。

郁达夫这次住徐州前后半月，有如下几事可述。一是举行抗日宣传活动。郁达夫所在的政治部第三厅本就是专负责宣传的，周恩来任副部长，郭沫若任厅长，郁达夫就在他们的领导下开展工作。这次到了徐州，郁达夫仍不忘自己的职责。在第五战区司令长官"徐州会战"总指挥李宗仁倡议下，郁达夫代表政治部在徐州组织了一个抗敌动员委员会，由郁达夫、盛成、李宗仁秘书林素园、著名记者范长江、陆诒等人组成，委员会的章程委托郁达夫和盛成起草，盛成执笔，郁达夫加以润色，经李宗仁审定后，动员委员会大会通过。此章程在当时的《大公报》和《新华日报》上发表。在这个委员会的名义下，郁达夫就在徐州他曾两过未下的这块土地上，和大家一起开展了多次抗日宣传活动，为徐州的抗战史添写了壮丽的一笔。

二是会见美国将军史迪威。郁达夫与盛成一行来到后入住徐州花园饭店，恰好时任美国驻华武官参赞史迪威上校也下榻在此，与盛成住前后院，仅一墙之隔，当两人在散步时偶然相遇。史迪威早在 1911 年还是一个 28 岁的年轻中尉时就已来到中国，一住二十多年，对中国的情况非常了解，可谓是个"中国通"。作为一名在华的情报官员，史迪威在中国一直是受美国陆军军事情报处节制，又和自己的顶头上司麦凯布上校经常吵架，麦凯布不准他擅自行动，指责他乱花经费，以致史迪威气愤得想要退役。1938 年 1 月，史迪威经过反复要求，终于冲破封锁，第一次获准到外地去，先去兰州是奉陆军部的命令，但单身来徐州则是擅自行动。他也是因台儿庄大捷为中国军队的胜利而兴奋，想去前线台儿庄看看，但被阻止。原因是当时有几个意大利记者到前线窃取军事情报，政治部遂给各战区司令长官下达一道命令，禁止所有外国人到前线去。盛成知道后，立即找郁达夫商量，郁达夫认为这是一个极重要的情况，当即拉着盛成去见李宗仁，向他反映史迪威的要求。李宗仁对这位美国人的到来很高兴，说："我们正需要美国人，你们赶快去约他来！"于是，郁达夫与盛成即于当天下午邀请史迪威到了也是在花园饭店的李宗仁的长官公署兼"徐州会战"的总指挥部去见李宗仁。李设宴款待史迪威后，双方进行会谈，一直到深夜一二点才散。据盛成回忆说："最后，李宗仁问史迪威有什么要求，史答曰想去台儿庄，李一口答应。因为政治部代表达夫在场，达夫不表示反对，就等于代表政治部破例同意了。所以，史迪威能到台儿庄，达夫之功实不可没。"① 史迪威进入台儿庄亲眼看见了中国军队恶战十七天，使日军伤亡一万六千人，损失坦克四十辆，装甲车七十辆，机动车一百辆，还有许多大炮和其他武器。取得如此的战绩，证明中国军队是有很强战斗力的。史迪威撰写了一份对美国的报告，并根据李宗仁的建议希望美国政府给中国经济援助，以购买作战物资。1938 年 8 月 30 日，美国财政部代表洛辛·巴克听取了史迪威的报告，把意见转呈财政部长摩根索，十二月，美国政府通过进出口银行，安排给与中国贷款二千五百万美元。从此，美国开始了大规模的经济援华，使中国人民取得抗日战争的胜利有了一定的经济保障。所有这一切，是当时的郁达夫所并不知道的，却又是与郁达夫有关系的。

如果郁达夫作为政治部的代表墨守政治部的一切外国人不得到前线的禁令，而拒绝了史迪威，那么美国的经济援华就有可能晚一段时间甚至没有。因美国的国务卿赫尔是要求美国保持中立，反对援华的；而史迪威则可能因擅自来徐而被革职或早早退役，永远和后来成为"中国战区盟军参谋长""中国远征军司令"、美国四星级上将这种显赫的军衔无缘了。（参见罗以民《天涯孤舟——郁达夫传》第四章第五节"以笔作战"）可以说，是郁达夫成就了史迪威，也使他自己为这趟徐州劳军写下了浓墨重彩的一笔。因史迪威这次单身潜往台儿庄是擅自行动，所以他要求郁达夫为他保密，郁达夫也信守诺言，在回武汉向政治部、文协、国际宣传委员会等部门所写的工作报告中，未提此事，就是 1939 年写的《在警报声里》一文，也对此只字不提。时隔近半个世纪后，盛成先生才披露了此事，"达夫和史迪威、李宗仁诸位均已谢世，我作为还健在的慰劳人，有责任把这件事公之于世。我们不应该忘记达夫的功劳，也不应该忽略了史迪威将军"②。

三是前线劳军。郁达夫此次徐州之行的主要任务就是到台儿庄去慰问那些奋勇杀敌取得大捷的前线将士。4 月 23 日，郁达夫、盛成还有获得批准的史迪威将军一行三人由徐州乘车一小时到达战地台儿庄，受到台儿庄驻军负责人第三十一师师长池峰城的热烈欢迎。郁达夫和盛成向英勇的台儿庄将士敬献了"还我河山"锦旗。十余年前，郁达夫与日人约，二十年后必须还我河山，现

---

① 盛成：《与达夫一起去台儿庄劳军》，载陈子善、王自立编：《回忆郁达夫》，第 434 页，长沙：湖南文艺出版社 1986 年版。

② 同上，第 436 页。

在，已由他亲手把"还我河山"锦旗送给从日人手中夺回河山的将士们，他的心情应是非常激动的，用他所崇尚的岳飞的一句"壮怀激烈"似可形容之。郁达夫还对从徐州的丰县、沛县、萧县、砀山县（后两县当时亦属徐州）征来的新兵非常赞赏，称其中四十七义士不愧为大汉的"沛公子弟兵"。

四是登云龙山。郁达夫一生好游，足迹遍南北，海外有游踪，屐痕处处，闽游滴沥，随时随处都写下了妙绝一时脍炙人口的游记。但这次徐州之行，却并非是来探幽访胜以作抒怀述志的记游之文。虽然徐州历史文化悠久，名胜古迹众多，秋风戏马，云龙放鹤，东坡石，燕子楼，郁达夫早系之于心，欲縈之于笔，然劳军政务，事关重大，抗敌宣传，为己之职。虽驻节花园饭店，而谋事在此，足不过远，台儿庄一劳即回。所以，郁达夫在徐州虽有半月之久，却仅有一次登临城郊的云龙山，而且还是为了避寇警。郁达夫的《在警报声里》一文就记下了当时敌机轰炸的情形："从台儿庄回来的第三天，我们在徐州的花园饭店……敌机日日来炸，十字路口的那一个警报钟楼，忙的像似圣诞节前夜的教堂里的悬钟。"[①] 就在去台儿庄前不久的 4 月 22 日，郁达夫写下了一首七律，《晋谒李长官后，西行道阻，时约同老友陈参议东卓登云龙山避寇警，赋呈德公》：

> 道阻彭城十日间，郊坰时复一跻攀。
> 地连齐鲁频传警，天为云龙别起山。
> 壮海风怀如大范，长淮形胜比雄关。
> 指挥早定萧曹计，忍使苍生血泪殷。

此诗首联写因欲西行而道阻，为避寇警才有暇而登郊野的云龙山。颔联写登临送目，远眺四周，徐州地理的险要与云龙山的壮观。颈联借景抒怀，以"壮海""长淮"隐含泛称"淮海"的徐州，意谓要像北宋范仲淹抵御西夏入侵一样，使淮海形胜，势如雄关，敌寇难犯。尾联赞扬李宗仁指挥若定，取得台（儿庄）战大捷，而使天下百姓不再受日寇焚掠之苦。诗写于警报声中，融时势于写景之中，词甚雄壮，境甚开阔，而立意更是崇高伟大，实非自有咏云龙山以来一般写景之作可比。

---

① 郁达夫：《在警报声里》，《郁达夫全集》第 3 卷，第 346 页，杭州：浙江大学出版社 2007 年版。

第三节 《毁家诗纪》有关徐州的诗

郁达夫在徐州，除写下了上面这首《登云龙山》外，尚有许多诗文。与他一起来徐的盛成即说："这次到台儿庄前后约半个月的时间，我和郁达夫朝夕相处，亲密共事，十分愉快。在此期间，郁达夫每有所感就即兴挥毫，写下了不少好诗，遗憾的是，我未能保存下来。"① 虽如此我们从他的《全集》中还是能看到一些有关徐州的作品。如诗有收在《毁家诗纪》中的第五首："千里劳军此一行，计程戒驿慎宵征。春风渐绿中原土，大纛初明细柳营。碛里碉壕连作寨，江东子弟妙知兵。驱车直指彭城道，伫看雄师复两京。"第六首："水井沟头血战酣，台儿庄外夕阳昙。平原立马凝眸处，忽报奇师捷邳郯。"诗后注曰："四月中，去徐州劳军，并视察河防，在山东、江苏、河南一带，冒烽火炮弹，巡视至一月之久。"又第十一首："戎马间关为国谋，南登太姥北徐州。荔枝初熟梅妃里，春水方生燕子楼。绝少闲情怜姹女，满怀遗憾看吴钩。闺中日课阴符读，要使红颜识楚仇。"这是借台儿庄之战告诫妻子王映霞要关心时事的。文章则有《战时的文艺作家》（1938.4.15）、《平汉陇海津浦的一带》（1938.5.4）、《黄河南岸》（1938.5.23），前引"千里劳军此一行"诗即出于这篇文章中。还有身已在新加坡而写于1939年4月25日的《在警报声里》，则是他对一年前台儿庄劳军的真实记录，写他与池峰城英雄师长的相见，赞扬了那四十七个义士的大汉"沛公子弟兵"。这些诗文都将载入徐州的文学史册，成为一笔不朽的文学遗产。

纵观郁达夫的两过徐州与一住徐州，都与反帝抗日有关，前后相接整20年，又正与郁达夫早年所发宏誓相当。20年前，"今与日人约：二十年后必须还我河山。"恰好20年后，郁达夫把"还我河山"的锦旗敬献给英雄们。郁达夫后来远渡南洋在新加坡继续从事抗日救亡活动，并撰写了大量政论文章，也还多次提到徐州。1945年8月29日，在日本帝国主义投降15天后，郁达夫被日本宪兵杀害于武吉丁宜附近的丹戎革峇。郁达夫一生反帝反日本法西斯主义，最终成为一名伟大的抗日民族英雄。而他在徐州所作的光辉业绩，将为徐州人民永远铭记；徐州也为有这样一位伟大的作家伟大的战士所歌咏过而永远感到自豪。

---

① 盛成：《与达夫一起去台儿庄劳军》，载陈子善、王自立编：《回忆郁达夫》，第435页，长沙：湖南文艺出版社1986年版。

第十三章

郑子瑜先生的郁达夫旧体诗研究及其贡献

　　郑子瑜（1916~2008）先生是一位著名的学者、新加坡汉学大师。他在黄遵宪研究、特别是中国修辞学史研究上，成就卓越，为世瞩目。郑子瑜先生却是一位自学成才的人，从未上过大学，却是多所著名大学的教授。此外，他还被聘任为日本东京早稻田大学语学教育研究所客座教授兼研究员，为该校的教授讲授中国修辞学。也正是在早稻田大学，他发表了《论郁达夫的旧诗》的演讲，一跃而为郁达夫诗词研究的专家。就像他同时还研究了周氏兄弟的新诗和杂事诗而为人称道一样，郑子瑜先生的学术重点是修辞学，而并未想成为一个郁达夫诗词研究的专家，但他在郁达夫诗词研究的领域，毫无疑问是一个重镇，是一座高峰。

第一节　郑郁之交谊

　　郑子瑜对郁达夫这位"五四"时期蜚声文坛的新文学家心仪已久，在尚未结识之前，即步郁达夫写于1931年的名诗《钓台题壁》原韵而作诗：

> 不为烟花扰瘦身，胭脂味美意非真。
> 穷途未死为穷鬼，怪癖天生作怪人。
> 忍听秋声长作蘖，应教红叶一扬尘。
> 有朝义士纷纷出，直指咸阳杀暴秦。①

---

① 郑子瑜：《自传》，《郑子瑜学术论著自选集》，第744页，北京：首都师范大学出版社1994年版。

诗作反映了30年代初家乡政治黑暗，农村经济破产，民不聊生，特务横行的现实，表现了一个有为青年的悲愤之情。而郁达夫的原诗则是：

> 不是樽前爱惜身，佯狂难免假成真。
> 曾因酒醉鞭名马，生怕情多累美人。
> 劫数东南天作孽，鸡鸣风雨海扬尘。
> 悲歌痛哭终何补，义士纷纷说帝秦。①

两诗相较，郑诗略嫌直露，不过还是得郁诗之神髓的。十多年后，当"达夫已经作古"，子瑜先生又步郁达夫的《赠韩槐准》诗原韵而成七律，"以纪念达夫"。诗曰：

> 南渡班荆早识韩，遥闻春色满长安。
> 炎荒终老三生愿，浅醉忘情九转丹。
> 佳果有须疑着笔，丽人无箸怅空难。
> 天涯聚散寻常事，留得诗笺仔细看。②

子瑜先生先是告慰郁达夫祖国大陆已是"春色满长安"，你的愿望实现了。因子瑜先生此时是在新加坡，故曰"遥闻"；又因郁达夫在《毁家诗纪》里有"若能终老炎荒，更系本愿"③语，故子瑜先生说他"炎荒终老三生愿"。诗的尾联更是含有不尽之意，要把郁达夫的"诗笺""仔细看"。缅怀之情，溢于言表。这一前一后的步韵，可见子瑜先生对郁达夫诗"溺爱"之深了。

1936年底，郁达夫由日返国，赴福州，途经厦门，郑子瑜有幸在厦门天仙旅社拜见仰慕已久的郁达夫，从傍晚一直谈到午夜十一时始告辞。这次相见，郁达夫给他书写了子瑜先生喜爱的"曾因酒醉鞭名马，生怕情多累美人"的条屏。还在这次相见之前，子瑜先生曾给郁达夫寄去一封信、两粒红豆、两首绝句，还有一本《闽中撷闻》，郁达夫欣然地告诉郑子瑜都收到了，而且郁

---

① 郁达夫：《钓台题壁》，《郁达夫全集》第7卷，第119页，杭州：浙江大学出版社2007年版。
② 郑子瑜：《蕲春斋诗纪》，《诗论与诗纪》，第134页，北京：友谊出版公司1983年版。
③ 郁达夫：《毁家诗纪》，《郁达夫全集》第7卷，第178页，杭州：浙江大学出版社2007年版。

达夫还回了一函，问郑子瑜是否收到。这封信函在 2007 年浙江大学出版社新版的《郁达夫全集》中没有收入，故至为珍贵，现录于下：

> 子瑜先生：
>
> 来函及红豆两粒，以及其后之绝句，都拜悉。
>
> 社会破产，知识阶级没落，一般现象。我辈生于乱世，只能挺着坚硬的穷骨，为社会谋寸分进步耳。
>
> 所托事，一时颇难作复，故而稽迟至今。省会人多如鲫，一时断难找到适当位置，只能缓缓留意。我在此间，亦只居于客卿地位，无丝毫实权。"知尔不能荐"，唐人已先我说过，奈何！奈何！
>
> 专复，顺颂
>
> 时绥
>
> 弟　郁达夫上

此信最早见于龙协涛编《郑子瑜墨缘录》（作家出版社 1993 年 1 月版），虽无落款时间，但据上述，此信当作于 1936 年。上世纪 20 年代，穷困潦倒、走投无路的文学青年沈从文亦曾写信求助过郁达夫，郁达夫那时不过一穷作家，虽无力相助，还是请沈从文吃了一顿饭，送他一条御寒的围巾，并给了他五块钱。随后，郁达夫写了《给一位文学青年的公开状》的散文发表于 1924 年 11 月 16 日北京的《晨报副镌》，控诉了社会对有才华的青年的迫害。这篇"公开状"在当时产生了不小的影响，想来子瑜先生一定知道此事，知道郁达夫的热心与正直，故托其谋事。这次郁达夫虽非过去的穷作家，然在福建省政府亦不过"客卿"而已，"无丝毫之实权"，但也未断然拒绝，而是说"缓缓留意"。更为可贵的是，郁达夫比郑子瑜年长 20 岁，且早已是名闻海内外的大作家，而郑子瑜则名不见经传，亦像当年的穷书生沈从文一样，郁达夫却自称曰"弟"，称郑为"先生"，由此可见郁达夫之为人了。这种对年轻人的谦虚精神、关爱之心，对郑子瑜的一生都产生了深刻的影响。正如这次会见结束时郁达夫对其叮嘱的那样："现在社会的改进，有所望于你们这般的青年的力量很大很大。"[1] 后来，郑子瑜在逆境中坚持学术研究的精神；在政治上，他虽与日本的汉学家多有联系，但仍严辞谴责日本发动侵华战争，虽与周作人亦

---

[1] 郑子瑜：《琐忆达夫先生》，陈子善、王自立编《回忆郁达夫》，第 409 页，长沙：湖南文艺出版社 1996 年版。

有交往，但却不能原谅他的附逆行为，直斥其与日合作是生平最大的失策。这些都可看出他与郁达夫精神的一脉相承。

特别是这一次的相会，给子瑜先生提供了由郁诗的爱好者到研究者的契机。郑子瑜对郁达夫说，他想"写一篇题为《郁达夫诗出自宋诗考》的文字，达夫没有否认他的诗与宋诗有关缘，只是笑着说：'什么时候大作写成了，请寄给我看一看。'"① 子瑜先生还告诉郁达夫说，想编辑郁达夫的诗词集，郁达夫说，如果编集竣事，可寄到"台湾台北某某教授"那里去出版，因为那位教授也是喜欢他的旧诗的②。可见，子瑜先生欲研究郁诗，实始于此时——1936 年，而且一出手就想拿出一篇有实证精神的考证的文章来。郁达夫逝世后，子瑜先生最先完成的则是当时当面向郁达夫承诺编辑的《达夫诗词集》。

第二节　郁诗之研究

一、编集与辑佚

郁达夫生前虽出过小说集、散文集，乃至《达夫全集》，却从未出过他的诗词集，第一部《达夫诗词集》即为子瑜先生所编，在郁达夫逝世后的第三年，1948 年 6 月由广州宇宙风社出版，使爱好郁诗的读者有了一个虽不很全而为数并不算少的读本，也使郁达夫诗词的研究有了一个基础。其后，该书又于 1954 年 2 月香港现代出版社再版，1955 年 3 月同社 3 版，1957 年星洲世界书局出第 4 版，可见其受欢迎的程度。子瑜先生在每版时都不断增补，至后共得一百五十余首诗。后来香港陆丹林编的《郁达夫诗词抄》（香港上海书局1962 年 8 月出版）、台湾刘心皇编的《郁达夫诗词汇编》（台北学术出版社文艺月刊社 1970 年 9 月出版）、大陆周艾文、于听编的《郁达夫诗词抄》（浙江文艺出版社 1981 年 1 月出版）都是以郑编为蓝本的。

子瑜先生在出集之后，仍在不停地辑佚，以臻完善。如《郁达夫遗诗续辑》（载香港《文艺世纪》1957 年 11 月号）、《郁达夫遗诗的新发现》（载新加坡《星洲日报·艺文》1961 年 4 月 27 日、5 月 4 日）等。1968 年 8 月香港

---

① 郑子瑜：《郁达夫诗出自宋诗考》，《诗论与诗纪》，第 46 页，北京：友谊出版公司 1983年版。

② 郑子瑜：《琐忆达夫先生》，陈子善、王自立编《回忆郁达夫》，第 407 页，长沙：湖南文艺出版社 1996 年版。

编译社出版的《青鸟集》收有他的《郁达夫遗诗的新发现》《郁达夫早年的诗》和《郁达夫遗诗补录》三篇文章。郁达夫早年留学日本，晚年流亡南洋，这两个阶段都是他创作诗词的高峰时期，子瑜先生利用其在新加坡以及与日本汉学界交往之便，大量收集，又发表了《〈星洲日报〉及日本郁达夫的佚诗》（载新加坡《星洲日报》1973 年 1 月 1 日）。另外，当他听说有人在编印《郁达夫旧诗钞》时，即取而校勘，发现其中有 22 首是他编的《达夫诗词集》所没有的，特函请周作人代为转抄寄给他，以补其集之不足。这些都可见其对郁诗辑佚之勤，若没有对郁诗的深爱，是不会下如此大的功夫的。

子瑜先生在郁达夫诗词的编集与辑佚方面，既是第一人，也是使郁诗从一般性的介绍进入具有学术层面的最早的研究者，实具有开山的意义。

二、研究之概貌

若从 1936 年初会郁达夫撰《天仙访郁达夫》算起，至 1996 年为纪念郁达夫诞辰 100 周年而作《郁达夫与青年》止，子瑜先生的郁达夫研究经历了整整 60 年。这期间，子瑜先生共发表关于郁达夫的文章有：《天仙访郁达夫》（载《九流》第 1 期，上海图书杂志公司 1937 年出版）、《〈达夫诗词集〉序》（载新加坡《文潮月刊》1948 年 5 月 1 日第 5 卷第 1 期）、《谈郁达夫的南游诗》（载新加坡《南洋学报》1956 年 6 月第 12 卷第 1 辑）、《〈郁达夫集外集〉序》（载李冰人编《郁达夫集外集》1958 年出版）、《论郁达夫的旧诗》（载《东都习讲录》南洋学会 1963 年出版）、《郁达夫诗出自宋诗考》（载新加坡《南洋商报》1973 年 1 月 1 日）、《翦春斋诗纪》（第二则、第十六则，载《诗论与诗纪》香港中华书局 1978 年出版）、《郁达夫与鲁迅》（1985 年在富阳县"纪念郁达夫殉难四十周年学术讨论会"上的演讲，收入《郑子瑜学术论著自选集》，首都师范大学出版社 1994 年 1 月出版）、《琐忆达夫先生》（载陈子善、王自立编《回忆郁达夫》，湖南文艺出版社 1986 年 12 月出版）、《蒋祖怡著〈郁达夫旧体组诗笺注〉序》（载《社会科学战线》1991 年 7 月 25 日第 3 期）、《郁达夫与青年》（载李远荣《郁达夫研究》香港荣誉出版有限公司 2001 年版）等。量虽不算多，加上前面提到的辑佚的文章，一共也就十几篇，但多是上乘之作，或具有史料价值，尤其是《郁达夫诗出自宋诗考》是子瑜先生研究郁诗的力作，为后来各大《郁达夫研究论集》《郁达夫研究资料》所收录，在学术界影响甚大。

三、序论与考证

在子瑜先生之前，虽也有一些关于郁达夫诗词的文章，但多是赠答步韵之诗，如鲁迅的七律《阻郁达夫移家杭州》，李西浪的七律《柬达夫伉俪》；或是郁达夫逝世后的怀吊之作，如李冰人的的七律《挽郁达夫——即依杂忆原韵》等。即使是文章，也还是停留在一般性的介绍方面，如梅平的《郁达夫近诗》（载北平《东方快报·大观园》1936 年 4 月 3 日），妙手的《郁达夫的旧诗》（载《新民晚报·夜光杯》1947 年 11 月 24 日）等，还谈不上是具有学术意义的研究。子瑜先生在编《达夫诗词集》时，就写作了《〈达夫诗词集〉序》一文，已不再是简单地泛泛地介绍，而是进入研究的层面。子瑜先生在序文中揭示了郁诗的风格特点："达夫先生的诗，受黄仲则的影响甚深，而他的'辛酸'或尤甚于仲则。至其纵横的才华，潇洒飘逸的神韵，则尤非仲则所能及。自来批评家但责达夫颓废浪漫，却不知他在感伤凄丽之余，亦有悲愤慷慨之致。"子瑜先生把郁诗与黄仲则诗作比较，既指出郁达夫风格的来源，也指出黄仲则诗风力所不逮之处，更指出郁诗不为论家所知的"悲愤慷慨之致"。说郁达夫受黄仲则影响，这是很多人都知道的，但能道出两人的区别特别是看到郁诗风格的"悲愤慷慨"的，这在六十多年前的郁达夫诗词研究中还是不多见的。后来他在为李冰人编的《郁达夫集外集》作序时，再次申论了这一点："在'五四'前后，他以爱国主义而兼浪漫主义的悲愤感伤笔调，大胆地暴露中国的黑暗、青年的悲闷。"并认定郁达夫"是一个社会改革的热烈追求者"①。说郁达夫的笔调是"悲愤"的，与前之"悲愤慷慨"是一致的；而说郁达夫"是一个社会改革的热烈追求者"，这一观点给郁达夫以政治上的定性，无论是在当时还是在现在都是正确的评价，这当是亲炙过郁达夫而有的知人之论。

序虽简，已开论之先。随后子瑜先生在 50 年代、60 年代分别写下了《谈郁达夫的南游诗》和《论郁达夫的旧诗》两篇专文。

《谈郁达夫的南游诗》原是 1955 年 10 月 22 日为南洋学会所作的演讲，恰好郁达夫正是南洋学会的发起人，故这个演讲就带有纪念郁达夫逝世十周年的意义了。子瑜先生首先批评了学界对郁达夫的一种谬见。子瑜先生说，对郁达夫"大多以为他是一个'颓废派'的文人，这是只见到达夫先生的一面而不

---

① 郑子瑜：《郁达夫集外集·序》，转引自郑子瑜《琐忆达夫先生》，陈子善、王自立编《回忆郁达夫》，第 412 页，长沙：湖南文艺出版社 1986 年版。

能深一层的了解达夫先生的看法"①。郁达夫具有"大胆的自我暴露"的精神，这种精神不仅在其小说中，而且在他的日记、游记，"特别是诗的上面"②时常地表现出来，正是这种精神不为别人理解而谓之"颓废"，但子瑜先生是肯定郁达夫的这种"大胆的自我暴露"的精神的。基于这样的认识，子瑜先生展开了对郁达夫南游诗的评论。子瑜先生据其所编的《达夫诗词集》所收的三十余首南游诗，分感怀诗与感事诗两类而论。在感怀诗中他着重分析了与《毁家诗纪》内容相关的诗，如"自剔银灯照酒卮"诗，"大堤杨柳记依依"诗，"三湘刁斗爱凄清"诗等等，而说这些诗"都是在无聊抑郁之时要想解除抑郁的一种穷开心的表现"③。看来，子瑜先生对郁达夫在南洋时期的生活思想状况以及诗歌创作情况可能还不是有太全面的了解，故他的这一"穷开心"之说似未能论及郁诗之深刻处，显得较为肤浅。而论感事诗还是说到点子上的，即《赠韩槐准》《无题四首》等诗表现了"对于国家的兴亡之感"，是"最值得我们称颂的"④。这还是认识到郁诗的真正价值所在的。同时，子瑜先生也指出南游诗的"磅礴的气概"与"感伤和颓废"的双重诗风，以及郁达夫"多少也沾染着魏晋文人的消极厌世的人生观"⑤。由诗而及诗风再到其思想，循序而来，逐步深入，使读者知其诗而更知其人。对郁达夫南游的最重要的作品《乱离杂诗》，子瑜先生当然不会放过，他以诗话的手法评点道：

> 《乱离杂诗》是达夫先生生平最佳的诗作，用典切当，笔调清新，文情并茂。从这些诗篇里我们可以看到诗人丰富的想象力，更可以看出他在感伤凄楚之余，也有严肃、悲愤、慷慨之致。至各章所流露出来的家国之思、乡园之感，尤足以动人肺腑。⑥

虽寥寥数语，已道及这组诗的写作技巧、艺术风格与思想内容，至为简括精当。子瑜先生论郁达夫的南游诗，始终抓住他所认为的郁诗风格的两面，这是子瑜先生对郁诗风格的一个基本认识，却也是把握得十分准确的认识。若以子瑜先生对郁达夫为人之了解，对郁达夫诗词之感知，他应该可以对这组"达夫先生生平最佳的诗作"作出更为精细透彻的分析，大约是限于演讲这一

---

① 郑子瑜：《谈郁达夫的南游诗》，《诗论与诗纪》，第27页，北京：友谊出版公司1983年版。
② 同上，第28页。
③ 同上，第31页。
④ 同上，第32页。
⑤ 同上，第33页。
⑥ 同上，第35页。

规定的形式而未及充分展开，是为遗憾。

最能代表子瑜先生观点的是其《论郁达夫的旧诗》。在这篇文章中，子瑜先生提出了他最著名的"郁达夫诗出自宋诗"说。此前（1956 年）在《藟春斋诗纪》中子瑜先生即已说过，郁达夫"所作诗词甚多，大有宋人风味"①。《藟春斋诗纪》只是一篇诗话性质的短章，记录了历年来作者与诸诗朋墨友的唱酬之作，故所提观点仅一说而已。数年后（1963 年）作《论郁达夫的旧诗》即对"大有宋人风味"之说而作深论了。子瑜先生是由郁达夫早年习作的一些杂诗因性苦闷所表现出来的性幻想；到中年后，由于社会的苦闷、经济的苦闷，"他的诗，便显得更加颓唐"②；"后来达夫渐渐转变了方向，到革命的发源地广东去。他开始关心政治了，他要振作起来，不再颓废下去"③。然而，他的思想状态还是"经常陷于矛盾错综之中：一方面，他的感伤颓废蜕化而为一种隐遁的思想，而另一方面，他的诗人气质和爱国精神，却又不能使他真正地宁静下来，他不甘寂寞，对现实有着很大的愤懑。因此，就构成了他全部作品中间那种忧抑而又痛愤的基本情调了"④。抗战爆发后，"他感到自己国家的衰靡不振，政治上搞得一团糟，百姓受苦，他要唤起民心，保持气节"⑤，于是就有了"气节应为弱者师"的铿锵之语，并有"坑灰未死待扬尘"的"猛志常在"⑥ 的精神。而后到了南洋则是《乱离杂诗》等诗篇所表现出的"家国之思、乡园之感"的激楚之音。子瑜先生由郁达夫早年习作的所谓杂诗一直论到晚年在南洋的最后的《乱离杂诗》，揭示了郁达夫的思想由"感伤""颓唐"到"悲愤慷慨"的变化，同时也揭示了他诗风在其整个创作过程中的双重变奏。这样就对郁达夫诗词的思想内容有了一个大概的整体的把握。正是在这样的论述的基础上，子瑜先生进一步揭示郁达夫诗风的渊源：

> 达夫的旧诗，受宋人的影响最深，可能是因为他所处的时代，与宋朝有若干仿佛之处。但宋诗主说理，达夫诗却以道情取胜，我想最大的原

---

① 郑子瑜：《藟春斋诗纪》，《诗论与诗纪》，第 128～129 页，北京：友谊出版公司 1983 年版。

② 郑子瑜：《论郁达夫的旧诗》，《诗论与诗纪》，第 40 页，北京：友谊出版公司 1983 年版。

③ 同上，第 41 页。

④ 同上。

⑤ 同上。

⑥ 同上，第 42 页。

因，是宋代诗人，喜欢以文入诗，这就正合达夫的脾胃了。①

子瑜先生论诗总是把诗与诗人所处的时代结合起来，以揭示诗作为什么会有如此的诗风，诗人为什么会有这样的格调；同样，他论郁诗受宋人影响最深，也是从"他所处的时代"着眼，从而避免了武断之论，而有了立地的根基。并且，这在郁达夫自己也有类似的说法。他在散文《寂寞的春朝》里就说：翻阅宋人陈龙川的文集，"觉得中国的现状，同南宋当时，实在还是一样。外患的迭来，朝廷的蒙昧，百姓的无智，志士的悲哽，在这中华民国的二十四年，和孝宗的乾道淳熙，的确也没有什么绝大的差别"。他同时还作了一首《乙亥元日，读陈龙川集，有感时事》的七律："大地春风十万家，偏安原不损繁华。输降表已传关外，册帝文应出海涯。北阙三书终失策，暮年一第亦微暇。千秋论定陈同甫，气壮词雄节较差。"② 这里的文与诗都是由宋人宋事而发。所以，子瑜先生所论正与郁达夫的诗文相合。不管后来的论者多么试破此说而另立"出自唐诗说"，但子瑜先生之论仍有其先见之价值与不可否认的存在的理由。

为了证明这一"受宋人的影响最深"之观点，子瑜先生特撰写了《郁达夫诗出自宋诗考》这篇40年前即对郁达夫说过之作，也终于完成了自己的心愿。这篇万字长文是子瑜先生论郁诗最重要也是最有代表性的作品，最早发表于20世纪70年代初新加坡的《南洋商报》，此时大陆尚在"文化大革命"中，故不为人知；但在近邻的日本很有影响。日本的研究郁达夫专家稻叶昭二教授将之译成日文，刊于1974年8月号的《东洋文化》，一经发表，即引起"日本学术界的重视，因为这种作死功夫的考证工作，在学术上虽然没有多大的贡献，但却很合于某一学派日本学者的脾胃"③。后来，子瑜先生又把这篇文章收入他的《诗论与诗纪》一书，于1978年由香港中华书局初版，大陆则在1983年北京的友谊出版公司获得版权转让而再版。陈子善、王自立编的两种《郁达夫研究资料》均收入该文，分别于1982年和1986年在天津人民出版社和香港三联书店出版，始为大陆研究者所知，并多称引。

正如前述，子瑜先生的《郁达夫诗出自宋诗考》是对其《论郁达夫的旧

---

① 郑子瑜：《论郁达夫的旧诗》，《诗论与诗纪》，第44页，北京：友谊出版公司1983年版。

② 郁达夫：《寂寞的春朝》，《郁达夫全集》第3卷，第203、204页，杭州：浙江大学出版社2007年版。

③ 郑子瑜：《诗论与诗纪·自序》，第2页，北京：友谊出版公司1983年版。

诗》中的一个观点"达夫的旧诗受宋人的影响最深"加以考证。子瑜先生在考证前，先由宋诗的特点说起，引用了宋人严羽、明人谢榛、陈子龙和近代的朱自清、傅庚生、钱锺书等人论宋诗之说，以引出自己的观点："我以为宋诗只是意境稍差，音韵不够响而已，若就诗的内容和它所含的社会意义来说，则宋诗未必不愈于唐诗。"① 这就是说，说郁达夫的诗出自宋诗，并非是要贬低郁诗，相反却有抬高郁诗之意，因为宋诗的内容，宋诗的社会意义"未必不愈于唐诗"，那么，郁达夫诗的思想内容、郁达夫诗的社会意义也就不言而喻了。子瑜先生的这一段话，后来与之"商榷"的人几乎都没有注意到，也就没有理解子瑜先生作考的深心所在。重视诗的思想内容与社会意义，这是郁达夫与宋人相通之处，也即郁达夫"颇喜摹拟宋诗"② 的一个原因。另外，子瑜先生还从郁达夫自己的诗观来找原因。郁达夫在《谈诗》一文中说：

> 近代人既没有那么的闲适，又没有那么的冲淡，自然做不出古人的诗来了；所以我觉得今人要做旧诗，只能在说理一方面，使词一方面，排韵炼句一方面，胜过前人，在意境这一方面，是怎么也追不上汉魏六朝的；唐诗之变而为宋诗，宋诗之变而为词曲，大半的原因，也许是为此。③

郁达夫认为今人作旧诗"只能在说理一方面""胜过前人"，而普遍的认识也是宋诗主说理，则郁达夫的作诗观与宋诗的特点是相合的。郁达夫在《娱霞杂载》一文中又指出："语意率直，真是宋人口吻。"④ 子瑜先生就此分析道："达夫以为'语意率直'是宋诗的特色，又以为'诗句僻涩'，是北宋诗的特色，所以他提到有清一代名臣袁忠节的近体，有'诗句僻涩，上追北宋'的评语。"⑤ 而所谓"语意率直""诗句僻涩"都是在"说理一方面"，这样子瑜先生就指出了"以绝世才华的郁达夫颇喜摹拟宋诗"的第二个原因。还有第三个原因，即是郁达夫很喜欢清代康熙年间杭州的钱塘诗人厉鹗。郁达夫曾作历史小说《碧浪湖的秋夜》，就是写厉鹗和他的爱人朱月上结合的故

---

① 郑子瑜：《郁达夫诗出自宋诗考》，《诗论与诗纪》，第 48 页，北京：友谊出版公司 1983 年版。
② 同上。
③ 郁达夫：《谈诗》，《郁达夫全集》第 11 卷，139～140 页，杭州：浙江大学出版社 2007 年版。
④ 郁达夫：《娱霞杂载》，《郁达夫全集》第 8 卷，第 183 页，杭州：浙江大学出版社 2007 年版。
⑤ 郑子瑜：《郁达夫诗出自宋诗考》，《诗论与诗纪》，第 49 页，北京：友谊出版公司 1983 年版。

事，正如他写历史小说《采石矶》中的黄仲则一样，黄仲则即有郁达夫的影子，同样的，在厉鹗的身上也有郁达夫自己的影子，不仅如此，他还把朱月上写得像他的爱妻王映霞，子瑜先生说：

> 达夫既将映霞比作月上，当然也就将自己比较厉鹗了。他既喜欢厉鹗，当然也就喜欢厉鹗所撰制的东西，所以他必定熟读厉鹗所撰制的《宋诗纪事》和《南宋杂事诗》，因而对宋诗有极其深刻的印象，"染指既多，自成习套"，这也许是达夫诗出自宋诗的一个更为可能的原因吧？①

以上子瑜先生从郁达夫诗的思想内容与社会意义，郁达夫的今人作旧诗只能在说理一方面取胜的诗观，以及郁达夫喜欢清代诗人厉鹗所撰制的《宋诗纪事》《南宋杂事诗》三个层面，说明郁达夫"颇喜摹拟宋诗"的原因。这在具体考证之前，先作探因之论，考由论出，论由考证，是非常谨严缜密的，是极其富有逻辑性的。后来的"郁达夫诗出自唐诗考"之类虽不无所据，但究其原因所在，却不如子瑜先生这里说得如此地清楚明白。

由三个原因揭示之后，子瑜先生即就郁达夫的近50首诗作了具体考证。引用的典籍，除了厉鹗编的《宋诗纪事》《南宋杂事诗》外，还有《宋诗纪事补遗》《书画汇考》《全闽诗话》《江西诗征》《赣州府志》《湖南通志》《崇安县志》《零陵县志》《广西通志》《九华山志》《黄山志》《三山志》《天台山集》《金石萃编》《舆地纪胜》《唐宋诗举要》《宣和遗事后集》《容斋随笔》（洪迈）、《灌园集》（吕南公）、《竹外蛩吟稿》（萧澥）、《苇碧轩集》（翁卷）、《汴京纪事》（刘子翚）、《桐江续集》（方回）、《七颂堂词释》（刘体仁）、《人间词话》（王国维）等二十多部；所考的诗人有邓标、冯山、范成大、陆游、马廷鸾、阎孝忠、宋涛、杨后、施常、苏东坡、高子洪、潘用中、罗大为、吕南公、杨诚斋、姜白石、萧飞凤、黄梦得、萧澥、陈统、辛弃疾、张滉、王安中、谢凤、徐九思、赵没、黄宗旦、陈致尧、钱易、李昌儒、苏舜钦、王安石、元裕之、欧阳修、李煜（取其入宋后之作）、翁卷、刘子翚、贺方回、曾巩，等等，有数十家之多。集有常集，如《唐宋诗举要》，亦多僻典，如《江西诗征》、县志之类，可见子瑜先生阅览之广泛、搜集之勤劳。而与郁诗作考的诗人既有有名的诗人如苏东坡、姜白石、辛弃疾、苏舜钦、王安石、欧阳修、李煜（取其入宋后之作）、贺方回、曾巩、元裕之等，更多的是

---

① 郑子瑜：《郁达夫诗出自宋诗考》，《诗论与诗纪》，第50页，北京：友谊出版公司1983年版。

并不怎么出名的，如高子洪、潘用中、罗大为、吕南公、萧飞凤、黄梦得、萧澥、陈统、张滉、王安中、谢凤、徐九思、赵没、黄宗旦、陈致尧、钱易、李昌儒、翁卷、刘子翚等人，子瑜先生都能从其诗中找到为郁达夫所用的诗句。试举一例以证：

> 《天台山集》载赵没《送僧归护国寺》诗云："振锡携瓶谒未央，薜罗衣湿惹天香。晓辞丹陛君恩重，笑指旧山归路长。何处漱泉吟夜月，几程闻雨宿云房。他年松下敲门去，应许尘襟拂石床。"又苏轼《次韵代留别》诗云："绛蜡烧残玉斝飞，离歌唱彻万行啼。他年一舸鸱夷去，应记农家旧住西。"达夫《题闽县陈贻衍西湖纪游画集》四首，其四云："我自浙东来闽海，君从燕北上苏堤。他年归隐西湖去，应对春风忆建溪。"赵苏二诗末二句并为郁诗"他年归隐西湖去，应对春风忆建溪"所本。①

这些不常见的典籍与不太出名的诗人，郁达夫是否都见过，并不重要，以郁达夫读书之博杂，也不是没有可能的，倒是从这里我们看到了子瑜先生学问的渊博与识见的非同一般。著名学者浙江大学中文系教授蒋祖怡先生在《郁达夫〈论诗诗〉七首笺注》的引言里提到子瑜先生的《郁达夫诗出自宋诗考》"说是他的论点和我的并不矛盾。'因为历来有成就的诗人，总是"转益多师"（杜甫语），撷取众长，融铸成为他自己的风格'"②。著名的中国现代文学史专家王瑶先生也说：

> 新加坡的郑子瑜曾经作过一篇《郁达夫诗出自宋诗考》，列举出郁达夫的许多旧诗都是从宋诗点化而来，而所举的宋诗有相当部分都是比较冷僻，为一般人所不熟悉的，这恰好说明郁达夫古典文学修养之深厚。③

王瑶先生由"郁达夫的许多旧诗都是从宋诗点化而来"，而且"有相当部分都是比较冷僻，为一般人所不熟悉的"，以说明郁达夫学养之厚，其实，不也正说明子瑜先生的旧学根基之深吗？对此，子瑜先生是把蒋祖怡先生和王瑶先生

---

① 郑子瑜：《郁达夫诗出自宋诗考》，《诗论与诗纪》，第56页，北京：友谊出版公司1983年版。

② 郑子瑜：《蒋祖怡著〈郁达夫旧诗笺注〉序》，《郑子瑜学术论著自选集》，第443页，北京：首都师范大学出版社1994年版。

③ 王瑶：《论现代文学与中国古典文学的历史联系》，《王瑶全集》第5卷，第80页，石家庄：河北教育出版社1996年版。

引为知音的，他说："可见我和蒋祖怡先生、王瑶先生的意见还是一致的。"①

到了本世纪初，詹亚园、刘麟分别写出了同题的《郁达夫诗出自唐诗考》，似有和郑子瑜先生一较之意，后之韩立平则直以"与郑子瑜先生商榷"为副题又写了《郁达夫旧体诗的取径》。三篇文章的观点都是郁达夫的诗出自唐诗，也列举了大量的例子，不能说没有道理，因为郁达夫的诗本来就是唐宋兼采，熔铸百家的，因此，谁也不能因为郁达夫特别喜爱唐诗，如郁达夫的论诗诗《盛夏闲居，读唐宋以来各家诗，仿渔洋例成诗八首录七》提到唐代的诗人有三个，即李商隐、杜牧、温庭筠，宋代的只有陆游一家；郁达夫的诗论也是"以渔洋山人的神韵，晚唐与元季的艳丽，六朝的潇洒为三一律"② 而不及宋，因而就否认郁达夫的诗与宋诗有关缘。而子瑜先生也并不因为郁达夫的诗出自宋诗，就认为郁达夫是学步宋人，子瑜先生说：

> 平心而论，郁达夫的诗，无论从那一角度来看，都比宋诗要好得多，这真是"青出于蓝而胜于蓝"，也正如刘勰的《文心雕龙》所说的："盖文体通行既久，染指遂多，自成习套。"若说达夫有心要摹仿宋人，那就未免太小看达夫了。③

此论出自十多年前的《论郁达夫的旧诗》，子瑜先生详考了郁诗之后又再次引此作结，以说明郁诗虽受宋人影响最深，诗多出自宋诗，但并非"有心要摹仿宋人"，只不过是"染指遂多，自成习套"而已。这样一说，无论是前之《论》，还是后之《考》，都立地稳牢，无懈可击了。

子瑜先生最后一篇论郁诗之文是为蒋祖怡先生的《郁达夫旧体组诗笺注》作序。从《〈达夫诗词集〉序》（1948 年），到《蒋祖怡著〈郁达夫旧诗笺注〉序》（1990 年），已历四十多年，真是以序始，又以序终。子瑜先生在这篇序里，深佩著者"功力之深至和学识的渊博"，指出蒋著"对郁达夫或是对郁达夫的诗作研究的人"有"值得一读的"价值④。蒋祖怡先生说他早年曾

---

① 郑子瑜：《蒋祖怡著〈郁达夫旧诗笺注〉序》，《郑子瑜学术论著自选集》，第 444 页，北京：首都师范大学出版社 1994 年版。

② 郁达夫：《序〈不惊人草〉》，《郁达夫全集》第 11 卷，第 351 页，杭州：浙江大学出版社 2007 年版。

③ 郑子瑜：《论郁达夫的旧诗》，《诗论与诗纪》，第 44～45 页，北京：友谊出版公司 1983 年版。

④ 郑子瑜：《蒋祖怡著〈郁达夫旧诗笺注〉序》，《郑子瑜学术论著自选集》，第 443、445 页，北京：首都师范大学出版社 1994 年版。

"亲炙达夫先生"①，子瑜先生亦在年轻时曾亲得郁达夫的面教，而两人对郁诗又都深爱而有心得，故郑序颇有惺惺相惜之意，并引蒋为同调："可见我和蒋祖怡先生、王瑶先生的意见还是一致的。"②

子瑜先生于这篇文章之后，直至 2008 年去世，未再见有论郁诗之文，但就这些———一编《达夫诗词集》，十数篇文章，已足见子瑜先生对郁达夫诗词研究的贡献，而立其在郁达夫诗词研究史上的奠基的地位。

第三节　研究之贡献

子瑜先生虽以研究中国修辞学史而闻名于世，但因其研究郁达夫以及黄遵宪、周氏兄弟的诗而"被中、日及欧美的一些学人目为是上述诸家的研究家或是专门学者"，子瑜先生对此评价很自谦地说："这真是离题太远了，理由很简单，如果我真的是什么专门学者，便只能专治一家，现在却涉及三四家，便不是专门学者了。"③ 专家并非只能专一家，专三四家乃至更多家，而有新说创见，才能触类旁通，左右逢源。正因为子瑜先生有深厚的国学根底（修辞学之外，他对墨子、荀子、《左传》《史记》、马华文学、日本汉学都有研究），有自作旧诗的深厚学养，又深研黄遵宪、周树人、周作人的诗与诗论，才使得他的郁达夫旧诗研究有着至为厚实的基础，拿出至今尚少有人及的坚实的成果。概括其贡献则有以下几点。

一、开拓之功

郁达夫的小说《沉沦》（1921 年）刚一发表，即引起文坛轰动，周作人、沈雁冰、成仿吾纷纷著文评论。而郁达夫的旧体诗如《咏史三首》（1911 年）虽比《沉沦》要早十年发表，但并无人评，直到 40 年代，子瑜先生编《达夫诗词集》，并作序，才算是真正进入对郁诗进行研究的层面，而后出现了一些有学术意义的文章。因此，可以毫不夸张地说，是子瑜先生开拓了郁达夫诗词

---

① 蒋祖怡：《郁达夫〈论诗诗〉七首笺注引言》，转引自郑子瑜《蒋祖怡著〈郁达夫旧诗笺注〉序》，《郑子瑜学术论著自选集》，第 442 页，北京：首都师范大学出版社 1994 年版。

② 郑子瑜：《蒋祖怡著〈郁达夫旧诗笺注〉序》，《郑子瑜学术论著自选集》，第 444 页，北京：首都师范大学出版社 1994 年版。

③ 郑子瑜：《诗论与诗纪·自序》，第 1 页，北京：友谊出版公司 1983 年版。

研究这一新的领域，使得对郁达夫的研究走向全面。

　　不仅如此，子瑜先生在打开郁诗研究之门后，又一路直闯下去，而作南游诗论，而作旧诗考论。这两方面也同样具有开拓性意义。50 年代前，对郁诗的研究基本上还是停留在一般性的介绍，于学理性的研究仍是较少。而子瑜先生即已就郁达夫的南游诗为主题，作主题性研究，这为后来开启了郁诗主题研究的先河。20 世纪 80 年代后，温儒敏的《赋到沧桑句自工——谈郁达夫在南洋写的诗》①、庞国栋的《郁达夫流亡诗辨析》②（流亡诗也即流亡南洋所写的诗——引者注）、赵颖的《郁达夫南洋主题旧体诗考略》③ 等文都是承此而来。至于《郁达夫诗出自宋诗考》则引出后来一系列的考证文章，如张钧的《郁达夫早期诗七首笺注》④ 和《关于〈毁家诗纪〉第四首的考述》⑤，何坦野的《郁达夫〈西归杂咏十首〉补笺》⑥，詹亚园的《郁达夫诗出唐诗考》⑦，刘麟的《郁达夫诗出自唐诗考》⑧，韩立平的《郁达夫旧体诗的取径——与郑子瑜先生商榷》⑨ 等，这些人都追步子瑜，而纷纷效考。詹亚园就很坦率地说："著名学者郑子瑜先生是郁达夫诗词的研究专家，他撰有一篇《郁达夫诗出自宋诗考》的论文。……我们考证郁达夫诗出自唐诗自然不是要和郑先生唱一次对台戏，相反的倒是受到了郑先生的启发，有意也来对郁诗来源作一次认真考察。"⑩ 明白表示是受郑子瑜先生的"启发"，由此可见此文的意义与价值。

二、创新之说

　　子瑜先生作文不袭旁人之说，不蹈前人窠臼，而总是力求创新。他说：

　　　　我一开始写学术论文，就立志要做到每一篇论文都要有我自己的心得，自己的意见，确是别人不曾提过的，或是对某一事物某一问题有新的

---

① 温儒敏：《赋到沧桑句自工——谈郁达夫在南洋写的诗》，载《星星》1980 年第 7 期。
② 庞国栋：《郁达夫流亡诗辨析》，载《重庆广播电视大学学报》1999 年第 3 期。
③ 赵颖：《郁达夫南洋主题旧体诗考略》，载《理论界》2013 年第 4 期。
④ 张钧：《郁达夫早期诗七首笺注》，载《福州师专学报》2000 年第 2 期。
⑤ 张钧：《关于〈毁家诗纪〉第四首的考述》，载《郁达夫研究通讯》2002 年第 21 期。
⑥ 何坦野：《郁达夫〈西归杂咏十首〉补笺》，载《嘉兴高等专科学报》2000 年第 4 期。
⑦ 詹亚园：《郁达夫诗出唐诗考》，载《浙江海洋大学学报》2001 年第 3 期。
⑧ 刘麟：《郁达夫诗出自唐诗考》，载《中国现代文学研究丛刊》2002 年第 2 期。
⑨ 韩立平：《郁达夫旧体诗的取径——与郑子瑜先生商榷》，载《社会科学论坛》2010 年第 1 期。
⑩ 詹亚园：《郁达夫诗出唐诗考》，载《浙江海洋大学学报》2001 年第 3 期。

发现，而这发现是我自己得来的。①

那么，子瑜先生在郁达夫旧诗研究中有怎样的创新之说呢？那就是他的郁达夫的诗受宋人影响最深，郁达夫诗出自宋诗。很多人都说郁达夫的诗受黄仲则的影响，往上则有晚唐的李（商隐）杜（牧）温（庭筠），往下则有清代的吴梅村、龚自珍以及近代的苏曼殊，却很少有人说郁达夫的诗出自宋诗，受宋人影响最深。而子瑜先生却独辟蹊径，敢立新说，并以乾嘉之学风作翔实之考证，为说立地，使说不妄。这种独立新说之勇与考证新说之实，体现了一个真正的学术研究者的作风。子瑜先生说："我研究黄遵宪，有我的创见，创见虽不多，但还是创见。"② 同样，他研究郁达夫，亦有创见，"创见虽不多，但还是创见"。并且，这一创见为著名的学者蒋祖怡、王瑶先生所认同。

三、传播之效

郁达夫的诗词在其生前只是散见于报刊，从未结集出版过，大多只为圈子内的人所熟知，一般的读者只认得郁达夫是浪漫派的小说家，子瑜先生编的《达夫诗词集》是第一本郁达夫旧体诗词集，它的出版很快使郁达夫的诗为人所知，为人所爱，起到了传播郁诗之效。此后，该书又一版再版而至四版，并为香港的陆丹林、台湾的刘心皇、大陆的周艾文、于听所编郁诗集的蓝本。子瑜先生还利用在日本、新加坡讲学的机会，大力传播郁诗，宣讲郁达夫诗词所表现的爱国主义精神。

子瑜先生在 80 岁高龄的时候还特地写作了一篇纪念郁达夫 100 周年诞辰的文章《郁达夫与青年》，在这篇文章里举了大量的事例说明郁达夫对年轻人的关爱，充分表达了子瑜先生对郁达夫的崇敬之情。子瑜先生说，我只是郁达夫的同情者，而非他的知己③。但我们从以上所述来看，子瑜先生是不愧为郁达夫的知己的。

---

① 郑子瑜：《自传》，《郑子瑜学术论著自选集》，第 754 页，北京：首都师范大学出版社 1994 年版。

② 同上。

③ 郑子瑜：《琐忆达夫先生》，陈子善、王自立编《回忆郁达夫》，第 412 页，长沙：湖南文艺出版社，1996 年版。

第十四章

郁达夫旧体诗研究百年史述

郁达夫虽以小说闻世，却以诗词起步。他九岁即已题诗，现在看到的他最早的诗是写于 1911 年的《咏史三首》，先于其小说创作十年，发表于 1915 年上海的《神州日报·神皋杂俎·文苑》，此后一直作诗不辍，直到其生命的最后，为我们留下了六百余首诗词。若从 1914 年其嫂陈碧岑寄其诗作为对诗评论的开始，那么，对郁达夫诗词研究也已整一百年了。这一百年间，仅就其诗词评论文章有五百余篇，虽不及论小说、散文之多，也已相当可观，且有一定的深度与广度。纵观郁诗研究的一百年，可分为五个阶段，现作综述，以见其貌。

第一节　帷幕初启（1914 年～1945 年）

这一时期为其逝世前的 30 年，评文不多，含和诗赠答仅二十来篇，可分为三类。

一、寄赠类

有陈碧岑的《寄怀达夫弟（七绝二首）》（载 1916 年 2 月 9 日杭州《全浙公报·杂货店·诗选》）、鲁迅《阻郁达夫移家杭州》（载 1935 年 5 月上海群众图书公司初版《集外集》）、潘正铎《水调歌头·槟城喜遇郁达夫先生，慨话杭州》（载 1939 年 2 月 1 日新加坡《星洲日报半月刊》第 15 期）、李铁民《西浪作诗为达夫先生贤伉俪睦承索步韵因作（七律）》、胡迈《赠达夫先生步西浪原韵（七律）》、一泓《西浪赠达夫伉俪，铁民贺之邀同作（七律）》、绯燕女士《赠郁达夫先生（七律附言）》、贞《赠达夫先生和西浪兄原韵》、陈宗□《赠郁达夫先生步西浪原韵》（以上皆刊于 1939 年 6 月 1 日、3 日、5

日、6 日、12 日新加坡《星中日报·星宇》)、广勋《赠呈达夫先生（七绝四首)》（载 1940 年 4 月 20 日新加坡《星洲日报·繁星》)、梦蕉《喜晤郁达夫同仁（七律)》（载 1941 年 11 月 1 日上海《小说月报》第 2 卷第 2 号)、王云《赠郁达夫（七绝)》（载 1942 年 3 月 1 日《小说月报》第 2 卷第 6 号)、若瓢《吉祥草——怀郁达夫（七绝四首)》（载 1943 年 11 月 1 日《万象》月刊第 3 卷第 5 期）等。

1913 年 9 月，郁达夫随兄郁华赴日留学，其嫂陈碧岑同行。一年后兄嫂回国，郁达夫少小离家，自觉"变成了一只没有柁楫的孤舟"（《海上——自传之八》)，故陈碧岑于这年冬作《寄怀达夫弟》二首，表达兄嫂对他的思念之情，"犹忆当年同作客，哪知今日独思君"；并期望"小屏红烛"之日，再"相将斗句理盘餐"。以诗寄怀，虽非论诗，却体现了叔嫂之间的手足之情①。

鲁迅的《阻郁达夫移家杭州》最为人们所熟知，其为鲁郁两人研究的热点。1934 年的中国，社会矛盾复杂，政治斗争尖锐，郁达夫为避祸，遂移家杭州，鲁迅即写诗劝阻他，告知他杭州并非桃园乐土，钱武肃王的酷政尤在，劝他效屈大夫，于"风波浩荡"中，亦足堪行吟。惜郁达夫未听劝阻，遂致后来的家庭悲剧。鲁迅的诗表达了他对战友的关心，当时并未发表，后收入《集外集》，这是关于郁达夫的一篇非常重要的作品，并为 20 世纪 70 年代末开启了郁达夫研究的大门。

继鲁迅的赠诗之后，1939 年郁达夫为抗战到新加坡，由于发表《毁家诗纪》而致郁达夫与妻子王映霞婚姻危机，郁达夫的友人李西浪作诗《柬达夫伉俪》："富春江上神仙侣，云彩光中处士家。十载心香曾结篆，少陵诗笔动悲笳。鸾笺应画双飞燕，血泪遍浇并蒂花。留得千秋佳话在，一杯同祝爱无涯。"② 此诗遂引来大量和诗赠郁，新加坡《星中日报·星宇》于 1939 年 6 月连日发表，成为一时之盛。这些诗旨在劝和，如潘寿的"看到波生方爱水，折来刺在更怜花"③，温婉含蓄，深意内藏。这些诗都体现了友人对郁达夫真挚的关心之情。此外，则为一般的相赠，如广勋《赠呈达夫先生》，梦蕉的《喜晤郁达夫同仁》等。

---

① 吴祖光：《陈碧岑夫人传略》，见《郁曼陀陈碧岑诗抄》，第 11 页，上海：学林出版社 1983 年版。
② 郁达夫：《郁达夫诗全编》，第 223 页，杭州：浙江文艺出版社 1989 年版。
③ 胡迈：《对〈郁达夫诗词抄〉的补正》，载《新文学史料》1983 年第 1 期。

二、次韵类

这是郁达夫有诗作，而他人步其韵的诗。最早即是胡浪华的《无题——次郁达夫韵》（七律），发表于1915年8月8日上海的《神州日报·神皋杂俎·文苑》。胡浪华是郁达夫留日时的同学，两人相交甚深，初次相见，"便'论诗多时'，浪华示以《远游》一诗，达夫则以'元旦作断句'回报"①。胡浪华的这首次韵诗，今仅见题，未知内容。

郁达夫与日本汉诗人服部担风先生的唱和，以及担风先生对郁达夫的赏识是最早具有诗评性质的。据日本学者稻叶昭二的《郁达夫——他的青春和诗》一书介绍，郁达夫于1916年5月至1918年11月曾三次拜访服部担风先生，且每次都有寄赠诗作，而担风亦均有次韵和作，共有7首之多。郁达夫在诗中表达了对担风先生的倾倒仰慕之情："过桥知入词人里，到处村童说担风。"（《访担风先生道上偶成》）"门巷初三月，词坛第一人。"（《新正初四蓝亭小集赋呈担风先生》）对担风先生对自己的赏识（"马卿才调感君知"），表示要"瓣香倘学涪翁拜，不惜千金买绣丝"（《将去名古屋别担风先生》）。在将离开第八高等学校去东京读书前，又作《送担风》曰："赠我梅花清几许，此生难报丈人恩。"一片绵绵不尽的感念之情。担风先生是比郁达夫年长30岁的老者，他对这个来自异国的留学生因其才华横溢而有着"深深的爱"②，常常不吝赞美之情。"欲问江南诗句好，三生君是贺方回。"（《四月六日郁达夫来过，有诗，即次其韵》）③ 贺方回是宋代著名词人贺铸，他的《青玉案·凌波不过横塘路》是其名作，词中有"若问闲愁几许，一川烟草，满城风絮，梅子黄时雨"而赢得"贺梅子"的雅号，以致宋金词人步其韵唱和仿效者多达25人28首。故担风先生以贺比郁，赞其有妙才。不仅如此，担风先生还赞他"才驾李昌谷，狂追贺季真"（《次〈新正初四蓝亭小集赋呈担风先生〉》）④。李昌谷即李贺，贺季真即贺知章，都是唐代的著名诗人，担风先生夸郁达夫的"才"在李贺之上，而"狂"又直追贺知章。这个"狂"不是轻狂，而是说其才华的超逸不群。担风先生还在《古中秋阿谁儿楼雅集分韵此夜无月》一

---

① 钦鸿：《新发现的郁达夫佚诗〈寄浪华南通〉》，载《上海师范大学学报》1990年第3期。

② 小田岳夫、稻叶昭二：《郁达夫传记两种》，第223页，杭州：浙江文艺出版社1984年版。

③ 同上，第219页。

④ 同上，第220页。

诗中写到："海山幂巁雾云封，那处琼楼十二重。古驿万家带灯火，夜潮千里泣鱼龙。当头不听武夷乐，撒手拟登天柱峰。坐有斗边泛槎客，酒酣妙吻见词锋。"此诗刊登在1916年10月31日《新爱知新闻》的汉诗栏上，担风先生在诗后还注曰："七八句，谓郁君达夫，达夫支那富阳人。"① 则诗的最后两句是赞美郁达夫的"词锋"之"妙"的。就在这次雅集上，郁达夫也作有《丙辰中秋，桑名阿谁儿楼雅集，分韵得寒》的七律，诗曰："依栏日暮斗牛寒，千里江山望眼宽。未与嫦娥通醉语，敢呼屈宋作衙官。斩云苦乏青龙剑，斗韵甘降白社坛。剪烛且排长夜烛，商量痛饮到更残。"② 且是最先成诗，更让担风先生叹佩："郁达夫不愧捷才，首成七律，一座皆惊。"③ 而最具有诗评意义的，则是郁达夫初到日本所写的十二首《日本谣》，以我国古代民歌体的竹枝词来写日本的风俗民情，深得担风先生的好评："郁君达夫留学吾邦犹未出一二年，而此方文物事情，几乎无不精通焉。自非才识轶群，断断不能。《日本谣》诸作，奇想妙喻，信手拈出，绝无矮人观场之感，转有长爪爬痒之快。一唱三叹，舌挢不下。"④ 虽寥寥数语，既指出郁达夫对日本文物之精通，才识之轶群，又概括其诗设喻奇妙的艺术特点，更有令人"一唱三叹，舌挢不下"的艺术效果。综观担风先生与郁达夫唱和的点赞，与此处的点评，郁达夫的诗才、诗艺、诗风已尽在其中。担风先生如此爱惜其才，也就难怪郁达夫赴东京大学学经济，担风先生为其惋惜了："以一于文艺可望成功之人才学经济，毕竟不甚合适。"⑤

1936年，郁达夫有一首《醋鱼》的七绝，曾引得看云楼主和半上流的唱和。而唱和之盛当是在郁达夫1939年初到新加坡写的一首诗，以至"和者如云"⑥，极一时之盛。这些和诗，虽非对郁诗的评价，但带动了原本文化就比较落后的南洋诗词创作的高潮。

---

① 小田岳夫、稻叶昭二：《郁达夫传记两种》，第241页，杭州：浙江文艺出版社1984年版。
② 《郁达夫全集》第7卷，第38页，杭州：浙江大学出版社2007年版。
③ 小田岳夫、稻叶昭二：《郁达夫传记两种》，第240页，杭州：浙江文艺出版社1984年版。
④ 同上，第215页。
⑤ 同上，第223页。
⑥ 郁达夫：《前在槟城，偶成俚句，南洋诗友，和者如云。近有所感，再叠前韵，重作三章，邮寄丹林，当知余迩来心境》，见《郁达夫全集》第7卷，第185页，杭州：浙江大学出版社2007年版。

三、介绍类

郁达夫生前没有把他的诗结集出版，只是零零散散地发表于一些报刊上，因其在文坛上有盛名，所以就有一般介绍其诗的文章，如青龙《郁达夫喜作旧诗》（载 1932 年 11 月 12 日《申江日报·江声》）、无名作者的《郁达夫的应酬诗》（载 1934 年 4 月 3 日北平《东方快报·大观园》）、爱悌《郁达夫之近诗》（载 1936 年 4 月 15 日《东南日报·小筑》第 156 期）、梦笔《达夫的诗》（载 1939 年 5 月 27 日新加坡《总汇新报》）、张祥沅《达夫与金缕曲》（载 1944 年 1 月 1 日杨之华编上海中华日报社出版《文坛史料》"文坛逸话"栏）等。

上述三类诗文，都还不是真正学术意义上的研究，但郁诗的研究却是由此缓缓地拉开了帷幕。

第二节　诗人逝后（1946 年 ~ 1949 年）

这是郁达夫逝世后的几年，时间虽短，但所出文章已与前三十年相当。

一、怀吊类

郁达夫遇难后，最先出现的是怀吊悼念他的诗作，如风夫婿（郁风苗子）《读达夫杂忆诗，即用原韵诗以悼之（七律十一首）》（载 1946 年 1 月 14 日新加坡《星洲日报·总汇报联合版》第 105 号第 4 版）。其后则有冰人《挽郁达夫——即依杂忆原韵（七律八首）》（载 1946 年 7 月 4 日曼谷《中原报·万象》第 11 版）、紫荷《吊达夫》（载 1948 年 11 月 19 日曼谷《中原报·万象》第 230 期）。

二、介绍类

怀吊之诗出现后，介绍郁达夫诗的文章也陆续发表。有梅平《郁达夫近诗》（载 1946 年 4 月 1 日北平《东方快报·大观园》）、无作者名的《郁达夫最后遗诗》（载 1946 年 5 月 5 日《消息》半周刊第 9 期）、大白《达夫的诗》（载 1946 年 5 月 28 日、29 日《星洲日报·总汇报联合版》）、无作者名的《郁达夫的旧诗》（载 1946 年 10 月 1 日《青年文化》第 2 卷第 1 期）、妙手《郁达夫的诗》（载 1947 年 11 月 24 日《新民晚报·夜光杯》）、妙手《再谈郁达夫的诗》（载 1948 年 4 月 10 日《新民晚报·夜光杯》）、伊《郁达夫的诗》（载 1948 年 4 月 30 日曼谷《中原版·万象》第 176 期）、鸿瑞《郁达夫词》（载 1948 年 10 月 1 日新加坡《星洲日报·星云》）。

三、序论类

随着对郁达夫诗词研究的深入，这时已由一般性的介绍进入到较深的研究的层面。这方面的文章有：丹林《郁达夫的诗词》（载 1947 年 12 月 20 日新加坡《星洲日报·星云》）、郑子瑜《〈达夫诗词集〉序》（载 1948 年 5 月 1 日《文潮月刊》第 5 卷第 1 期）、黎辛《郁达夫的诗》（载 1948 年 8 月 9 日新加坡《星洲日报·星云》）、柳风《论郁达夫的诗》（载 1948 年 9 月 3 日《星洲日报·星云》）、陆丹林《郁达夫的旧体诗》（载 1948 年 9 月 14 日曼谷《中原版·万象》第 213 期）、金密公《郁达夫遗诗辑序》（载 1948 年 12 月 1 日上海《永安月刊》第 115 期）。

上述三类，尤其是第三类，显然是真正研究性的文章了，且多集中于郁达夫晚年生活过的新加坡。在研究者中，郑子瑜其后更成为郁诗研究的一位大家，陆丹林先生因亲手发表过郁达夫的《毁家诗纪》，与郁有诗唱和，故对郁诗颇有心得。

第三节　研究方兴（1949 年～1966 年）

新中国成立后至"文革"开始前的十几年，由于受极左思潮的影响，郁达夫虽被追认为烈士，但对其研究仍是寥寥，于诗就更少，唯新加坡、香港、台湾略多一些，共三十余篇，亦可分为几类。

一、辑佚类

郁达夫一生作诗很多，但从未结集，散失很多。故欲研究郁诗，辑佚就是一项很重要的基础性的工作。这方面的文章有：李冰人《郁达夫的遗作和佚诗》（载 1955 年 7 月 11 日—14 日新加坡《星洲日报》）、郑子瑜《郁达夫遗诗续辑》（载 1957 年 11 月香港《文艺世纪》11 月号）、李冰人《再谈郁达夫的佚诗》（载 1959 年 7 月 1 日新加坡《星洲日报·星云》）、江郎《郁达夫佚诗钩沉》（载

1960 年 1 月 8 日新加坡《南方晚报》）、天石《郁达夫的一首集外诗》（载 1961 年 4 月 1 日《雨花》第 4 期）、郑子瑜《郁达夫遗诗的再发现》（载 1961 年 4 月 27 日、5 月 4 日新加坡《星洲日报・星云》）、许乃炎《郁达夫遗诗一首》（载 1965 年 5 月 11 日新加坡《星洲日报・星云》）、方江水《郁达夫遗诗又一首》（载 1965 年 5 月 21 日新加坡《星洲日报・星云》）、徐克弱《新见的郁达夫诗》（载 1966 年 2 月 26 日新加坡《星洲日报・星云》）。

辑录佚诗从未停止过，直到今天还时有郁诗的发现。

二、释《阻》类

鲁迅的《阻郁达夫移家杭州》从这个时候开始，既是鲁迅研究的一个课题，也是研究郁达夫的一个很好的切入点。有关的文章如：吴木《鲁迅的〈阻郁达夫移家杭州〉》（载 1956 年 10 月 15 日《文汇报》19 号"轶闻集锦"栏）、日本松枝茂夫《〈阻郁达夫移家杭州〉译注》（载 1956 年 10 月 7 日岩波书店版《鲁迅全集》第 12 卷）、张向天《〈阻郁达夫移家杭州〉注》（载 1959 年 8 月广东人民出版社《鲁迅组诗笺注》）、周振甫《〈阻郁达夫移家杭州〉注》（载 1962 年浙江人民出版社《鲁迅诗歌注》）、钱瑈之、马莹伯《诗・哲理・座右铭——读鲁迅的〈阻郁达夫移家杭州〉》（载 1962 年 9 月 15 日《光明日报・东风》）。

这些译注、解释鲁迅的诗是后来研究郁达夫的一个很特别的门类，它是鲁诗之论，而非郁诗之评，但由此可知鲁郁的关系，以及郁达夫的性情与思想。

三、赏析类

这一时期对郁达夫的诗由单篇到组诗的赏析开始渐多起来，文章有：南宫博《谈郁达夫〈毁家诗纪〉》（载 1954 年 6 月 7 日香港《新希望周刊》复刊第 15 号）、蓁蒲《郁达夫诗词六首选析》（载 1958 年 1 月 1 日、16 日《乡土》第 2 卷第 1、2 期）和《郁达夫爱国诗选》（载 1962 年 9 月 18 日《光明日报・东风》）、冰心《郁达夫〈满江红〉词读后》（载 1962 年 9 月 29 日《光明日报・东风》）等。这里所谈及郁达夫的《毁家诗纪》《满江红》都成为后来郁诗研究的重点，此处仅开了个头。

四、序论类

这一类的文章在这一时期不仅比较多，约有二十余篇，且有相当的深度。

郭沫若、郑子瑜的文章提高了郁诗研究的水准。这里列举几篇比较重要的有：远观《读郑编〈达夫诗词集〉后》（载 1954 年《南洋青年》新第 11 期）、郑子瑜《谈郁达夫的南游诗》（载 1956 年 6 月新加坡《南洋学报》第 12 卷第 1 期）、日本服部靖《郁达夫的诗》（载 1957 年 7 月日本《中国古典诗》第 1 卷第 3 号）、陆丹林《〈郁达夫诗词抄〉编者前言》（载 1962 年 8 月香港上海书局初版《郁达夫诗词抄》）、郭沫若《望远镜中看故人——序〈郁达夫诗词抄〉》（载 1962 年 8 月 4 日《光明日报·东风》）、孙凌《〈郁达夫诗词汇编〉序》（载 1962 年 10 月台北《反攻》月刊第 248 号）、黄苗子《郁达夫的诗》（载 1962 年 10 月 8 日香港《大公报·大公园》第 10 版）、郑子瑜《郁达夫旧诗研究》（载 1963 年 10 月郑子瑜著新加坡南洋学会出版《东都习讲录》）等。

　　郁达夫的诗由辑佚到汇集出版，这对全面研究郁诗提供了比较翔实的资料，而序文则是提要钩玄之论。郭沫若是郁达夫留日同学，又共同组建创造社，两人相知之深，无人过之。故郭沫若的序有许多乃是郁诗研究的经典之论。郭沫若首先指出郁达夫诗文风格的清丽是受到他所生活的故乡富阳"这种客观环境的影响"，和"清代的诗人黄仲则"的影响。然后对他的诗作出总体的评价，郁达夫做旧体诗"已经做到了可以称为'行家'或者'方家'的地步"，"他的旧诗词比他的新小说更好。他的小说笔调是条畅通达的，而每每一泻无余；他的旧诗词却颇耐人寻味"。他的诗"大都是经心之作，可作为自传，亦可作为诗史。"① 这虽是印象式的，但却是非常深到的知人知诗之论，常为后之郁诗研究者所称引。郑子瑜先生可以说是早期郁达夫诗词研究的一位开拓者，他不仅辛勤地辑佚郁诗，编集郁诗，更有精心的研究之作。他的《谈郁达夫的南游诗》开启了后来郁达夫南游诗主题研究之先例。在这篇文章中，郑子瑜介绍了自己编的《达夫诗词集》所收郁达夫三十余首南游诗，认为郁达夫的南游诗最值得称颂的是那些"对于国家的兴亡之感"的诗。这些诗篇"有时表现着磅礴的气概，有时却又无限的感伤和颓唐"。对流亡时期的《乱离杂诗》十一首，郑先生认为："《乱离杂诗》是达夫先生生平最佳的诗作，用典切当，笔调清新，文情并茂。从这些诗篇里，我们可以看到诗人丰富的想象力；更可以看出他在感伤凄楚之余，也有严肃、悲愤、慨慷之致。至各章所流露出来的家国之思，乡园之感，尤足以动人肺腑。"② 郑先生的评论指

---

① 郭沫若：《望远镜中看故人——序〈郁达夫诗词抄〉》，载《光明日报·东风》1962 年 8 月 4 日。

② 郑子瑜：《谈郁达夫的南游诗》，《诗论与诗纪》，第 32、35 页，北京：友谊出版公司 1983 年版。

出了郁诗感情上的矛盾性与诗歌风格的多样性。在《郁达夫旧诗研究》一文里，已是粗具规模地综论郁达夫的诗词了，郑先生认为：郁达夫杂诗，"写作年代已不可考，但从诗的工力未深，且多摹仿唐人诗句这两点看来，大约当是早年的习作"。这一论断大致是对的，郑先生又把郁达夫的诗结合他的小说、他的生活与思想来研究，揭示出郁诗"全部作品中间那种忧抑而又痛愤的基本情调"。在这篇论文里，郑先生表达了他的一个重要的观点："达夫的旧诗，受宋人的影响最深。"这成为他后来一系列郁诗研究论文的基本观点。郑先生进一步指出郁达夫受宋诗影响的原因："可能是因为他所处的时代，与宋朝有若干仿佛之处。但宋诗主说理，达夫诗且以道情取胜。我想最大的原因，是宋代诗人，喜欢以文入诗，这就正合达夫的脾胃了。但平心而论，郁达夫的诗，无论从那一角度来看，都比宋诗要好得多……若说达夫有心摹仿宋人，那就未免太小看达夫了。"① 为证明这一观点，他又作长文考证，却引起后来于听、刘麟、詹亚园等人的考辨。

郭沫若、郑子瑜的文章为郁诗全面深入的研究开示了正确的道路。

这一时期的郁诗研究还有一个特点，就是除大陆之外，香港、台湾、日本皆有研究者加入，这其中以新加坡的研究者为最多。由于郁达夫早年留学日本，晚年客居新加坡，故这两个地方后来成为郁达夫研究的重镇。

第四节　大陆之外（1966 年～1976 年）

这一时期，大陆在轰轰烈烈搞"文化大革命"，一切学术活动都已停滞，唯香港、台湾与日本、新加坡的郁诗研究还在继续，总量虽少，仅二十余篇，但颇有佳作。以类来分可有几个方面。

一、辑佚类

郑子瑜《郁达夫遗诗的新发现》《郁达夫早年的诗》《郁达夫遗诗》（载1968 年 8 月香港编译社出版《青鸟集》）、郑子瑜《〈星洲日报〉及日本所见郁达夫的佚诗》（载 1973 年 1 月 1 日新加坡《星洲日报》）、冯永材《郁达夫情诗选辑》（载 1976 年 4 月台北《中外杂志》第 19 卷第 4 号）。

---

① 郑子瑜：《郁达夫旧诗研究》，见郑子瑜著《东都习讲录》，新加坡南洋学会1963 年版。

二、释《阻》类

江天《〈阻郁达夫移家杭州〉解》（载 1974 年香港文教出版社《鲁迅诗新解》）、姜添《阻郁达夫移家杭州》（载 1976 年 12 月香港集思图书公司《现代中国作家选论》）等。

三、介绍类

日本稻叶昭二《大正丙辰丁巳郁文诗》（载 1969 年 2 月日本《龙谷大学论集》第 388 号）、又《郁文诗——第八高等学校时代》（载 1969 年 5 月 21 日《龙谷大学论集》第 389、390 号合刊）、何勇仁《我怎样与郁达夫交往及读其诗》（载 1970 年 3 月香港《文坛》第 117 号）、陈竹七《郁达夫的旧诗》（载 1971 年 2 月 28 日台北《浙江月刊》第 3 卷第 2 期）、周新邦《郁达夫其诗其遇》（载 1972 年 3 月台北《中国诗季刊》第 3 卷第 1 期）、汪洋《从胡适与郁达夫谈到旧体诗》（载 1972 年 4 月香港《春秋杂志》第 354 期）、日本稻叶昭二《郁达夫的留学生活与他的诗——〈沉沦〉的完成》（载 1974 年日本《入矢教授、小川教授退休纪念中国文学语言论文集》）、日本加藤诚《关于郁达夫的旧诗》（载 1976 年 4 月 30 日、1977 年 8 月 1 日日本《野草》第 18 期、20 期）。

稻叶昭二是日本的一位研究郁达夫的专家，在 20 世纪 80 年代，他推出了论郁诗研究的专著《郁达夫——他的青春和诗》。这里的几篇介绍性的文章让人们了解到郁达夫在日本的生活与诗歌创作的情况。

四、序考类

序言与考证类的文章有胡秋原《刘心皇编〈郁达夫诗词汇编〉序》、刘心皇《〈郁达夫诗词汇编〉编者序》（载 1970 年 9 月刘心皇编台北学林出版社《郁达夫诗词汇编》）、胡秋原《刘编〈郁达夫诗词汇编〉序》（载 1971 年 3 月 8 日台北《中华杂志》第 3 卷第 9 号）、郑子瑜《郁达夫诗出自宋诗考》（载 1971 年 1 月 1 日新加坡《南洋商报》）等。

由于郁达夫受清代诗人黄仲则的影响比较大，这个时期出现了郁黄比较的文章，有陈仰云《郁达夫与黄仲则两人诗的欣赏》（载 1970 年 6 月台北《建设》第 19 卷第 1 期）、陈仰云《郁达夫与黄仲则》（载 1971 年 9 月台北《中国诗季刊》第 2 卷第 3 期，又载 1976 年 8 月台湾《夏声》第 141 期）。三篇一人，内容相同，其意义在于为下一时期开启了比较性的研究。

这一时期的文章以郑子瑜的《郁达夫诗出自宋诗考》最为重要。郑子瑜为了证明他的"达夫的诗受宋人的影响最深"这一观点，就在这篇长文里考证了郁达夫四十余首诗与宋诗之关系，如说郁达夫的"他年归隐西湖去，应对春风忆建溪"（《题闽县陈贻衍氏西湖纪游画集》）出自苏轼的"他年一舸鸱夷去，应记农家旧住西"（《次韵代留别》）；郁达夫的"满天明月看潮生"（《毁家诗纪》之一）出自苏舜钦的"满川风雨看潮生"（《淮中晚泊犊头》）；郁达夫的"十月清阴水拍天"（《游西湖岳坟》）出自陆游的"二月镜湖水拍天"（《吴娃曲》）等等。郑子瑜早在郁达夫生前的时候即欲写这篇文章，1936年，郑子瑜"在厦门天仙旅社拜见郁达夫的时候，我告诉他有意写一篇题为《郁达夫诗出自宋诗考》的文字，达夫没有否认他的诗与宋诗有关缘，只是笑着说：'什么时候大作写成了，请寄给我看一看。'"[1] 但遗憾的是这篇文章直到三十多年后才写出来，郁达夫自然没法看到，也就无从说自己的诗与宋诗到底有没有"关缘"。郁达夫自己是推重唐诗的，认为"盛唐不及中唐，中唐不及晚唐"（《致郁曼陀、陈碧岑信》），故尤喜"晚唐与元诗的艳丽"，并把它与"渔洋山人的神韵"，"六朝的潇洒"作为诗的"三一律"[2]，独不及宋诗。所以到了后来，于听撰文与之辩，刘麟、詹亚园又撰《郁达夫诗出自唐诗考》。这一段考辨把郁诗的研究从一般性的介绍引到了真正研究的层面，提高了郁诗研究的水平，并使郁诗研究走向深入。

第五节　全面展开（1977 年~2014 年）

这是郁诗研究最重要的时期，时间上占百年的三分之一长，数量上有三百多篇，作者众多，新人辈出，尤其是研究的方面宽了，层次深了，水平也更高了。前面所分的几类已远不能涵盖了。从这数百篇文章来看，起码可以分为八大类。

---

[1] 郑子瑜：《郁达夫诗出自宋诗考》，见《诗论与诗纪》，第 46 页，北京：友谊出版公司 1983 年版。

[2] 郁达夫：《序〈不惊人草〉》，见《郁达夫全集》第 11 卷，第 351 页，杭州：浙江大学出版社 2007 年版。

一、释《阻》类

新时期的郁达夫研究是从揭示鲁迅的《阻郁达夫移家杭州》开始的。郁达夫一直以来被认为是"颓废文人""黄色文艺大师"，在极左文艺思潮下，研究郁达夫是危险的。而鲁迅则是中国新文化的旗手，文化革命的主将，从鲁迅逝世以后，鲁迅研究在大陆就一直长盛不衰，且成为"鲁学"。鲁迅与郁达夫有着很深的友谊，30年代又共同加入自由运动大同盟、中国左翼作家联盟，既是文友，更是战友。所以，研究鲁迅的《阻郁达夫移家杭州》是研究郁诗、研究郁达夫最好的破冰之举。在刚刚"粉碎四人帮"的1976年底，在大陆就已经出现了单演义的《两句诗看法的商榷——关于鲁迅〈阻郁达夫移家杭州〉二四句的解说问题》（载1976年《杭州文艺》第5期）和俞炎祖的《"憎健翮""蔽高岑"备解》（载1976年《语文战线》第6期）两篇文章，实乃是春信之作。随后，1977年伊始，直到80、90年代，释《阻》之作，长作不辍，粗略统计有37篇之多。光有名的作者即有吴奔星（《鲁迅〈阻郁达夫移家杭州〉一诗的理解》，载1977年5月20日《语文教学》第2—3期）、倪墨炎（《平楚日和憎健翮　小山香满蔽高岑——浅说〈阻郁达夫移家杭州〉》，载1977年9月上海人民出版社《鲁迅旧诗浅说》）、赵景深（《读鲁迅诗〈阻郁达夫移家杭州〉》，载1977年9月安徽阜阳市委宣传部鲁迅作品学习小组、安徽师大阜阳分校中文系编《鲁迅诗歌研究》上）、郁正民（《读鲁迅诗〈阻郁达夫移家杭州〉有感》，载1978年3月南京师范学院《文教资料简报》总第75期）、丁景唐（《关于鲁迅〈阻郁达夫移家杭州〉诗的一些史实》，载1978年11月10日《安徽师大学报》第4期）、陈有雄、郑心伶（《有关鲁迅"阻郁"诗的若干问题》，载1979年《中山大学学报》第3期）、钟敬文（《关于〈阻郁达夫移家杭州〉》，载1980年11月湖南人民出版社《鲁迅研究文丛》第2辑）、张紫晨（《阻郁达夫移家杭州》，载1982年2月中国社会科学出版社《鲁迅诗解》）、钦鸿（《〈阻郁达夫移家杭州〉的有关问题》，载1983年7月11日《辽宁教育学院学报》第3期）、徐重庆（《鲁迅〈阻郁达夫移家杭州〉研究二题》，载1984年6月乌蒙师专《文科教学》第2期）、钱文辉（《鲁迅〈阻郁达夫移家杭州〉诗释句》，载1985年《苏州教育学院学报》第2期）等。其中既有专家学者，也有大学教授中学教师，形成了上下联动全面合围的研究格局。由研究鲁迅，也就很自然地开始了郁达夫诗词的研究。

二、说《抄》类

郁达夫的诗词，在其逝世后，新加坡的郑子瑜广收博辑于 1948 年 6 月在广州宇宙风社出版了《达夫诗词集》之后，香港的陆丹林又编了《郁达夫诗词抄》于 1962 年 8 月香港上海书局出版，台湾的刘心皇也有《郁达夫诗词汇编》于 1970 年 9 月由台北学林出版社、文艺月刊社共同出版。这几本集子或出版于解放前，或出版于港台，难为现时的大陆人所知。在解放后的大陆，周艾文、于听在 50 年代就开始收集郁诗，也名《郁达夫诗词抄》，拟于出版，郭沫若还为其写好了序文，早早即于《光明日报》发表。然直到 1981 年 1 月才由浙江人民出版社出版，共收诗 494 首，词 11 首，以及若干联帖与断句，较之郑、陆、刘的集子是收诗词最多的。（后又据此出《郁达夫诗全编》浙江文艺出版社 12 月出版，收诗达 600 首）该《诗词抄》一出版就引起学术界重视以及郁诗爱好者的极大关注，评说蜂起，一时之文，有二十余篇之多。或订误（张向天《〈郁达夫诗词抄〉订误》，载 1981 年 3 月 22 日、23 日香港《文汇报·笔汇·文史掌故》）、或简介（钟永水《〈郁达夫诗词抄〉简介》，载 1981 年 3 月 25 日《上海师范学院学报》第 1 期）、或喜读（张春风《读〈郁达夫诗词抄〉》，载 1981 年 3 月 25 日香港《文汇报》"西窗闲话"栏、又鸣鹤《喜读〈郁达夫诗词抄〉》，载 1981 年 4 月 20 日《瞭望》第 1 期）、或校勘（盛巽昌《〈郁达夫诗词抄〉校勘补遗》，载 1981 年 12 月南京师范学院《文教资料简报》第 12 期）、或拾遗（尚文《郁达夫诗词补遗》，载 1982 年 8 月 4 日《福州晚报·兰花圃》）、或探迷（吴泰昌《〈郁达夫诗词抄〉晚出之迷》，载 1983 年 1 月《百花洲》第 1 期）、或补正（胡迈《对〈郁达夫诗词抄〉的补正》，载 1983 年 2 月 22 日《新文学史料》第 1 期）、或感赋（王翼奇《〈郁达夫诗词抄〉感赋》，载 1985 年 9 月 20 日《杭州日报·花港》第 67 期）、或抒感（严北溟《〈郁达夫诗词抄〉读后感》，载 1986 年 4 月《书林》第 9 期）、或赋诗（朱正《读〈郁达夫诗词抄〉》七律，载 1987 年 3 月 28 日《富春江》第 2 期）等等。

王翼奇读了郁诗，不禁感叹"大有'漫卷诗书喜欲狂'之感"，认为郁诗在前后期风格是不同的。"他的青少年时代的诗，多是清新俊逸的绮怀丽句，而中年以后的诗，则更多的是沉郁苍凉的悲歌痛哭。"[①] 胡迈先生是郁达夫在

---

① 王翼奇：《悲歌痛哭音容在——读〈郁达夫诗词抄〉》，载丽水师专《教学与研究》1981 年第 2 期。

新加坡时的诗友，多有唱和。他的文章为《诗词抄》多处作了"补正"。如指出"芦花瑟瑟雁来时"一绝非郁达夫之作；"富春江上晚凉生"应为"富春江上暗愁生"；"大堤杨柳记依依"一律非南天酒楼饯别之作；"六陵遥拜冬青树"与"生同小草思酬国"两律应是作于同一时期，均为答李西浪所作《柬达夫伉俪》等等①。这些意见后来都为浙江文艺出版社 1989 年重出的《郁达夫诗全编》所采，或删，或改，或正之，为研究郁诗提供了信实之作。蒋寅的《〈郁达夫诗词抄〉斠补初录》以及《续录》分别发表于 1983 年《广西师范大学学报》第 1 期与第 4 期。蒋寅据日本稻叶昭二先生的著作《郁达夫——他的青春与诗》认为：这本书反映的"是郁达夫从 18 岁到 28 岁这 10 年留日期间的生活与诗歌创作"，它"将散乱的材料整理出一条明晰的线索，其中颇不乏精到的论见。尤为可贵的是，他吸收了最近发现的一些材料；而这些材料有些我国也未见。因此，这本书不少地方可补《郁达夫诗词抄》（周艾文、于听编订，浙江人民出版社 1981 年出版）的遗阙。"于是他在初、续录中对《诗词抄》中二十多首郁诗作了校补。如《晴雪园卜居》一诗，《诗词抄》系为 1913 年是错的，应作于 1916 年春天。《元日感赋》一首，《诗词抄》将之系于 1914 年不可靠，也应作于 1916 年，等等，大多是校正诗的写作系年。还有是补《诗词抄》之无的。如《日本竹枝词十二首》原本诗前有一则小序，而《诗词抄》没有。或正字误的，如《游人事山中，徘徊于观音像下者久之》，蒋寅指出"人事山"应为"八事山"，为了正讹，特致函询问稻叶先生。蒋寅的"斠补"，也多为后来的《郁达夫诗全编》所采。

正因为有多人对《郁达夫诗词抄》不辍地勘误正讹，才使得后出之《郁达夫文集》第 10 卷诗词（广州花城出版社 1985 年 4 月出版）、《郁达夫诗全集》（浙江文艺出版社 1989 年出版）、《郁达夫全集》第 7 卷诗词（浙江大学出版社 2007 年出版）等郁诗集日臻完善，更加信实可靠。

三、辑佚类

辑佚郁诗，自郁去世后，从未停止过。《郁达夫诗词抄》当郭沫若看到其初本时只有一百多首诗词，到 80 年代初出版时已是四百多首了。然新一轮的拾遗补缺工作在《诗词抄》之后又已开始。这类标题"新发现"的文章就有三十余篇，举其要者有：陈子善辑《郁达夫早期诗十五首》（载 1981 年 10 月《西湖》

---

① 胡迈：《对〈郁达夫诗词抄〉的补正》，载《新文学史料》1983 年第 1 期。

10 月号）、张苍《新辑得的郁达夫诗》（载 1981 年 12 月 8 日香港《新晚报》第 11 版）、无作者名的《新发现的郁达夫早年的一首白话诗》（载 1982 年 3 月 8 日《星洲日报·文化》）、单黎辑于听注《郁达夫佚诗三十首》（载 1982 年 3 月 11 日、4 月 23 日香港《文汇报·笔汇》）、陈松溪《郁达夫的一首佚诗》（载 1982 年 4 月 9 日《福州晚报·兰花圃》）、龚重谟《郁达夫与汤显祖的一首佚诗》（载 1982 年 10 月 31 日《江西日报·星期天》第 148 期）、尚文《郁达夫的佚诗三首》（载 1982 年 7 月 18 日《福州晚报·兰花圃》）、马前卒《〈郁达夫诗词抄〉补遗》（载 1983 年 2 月 21 日新加坡《南洋商报·人文》）、谷丰《郁达夫新诗一首》（载 1983 年 6 月 25 日《中州学刊》第 3 期）、晨曦《郁达夫在福州的逸诗》（载 1984 年 8 月 26 日香港《文汇报·笔汇》）、陈子善《新发现的郁达夫佚诗》（载 1984 年 9 月 16 日香港《文汇报·笔汇》）、陈松溪《郁达夫为徐悲鸿题画及佚诗》（载 1984 年 9 月 25 日《福州晚报·兰花圃》）、蒋寅《郁达夫佚文〈将之日本别海棠〉（有序）浅解》（载 1984 年 9 月《中国现代文学研究丛刊》第 3 辑）、蒋寅《郁达夫逸诗二十一首》（载 1985 年 4 月《广西大学学报·哲社版》第 2 期）、钟敬文《达夫先生的一首佚诗——集龚句题〈城东诗草〉》（载 1985 年 8 月 29 日《人民日报·大地》）、陈子善《新发现的郁达夫诗幅》（载 1985 年 9 月 12 日《人民日报·海外版》）、王维康《郁达夫在闽佚词一首》（载 1985 年 9 月 18 日《福建日报》"八闽·九州"第 67 期）、周书荣《郁达夫"佚词"不佚》（载 1985 年 9 月 25 日《福建日报》"八闽·九州"）、天逸《郁达夫的一首佚诗》（载 1986 年 7 月 5 日《北京晚报·广场》）、铃木正夫《郁达夫的逸诗二首》（载 1986 年 7 月 3 日日本《中国文艺研究会会报》第 60 号）、《郁达夫的佚诗一首》（载 1986 年 11 月 30 日日本《中国文艺研究会会报》第 62 号）、陈松溪《郁达夫的两首佚诗》（载 1987 年 2 月 2 日《福州晚报·兰花圃》）、郁云《郁达夫的两首逸诗和一副挽联》（载 1987 年 2 月 8 日《解放日报·朝华》）、钦鸣《新发现的郁达夫佚诗〈寄浪华南通〉》（载 1990 年 9 月 5 日《上海师范大学学报·社科版》第 3 期）、陈松溪《新发现的郁达夫佚诗》（载 1998 年 8 月 22 日《人民日报·海外版》）、陈松溪《新发现的郁达夫墨宝和佚诗》（载 1999 年 11 月《郁达夫研究通讯》第 16 期）、陈松溪《郁达夫四首佚诗的发现》（载 2006 年《新文学史料》第 4 期）、蒋成德《新版〈郁达夫全集〉未录之书信、日记与诗文》（载 2012 年《新文学史料》第 3 期）等。

　　从上所录来看，《郁达夫诗词抄》出版后的几年，辑佚补遗的"新发现"之作相对比较多，90 年代之后逐渐减少，到 2007 年浙江大学出版社出版《郁达夫全集》第 7 卷诗词已相当完备，基本已收录这些"新发现"而被考证了的郁诗。从辑佚者来看，陈子善、蒋寅、陈松溪几位先生在辑佚郁诗方面成绩显著。

陈子善在 80 年代初与王自立合编《郁达夫研究资料》与《回忆郁达夫》两本书，为郁达夫研究打下了坚实的基础，其所辑佚诗不仅有旧体诗，还有郁达夫的一首德文诗。陈子善在《郁达夫的德文诗》一文中介绍了郁达夫的一首用德文写诗与郭沫若诗剧《女神之再生》的关系，抄录了已由郭沫若译成中文的诗，并说："郭沫若对这首诗非常欣赏，认为'那八行诗的价值是在我那副空架子的诗剧之上。……'这首译诗未曾收集，而且很可能是郭沫若翻译的唯一的一首中国人写的外文诗。"① 随后这首白话诗就被收入《郁达夫诗全编》，补充了郁达夫没有新诗的空白。

蒋寅因翻译《郁达夫——他的青春和诗》与该书的作者稻叶昭二而有了联系，以此优势而得郁达夫在日本的一些诗。郁达夫的《将之日本别海棠》在《诗词抄》中原本没有序，标明的写作日期是 1921 年 12 月。蒋寅则补上了骈文的序及第一首所发表的时间和刊物："这首诗及序刊登在日本大正十一年（1922）2 月 15 日发行的月刊《雅声》第 7 集上。"并指出发表后的诗第五句"何堪北里苏中散"和尾联"此去乘槎消息断，不劳花底祝长生"与《诗词抄》的不同。蒋寅认为这个序与修改的诗句非常难得，它"为我们提供了研究郁达夫当时思想与创作情况的新材料"②。蒋寅还从日文资料获得郁达夫 21 首佚诗，它们是《金陵怀古》《过易水》《村居杂诗》（四首）、《寄永坂石埭武藏》《寄小馆月海羽后》《看红叶雁寒韵》（二首）、《重阳日鹤舞公园看木犀花》《暮归御器所寓》《永坂石埭以留别欧社同人诗见示，即步原韵赋长句以赠》《野客吃梅赋此却之》《题山阳〈外史〉》《出晴雪园寄石埭》《丙辰中秋桑名阿谁儿雅集分韵得寒》《梦醒枕上作》。蒋寅对这 14 题 21 首诗均作了作年考证，并述及郁达夫与日本汉诗人之关系，以及郁诗的诗风。对把握不准处，则存疑，如"'山阳外史'未详，姑俟博雅者指点"③。可见其学术态度的谨严审慎。蒋寅于翻译了稻叶昭二的专著《郁达夫——他的青春和诗》，写作了 4 篇有关郁达夫的文章外，即转向中国古典诗学的研究，不再有关于郁诗的文章。

---

① 陈子善：《郁达夫的德文诗》，载《新文学史料》1981 年第 4 期。
② 蒋寅：《郁达夫佚文〈将之日本别海棠〉（有序）浅解》，载《中国现代文学研究丛刊》1984 年 9 月第 3 辑。
③ 蒋寅：《郁达夫逸诗二十一首》，载《广西大学学报·哲社版》1985 年第 2 期。

陈松溪于郁达夫诗文的辑佚非常辛勤，时有发现。其辑佚郁诗共有6篇文章，最近一篇是发表于2006年《出版资料》与《新文学史料》的《郁达夫四首佚诗的发现》。陈松溪说："1992年12月，浙江文艺出版社出版的《郁达夫全集》（诗词卷）收录其诗590首，词11阕，还有对联、断句、集句诗、新诗和德文诗等，可谓相当可观。但是，散珠难拣，难免仍有遗珠之憾。近十几年来，笔者先后搜集到的郁达夫佚诗共4首，都是上述《全集》未收录的，中日两国学者分别编的郁达夫《资料》和《年谱》亦均未记载，弥足珍贵。"这4首诗是：《渔夫泪》《弄潮儿歌》《癸酉夏居杭十日，梅雨连朝》《寄题龙文兄幼儿墓碣》。陈松溪对这四首诗分别作了考证，"为读者了解和研究郁达夫增加了新的文学史料，希望《郁达夫全集》再版时能补充编入，使这部全集更趋完整"①。但是，2007年浙江大学出版社出版《郁达夫全集》时，第7卷为诗词只收录了后两首，《渔夫泪》《弄潮儿歌》没有收入。

关于郁达夫诗词的辑佚，到这一阶段，已大致完成，虽不排除可能还会有"新发现"，就现在所集的郁诗，应该是基本完备了。

四、考辨类

随着对郁诗的探佚，补遗，难免把非郁之诗收入，或还有其他问题，这样，一些辨误类的文章也就出现了。有马前卒《"妻太聪明夫太怪"的联句并非郁达夫所作》（载1982年12月7日新加坡《南洋商报·商余》)、张春风《郁达夫佚诗辑注评误》（载1983年2月26日香港《文汇报·笔汇》)、铃木正夫《萧红书简辑存注释与〈郁达夫诗词抄〉的编集错误》（载1983年5月15日日本《中国文艺研究会会报》第40号)、周书荣《"吉了"不是人名——读郁达夫的一首题画诗》（载1984年11月28日《福州晚报·兰花圃》)和《郁达夫"佚词"不佚》（载1985年9月25日《福州晚报》"八闽·九州")、陈子善《〈题徐悲鸿为王莹绘《放下你的鞭子》〉诗确系郁达夫的"佚诗"》（载1985年10月9日《福州晚报》)、陈松溪《并非郁达夫的"佚诗"》（载1985年11月7日《福州晚报》第2版)、于听《郁达夫"海外佚诗"辨证》（载1987年3月28日《人民日报·大地》)、蒋祖勋《关于〈郁达夫旧体组诗笺注〉中几处注释错误的纠正与补充》（载1996年12月《富春江》文艺季刊总第21期)、沈慧君《〈郁达夫诗词集〉中"春江钓徒"诗作

---

① 陈松溪：《郁达夫四首佚诗的发现》，载《新文学史料》2006年第4期。

者献疑》（载 1997 年 5 月《安徽师范大学学报·人文社会科学版》第 2 期）。

上述这些文章为郁诗正误，使郁诗更为精准。如顾鉴明的《误为郁达夫作的一首诗》即指出《郁达夫诗词抄》中《赠山本初枝氏》一诗之误："隐隐江城玉漏催，劝君且尽掌中杯。高楼明月笙歌夜，知是人生第几回？"经查"此诗非郁达夫诗，而是明人张灵所作。张灵字梦晋，……曾写《对酒》一诗……张灵的这首诗与编入《郁达夫诗词抄》的《赠山本初枝氏》那首诗比较，只是'须'换了'且'，'清'换了'笙'，相差两字而已，显然这是郁达夫借用了张灵的诗赠给山本初枝的。"① 这个意见即为后来的《郁达夫诗全编》与《郁达夫文集》第 10 卷的诗词，《郁达夫全集》第 7 卷的诗词所采，并予删除。

辨误文章之外，尚有一些文章对郁达夫诗词的出处进行考证，这要源自郑子瑜先生的《郁达夫诗出自宋诗考》。前面已说过，郑子瑜先生认为郁达夫的诗受宋人诗影响很大，并作了考证。但此说并不为一些郁诗研究者所接受。詹亚园、刘麟分别撰写了《郁达夫诗出自唐诗考》（分别载 2001 年 9 月《浙江海洋学院学报》第 3 期和 2002 年 4 月《中国现代文学研究丛刊》第 2 期），韩立平更直接与郑子瑜商榷，在 2010 年第 1 期的《社会科学论坛》发表了《郁达夫旧体诗的取径——与郑子瑜先生商榷》。由这一诗的出处考而又有张均的《关于〈毁家诗纪〉第四首的考述》（载 2002 年 11 月《郁达夫研究通讯》第 21 期），赵颖《郁达夫南洋主题旧体诗考略》（载 2013 年第 4 期《理论界》）。

詹亚园、刘麟、韩立平的文章正如其题是与郑子瑜的观点相反，认为郁诗乃出自唐诗，并列举出大量的例证，远多于郑所举之宋诗。詹文从多用唐人诗意、多用唐人成句、多仿唐诗句式、多用唐人诗"这四个方面对郁诗分别加以考察，以见出郁诗对于唐诗的学习与继承"。在文章的结尾处又说："著名学者郑子瑜先生是郁达夫诗词的研究专家，他撰有一篇《郁达夫诗出自宋诗考》的论文，举出郁诗 40 余例，证以宋诗，说明郁诗出自宋诗。郑先生学力深厚，钩稽亦勤，从他的立场来论证郁诗出自宋诗，应当说不无道理。我们考证郁达夫诗出自唐诗，自然不是要与郑先生唱一次对台戏，相反的倒是受到了郑先生的启发，有意也来对郁诗来源作一次认真考察。"② 这段话说出了学术研究的启发性及其承续关系。刘麟的文章也是说"有幸读到郑子瑜先生写于

---

① 顾鉴明：《误为郁达夫作的一首诗》，载《读书》1982 年第 2 期。
② 詹亚园：《郁达夫诗出唐诗考》，载《浙江海洋学院学报》2001 年第 3 期。

30 年前的大作《郁达夫诗出自宋诗考》……深受启发，不揣浅陋，大着胆子试作仿效"。"但方向与结果各不相同。我发现郁达夫的诗，借用郑先生的话，不仅'出自宋诗'，而且更'出自'唐诗。"于是从三个方面，即郁达夫照搬唐诗诗句、郁达夫化用唐人诗句以及郑先生认为仿宋者实采自唐人之诗，亦举出大量诗例以证"郁达夫诗出自唐诗"①。韩立平的文章是"与郑子瑜先生商榷"的，他认为，郑子瑜先生所考"近一半例句实本自唐诗，另有数例则强考出处"。韩立平指出郑文之缺陷："子瑜先生对达夫诗的考证多从《宋诗纪事补遗》中找出处，故此项研究首先在材料的酌选上即有弊病。《宋诗纪事补遗》为辑佚钩沉之作，所收多为散佚、偏僻之作，名篇佳作业已不多。郁达夫创作旧体诗，即便化用宋人诗句，也多从宋诗名篇佳作中出，不太可能从《宋诗纪事补遗》为取径对象。故欲论达夫诗与宋诗之关系者，应首以《瀛奎律髓》《宋诗钞》《宋诗纪事》等著名选集、总集为研究材料。"② 这三篇文章虽都与郑论相反，却又都是受郑启发，是郁诗研究的一个深化。

五、相关类

在郁达夫诗词研究中，还有一些文章是研究与郁达夫相关的人物，如郁达夫的第一任妻子孙荃，郁达夫的兄嫂郁曼陀、陈碧岑的诗，因郁达夫与他们的关系密切，因而对他们的研究，为数虽不多，但从另一侧面可以了解郁达夫诗词创作的情况，乃至所受的影响。这方面的文章有：王景山《鲁迅、郁达夫、柳亚子之间的一段诗歌因缘》（载 1982 年 4 月文化艺术出版社《鲁迅书信考释》）、于听《幽兰不共群芳去——说郁达夫原配夫人孙荃的诗》（载 1983 年 5 月 23 日香港《文汇报·笔汇》）、林真《自铸新词入旧诗——读郁曼陀〈静远堂诗〉》（载 1983 年 6 月 3、4 日香港《文汇报·笔汇》）、晨曦《他年重忆毁家诗——新见郁华谈郁达夫〈毁家诗纪〉一首诗》（载 1983 年 6 月 30 日新加坡《南洋·星洲联合早报·商余》）、嵩文《风骨气节跃然纸上—— 读〈郁曼陀陈碧岑诗抄〉》（载 1983 年 7 月 11 日《南洋·星洲联合早报·商余》）、于听《郁达夫与〈夕阳楼诗稿〉》（载 1983 年 7 月文史资料出版社《文化史料丛刊》第 7 辑）、遐翁《读〈郁曼陀陈碧岑诗抄〉（七绝八首）》（载 1983 年 8 月 13 日《团结报·百花园》）、金泽民《柳亚子与郁达夫的诗交》（载 1985 年 5 月 29 日《经

---

① 刘麟：《郁达夫诗出自唐诗考》，载《中国现代文学研究丛刊》2002 年第 2 期。

② 韩立平：《郁达夫旧体诗的取径——与郑子瑜先生商榷》，载《社会科学论坛》2010 年第 1 期。

济生活报》)、陈松溪《郁达夫与新诗》(载 1985 年 5 月 24 日《福州晚报·兰花圃》)、黄清华《心有灵犀一点通——郁达夫郭沫若的赠诗》(载 1985 年《艺谭》第 3 期)、黄清华《中日诗坛上的一对忘年交——郁达夫与服部担风》(载 1985 年《人物》第 6 期)等。

于听原名郁天民,是郁达夫与孙荃所生之子,故他的文章乃是写其父母。《幽兰不共群芳去》的副标题是"说郁达夫原配夫人孙荃的诗",在文中,于听用郁达夫的数则日记、郁达夫为孙荃改名改诗编诗集稿(《夕阳楼诗稿》)、郁达夫与孙荃以诗唱和以及把孙荃的诗夹在他自己的两组绝句中发表等,以说明郁孙早年的夫妻之情。于听又抄录了 19 首孙荃的诗,然后说:"她的诗,受到了郁达夫因'时代的苦闷'所赋予的感伤气质的深厚影响,但她没有呼喊,只是如泣如诉。""如果说,郁达夫的作品是这番狂潮中的一朵鲜明的浪花,'为时代,为自己作了忠实的纪实'(郭沫若语),那么,孙荃夫人的这些诗,就像浪花中的一星点泡沫,反映着处在狂潮冲击边缘上的她自己,也反映着在狂潮翻滚中的郁达夫早期思想和人生道路上的一些朴素的痕迹。"① 这就把孙荃的诗所受郁达夫影响,孙荃作为一个旧式女子,她的诗作为大时代边缘的"一星点泡沫",以及这些诗从侧面反映了"郁达夫早期思想和人生道路上的一些朴素的痕迹"做出了既有感性又有理性的分析。

六、志悼类

郁达夫逝世于抗战胜利之后,是为国而殉的民族英雄。在他死后的第二年(1946 年)就陆续出现了一些悼念的诗文。建国后,郁达夫受到不公正的待遇,被作为"颓废作家"打入冷宫,直到改革开放后,文艺界的春天到来,不久即迎来郁达夫逝世 40 周年纪念,一些志哀悼念的诗作大量涌现,人们热切地表达着对诗人的缅怀,对诗人的悼念。这类文章以诗词的形式发表,如宗芗《次郁达夫先生杂忆原韵赋诗志悼》(载 1983 年 5 月 30 日新加坡《南洋·星洲联合早报·人文》)、陈瘦愚《风流子·郁达夫先生逝世四十周年纪念》(载 1984 年 5 月 22 日《福州晚报·兰花圃》)、陈衡《悼念爱国诗人郁达夫兄弟——并谈郁达夫的几首诗》(载 1985 年《江南诗词》第 3 期)、泰国吴继岳《郁达夫先生四十周年祭(七绝六首)》(载 1985 年 8 月 10 日香港《文汇报》)、史蕴光《为郁达夫纪念会作》(载 1985 年 8 月 24 日香港《文汇报·文艺》第 380 期)、斯尔鑫

---

① 于听:《幽兰不共群芳去——说郁达夫原配夫人孙荃的诗》,载香港《文汇报·笔汇》1983 年 5 月 23 日。

《郁达夫烈士就义周年（七绝三首）》（载 1985 年 9 月 15 日《新民晚报》第 5 版）、马国征《纪念郁达夫逝世四十周年（七律）》（载 1985 年 9 月 26 日《文学报》第 235 期）、汪静之《郁达夫烈士赞》（载 1985 年 9 月 28 日《新民晚报》）、文稷《一腔热血敬荐轩辕——谈南洋诗人挽郁达夫的诗》（载 1985 年 11 月 4 日《福州晚报》第 3 版）、李剑华《忆郁达夫先生（七绝）》（载 1986 年 1 月李剑华著上海社会科学出版社《晚清诗稿续编》）。

这些诗词几乎都发表在 1985 年郁达夫逝世 40 周年期间，显然悼念的意义远大于研究的意义。

七、译注类

由于郁达夫的诗词是旧体，郁达夫又好用典故，常一诗数典，或整首用典，乃至诗用僻典，这就为今天的读者阅读带来不便。那么，注释翻译郁诗也就成为郁诗研究的一个非常基础性的而又是非常必要的工作。

詹亚园在这方面的成就非常突出，他自 1990 年至 2000 年，先后在《淮北煤师院学报》《舟山师专学报》《浙江海洋学院学报》等刊物发表了数篇文章，对郁达夫的《乱离杂诗》《毁家诗纪》《自述诗十八首》《杂感八首》《日本谣十二首》《将之日本别海棠三首并序》《春江感旧四首》《西归杂咏十首》《论诗绝句两组》《盐源诗抄十首》等组诗作了笺注，每注之前，都对组诗作一"说明"，以揭示作诗之旨；或述作诗背景，为深入研究郁诗，进一步探究郁诗的思想与艺术做好了前提性的工作。

其他作者的注译尚有：于听、周期编选的《郁达夫诗词选》（附《编者按》和《编订后记》）（载 1978 年 10 月号《西湖》）、于听选注《郁达夫在日本诗选（二十首）》（载 1979 年 8 月号《西湖》）、郑山石注释《福州于山的郁达夫词》（载 1982 年《中学生语文报》第 8 期）、沈石《郁达夫诗选注》（载 1985 年《南京教育学院学报》第 1 期）、沈石《郁达夫诗选注（续）》（载 1986 年《南京教育学院学报》第 1 期）、蒋祖勋注译蒋祖怡赏析《毁家诗纪》（载 1989 年第 5 期和 1990 年第 6 期《郁达夫研究通讯》）、王向阳《郁达夫寄怀孙荃诗注——〈郁达夫诗词注〉稿选载》（载 1991 年《郁达夫研究通讯》第 8 期）、张均《郁达夫早期诗七首笺释》（载 2000 年《福州师专学报》第 2 期）、何坦野《郁达夫〈西归杂咏十首〉补笺》（载 2000 年《嘉兴高等专科学校学报》第 4 期）、袁本良评注《郁达夫五首》（载 2005 年 6 月广西师范大学出版社《二十世纪诗词注评》）。

何坦野的文章正如其题，是对詹亚园的《〈西归杂咏〉十首笺注》的补笺，指出詹注的不足，"在于地域、资料所限之故"。何补在詹注基础上，"同时更正和补阙了郁氏在其诗中自注之疵误，着重对诗中的乌衣、苏小小、南浦、鸳湖、最忆、白头、朱太史、红袖、新歌、棹歌等词语加以诠释，并胪陈了郁氏撰写此诗的历史状况与内在原因"①。《补笺》将对郁诗的理解更趋向于正确。毫无疑问，这是非常有益的，也是极有意义的。

八、评论类

郁达夫诗词研究的主体，评论类文章这一时期开始大量出现，超过以往的总和，达一百六七十篇之多，占总数（五百多篇）的三分之一强。除了一般泛泛的介绍性文章，这些评论文章又可分为诗人论、作品论、主题论、比较论、艺术论、诗学论、综合论等几点，已涉及郁诗的诸多方面，且有一定的理论深度。

（一）简介文

郁达夫是"五四"时期一位新文学作家，他以小说、散文闻名于文坛，旧体诗虽时有创作，但与整个五四新文化运动还是不太协调的，所以，郁达夫，还有鲁迅、郭沫若等新文学作家虽都有旧体诗，但都没有结集出版过。郁达夫的旧体诗在圈子内是人尽皆知的，对于一般读者则有介绍的必要了。故这一方面的文章有四十余篇，这对于让人们认识郁达夫还是有一定帮助的，于普及中国传统文化也不无益处。

其文则有：于昀《郁达夫的最后一首诗》（载 1979 年 7 月 14 日新加坡《星洲日报·星云》）、单黎《郁达夫的白话词一首》（载 1980 年 9 月 7 日香港《文汇报·笔汇·文史掌故》）、佘时《书赠郭沫若诗》（载 1980 年 11 月《战地》第 6 期）、沈继生《郁达夫赠弘一法师诗》（载 1982 年 6 月 25 日《厦门日报·海燕》第 45 期）、尚文《郁达夫诗赠郑奕奏》（载 1982 年 11 月 9 日《福州晚报·兰花圃》）、晨曦《徐志摩的绝笔和郁达夫悼徐志摩的挽联》（载 1983 年 4 月 14 日新加坡《南洋·星洲联合早报·商余》）、陈瘦愚《郁达夫的生日词》（载 1983 年 9 月 7 日《福州晚报·兰花圃》）、陈松溪《郁达夫的一幅题词》（载 1983 年 10 月 11 日《福州晚报·兰花圃》）、姚梦桐《新马文友唱和郁达夫的诗》（载 1984 年 2 月 1 日马来西亚槟城《星槟日报》第 16 期第 17 版）、陈松溪《郁达夫诗赠金子光晴》（载 1984 年 7 月 26 日《福州晚报·兰花

---

① 何坦野：《郁达夫〈西归杂咏十首〉补笺》，载《嘉兴高等专科学校学报》2000 年第 4 期。

圃》）、唐琼《郁达夫家书谈诗》（载 1984 年 10 月 2 日、4 日香港《大公报·大公园》）、陈松溪《郁达夫首成七律一座惊》（载 1984 年 11 月 12 日《福州晚报·兰花圃》）、周策纵《关于郁达夫和王映霞的两首诗》（载 1984 年 12 月 1 日台北《传记文学》第 45 卷第 6 期）、陈松溪《血凝遗篇记丹心——郁达夫赠福州报界的一首诗》（载 1985 年 7 月 24 日《福建日报》"八闽·九州"栏第 59 期）、天逸《郁达夫赞赏吕碧城诗词》（载 1985 年 9 月 3 日《华声报》）、陈松溪《四海皆兄弟，中原要杰才——郁达夫给台湾作家的题词》（载 1985 年 10 月 23 日《福建日报》"八闽·九州"栏第 71 期）、彭妙艳《郁达夫诗赠紫罗兰》（载 1987 年 3 月 24 日《汕头日报·大潮》）、交稷《来啖红毛五月丹——谈郁达夫赠韩槐准的诗》（载 1987 年 7 月 27 日《福州日报·兰花圃》）、徐洪发《郁达夫的两首爱情诗》（载 1997 年《心潮诗词》第 4 期）、陈章《郁达夫写"古诗"》（载 2000 年 12 月 2 日《人民日报》）、蔡惠明《郁达夫诗赠弘一大师》（载 2002 年 5 月《郁达夫研究通讯》第 20 期）、华宇《郁达夫的〈咏泉州〉诗》（载 2002 年 11 月 7 日《泉州晚报》）、晓东《郁达夫"诗钟"夺元》（载 2004 年《钟山风雨》第 3 期）、张宏星《瞿秋白郁达夫赠鲁迅诗》（载 2005 年 7 月 5 日《语文天地》第 13 期）、许步曾《郁达夫赋诗惜别杜迪希》（载 2007 年《档案春秋》第 6 期）。

这些文章或介绍郁达夫赠给某人的诗，或介绍郁达夫的某一首诗词，或介绍与郁达夫唱和的诗等等，内容都比较简单，篇幅也比较短小，如张紫薇的《郁达夫婚前吟诗》全文不足一千字，介绍了郁达夫在 1943 年 9 月 15 日与华侨女子何丽有结婚前写的四首诗，"我们共读这四首诗时，他的声调、他的解释的语句，我如今还记得清清楚楚，仿佛还是昨天，仿佛还听得见余音里充盈着敌我分明、满怀悲愤的激情"①。因是当事人的回忆，显得特别真切感人。像这一类文章，虽语浅而意足，文短而情长。

（二）诗人论

以诗人论郁达夫，并冠以"爱国"，是学界对郁达夫的一个基本共识，也是人们对郁达夫的一个准确定位。这一评价最早见于胡愈之的《郁达夫的流亡和失踪》。胡老的这篇文章虽非专论郁诗，但在文章的结尾处，胡老的断语说：郁达夫"是一个天才的诗人"，"是一个真正的爱国主义者"②。胡老是在

---

① 张紫薇：《郁达夫婚前吟诗》，载《新文学史料》1980 年第 4 期。
② 胡愈之：《郁达夫的流亡和失踪》，载王自立、陈子善编《郁达夫研究资料》上，第 88 页，天津：天津人民出版社 1982 年版。

郁达夫去世的第二年作出这样的评价的，现历七十多年，已为人们所普遍接受。因而，以诗人、爱国诗人为题的诗人论，也就是很自然的事了。这类文章有：颜开《诗人郁达夫》（载 1981 年 3 月 25 日《收获》双月刊第 2 期）、张又君《诗人郁达夫》（载 1981 年 7 月 16 日《河北日报·布谷》）、郁云《爱国诗人郁达夫》（载 1981 年 10 月福建人民出版社《榕树文学丛刊》散文专辑第 3 辑）、吴继岳《外柔内刚——爱国诗人郁达夫》（载 1983 年 12 月吴继岳著香港南粤出版社《六十年海外见闻录》）、闻郊《爱国诗人郁达夫》（载 1985 年 8 月 5 日《诗书画》第 15 期）。这几位作者中，吴继岳是郁达夫在新加坡时的朋友，郁云是郁达夫之子，他们都从爱国的角度写出了诗人郁达夫的伟大。

　　说郁达夫是"爱国"的诗人，这是一种政治定性，而纯粹地从"诗"的角度来论郁达夫，王乃钦的《试论郁达夫诗人气质的形成》（载 1983 年《华侨大学学报》）是一篇比较重要的诗人论。王乃钦认为："郁达夫以小说名世，但他本质是一位诗人。"文章着重论郁达夫诗人气质是怎样形成的，作者从郁达夫的生长环境（自然、家庭），时代背景，欧洲世纪末气质与中国旧式文人气质等方面的分析，认为："促使郁达夫诗人气质形成的原因是错综复杂的，有他自身的内在因素，也有时代的外因作用，有历史的传统的因素，也有社会的文学思潮等方面的因素，有植根在几千年文明古国的传统思想的影响，也有承受西方思想家、文学家及至各种思潮流派的影响。由这些纷繁庞杂的多方面影响形成的诗人气质究竟是什么样子，很难用一两句话说清楚，作者写作此文的目的只是用以说明郁达夫诗人气质形成的复杂性。"① 较之泛泛之论，王乃钦的诗人论显得更有价值。谢文彦的《从郁达夫的旧体诗看其思想发展的阶段性》（载 1995 年《景德镇高专学报》第 1 期）也是一篇比较重要的诗人论。谢文把郁达夫的一生分为五个阶段，从其诗来考察其思想性格。认为：郁达夫少年时期是个品行方正的学生，留日时期是个灰色的个人主义者，回国初期是个孤独彷徨的迷路人，迁杭之后则从隐士到志士，最后南洋时期则是一个充满乐观精神的勇士。"郁达夫在他充满矛盾的生命历程中，借助诗歌把各时期复杂的心理讴咏了出来。从他旧体诗表现的思想看，他确实曾经颓废隐遁孤独过，但他到底还是斩断了各种旧思想的束缚，投身到火热的斗争中并成为一名坚强的爱国民主斗士。"② 谢文很清晰地勾勒了郁达夫思想发展的历程，让人

---

① 王乃钦：《试论郁达夫诗人气质的形成》，载《华侨大学学报》1983 年。
② 谢文彦：《从郁达夫的旧体诗看其思想发展的阶段性》，载《景德镇高专学报》1995 年第 1 期。

由其诗看到他思想的进步性。较之有人（苏雪林）就某一首诗而否定其人要更有说服力。

至于黎光英的《郁达夫诗歌崇古原因探讨》和刘茂海的《论郁达夫的旧体诗情结》都是探究郁达夫喜爱旧体诗之原因。黎光英从客观与主观两方面探因。客观上"新诗的缺失是旧体诗复苏的重要文化因素"；主观上"郁达夫致力于创作旧体诗，与其独特的生活经历有很大的关系，而郁达夫的艺术追求，则是其创作旧体诗的根本原因"①。刘茂海的文章则从是否"载道"的角度来探因，郁达夫选择旧体诗，"重点并不在于'载道'"，而与"郁达夫写旧体诗时的心态，以及这一心态在其文类选择中所起的内在作用"有关，"郁达夫以旧体诗为载体所表现的是传统士大夫的人生，文学理论。而'五四'式的'载道'愿望，则主要寄托在小说这一新文学中'最上乘'的文类身上"②。两人所取角度虽然不尽相同，但都揭示了郁达夫独"钟情"旧诗之因，有一定的认识价值。

通常人们都认为郁达夫的旧体诗胜于他的小说和散文，如郭沫若、刘海粟这些名家大家都这么说，独王尚文另立异说，郁达夫"诗词的成就与影响不及其小说散文，尤其是小说……在现代文学史上，万万不可忽视郁的作品，不可低估他的地位；否则，就是一部残缺的不完整的文学史。而在现代诗词史上，缺了他，固然也是缺憾，但问题并不太大，他不过是诸多唐宋体作者中的一位。""他的诗词始终没能走出唐宋体的藩篱，其中部分作品若抹去他的名字，混入前人的集子，足可乱真；但他的小说散文绝无此虞。""他并未把诗当做自己主要的文学追求，有意以诗鸣世，作个诗人。诗作大多率性而为，只是生活的副产品，后期更多的是应酬之作。"③ 如此评价郁诗，王文乃是特例，但是否恰当，尚需讨论。如果是放在"现代诗词史上"，缺了郁达夫还能是一部完整的现代诗词史吗？说郁达夫"始终没能走出唐宋体的藩篱"，也颇值得商榷。现代创作旧体诗的诗人，又有几个不受唐宋诗的影响呢？

（三）作品论

《郁达夫诗全编》共收六百余首，就郁达夫某一首诗词或某一组诗而论的文章共有四十余篇，比较多的是论郁达夫的挽徐志摩联、郁达夫的《毁家诗纪》与《乱离杂诗》。概括起来，则有单论某一首或几首同题诗词的，于听

---

① 黎光英：《郁达夫诗歌崇古原因探讨》，载《广西民族学院学报》2003 年第 S2 期。

② 刘茂海：《论郁达夫的旧体诗情结》，载《西北第二民族学院学报》2006 年第 3 期。

③ 王尚文：《唐宋体诗例话：郁达夫与钱钟书——"后唐宋体"诗话之三》，载《名作欣赏》2010 年第 3 期。

《释郁达夫诗〈闻杨杏佛被害感书〉——与〈鲜明的对比〉的作者商榷》（载1979年7月4日香港《文汇报·笔汇》）、于听《说郁达夫〈四十言志〉诗的前前后后——供〈西湖并非桃源〉的作者参酌兼与之商榷》（载1979年9月5日香港《文汇报·笔汇》）、卜速《郁达夫的三首绝句》（载1980年4月1日香港《文汇报·笔汇·文史掌故》）、吴其敏《郁达夫吊朱舜水诗》（载1982年3月16日香港《大公报·大公园》）、沈继生《诗笔代枪同仇敌忾——郁达夫诗颂戚继光》（载1985年3月13日《福建日报》"八闽·九州"第42期）、吴之瑜《风雅全赖气节扶——读郁达夫的一首打油诗》（载1985年4月3日《福建日报》"八闽·九州"第45期）、蒋祖怡《读郁达夫论诗诗〈李义山〉》（载1988年7月25日《浙江学刊》第3期）、陈松溪《关于郁达夫的一首诗——郁天民说〈自万松岭至凤山门怀古有作〉的一封信》（载1992年4月《郁达夫研究通讯》第9期）、庞国栋《郁达夫诗〈无题四首〉解》（载1999年12月25日《重庆广播电视大学学报》第4期）、刘素英、荆小卫《载指时事　兼披中怀——浅析郁达夫拜谒岳坟诗》（载2004年《陕西师范大学学报·哲学社会科学版》第2期）、刘玉凯《"厚地高天酒一杯"——读郁达夫七律诗〈三月一日对酒兴歌〉》（载2005年4月1日《名作欣赏》第4期）。

　　于听先生的两篇商榷文章，一篇是释郁达夫的《闻杨杏佛被害感书》，在结合当时的时代背景与用典对每句诗解释后指出："这是一首控诉和揭露反动统治者的诗，是作者在听到杨铨被害的消息后，以压抑悲愤的心情，诉说了自己的受压，指斥了国民党反动派的血腥镇压进步人士，事后又造谣诽谤、混淆视听的卑劣无耻行径。"① 这个认识应该说是切合诗的本意的。另一篇说郁达夫的四十言志诗，也是从与此诗相关的背景材料（诗、游记、杂文、日记等）来进行释读，从而认为："但从诗题就可以看出，这个'言志'不是什么一本正经的明心'言志'"，"但有趣的是竟又自称是'言志'，当然，这种'言志'是阿Q式的对付假洋鬼子的哭丧棒的办法"②。于听先生的文章以深细绵密见长，理据充分，解释精详，很有穿透力与说服力。

　　论诗诗是中国古代文学批评的一个传统样式，如杜甫的《戏为六绝句》，郁达夫于古代诗人也多有评论，他也采用了这样一种文体形式，写下了数首论诗诗，即《盛夏闲居，读唐宋以来各家诗，仿渔洋例，成诗八首录七》第一

---

① 于听：《释郁达夫诗〈闻杨杏佛被害感书〉——与〈鲜明的对比〉的作者商榷》，载香港《文汇报·笔汇》1979年7月4日。

② 于听：《说郁达夫〈四十言志〉诗的前前后后——供〈西湖并非桃源〉的作者参酌兼与之商榷》，载香港《文汇报·笔汇》1979年9月5日。

首即《李义山》，是论晚唐诗人李商隐的。蒋祖怡先生的《读郁达夫论诗诗〈李义山〉》一文，即是想"通过对郁达夫先生的论诗诗《李义山》的分析和评述，探索两个问题：一、论诗诗的主要特点和要求；二、达夫先生对这类诗的成就和造诣"。蒋祖怡先生指出："论诗诗特点除了精炼之外，还要善于选择典型，善于联系它的艺术特色。若果前述'精炼'是对论诗诗的广度的要求，那么，这两者便是对论诗诗深度的要求。"至于一个论诗诗作者，则应该"首先，他必须是诗人，能熟练地运用诗的艺术"；"其次，要有广博的知识，要充分掌握所评对象的生平及其诗篇的一切特色"；"再次，要具有卓越的见解，敏锐的观察力和高度的审美能力"。"总之，对一个优秀的论诗诗作者来说，'才''学''识'三者至关重要而缺一不可。而达夫先生在这方面的成就与造诣，自不待烦言了！"① 在数百篇郁诗研究文章中，单论郁达夫论诗诗的，独此一篇，已成孤响。蒋祖怡先生由对《李义山》一诗的分析而概括出论诗诗的特点和要求，精准而确切，对读者很有启发意义。

其他论文，庞国栋的《郁达夫诗〈无题四首〉解》，试图校正"一些郁达夫研究者、传记作家"对《无题四首》所做的"一些不准确乃至错误的解释"。并认为："正确分析、阐解他诗歌的意蕴，对公正评价他的诗作并赋予其在文学史上的地位是十分必要的。"② 刘素英、荆小卫的《载指时事　兼披中怀——浅析郁达夫拜谒岳坟诗》，把郁达夫写于不同时期的三首拜谒岳飞墓的诗放在一起分析，认为这"三首拜谒岳坟诗，痛惜岳飞的不幸遭遇，借古讽今，指斥时弊，抒发了诗人抗日爱国的满腔热忱，可谓郁达夫诗歌的精品佳作"③。刘玉凯的《"厚地高天酒一杯"——读郁达夫七律诗〈三月一日对酒兴歌〉》是一篇很好的赏析文，作者从诗学、哲学、禅学几方面来释诗，指出："郁达夫的诗中充满着禅意……他弄懂了逃禅是人生的一条出路，可是那条出路更苦。他是个为个人困苦所囚禁的苦情主义者。他的情感世界最为矛盾。他隐居于山水之间，却没有忘却世界的自欺精神。这也许正是郁达夫诗中难得的境界。"在郁达夫身上，"我们看出他的浪漫和洒脱，更能了解他的苦涩和近于晋人的那种装也没法装的避世性情和名士气度"④。这已切入了郁达

---

① 蒋祖怡：《读郁达夫论诗诗〈李义山〉》，载《浙江学刊》1988 年第 3 期。
② 庞国栋：《郁达夫诗〈无题四首〉解》，载《重庆广播电视大学学报》1999 年第 4 期。
③ 刘素英、荆小卫：《载指时事　兼披中怀——浅析郁达夫拜谒岳坟诗》，载《陕西师范大学学报·哲学社会科学版》2004 年第 2 期。
④ 刘玉凯：《"厚地高天酒一杯"——读郁达夫七律诗〈三月一日对酒兴歌〉》，载《名作欣赏》2005 年第 4 期。

夫的心灵深处，进入了郁达夫的精神世界，比较准确地把握了郁达夫的心理与思想。

论《钓台题壁》的有：于听《郁达夫的〈钓台题壁〉——记外籍留学生的来访》（载 1981 年 12 月 31 日《人民日报》第 8 版）、于听《说郁达夫〈钓台题壁〉诗——答无锡教师进修学院》（载 1982 年 1 月 22 日《文汇报·笔汇》）、胡荣锦《试说郁达夫〈钓台题壁〉》（载 1985 年《名作欣赏》第 6 期）、刘彦章《试读郁达夫〈钓台题壁〉诗》（载 2000 年《嘉应教育学院学报·综合版》第 1 期）、刘玉凯《"生怕情多累美人"——郁达夫〈钓台题壁〉赏析》（载 2007 年《名作欣赏》第 3 期）、胡兰、程铁《从〈钓台题壁〉看郁达夫旧体诗的艺术魅力》（载 2009 年《安徽文学》下半年第 4 期）等。

《钓台题壁》是郁达夫非常有名的一首诗，综论郁达夫的思想与艺术往往都会提到该诗，而单论此诗的就这几篇。于听的文章是就无锡教师进修学院来信的"答复"。作者先依据郁达夫的日记指出《钓台题壁》一诗写作的日期与地点，再结合时代背景阐释诗意从而认为，"诗从题来，此诗坦率地向朋友叙说了自己的苦闷，真实地表白了自己的观点"，是"研究作者这一时期的思想的重要作品"①。胡荣锦的《试说郁达夫〈钓台题壁〉》则从思想性角度指出《钓台题壁》"表达了诗人对祖国危殆局势的忧虑和对独夫民贼、当代秦始皇蒋介石及其追随者的深恶痛绝，以及自己无力拯救祖国的焦虑心情"②。胡兰、程铁则指出该诗的艺术性"不仅体现了达夫旧体诗所一贯的声调韵律，神韵意境，同时运用艺术手法，活用典故，推陈出新，展现出了其特有的艺术魅力"③。这三篇文章各有侧重，于听的文章有一点考证的意味。

论《毁家诗纪》的有：马五《读郁达夫毁家诗后》（载 1978 年 6 月 18 – 20 日香港《快报》）、徐重庆《谈郁达夫及其〈毁家诗纪〉》（载 1983 年 2 月 1 日《浙江书讯》第 26 号）、徐重庆《〈毁家诗纪〉的余音》（载 1987 年 4 月 1 日《香港文学》第 28 期）、许凤才《〈毁家诗纪〉的多维解释——写在郁达夫遇难 60 周年之际》（载 2005 年 5 月 10 日《中州学刊》第 3 期）、黄世中《郁达夫〈毁家诗纪〉史料新证》（载 2011 年《绍兴文理学院学报·哲学社会科学版》第 5 期）等。

---

① 于听：《说郁达夫〈钓台题壁〉诗——答无锡教师进修学院》，载香港《文汇报·笔汇》1982 年 1 月 22 日。

② 胡荣锦：《试说郁达夫〈钓台题壁〉》，载《名作欣赏》1985 年第 6 期。

③ 胡兰、程铁：《从〈钓台题壁〉看郁达夫旧体诗的艺术魅力》，载《安徽文学》下半年，2009 年第 4 期．.

　　《毁家诗纪》是郁达夫传世的经典之作，由 19 首诗和 1 首词并加注组成，自 1939 年 3 月 5 日由香港《大风》旬刊发表后，轰动一时，洛阳纸贵。然而，也真正导致了郁达夫彻底的"毁家"——郁达夫与王映霞的离异。"轰动"之后是冷静的研究。然上述几篇文章多不是论诗，而是探究"毁家"的事实或史料，如徐重庆的《〈毁家诗纪〉的余音》一文对王映霞是否有"致郁达夫君收存"之"字具"即所谓"悔过书"进行考证，指出这一份"悔过书""没有影件，不足为信，王映霞也矢口否定写过这份'悔过书'"。徐重庆还认为有人把"悔过书"当作是王映霞所写，却又"拿不出一件证据，却洋洋长文，荒谬之至，缺少一个研究者起码的谨严治学的态度，不值一驳"①。黄世中先生自上世纪 80 年代（1982 年）至王映霞去世（2000 年），一直与王映霞保持书信与电话联系，并保存有 165 封王映霞致黄世中的信，以及许多第一手资料（如访谈和照片等），黄世中即据此写成《郁达夫〈毁家诗纪〉史料新证》一文，以"考证郁王婚变的真相，郁达夫人格类型，以及对爱情婚姻的观念，也进行了论析"，从而得出结论：郁达夫"生活上浪漫，某些地方近于颓废；爱情上自私，妒忌，有强烈的占有欲，保留着世纪末一位旧式诗人文士的本相"。"'郁王婚变'，夫妻解缡的主要原因是郁达夫那种过时的、落后的婚恋观念和性格悲剧。"② 但作者所依据的主要是王映霞晚年的自述，又因和王映霞多有亲近交往，难免在情感上有所倾向，所谓"史料"却非"信史"，要大打折扣了。倒是许凤才的文章《〈毁家诗纪〉的多维解释》一文虽也叙事但也是论诗之作。许文对每首诗和词都指出作意，或揭其背景，再就"诗注"以释事，条分缕析，引史（料）证事（实），娓娓道来，从而认为："郁达夫的《毁家诗纪》记录了郁达夫 1936—1938 年间与妻子王映霞'情变'的史实，既鞭挞了国民党上层官僚阶层腐败和反动，又真实而生动地反映了郁达夫作为一个爱国作家的高尚情怀和精忠报国的光辉人格。《毁家诗纪》可视为郁达夫的自传诗史。"③ 黄世中认为郁达夫的人格"近于颓废"（这其实还是 30 年代的老观点，苏雪林即是如此论郁达夫的），而许凤才则认为郁达夫具有"光辉人格"，孰是孰非，相信对《毁家诗纪》还会有更深入的研究，从而会更接近事实的真相。但就诗而论，还是应当回到对诗本体的研究上来。

---

① 徐重庆：《〈毁家诗纪〉的余音》，载《香港文学》1987 年第 28 期。
② 黄世中：《郁达夫〈毁家诗纪〉史料新证》，载《绍兴文理学院学报·哲学社会科学版》2011 年第 5 期。
③ 许凤才：《〈毁家诗纪〉的多维解释——写在郁达夫遇难 60 周年之际》，载《中州学刊》2005 年第 3 期。

论郁达夫其他诗篇的文章尚有：论《满江红》的，张炳隅《长歌当哭壮怀激烈——读郁达夫《满江红》》（载 1981 年 3 月《绍兴师专学报》第 1 期）、王忠人《郁达夫的〈满江红〉》（载 1985 年 8 月 10 日《光明日报·周末生活》）；论挽徐志摩、许地山联的，周简《郁达夫挽徐志摩》（载 1983 年 8 月 23 日《福州晚报·兰花圃》）、白启寰《也谈郁达夫挽徐志摩》（载 1983 年 9 月 23 日《福州晚报·兰花圃》）、白启寰《郁达夫哀悼徐志摩的挽联》（载 1983 年《艺谭》第 4 期）、晨曦《对〈郁达夫哀悼徐志摩的挽联〉一文的几点补正》（载 1984 年 6 月《艺谭》第 2 期）、梁羽生《郁达夫挽徐志摩联》（载 1985 年 7 月 18 日《人民日报·大地》）、黄清华《一帧值得重温的挽联——郁达夫为敬悼许地山先生而写》（载 1984 年 9 月《艺谭》）、金萍《郁达夫悼许地山的挽联》（载 1984 年 11 月 10 日云南省语言学会《语言美》第 69 期）；论《乱离杂诗》的，铃木正夫《〈离乱杂诗〉是〈乱离杂诗〉之误》（载 1980 年 8 月 22 日《新文学史料》第 3 期）、黄清华《邈邈离别意　悠悠故园情——郁达夫〈乱离杂诗〉的立体抒情》（载 1986 年 12 月《名作欣赏》）等等。庞国栋的《郁达夫流亡诗辨析》（载 1999 年《重庆广播电视大学学报》第 3 期），虽标题为"流亡诗"，实际上说的也就是《乱离杂诗》。作者有感于日本学者铃木正夫在《苏门答腊的郁达夫》一书中对《乱离杂诗》的注释、意译"有不妥之处"，故对《乱离杂诗》的前八首加以辨析，或指事，或释义，或注典，以正铃木之误。相比较而言，黄清华的文章更有些学术深度。诗本缘情。作者即从抒情性这一角度分析郁达夫的《乱离杂诗》的抒情特点——立体性，即层递性抒情、层次性抒情和说理性抒情这三种抒情方式，"《杂诗》从不同角度，以不同方式抒发了诗人的种种复杂情感。如果单从哪一方面去理解诗的内涵，都会失之偏颇。由于作者采用了层递、层次、说理三种抒情方式，使组诗所抒发的感情容量大，密度大。这些抒情方式又互相渗透，互为补充，完成了《杂诗》的立体抒情。"① 在一般地散漫地论郁达夫单首诗或组诗的文章中，黄清华的这一篇显得出类而较有分量。

郁达夫写词不多，共 11 首，其中一首《贺新郎》编在《毁家诗纪》，剩下的 10 首中，最有代表性的就是步岳飞韵的《满江红》。该词的副题是《福州于山戚武毅公祠新修落成，于社同人广征纪念文字，为题一阕，用岳武穆公原韵》。这首词写于 1936 年，1978 年冬补镌入榕城于山，张炳隅就是登山而

---

① 黄清华：《邈邈离别意　悠悠故园情——郁达夫〈乱离杂诗〉的立体抒情》，载《名作欣赏》1986 年第 6 期。

览郁词，感发为文。作者由词论人，探究"郁达夫是怎样从颓唐的泥淖中拔脚，奋起而为救国志士，以致最后奔走星洲，血染南洋，赴死成仁的呢？"在简析了词意后，揭示了"郁达夫在抗战前夕的思想激变，正是在这古老榕城的短暂逗留，使他不仅没有远离时代的漩涡，相反忧国忧民，中心如焚。终于，他挺身而出，开始致力于神圣的抗战事业"。这首"词里分明有颗爱国作家的赤诚之心！"① 论其词者，文虽不多，张之所论，揭示题旨，已属难得。另沈其茜的《郁达夫抗战词简论》（载 1995 年 6 月 25 日《上海师范大学学报》第 2 期）虽以"抗战"标目，实际则是简析《满江红》词而揭其"抗战"之主题。

（四）主题论

也有些文章是从主题角度来论述的，或论其爱国诗，或论其南洋诗，或论其纪游诗等等。

论其爱国诗的有：柯文博《郁达夫的爱国诗词》（载 1979 年 9 月 17 日《福建日报·武夷山下》第 320 期）、吴文蔚《郁达夫的爱国诗》（载 1979 年 9 月台北《中外杂志》第 26 卷第 3 期）、孙克辛《爱国者的心声——重读郁达夫的诗词》（载 1980 年 9 月 27 日武汉《长江时报·起宏图》第 181 期）、钱瑹之《漫天风雨听鸡鸣——读郁达夫爱国诗词》（载 1983 年《内蒙古师范大学学报》第 2 期）、陈衡《郁达夫的爱国诗篇》（载 1985 年《江南诗词》第 4 期）、陈子善《郁达夫的抗日诗》（载 1985 年 9 月 26 日香港《文汇报》）、刘开扬《郁达夫的爱国旧体诗》（载 1990 年 11 月《文史哲》第 6 期）、赵羽、李青《郁达夫抗战时期诗词述论——达夫先生牺牲 45 周年祭祀》（载 1991 年 3 月《中国民航学院学报》第 1 期）、钱伯诚《郁达夫的爱国诗》（载 1993 年 6 月 21 日《瞭望》第 25 期）、杨时芬《简评郁达夫诗歌中的爱国主义精神》（载 1997 年《贵州民族学院学报·社会科学版》第 3 期）。

郁达夫的诗词之所以为人喜爱，除了它的艺术魅力，就是其强烈的爱国主义思想与爱国主义精神。论者紧紧抓住了郁达夫诗词的主导面，也就抓住了郁诗的实质。钱瑹之的文章是新时期较早而又最长的一篇专论"郁达夫爱国诗词"的。作者说，"鉴于《郁达夫诗词抄》出版后，评论文章尚未多见，而着重谈郁氏诗词的文章还没有读到"，故钱文实有发端的意义。钱瑹之认为：郁达夫爱国诗词在其五百余首诗词中约占十分之一，是其诗词创作的主流，"即

---

① 张炳隅：《长歌当哭　壮怀激烈——读郁达夫〈满江红〉》，载《绍兴师专学报》1981 年第 1 期。

使是其他模山范水、忆事怀人之作，也大都与爱国之情联系着，不能把它们与那些直接抒写爱国精神的诗篇截然分开"。这样郁达夫的爱国诗词就不止十分之一了。钱瑢之还认为：郁达夫之所以能写出爱国的诗词，那是"他一生爱国思想、爱国感情的结晶，也是他长期参加爱国活动、爱国斗争的产物"。接着钱瑢之把郁达夫的爱国诗词分为三个阶段，细加分析，进而概括其写作上的三点特色："第一，他是将抒发爱国感情与写个人遭遇紧密联系的"；"第二，他是将抒发爱国感情与描绘祖国山川、故乡风物联系起来的"；"第三，他是将抒发爱国感情与歌颂古代英雄人物与咏叹某些历史事件联系起来的"。由此又指出其创作上的三个矛盾："一是思想上的用世与避世的矛盾"；"二是情绪上的昂奋与颓唐的矛盾"；"三是作风的任率与佯狂的矛盾"。"这些矛盾，实质上就是诗人世界观（包括人生观）的矛盾。他的诗词是他思想感情的内在冲突，是他心灵的交战的产物。""总的说来，他的诗词是浪漫主义的，它们的风格，有时豪迈，有时凄恻，有时低回婉转；清新俊逸，饶有风韵。"① 钱瑢之的这篇万字长文，对郁达夫诗词爱国主题进行了全面的分析与深入挖掘，把握准确而到位，论析精深而严密。其后的文章，如刘开扬的《郁达夫的爱国诗词》，从郁达夫全部诗词中梳理出一些爱国为主题的诗词加以分析，认为这些诗词"有丰富深刻的思想内容，是对反动统治和日本侵略者的沉重打击，是对当时人的莫大鼓舞，也是对后世人的深切教诲"②。杨时芬的《简评郁达夫诗歌中的爱国主义精神》一文，试图探究郁达夫"是怎样从一个人们常说的'浪漫主义作家'脱胎成为伟大的爱国主义诗人的"这么一个问题，作者把郁诗按其生活经历与发展过程分为三个阶段，分析了一些代表性诗作后认为："整部郁诗，就是伟大郁达夫的一部'诗传'，就是殖民地半殖民地中国挣脱帝国主义压迫奴役的一部斗争史，就是中华民族二十世纪上半叶的时代最强音！"③ 这是把郁诗提到了一个相当的高度来认识。赵羽、李青的《郁达夫抗战时期诗词述论》一文，正如其题，不似前面几篇的综论，而是着重于郁达夫"抗战时期"的诗词，因为这一时期，"郁达夫不仅经历着国破的心酸，还经历着家亡的惨痛"，故而，郁达夫"这一时期的生活是最有传奇性的，诗作更是充满着国仇家恨的感慨。他的诗词，在叙事、抒情、铺陈事理上，本来

① 钱瑢之：《漫天风雨听鸡鸣——读郁达夫爱国诗词》，载《内蒙古师范大学学报》1983年第2期。
② 刘开扬：《郁达夫的爱国旧体诗》，载《文史哲》1990年第6期。
③ 杨时芬：《简评郁达夫诗歌中的爱国主义精神》，载《贵州民族学院学报·社会科学版》1997年第3期。

就是深沉、清丽，带着点哀愁而又一往情深的。到了这个时期的作品，则不仅继承和发展了这种风格，而且在时代激流和家庭变故的催化下，更加深沉哀怨，又增加了呼厉奋发，慷慨悲歌的格调，它应该是我国新文学史上一笔非常宝贵的遗产"①。该文只以郁达夫"抗战时期"的爱国诗词为论述重点，论题集中，不枝不蔓，从诗入手，以揭示"诗人心灵的世界"。

论其南洋诗的有：温儒敏《赋到沧桑句自工——谈郁达夫在南洋写的诗》（载1980年7月《星星》第7期）、陈福康《长歌正气重来读——读郁达夫南洋诗文札记》（载1982年3月《艺谭》第1期"大学生论坛"栏）、徐重庆《郁达夫在南洋写的婚姻爱情诗》（载1985年3月《语文月刊》第3期）、高俊林《郁达夫的南洋诗散论》（载2004年1月5日《渭南师范学院学报》第1期）、赵颖《郁达夫南洋主题旧体诗考略》（载2013年《文艺评论》第4期）。

郁达夫于1938年底远赴新加坡，直至1945年以身殉国，在生命最后七年，他写作了大量诗词，是其诗词创作的又一高峰期。学术界把他这时期所写的诗词称作南洋诗。高俊林的《郁达夫的南洋诗散论》把郁达夫这七年的生活又分为两段："以1942年2月15日新加坡陷落为转折。此前，郁达夫一直在新加坡进行抗日宣传工作，生活相对较为安逸；此后，他被迫转移至苏门答腊，不久又被日本宪兵征为翻译，过着惊魂不定的动荡生活，直至1945年8月29日失踪遇害。"表现在诗的具体内容上则是"思念故园的归乡情结、国破家亡的感伤情怀与恢复河山的爱国情操"这三个方面，由此得出结论："他用诗歌塑造了一个深明民族大义的爱国战士形象。"② 这就是说，南洋诗虽是以地域而分，就其表现的思想实质也还是以爱国为主题。赵颖的《郁达夫南洋主题旧体诗考略》一文，是单论郁达夫写于新加坡的几十首诗，从关于新加坡风貌、对于时局的关注、怀乡诗、酬唱题赠诗以及与王映霞的感情纠葛五个方面论析其诗，最后得出这样的结论："郁达夫旧体诗虽然创作于新加坡，但是诗人从个人身份、思想意识到创作的题材主题、语言风格都是中国的产物。其文学隶属关系应该是中国文学的组成部分，与之亦步亦趋地发展，散发着强烈的中国性。""郁达夫的旧体诗是代表新加坡华文旧体诗作者创作的最高水平。"③ 这在论郁达夫南洋诗的文章中，所持的角度是新颖的，立论也颇为高妙。

---

① 赵羽、李青：《郁达夫抗战时期诗词述论——达夫先生牺牲45周年祭祀》，载《中国民航学院学报》1991年第1期。

② 高俊林：《郁达夫的南洋诗散论》，载《渭南师范学院学报》2004年第1期。

③ 赵颖：《郁达夫南洋主题旧体诗考略》，载《文艺评论》2013年第4期。

论其纪游诗的有：秋山《郁达夫的山水诗》（载 1980 年 7 月泉州《水仙花》）、吕洪年《郁达夫的纪游诗》（载 1980 年 9 月 20 日《杭州大学学报》第 3 期）、沈继生《郁达夫游闽的山水诗》（载 1983 年 11 月 24 日《文学报》第 4 版"文坛轶事"栏）等。

郁达夫喜欢游山玩水，探幽访胜，写下了大量游记散文，也创作了许多山水纪游诗。20 世纪 30 年代，郁达夫移家杭州，多有"壮游"之举。吕洪年《郁达夫的纪游诗》就是论郁达夫游浙的诗作，文章结合游记与考证历叙其诗，分析其意。从而认为从郁达夫的纪游诗"多少可以看出他对国民党反动派不满的心迹，笔下所描绘的山川风物，也是健康清新之品"；"这些诗，对于了解与研究作家的思想发展，有一定的价值，过去一向不予重视，是不尽妥当的。"① 吕文所忧是对的，但其后专论其山水纪游诗的文章仍是不多。

（五）比较论

虽然郑子瑜先生说郁达夫诗出宋诗，詹亚园等人又考其诗出唐诗，但是无论是出宋还是宗唐，无非是想说郁达夫所受中国古典诗词的影响，上自诗骚，下迄晚清，他都有所借鉴，而重点的则是几个：屈原、李商隐、黄仲则等。因而，研究郁诗，把他的诗与古代诗人作比较，以探其渊源，这毫无疑问是郁诗研究的一个重要之点。

与屈原作比较的：王礼质《谈屈原对郁达夫的文学追求的影响》（载 1991 年《文史杂志》第 1 期）、郝倖仔《屈子精神郁诗魂——郁达夫旧诗引用楚辞考论》（载 2006 年《浙江社会科学》第 1 期）。王文是在读了《郁达夫诗词抄》后，"联想到我国古代的第一位大诗人屈原"。"总觉得这一先一后的两位诗人很有其共通之处"。于是从都有两次去国的经历，都有一样的求索的精神，都有不朽的爱国主义诗篇之"共通"处对屈原与郁达夫的诗作了比较，认为："屈原与郁达夫作为我国历史上的杰出诗人，他们的爱国主义精神和不朽的诗篇"，将会是"不废江河万古流"的②。这主要是从精神层面来比较。而郝倖仔的文章则是从郁达夫的旧诗引用屈原（《楚辞》）的诗进行考证为基础，以揭示郁达夫在精神上所受屈原的影响，并进而"论述郁达夫在屈原精神影响下的爱国心理与表现。首先，二人自我定位不同导致救国方式相异。郁自命作家，疏于政治，却无法抗拒屈原美政救国方式的冲击，在本真与责任之间争扎。其次，屈以香草美人写爱国之情是性爱心理向社会政治的投射，郁的民族意识在这一维度异

---

① 吕洪年：《郁达夫的纪游诗》，载《杭州大学学报》1980 年第 3 期。

② 王礼质：《谈屈原对郁达夫的文学追求的影响》，载《文史杂志》1991 年第 1 期。

化为两性问题的民族复仇主义。第三，屈子沉湘是将以死报国的自杀情结付于实践；郁对此的仿效使他的牺牲与屈原投江在精神本质上相通。"① 此文既有考，又有论；考不厌精详，论不乏精审；理得而意密，思深而文妙。

与李商隐作比较的：郝倖仔《千年诗魂两悠悠——郁达夫与李商隐诗性人生比较》（载 2005 年《辽宁师范大学学报》第 4 期）、高原《李商隐与郁达夫诗歌艺术风格比较》（载 2010 年《湖北广播电视大学学报》第 3 期）。高文是从艺术的角度比较郁达夫与李商隐两人的风格，认为："他们都是继承了优秀的传统转益多师，推陈出新，自成面目。李、郁对诗歌的发展是一脉相承的，两位诗人都是写爱情诗的高手，然而李商隐是隐藏含蓄的风格，而郁达夫则是率真自我，感情强烈，自我袒露的风格。两位诗人都是著名的爱国诗人，在写爱国诗的表现方法上，李商隐像杜甫，沉郁顿挫，高深宏大；而郁达夫慷慨激切，浩然烈气。在诗歌的表现方法上，尤其是意蕴方面李商隐则是低回婉转的风格，郁达夫则是浏亮流畅的风格。"② 相较于高文，郝倖仔的文章则是从诗性认识的角度来比较郁达夫与李商隐："一从诗艺的比较揭示千年一脉的悲剧精神。二从政治态度的比较揭示文人命运无法摆脱政治的影响。三从性苦闷宣泄方式的比较揭示人格结构的多面性。"郝文如其前论，亦是胜意叠出，精解纷呈。如"李商隐是潜气内转，导致悲情更加郁结不解，郁达夫则是排遣情绪以消解悲情"。又如"郁诗倾向于以旷放排遣感伤，李诗则倾向于以执着郁结感伤"③。她以女性的敏感与细腻直探两位异代诗人的心灵世界，而又能找到其绾结之点，用一种漂亮且有灵性的文字，婉曲地表达出来。惜其以后不再有郁诗研究的文章。

与黄仲则作比较的：晨曦《郁达夫和"山谷诗孙"黄仲则》（载 1983 年 1 月 3 日新加坡《星洲日报·星云》）、任嘉尧《一代诗人黄仲则——郁达夫笔下的太白遗风》（载 1983 年 2 月 28 日香港《文汇报·笔汇》）、刘成群、孙海军《论郁达夫对于黄仲则的重塑与超越》（载 2008 年《江西师范大学学报》第 5 期）、郑薏苡《郁达夫与黄仲则》（载 2010 年《中国现代文学研究丛刊》第 6 期）。郁达夫受黄仲则影响之大，这已是公认的，郁达夫自己也是特别偏

---

① 郝倖仔：《屈子精神郁诗魂——郁达夫旧诗引用楚辞考论》，载《浙江社会科学》2006 年第 1 期。

② 高原：《李商隐与郁达夫诗歌艺术风格比较》，载《湖北广播电视大学学报》2010 年第 3 期。

③ 郝倖仔：《千年诗魂两悠悠——郁达夫与李商隐诗性人生比较》，载《辽宁师范大学学报》2005 年第 4 期。

爱黄诗，并有以黄仲则为原型而创作了小说《采石矶》。所以，刘成群、孙海军的文章即从这篇小说入手来考察两人之诗，"黄仲则的诗境是狭窄的。郁达夫虽在一开始刻意学习过黄仲则的诗风，但他很快地超越了黄仲则，跳出了黄诗狭小的窠臼"。"黄诗里常使用'秋虫''病鹤'这两种意象"，"'秋虫''病鹤'也在郁达夫的诗歌里出现过"，但"这并不说明黄诗是郁达夫向往的艺术归宿点"。"黄诗太苦，格调也不是很高，其设定的领域并不是郁达夫展示才情的舞台。""虽然，郁达夫的诗歌以学习黄仲则入手"，但最终还是"超越了黄仲则偏于狭窄苦涩的诗境"①。这突破了人们一般地泛泛地认识，即郁达夫喜爱黄仲则，承继其诗风，那么就是黄诗的现代版，而是指出了郁达夫脱其窠臼，在意象、诗境、格调等方面对黄仲则的胜出。郑蕙苔的文章则是"从文化历史的角度考察郁达夫与清代诗人黄仲则的渊源关系，从中发掘异代知识分子的变与不变，同与不同之处及其作品中内部矛盾更深刻的历史缘由。"郑文还把他们定格为"才士""秋士"与"狂狷"之士②。这较之简单地说他们有相似或相通之处，却又说不清楚说不明白更易于为人们所把握。

与鲁迅作比较的：朱国才《鲁迅与郁达夫的诗词酬答》（载1981年12月12日《文化娱乐》第12期）、蒋文《鲁迅郁达夫旧体诗比较》（载1993年《上海教育学院学报》第2期）、邓双荣《鲁迅郁达夫旧体诗比较》（载2011年《湖北广播电视大学学报》第3期）。郁达夫与鲁迅有近20年的交谊。鲁迅的《阻郁达夫移家杭州》一诗既是鲁迅不多诗作中的精品，又是研究郁达夫生活思想以及两人关系的名篇。上文已经说过，正是鲁迅的这首诗开启了新时期的郁达夫研究，而鲁郁两人虽都是"五四"新文学的奠基之人，一是现实主义小说之父，一是浪漫主义文学先驱。但是，两人却基本上不写新诗，而只作旧体诗，且都卓有成就。因而，比较两人的旧体诗，也就是很自然的事了。邓双荣的文章从思想内容题材以及艺术风格上比较两人诗作之差异，如郁达夫的诗词有山水诗、赠答诗、爱情诗、异国风情诗、论诗诗、题画诗、感遇诗等，而鲁迅诗几无纯写山水之作，虽都有赠别诗，鲁迅的并不仅仅是叙述友情、抒发离情，更是融进了深刻的思想和忧愤；郁达夫的"不过抒写离情别恨，别后相思之情"，无鲁迅之高度。在风格上，鲁迅主要是沉郁顿挫，郁达夫的则是清丽飘逸。但两人的共通之处则是忧国，"鲁迅更多的是忧国忧民，

---

① 刘成群、孙海军：《论郁达夫对于黄仲则的重塑与超越》，载《江西师范大学学报》2008年第5期。

② 郑蕙苔：《郁达夫与黄仲则》，载《中国现代文学研究丛刊》2010年第6期。

而郁达夫在忧国忧民的同时更忧己，或者可以说他是通过忧己的形式反映了更深的忧国之感"。文章即使指说两人有相"通"之处，也同时指出"通"之外的微细①。

与其他作家（诗人）作比较的：李捷《阮籍与郁达夫》（载 2003 年《烟台师范学院学报》第 4 期）、晨曦《郁达夫的〈自述诗〉和龚自珍的〈已亥杂诗〉》（载 1982 年 12 月 17 日新加坡《星洲日报》）、林平《郁达夫与龚自珍——从郁达夫自录龚自珍诗句"避席畏闻文字狱"谈起》（载 1987 年《广西教育学院学报·综合版》第 1 期）、张放《东瀛温柔三部曲——徐志摩、郁达夫、杨朔诗文品读谈》（载 1985 年《名作欣赏》第 6 期）、常丽洁《论郁达夫旧体诗的晚唐情结》（载 2003 年《四川师范学院学报》第 3 期）等。拿郁达夫与阮籍作比较，主要是因为郁达夫身上有一股"名士"气，这一点与魏晋时的阮籍相合，他们都是名士，表现出来的又同是佯狂，"但二人的佯狂又有差别，郁达夫的佯狂带有自命风雅的味道，所以他对于自己纵情酒色的行为津津乐道。……而阮籍的佯狂更多具有避祸全身的心理，是无奈的狂放，他对于自己的行为并不赞同，在他的文学作品中几乎很少涉及个人的放诞生活，五言《咏怀》组诗是融进内心世界的真实反映，但 82 首诗歌中提到纵酒、情爱的寥寥无几。阮籍笔下的女子往往美艳绝伦，超尘脱俗，即使有爱情，也是爱不得，所以她们是融进追求理想境界的象征。阮籍的放诞有所节制，而郁达夫的放诞却是放纵无度。"② 郁达夫是否确实如此，当然还可以进一步研究。常丽洁的文章是综合地把郁达夫与李商隐、杜牧、温庭筠作比较，目的在"从郁达夫与他们的关系入手，探讨一下郁达夫的旧体诗中的晚唐情结"。常文认为郁达夫的诗在"深情绵邈""绮艳秾丽""俊爽劲拔"三个方面与这三个诗人有深层联系，但总体来说，郁达夫的诗"仅从杜牧处得了些流利，从温庭筠处得了些浮艳，至于李商隐，他更是难及项背"。所以，郁达夫旧体诗存在的意义只能"说明传统文化的生存能力"，"说明旧有的形式在一定的时代条件下，也可以焕发出新生的活力"③。这样来看郁达夫，那么，郁诗的价值就要大打折扣了。类似的文章尚有张海波的《郁达夫旧体诗歌与晚唐风韵》（载 2005 年《学术丛刊》第 1 期）。说郁达夫有"晚唐情结"，或说郁达夫"始终没能走出唐宋体的藩篱"（王尚文语），都是只看到郁达夫于晚唐诗文承继的

---

① 邓双荣：《鲁迅郁达夫旧体诗比较》，载《湖北广播电视大学学报》2011 年第 9 期。

② 李捷：《阮籍与郁达夫》，载《烟台师范学院学报》2003 年第 4 期。

③ 常丽洁：《论郁达夫旧体诗的晚唐情结》，载《四川师范学院学报》2003 年第 3 期。

一面（事实上宋之后的诗人很少有不受唐诗诗风的影响的，无论是盛唐之李杜，还是晚唐之小李杜），而于其诗的精神实质上超于李、杜、温处则语焉不详了。郁诗的体裁虽是旧的，但是思想上、内容上、情感上、格调上，主体方面来说仍还是具有现代性的，是现代人所写的现代旧体诗或旧体的现代诗。鲁迅的诗有杜甫的沉郁，毛泽东的词有苏辛的豪放，但难道不都是现代人所写的现代诗词吗？岂能以有"唐宋"味而漠视之？

（六）艺术论

在上述文章中，有的已经论及郁达夫诗的艺术，还有一些作者是单论郁诗艺术的。

论郁诗用僻典的：吴世昌《郁达夫旧诗用僻典》（载 1985 年 8 月 5 日《诗与画》第 15 期）、赵文序《郁达夫诗用僻典》（载 2002 年《北京宣武红旗大学学报》第 1 期）。这两篇文章谈的是一个问题，且赵文是从吴文而来。吴世昌先生对郁达夫给弘一法师一首七律的尾联"中年亦具逃禅意，两道何周割未能"中的"两道"，意校为"莫道"，并说："循其原意，应该是'莫道'，全句意谓不要认为我像何、周那样熬不住吃荤而吃素食。"① 赵文则认为"吴先生解最后一联，实未尽妥"，"两道何周割未能"在 1989 年 12 月版的《郁达夫诗全编》里又作"两事何周割未能"。所谓"两事"，据《南齐书·周颙传》是指"周妻何肉"，由此赵文认为："周颙、何胤所不能割舍的'两事'就是'妻'和'肉'。'中年亦具逃禅意，两事何周割未能'，从文字上既讲得通，又符合郁达夫的思想性情。"赵这样一解释，更切合郁诗之意。当然，赵文序也说："吴先生在找不到不同版本时不得不用'意校'是可以理解的。"② 郁诗惯于用典，这是郁诗的一个艺术特点，释典，尤其是释僻典，是为了更准确地理解诗的本意，吴、赵二位都可谓是郁诗的解人，他们给读者以进入郁诗之境的梯子。

论郁诗美学特征的：李绍华《郁达夫古体诗歌的美学特征》（载 2003 年《南宁职业技术学院学报》第 4 期）是少数从"美学特征"论郁诗的文章。作者从郁达夫的一些诗作中概括其所谓美学特征为情感的真挚美、诗歌的意境美、语言音韵的通俗流畅美，又从其诗在抗战前后诗风的变化，而说抗战前的诗有婉约阴柔之美，抗战后的诗充满悲壮慷慨的阳刚之美③。大意不错，似嫌

---

① 吴世昌：《郁达夫旧诗用僻典》，载《诗与画》1985 年第 15 期。
② 赵文序：《郁达夫诗用僻典》，载《北京宣武红旗大学学报》2002 年第 1 期。
③ 李绍华：《郁达夫古体诗歌的美学特征》，载《南宁职业技术学院学报》2003 年第 4 期。

深入不够。向联军的《试论郁达夫旧体诗创作中的隐逸文化》（载 2007 年《大理学院学报》第 1 期）又辟一境，从隐逸文化的角度论郁诗。作者认为，隐逸思想是郁达夫的一种审美情趣，郁诗中有"浓郁的隐逸色彩"，这种"隐逸思想始终在他文化意识中占据着重要位置，构成了他人生理想的一种思想底蕴和旧体诗创作的一种文化情结"。这种"隐逸思想"还"成为郁达夫借以来消解乱世烦扰，追求自由人格的一种文化策略"。从审美品格来说，郁达夫的旧体诗"既有狂放浪漫的气质，又有伤感悲愤的风韵，还有平和恬淡的隐逸之气"①。李、向之文仅开其端，郁诗的美学风貌有待深入研究之处尚多。

论郁诗风格特色的：吴素瑛《郁达夫诗词风格简论》（载 1990 年《江苏教育学院学报》第 4 期）、张静容《论郁达夫的旧体诗创作》（载 2006 年《漳州师范学院学报·哲学社会科学版》第 1 期）、黄杰《凌云健笔开生面 古调新翻别有情——论郁达夫旧体诗的旧与新》（载 2007 年《浙江学刊》第 2 期）、曾华鹏《论郁达夫的旧体诗》（载 2012 年《东吴学术》第 4 期）。张静容的文章抓住郁诗"悲愤抑郁"这一特色，用四个意象"愁""客""情累""精神家园"来加以说明，是此文之特点②。黄杰的文章认为，郁诗的风格多样，而主情深挚，慷慨激切，自我煌煌，声韵浏亮和畅，"处处显示出中国古典诗歌的特质"，具体表现在"对于境界的精心营构，对于比兴、对仗、藻饰、铺陈、用典、顿挫等手法的娴熟运用"。黄文还特别指出郁诗用"旧体"以"创新"，如《毁家诗纪》"开创了一种新的诗文合璧形式，以前是文中镶嵌诗，他这里是以诗牵带文。其诗含蓄深沉，其文则畅快直白，诗文相应，淋漓尽致地表达了一段恩爱情仇。这真是旧体诗在现代社会的新作用。从这个角度看，确也是惊世骇俗。""郁达夫的旧体诗居于古典与现代之间，是旧体诗对于新生活的毫不局促的游刃有余的讴歌。"③ 能从"旧诗"看出其"创新"的，文实不多，黄论可备一说。曾华鹏先生乃是郁达夫研究的一位大家，早在 20 世纪 50 年代，他与范伯群先生合作的《论郁达夫》真是空谷足音，在一片非郁贬郁、以郁颓黄之论中，别出高亢之声；而后在 80 年代又与范伯群先生一起推出了《郁达夫评传》，使郁达夫研究在新时期走向正常发展。他的《论郁达夫的旧体诗》完稿于 2012 年，可以说是这百年中论郁诗风格特色的压卷之作。

---

① 向联军：《试论郁达夫旧体诗创作中的隐逸文化》，载《大理学院学报》2007 年第 1 期。

② 张静容：《论郁达夫的旧体诗创作》，载《漳州师范学院学报·哲学社会科学版》2006 年第 1 期。

③ 黄杰：《凌云健笔开生面 古调新翻别有情——论郁达夫旧体诗的旧与新》，载《浙江学刊》2007 年第 2 期。

曾华鹏先生认为，郁达夫诗的特色在情感的真实，艺术情调的酿造与感伤的旋律。这种感伤旋律"由于诗人境遇的变化而出现不同的内容，呈现出各异的色彩，如思乡诗、穷愁、忧时、避难、殇子、婚变、自辱、漂泊乃至应试落第、病中苦吟、怀忆往事、感伤身世等，都能听到诗人感伤的咏叹"，这成为郁达夫诗词的"鲜明特色"。曾华鹏先生进一步指出"郁达夫诗词的表现手法和艺术风格是多姿多彩的"，如典雅、晓畅、口语化，这就形成了郁达夫旧体诗创作的多方面的探索，也反映了他艺术风格的多元风貌。"由于作者总是根据内容和情绪表达的需要来提炼字词，选择典故，熔铸形象和营构意境，这样，内容不同，艺术色调也就各异。在他的诗词作品里，出现较多的有时是如光风霁月、静水平流的洒脱深情的弹唱，有时是如阴霾弥天、波纹荡漾的铭心刻骨的苦吟，但有时也会出现烈火狂飙、奔涛激浪般的豪迈呐喊与高歌。走进郁达夫诗词的艺术世界，读者看到的就是如此绚丽多姿、丰富多彩的美丽风景。"① 曾华鹏先生对郁诗进行了细致的分析，故尔对其风格与特色的概括显得简洁凝练又精准到位，尤其是曾先生"走进郁达夫诗词的艺术世界"一段文字，本身就是诗的语言。以诗心探诗艺，所以才能有这样深微细致的诗的体悟。

（七）诗学论

郁达夫写作了六百余首诗词，同时对诗学诗艺也颇有研究。早年即写过论诗诗，还出版过《诗论》。他的对诗的意见还散见于其他文章中，如《序〈不惊人草〉》《关于黄仲则》《永嘉长短句序》《谈诗》《娱霞杂载》等。郁达夫的"我是始终以渔洋山人的神韵、晚唐与元季的艳丽、六朝的潇洒为三一律"②，是他作诗的著名的"自供状"。因此，对郁达夫的诗论进行研究，毫无疑问应是郁诗研究题中应有之意，然这方面的文章甚少，是一大遗憾。

肖向明、杨林夕的《论郁达夫文艺观对传统诗学的认同及转化》（载 1999 年《广东社会科学》第 1 期）一文的目的在探究和辨析传统诗学（尤其晚唐、元、明、清几个时期的诗学理论）在郁达夫诗论中的潜隐及郁达夫对其所作的转化。该文认为："郁达夫文艺观强调表现的'真'，早在传统诗学里就大有来头。""中国自古以来就有一股反叛正统诗学、极力张扬'独抒性灵'的潜流……郁达夫无疑也从这股清新、叛逆的传统诗学里默默地汲取过养分"，

---

① 曾华鹏：《论郁达夫的旧体诗》，载《东吴学术》2012 年第 4 期。

② 郁达夫：《序〈不惊人草〉》，《郁达夫全集》第 11 卷，第 351 页，杭州：浙江大学出版社 2007 年版。

而真与美也即生活与艺术的关系是"合二为一"的，即"既真诚袒露心声""又追求不尽的艺术韵味"，这种既重性灵又重神韵的传统诗学理论是郁达夫所乐意接受的。关于文学本体，该文认为："主情表现说成为郁达夫对文学本体意识的自觉把捉。""虽然郁达夫的主情说比传统诗学推崇情感的理论走得更彻底，但他的主情显然也是袁宏道、袁枚、龚自珍等建立在个性解放之上的尊情、宥情的强化。"至于审美理想，郁达夫倾向于文学的殉情主义的感伤美；在社会学意义上，他追求的则是悲剧美。总括起来说，传统诗学对郁达夫有正反两种意义上的制约："他曾想以极端采取个性放达、显露，以宣泄求净化抵制儒家的反省、克制，以热情、欲念歌颂反叛文以载道的教化。""郁达夫文艺观对传统诗学的吸纳，是立足于世界现代艺术意识上来审视传统美学中的意趣神韵的。"该文从艺术观照生活的"真、善、美"视角，文学本体的"主情表现说"以及审美理想的"殉情主义"三方面，来揭示郁达夫对传统的"认同"，并从现代的文艺观对传统诗学进行了创造性的转化，从而"建构"了"具有鲜明的现代色彩和世界意识的"新文艺观，又扬弃了传统诗学①。易健贤的《郁达夫论郑珍诗述评》（载 2002 年《贵州教育学院学报》第 6 期）一文是论郁达夫诗话性质的《娱霞杂载》对晚清诗人郑珍的评价。郁达夫在《娱霞杂载》里选了郑珍五首诗，并评说道："诗近苏黄，而不规规肖仿古人"，"经生辞藻，亦并非专是曰若稽古的一流。"②易健贤由此论述道："对郑珍诗的评论，历来有两个误区：一是强调其经学地位，以学问入诗；二是强调其承传因袭，胎息前人为诗。郁达夫则认为郑珍虽是硕儒，诗作并非稽古，而是真情实性的抒发；虽多师前人，并非专一规矩模拟，而别是一家。这个认知既符合郑诗创作的实际，更为解读郑诗拓展了思路。"而"《娱霞杂载》文字虽然短小简练，但和历史上诸多诗话著作一样，在简练的文字中，往往能出奇制胜，一语中的。""可以从中领悟郁达夫的诗学观点。"③《娱霞杂载》本是郁达夫因为妻子王映霞喜欢清人赵佶士所编《寄园所寄》所收的诗，于是"抄录一点，聊以寄兴"的④，文章最初发表在 1935 年 6 月 10 日的《东南日

---

① 肖向明、杨林夕：《论郁达夫文艺观对传统诗学的认同及转化》，载《广东社会科学》1999 年第 1 期。

② 郁达夫：《娱霞杂载》，《郁达夫全集》第 8 卷，第 182 页，杭州：浙江大学出版社 2007 年版。

③ 易健贤：《郁达夫论郑珍诗述评》，载《贵州教育学院学报》2002 年第 6 期。

④ 郁达夫：《娱霞杂载》，《郁达夫全集》第 8 卷，第 180 页，杭州：浙江大学出版社 2007 年版。

报》"沙发"副刊上，后收入其散文小品集《闲书》，在《郁达夫文集》第四卷和《郁达夫全集》第八卷上也是把它归入散文或杂文类的。以"诗论"来观其文，在易健贤之前尚未有人做过。可以说，是易健贤发现了《娱霞杂载》的"诗话性质"，并发掘了其诗论价值。

（八）综合论

对郁达夫诗词的思想内容与艺术特色等方面进行综论的，在这一时期，不仅数量多，达三十余篇，且有相当高的质量。这种综合论的文章代表了郁诗研究的较高水平，标志着郁诗研究的提高与深入。由于论文多，不能尽列，现举要者，并予述评。

赵寿珍《漫谈郁达夫诗》（载 1977 年 4 月、5 月台北《浙江月刊》第 9 卷）、郑子瑜《论郁达夫的旧诗》（载 1978 年 4 月郑子瑜著香港中华书局《诗论与诗纪》）、吴战垒《郁达夫诗词》（载 1981 年 4 月 14 日《文艺报》第 7 期）、王冠军《论郁达夫的旧体诗》（载 1984 年《中国现代文学研究丛刊》第 4 期）、徐荣街《郁达夫诗词论》（载 1985 年《徐州师范学院学报》第 1 期）、方宽烈《从诗词分析郁达夫的爱情观念》（载 1985 年 6 月 8 日黄璋编香港珠海书院中国历史研究所学会《近三百年中国文学论集》）、王乃钦《生同小草思酬国 志切狂夫敢忆家——郁达夫诗词的精神实质》（载 1985 年《华侨大学学报》第 1 期）、黄清华《论郁达夫的诗歌创作》（载 1987 年《徐州教育学院学报》第 2 期）、张堃《郁达夫旧体诗的成就及其风格特点的探索》（载 1988 年《郁达夫研究通讯》第 2 期）、谢文彦《从郁达夫的旧体诗看其思想发展的阶段性》（载 1995 年《景德镇高专学报·哲学社会科学版》第 1 期）、吴建华《郁达夫的生活和诗》（载 1995 年《长沙水电师范学院学报》第 3 期）、潘颂德《郁达夫诗散论》（载 1997 年《固原师专学报·社会科学版》第 1 期）、夔鸣《郁达夫旧体诗初探》（载 1997 年《川北教育学院学报》第 3 期）、刘茂海《略论郁达夫旧体诗的思想内容艺术特色及其文学素养》（载 2003 年《湘潭师范学院学报·社科版》第 1 期）、伍立杨《愁如大海酒边生——论郁达夫的旧体诗》（载 2003 年《海南师范学院学报·社科版》第 4 期）、刘岸挺《心灵的跋涉——读郁达夫旧体诗》（载 2003 年《解放军艺术学院学报》第 3 期）、李开平《郁达夫诗词研究的当代意义》（载 2009 年 4 月中国文联出版社出版的大会论文集）。

新时期最早的一篇综论郁达夫旧体诗的文章是赵寿珍的《漫谈郁达夫诗》，先发表于台湾，后来陈子善、王自立编《郁达夫研究资料》收入此文，于 1986 年在香港、内地出版，大陆读者始看到。赵文除了"前言""后语"

外，"漫谈"了郁达夫的诗与身世、诗的特点、诗的见解、一般诗评与诗成谶语。在肯定了郁达夫的诗"是他的作品中最突出的杰作"后，赵文指出了郁达夫的诗"充满忧郁、哀伤的情词，和浪漫、颓废的色彩"，其诗的特点在于口语入诗、造句自然与善于写景。该文另一有价值之处在列数了台湾学者刘心皇、胡秋原、张秀亚、苏雪林等人对郁达夫旧体诗的一般评价，这在 20 世纪80 年代初，大陆读者看不到台湾的研究情况时，赵文提供了信息给予了方便①。吴战垒的《郁达夫诗词》是在于听、周艾文所编《郁达夫诗词抄》刚一出版就对郁达夫诗词进行评论之作，文章虽短，所论甚精。吴文指出郁达夫"本质上是一位诗人"的诗人特性是什么？"达夫以一个诗人所特有的敏感，感应着时代的神经，生活的风雨，黎民的哀怨，他的歌吟不仅仅拘束于个人狭小的感情天地里，尽管他有相当一部分诗带有某种较浓的感伤情调，但这是时代的环境和悲剧遭遇使然，决不是无病呻吟和顾影自怜。他一面暴露自己，一面又解剖自己；我们通过诗人感伤的泪光，不但可以洞见其肺腑，而且还能窥见那个黑暗时代的一角。"这是一段知人论世的诗人论，对 80 年代初人们正确理解郁达夫，准确把握诗作思想情感有一定的指导意义。吴文还用"真"与"韵"两个字来概括郁诗："如果说，一个'真'字基本上可以概括郁诗的情感特点，那末我想一个'韵'字，也多少能够反映郁诗的风格特色了。"②真的是言简而意赅。在这样的漫谈、漫评之后，全面地综论郁诗之文就开始多起来了，而所论多是思想内容与艺术特色，兼及其他。

1. 关于思想内容

首先，爱国主义思想。王冠军说："强烈的爱国主义精神，深切地关心人民疾苦，愤怒地控诉黑暗的反动统治"是郁达夫诗的主要内容③。王乃钦说：郁达夫诗词的精神实质就是"激进的民主主义思想和炽烈的爱国主义思想"④。徐荣街说："抒写爱国主义情怀是他诗词创作的基调和主旋律。郁达夫抒发爱国主义感情绝少空洞浮泛的呐喊，他总是把民族的命运同个人的生活经历和不幸遭遇紧密结合起来，把个人的悲欢同祖国的盛衰交融在一起。在他的笔下，国与家，民与己，几乎是一而二、二而一的东西。"⑤ 夔鸣说："看完这本《诗

---

① 赵寿珍：《漫谈郁达夫诗》，载台北《浙江月刊》1977 年第 9 卷。
② 吴战垒：《郁达夫诗词》，载《文艺报》1981 年第 7 期。
③ 王冠军：《论郁达夫的旧体诗》，载《中国现代文学研究丛刊》1984 年第 4 期。
④ 王乃钦：《生同小草思酬国 志切狂夫敢忆家——郁达夫诗词的精神实质》，载《华侨大学学报》1985 年第 1 期。
⑤ 徐荣街：《郁达夫诗词论》，载《徐州师范学院学报》1985 年第 1 期。

词抄》，使我们明白，贯串郁达夫一生的主导思想是反帝反封建的爱国主义，愈是道路坎坷，爱国主义思想就愈强烈。"① 刘茂海说："他的诗作感应着时代的神经和黎民的哀怨，虽偶有遁世归隐之念，但爱国主义的思想始终是重要的内容。"② 其他作者也都从不同角度指出郁诗这一主要思想内容，与前述的"爱国主题"一类的文章，其实是重合的。这表明研究者们都抓住了郁诗的思想本质。

其次，乡愁与乡思。吴建华指出：郁达夫留学日本十年间，"在这个岛国上度过了他一生中大部分青春时分，乡愁与乡思成了郁达夫留日诗词中的最重要的主题"③。其实郁达夫抗战后到南洋，也写了不少怀乡诗，他的最后一首诗《题新云山人画梅》之"每到春来辄忆家"即是典型的思乡诗，但夔鸣只论及留日时的怀乡诗，似不完整。而有的作者则是把郁达夫的怀乡诗也当作是爱国诗的一部分来论述的，如前述徐荣街的"国与家"已是"一而二""二而一"的东西。

其三，伤怀感别。王冠军说："达夫的诗多为伤怀感别之作。"④ 作者举了郁达夫写给兄嫂、原配夫人孙荃、妻子王映霞、挚友鲁迅的诗例。徐荣街说："郁达夫诗词中一些表现亲朋情谊的作品都有着丰富而真挚的抒情内容。""他爱自己的原配夫人孙荃，后来也深深地爱着王映霞，即便是对萍水相逢的女子，他也毫不吝啬地奉上一片深情。""郁达夫的酬答诗不仅表现了手足之爱，儿女情长，还有不少与友人相互酬酢的作品。"⑤ 刘茂海也指出郁诗"伤怀感别"这一思想内容，并引一段话说："郁达夫在写'伤怀感别'这一类诗时，'尽管内心里有感情激动的湍流，而表面上仍保持着沉着和冷静，并且"用一种平静的制约的语言来表达"，使诗歌在"满肚子不合时宜"的情绪下仍然具有一种幽雅自然的格调'。"⑥ 众多论者把郁达夫写的一些爱情诗也归入伤怀感别之作中，从前引之文中即可看出。但也有作者是单独来论的。即：

其四，对女性的一往情深。刘岸挺认为："对女性的一往情深，构成诗人感情世界的重要内容，也是其重要的精神特征。"为什么如此关爱女性呢？

---

① 夔鸣：《郁达夫旧体诗初探》，载《川北教育学院学报》1997 年第 3 期。
② 刘茂海：《略论郁达夫旧体诗的思想内容艺术特色及其文学素养》，载《湘潭师范学院学报·社科版》2003 年第 1 期。
③ 吴建华：《郁达夫的生活和诗》，载《长沙水电师范学院学报》1995 年第 3 期。
④ 王冠军：《论郁达夫的旧体诗》，载《中国现代文学研究丛刊》1984 年第 4 期。
⑤ 徐荣街：《郁达夫诗词论》，载《徐州师范学院学报》1985 年第 1 期。
⑥ 刘茂海：《略论郁达夫旧体诗的思想内容艺术特色及其文学素养》，载《湘潭师范学院学报·社科版》2003 年第 1 期。

"诗人把大量感情投射在女性身上，除去爱国情怀，平等博爱意识，以及受西方世纪思潮和东方古国名士风流影响等，还与其特殊的身世和气质所形成的心理特质有关。"这就指出了郁诗"对女性一往情深"的深层原因及意义，对正确理解与把握郁达夫的爱情诗起到了引导的作用①。伍立杨也指出郁达夫以爱情为主题的所谓"艳体"诗的价值，"做艳体与热爱人类、严肃生活丝毫也不矛盾"。"在郁达夫来说，这类诗正是他心底情愫的率真流露，未可厚非，谈不上什么'伪装''应付'。假如伪装说成立，则郁达夫的苦闷反而是虚伪做作的了。"② 夔鸣与伍立杨的意见很相一致，他说，郁达夫的一些情诗"情真词丽，诗格高尚，诗人生活虽不免放荡，然入于诗词则斥尽庸陋。……语皆雅驯，略无秽意，都是精心结撰，与通常所谓香艳诗大异其趣"③。知人不易论诗难。刘岸挺、伍立杨和夔鸣三位先生可谓是郁达夫的知音。故论其诗能直探其心，刘岸挺即说：对于女性的一往情深，是诗人心灵世界的精神特征。

其五，山水纪游。郁达夫写作了大量的山水诗，许多研究者也都揭示了这些诗的思想意义与价值。徐荣街说："郁达夫的纪游诗词同他的游记散文一样，描画自然，不仅状摹山水的形态，而且能传出它的神韵，给人以美的享受。"④ 这是指山水诗的美学价值。吴建华则说："对山水风物的描写是郁达夫诗词创作的极为重要的组成部分，也是他诗词创作中最有价值的部分。""他纵情于山水咏诵，山水的优美，也正是表明他不愿和统治阶级同流合污。"⑤ 这是指出其山水诗的社会价值。潘颂德说："他在这些纪游诗中，纵情歌赞祖国如画的河山，这些纪游诗风格清新自然，一扫前期部分诗作所流露出来的感伤颓唐情调。有的纪游之作中，还借褒扬历史人物贬斥了当局。"⑥ 这是指出其山水诗的思想价值。伍立杨说："绘景为达夫情有独钟。……他的写景诗则是横切的，即兴的，像明丽的水彩，读之如杖履行走于秋山寒林，春田野渡之间，……其景物看似纯粹单性，实则是传达潜在意义的一种符号，这种形象切取经组合而成为意象，同时拓深了意境，言外语义还有千重，那就是联想与思

① 刘岸挺：《心灵的跋涉——读郁达夫旧体诗》，载《解放军艺术学院学报》2003 年第 3 期。
② 伍立杨：《愁如大海酒边生——论郁达夫的旧体诗》，载《海南师范学院学报·社科版》2003 年第 4 期。
③ 夔鸣：《郁达夫旧体诗初探》，载《川北教育学院学报》1997 年第 3 期。
④ 徐荣街：《郁达夫诗词论》，载《徐州师范学院学报》1985 年第 1 期。
⑤ 吴建华：《郁达夫的生活和诗》，载《长沙水电师范学院学报》1995 年第 3 期。
⑥ 潘颂德：《郁达夫诗散论》，载《固原师专学报·社会科学版》1997 年第 1 期。

索的空间。达夫写景诗用语活泼自然,调子清新明快,却字字句句引起不少联想。"① 这是指出其山水诗的艺术价值。郁达夫的山水诗,正如其爱国诗、爱情诗一样,是郁达夫全部诗词创作中一个重要门类,故为众家所论,各揭诗旨,又多归一。

其六,其他思想内容的归纳。王冠军说:"达夫的诗既有情意缠绵的悄语低述,也有慷慨激昂的请缨之辞;既有拯人民于水火的满腔热忱,也有对统治阶级的挣扎反抗;既有对兄友的怀念,也有对贼寇的憎恶。"② 等等。刘茂海还说郁诗的"遁世归隐之念"亦是其思想内容之一③。

2. 关于艺术特色与风格

徐荣街概括为:"清新秀逸,洒脱流利","重视旋律和节调,追求韵味和神趣。"④ 潘颂德则概括为"感情真挚","注重意境营造"与"口语入诗"⑤。刘茂海概括为咏史与用典,以绝句见长,善写情境等等⑥。刘的概括,咏史是题材,绝句是体裁,用典是技巧,作为艺术特色虽无不可,并不精到。同样,关于艺术的风格亦为众家所乐道。或说,郁诗风格"有的绮丽婉约,有的冲淡自然;有的诙谐含蓄,有的谨严通俗;有的纤浓,有的疏朗,多种风格熔于一炉,灵活多变,运用自如"⑦。或说,"郁达夫的旧体诗词既有凄婉忧郁的一面,也有旷达壮放的一面"⑧。或说:"郁达夫诗或温情脉脉,或浩气磅礴;或冲淡,或飘逸。"⑨ 或说:"达夫的诗是风华典丽而兼以郁怒情深的。"⑩ 不独这些文章,其实,在上述其他类的文章中,研究者们论诗也都或多或少地涉及郁诗的艺术特色与艺术风格。如任重远在《郁达夫诗词抄》初版时即说:郁

---

① 伍立杨:《愁如大海酒边生——论郁达夫的旧体诗》,载《海南师范学院学报·社科版》2003 年第 4 期。

② 王冠军:《论郁达夫的旧体诗》,载《中国现代文学研究丛刊》1984 年第 4 期。

③ 刘茂海:《略论郁达夫旧体诗的思想内容艺术特色及其文学素养》,载《湘潭师范学院学报·社科版》2003 年第 1 期。

④ 徐荣街:《郁达夫诗词论》,载《徐州师范学院学报》1985 年第 1 期。

⑤ 潘颂德:《郁达夫诗散论》,载《固原师专学报·社会科学版》1997 年第 1 期。

⑥ 刘茂海:《略论郁达夫旧体诗的思想内容艺术特色及其文学素养》,载《湘潭师范学院学报·社科版》2003 年第 1 期。

⑦ 王冠军:《论郁达夫的旧体诗》,载《中国现代文学研究丛刊》1984 年第 4 期。

⑧ 徐荣街:《郁达夫诗词论》,载《徐州师范学院学报》1985 年第 1 期。

⑨ 刘岸挺:《心灵的跋涉——读郁达夫旧体诗》,载《解放军艺术学院学报》2003 年第 3 期。

⑩ 伍立杨:《愁如大海酒边生——论郁达夫的旧体诗》,载《海南师范学院学报·社科版》2003 年第 4 期。

达夫的诗"以清新俊逸著称,然亦不拘一格,或沉郁顿挫,或奇警峭拔;或委婉哀艳,或痛快淋漓;杂然纷呈,有兼收并蓄之概。"① 而曾华鹏先生的《论郁达夫的旧体诗》也有所论,前文已引,兹不赘述。总之,郁诗之艺术特色与风格,众家所论,亦不外乎阳刚与阴柔。

3. 关于创作方法与技巧

王冠军说:"达夫诗歌创作的基本特征是浪漫主义,但也具有浓厚的现实主义色彩。有时还表现在一定程度上的结合。"他的诗"还融合了李贺的象征主义手法"②。徐荣街也认为:"郁达夫诗词的基调是主观感情色彩浓重的浪漫主义。"③ 这是用西方文论的术语来套郁诗,可算是"现代"角度的一种认识。在技巧方面,除了人们以郁达夫自己所说的"词断意连""粗细对称"两点外,又总结了以下几点:一是象征、比喻与夸张。"达夫诗写得最成功的还是怀人的爱情诗,这些诗往往采用象征和比喻手法……有时也采用夸张手法……体现了他作品中的浪漫主义色彩。"④ 二是用典。"郁达夫诗往往用典,大约是受李商隐影响吧? ……郁达夫诗中提到古人用字号、别号、官名、地望等,绝少用名。……大概诗贵典雅,呼名不免近俗?"⑤ "在用典上,他掌握了杜甫的用典不管口出的技巧,借助恰当的历史典故,使不便明言的意思得以畅达,使容易写得平淡的内容显得新鲜。""但由于用典过多,使有些诗读来晦涩难懂。"⑥ 三是善用虚词。"达夫用虚字,多在律诗中,虚词的灵活布设又多了一层回肠荡气的效果,于精致的烘托,诗境的开展,前后的策应等方面,造成回环一体的有力关键。"⑦ 其他还有如口语入诗,巧用前人成句等。

4. 关于分期与分类

对郁达夫诗词创作的分期亦有好几种。一是两分法。王乃钦即以两期分。"1913 年 9 月至 1922 年秋头尾十年,郁达夫在日本生活期间。""三十年代初

---

① 任重远:《郁达夫诗词抄》,载《诗刊》1982 年第 4 期"诗苑漫步"栏。
② 王冠军:《论郁达夫的旧体诗》,载《中国现代文学研究丛刊》1984 年第 4 期。
③ 徐荣街:《郁达夫诗词论》,载《徐州师范学院学报》1985 年第 1 期。
④ 王冠军:《论郁达夫的旧体诗》,载《中国现代文学研究丛刊》1984 年第 4 期。
⑤ 刘岸挺:《心灵的跋涉——读郁达夫旧体诗》,载《解放军艺术学院学报》2003 年第 3 期。
⑥ 王冠军:《论郁达夫的旧体诗》,载《中国现代文学研究丛刊》1984 年第 4 期。
⑦ 伍立杨:《愁如大海酒边生——论郁达夫的旧体诗》,载《海南师范学院学报·社科版》2003 年第 4 期。

到晚年的诗词创作。"① 二是三分法。赵寿珍持此说。"郁达夫的诗大体可分为三个时期：一是青少年时期，二是中年时期，三是毁家殉难时期。"② 潘颂德亦持此说。"郁达夫一生的旧体诗创作，可以分为三个时期。他自 1911 年写下《咏史三首》到 1922 年 7 月，结束十年留学生涯回国，主持创造社工作，为前期；自 1922 年 8 月到 1937 年 6 月抗日战争爆发前夕止，为中期；1937 年 7 月抗战爆发到 1945 年 8 月 29 日被日本宪兵秘密杀害，为后期。"③ 三是四分法。李开平持此说。"郁达夫的诗词创作大体可以分为四个阶段：少年时期在富杭；青年时期在日本；中年时期在国内；晚年时期在南洋。"④ 四是五分法。谢文彦持此说。"一、少年求学时期（1896～1913）才华出众，品行方正的学生"；"二、留学日本时期（1913 年 10 月～1922 年）失意的封建士子，灰色的个人主义者"；"三、回国时期（1922 年 7 月～1933 年 3 月）孤独彷徨的迷路人"；"四、迁居杭州后（1933 年～1938 年）从曳尾泥中的隐士到觉醒的勇士"；"五、南洋时期（1938 年～1945 年）充满乐观精神的战士⑤。

与诗歌创作分期相关的是诗歌的分类。夔鸣在分析了其爱国诗后，就"其他体裁"又分为遣怀诗、感事诗、山水诗和爱情诗⑥。这里的体裁似应为题材。刘岸挺即是从题材的角度分为咏史、怀古、自述、离乱、恋情、纪游、赠别、题画、题壁、唱酬、以诗代函等等⑦。分期与分类都是为了更好地分析和把握郁达夫诗的思想内容与思想发展的轨迹，从研究的角度来说，毫无疑问是必要的。

5. 关于艺术渊源

前面已有人专文论郁诗的晚唐情结或旧体诗情结。在综论郁诗文章中，众家也还是不厌其烦地列数郁诗的"家数"。王冠军说："他的诗主要吸取了李商隐的浓艳纤细，也继承了杜甫的锤炼严谨、沉郁顿挫的特色；既融合了李贺

---

① 王乃钦：《生同小草思酬国　志切狂夫敢忆家——郁达夫诗词的精神实质》，载《华侨大学学报》1985 年第 1 期。

② 赵寿珍：《漫谈郁达夫诗》，载台北《浙江月刊》1977 年第 9 卷。

③ 潘颂德：《郁达夫诗散论》，载《固原师专学报·社会科学版》1997 年第 1 期。

④ 李开平：《郁达夫诗词研究的当代意义》，载中国文联出版社 2009 年出版的《大会论文集》。

⑤ 谢文彦：《从郁达夫的旧体诗看其思想发展的阶段性》，《景德镇高专学报·哲学社会科学版》1995 年第 1 期。

⑥ 夔鸣：《郁达夫旧体诗初探》，载《川北教育学院学报》1997 年第 3 期。

⑦ 刘岸挺：《心灵的跋涉——读郁达夫旧体诗》，载《解放军艺术学院学报》2003 年第 3 期。

的象征主义手法，又兼有吴梅村的辞采清丽、画面鲜明的俊爽。"① 徐荣街说："郁达夫的诗词有着深厚的艺术渊源。……海外的一些郁达夫诗词研究者，有的说达夫诗词'取法盛唐'，有的说他'近学明清'，也有人经过精心求索，广博征引，指出达夫的诗'出自宋诗'。……但是……郁达夫是一个有着深厚文学素养与鲜明个性气质的诗人，他的诗词'转益多师'，熔铸百家，形成了独特的艺术风格，任何'家数'和'门户'都是难以规范诗人的才华和作品的。郁达夫的诗词远学李白、杜牧、兼包'温李'（温庭筠、李商隐），近学吴梅村、王士禛、黄仲则、龚定盦、苏曼殊，他在唐宋元明清诸家中博采众长，从而形成了清隽洒脱的诗风。"② 在吴战垒（《郁达夫诗词》）、伍立杨（《愁如大海酒边生——论郁达夫的旧体诗》）等人文章中亦有类似的观点，而以徐论为佳，也即"'转益多师'，熔铸百家"，不为"家数""门户"所囿，这才是郁达夫。

6. 关于郁诗的局限性

艺术的成就为人共论，但郁诗也存在一些缺限。有论者指出："郁达夫的诗，虽说写得委婉柔媚，凄楚动人，但怎么也不能说都是十全十美的，连一点缺点也没有。我读了他全部诗后，发觉其中不乏抄袭别人的诗句，如《乱离杂诗》十一首第七句：'此情可待成追忆'，全抄李商隐的《锦瑟》第七句，……居然一字不改。……这些地方，郁达夫的确疏于检点，未能设法予以避免，以后贻人口实，该是憾事。"③ 常丽洁表达了与此相近的意思："郁达夫的诗作，也并非一概全是好的，即使与同时代人比较，也有明显不足之处。他不如鲁迅的忧愤深广，不如俞平伯的精美圆熟。他的诗有一部分是躲懒之作，多袭用前人成句，拱手把自己融入传统。有的诗不仅词句毫无新意可言，就连那点意思，也是千百年前古人的意思；有的诗又辞气浮露。"④ 还有人说："达夫的诗和他的小说一样，过于表现自我，他宁可宣泄感伤愁苦，却不善于抒发理想；他情愿为一己之情低吟哀述，却无力表现英雄气概。他也没有像其他浪漫主义作者那样，'把人类精神的大胆的热情迸发和日常平凡相对比'，没有把'崇高的事物和卑劣事物相比'（以上引郁达夫《文学概论》）。或许是气质禀赋的限制，他的诗歌缺乏那种令人震惊或狂喜的气势和力量。……达夫诗虽也有反映国计民生，揭发政治黑暗的棱角毕露的诗篇，但其诗集中流露的主要倾

---

① 王冠军：《论郁达夫的旧体诗》，载《中国现代文学研究丛刊》1984 年第 4 期。
② 徐荣街：《郁达夫诗词论》，载《徐州师范学院学报》1985 年第 1 期。
③ 赵寿珍：《漫谈郁达夫诗》，载台北《浙江月刊》1977 年第 9 卷。
④ 常丽洁：《论郁达夫旧体诗的晚唐情结》，载《四川师范学院学报》2003 年第 3 期。

向是怀人伤别的感伤情绪。"① 这里一是指出其形式上的毛病，另一是指出其思想上的不足，都还是很恰当的批评。

7. 关于郁诗的当代意义

郁达夫的诗乃是旧体，大多写作于"五四"新文学革命后，他本人生前虽出过全集，却从未为其旧诗结集，这也表明郁达夫是以新文学作家面世的，写旧诗则是"适兴"而已。当旧体诗作为中国传统文化越来越为人们所关注，那么，郁达夫旧体诗的当代意义究竟何在？则是应予回答的问题。伍立杨从新与旧的辩证角度说："就大概而言，非谓新体裁必合新思想，新与旧只是一个相对的概念。到处是旧，新才成其新，而到处是新，新就变作旧，这时旧反而变作新。达夫的诗，就是在文坛满目新进新潮的情况下，反而变作新。"伍立杨指出了郁达夫诗的形式虽为旧体，但在"新诗里简直没有第一流的传世之作，连二流作品都少"的满目皆"新"里，这样的"新就变作旧"，而郁诗之"旧反而变作新"了②。此说为后来的刘茂海所称引（见刘茂海《论郁达夫的旧体诗情结》）。伍立杨努力从郁达夫的旧体诗里发现和发掘出"新"也即当代意义来。常丽洁则从文化传统的角度说："新诗的不成功很大程度上就在于对传统的否定太过决绝，太不留余地。"而"在现代诗坛上，郁达夫仍不失为一种独特的存在。正如在满眼的西装革履中固执自己的长衫布鞋一样，在满眼的白话新诗中，他固执自己的旧体诗，他自有他的确信：'中国的旧诗，限制虽则繁多，规律虽则谨严，历史是不会中断的。'……正是靠了这一确信，他在很小的范围内保存了民族传统的一脉余香，从而具有了文化传承方面的相当意义；正是靠了这一点确信，他才敢于对抗当时白话新诗的主潮，并从另一种意义上真正体现出'五四'倡导的民主与自由的精神。而这些，也正是我们今天仍在讨论郁达夫旧体诗的意义所在。"③ 郁诗承接了传统，而当下也会成为传统。那么，传统与当下，正如前面伍立杨所说的"新与旧"可以相互转化一样，传统只要具有了当代意义，那么也就如常丽洁所说的那样，"从另一种意义上真正体现出'五四'倡导的民主与自由的精神"了。黄杰也表达了与常丽洁相似的观点，即从传统在现代的意义来说："郁达夫的旧体诗正代表了传统文学形式在现代社会的继续生存与发扬光大，代表了传统文学形式的勃勃生命力，而远非'旧瓶装新酒'之所能概括。""郁达夫的旧体诗居于古典

① 王冠军：《论郁达夫的旧体诗》，载《中国现代文学研究丛刊》1984 年第 4 期。
② 伍立杨：《愁如大海酒边生——论郁达夫的旧体诗》，载《海南师范学院学报·社科版》2003 年第 4 期。
③ 常丽洁：《论郁达夫旧体诗的晚唐情结》，载《四川师范学院学报》2003 年第 3 期。

与现代之间，是旧诗对于新生活的毫不局促的游刃有余的讴歌。并且，高出许多写旧体诗的同时辈的是，郁达夫所表现出的这些风貌在中国诗歌发展史上，也是一种生新的创造。可以说，郁达夫的旧体诗，乃是传统文学在现代的崭新的美丽的绽放。"① 李开平的文章直接即以《郁达夫诗词研究的当代意义》为题，从四个方面论郁诗研究的当代意义，即："一、诗之魂，非有性情不能成为诗人"；"二、诗之精，非有学识不能成为好诗人"；"三、诗之艺，非青少年不宜半路出家学写诗"；"四、诗之富，非多才多艺不能成为大家"。另一点是李开平还从"中华诗词实施精品战略"的高度来看郁达夫诗的当代意义，他把郁诗放在"五四运动以来现代文学史上的诗词大家"中来研究，认为："郁达夫无疑是现代以来最伟大的爱国主义诗人之一，他的旧体诗是现代以来屈指可数的几位一流大师中最有成就和个性的经典。"这就是说，郁达夫不是传统意义上的诗人，而是如夏衍所说，是"中国现代文学史上杰出的诗人"了②。郁达夫诗词的"形"虽是旧的，但表达的思想、感情则是现代的，是现代人所写的思想情感。那么，郁达夫诗词本身也即有了自身本已具备的当代意义了。

第六节　结束之语

郁诗研究已经走过了一百年的漫长历程，取得了可观的成就，但也存在明显的不足。本章略作小结并试说郁诗研究未来的趋向。

一、研究特点

（一）逐渐深细

郁达夫诗词的研究在前 30 年，主要是一般性的介绍以及诗友们相互唱和赠答之作，还算不上严格意义上的学术研究。郁达夫殉难后，有人搜集郁诗出版，一些稍带研究性的序论文章开始出现。新中国成立后，有一段时间受极左思潮影响，郁诗研究停滞；但在大陆之外的港、台与外国的新加坡、日本，郁

---

① 黄杰：《凌云健笔开生面，古调新翻别有情——论郁达夫旧体诗的旧与新》，载《浙江学刊》2007 年第 2 期。

② 李开平：《郁达夫诗词研究的当代意义》，载中国文联出版社 2009 年出版的《大会论文集》。

诗颇受关注，不乏研究力作。新时期后，郁诗的研究在大陆全面展开，无论是质还是量都远超以前，且逐渐地深化细化，既有单诗组诗的赏析，又有思想艺术的研究，等等。郁诗的研究已步入快车道，与其小说、散文、评论受到人们同样的重视。

（二）体式多样

从开始的唱和、次韵、赠答、怀吊类诗体形式外，研究的体式随着研究本体的深入，也多了起来，有序、考、注、译、析、论、评、赏，还有的文章考论、译注、析论并用，体式的选择反映了研究者对研究对象认识的程度。

（三）重点突破

《毁家诗纪》是郁达夫的经典之作，被称诗作之"绝唱"，自发表后即备受关注，在一阵热读后，也进入了冷静的批评，既有在综论里述及的，更有专文研究的，或从本事的角度探其有无，或从史实的角度揭郁心理，或从社会的角度论郁悲剧，或从诗事本身由序而诗论诗之意义；更多的还是就诗论诗，研究诗的内容、艺术与思想意义，较之郁达夫其他的诗，《毁家诗纪》是被研究的最多的诗。

二、存在问题

（一）选题不宽

郁达夫的诗词六百余首，就题材来说，有爱国诗、思乡诗、恋情诗、怀亲诗、友谊诗、写景诗、咏物诗、山水诗、说理诗、感事诗、抒怀诗、农事诗、论诗诗、题画诗等等；就体制来说，有律诗、绝句、古体诗、词、散句、对联等。目前的研究，许多方面都没有涉及，或者也只是泛泛而论，点到即止，缺少专题的深入的研究。

（二）冷热现象

郁达夫诗词研究存在忽冷忽热之症。20 世纪 80 年代后，郁达夫诗词的研究，特别是随着《郁达夫诗词抄》的出版，郁诗引起海内外的关注，一时说《抄》、补正、辑佚、评论之作蜂起。1985 年是郁达夫逝世 40 周年，有关郁诗的论文达 51 篇之多，为历年之最。但到了 90 年代后，即冷了下来，一年之中，很少超过 10 篇的。1994 年则为零篇。进入 21 世纪的 14 年间，总篇数还不到 50 篇（主要根据中国知网），不及 1985 年一年之多。另一个冷热现象是海外（主要是新加坡、日本）热的时候，大陆即冷（五十、六十、七十年代）；大陆热的时候，海外却冷了（如八十年代后）。

（三）释《阻》扎堆

鲁迅的《阻郁达夫移家杭州》一诗，对了解郁达夫的生活思想固然有一定的作用，研究当然也是必要的，但一时扎堆之作特别多，从 1977 年至 1985 年，释《阻》的文章近 40 篇。作为鲁迅研究未为不可，当作是郁诗研究未免欠妥。我以为，鲁迅这首诗的意义就在于打开了郁达夫诗词研究的禁区，也开启了郁诗研究之门。

（四）青黄不接

这是指研究的队伍。郁达夫诗词研究，在上个世纪尚有郑子瑜、郭沫若、蒋祖怡、于听等名家；80 年代，蒋寅、黄清华亦为郁诗研究的重要力量。蒋寅在 1983 年至 1985 年连续写出 4 篇校补、辑解的文章，还翻译了日本作家稻叶昭二的著作《郁达夫——他的青春和诗》，其后即转向古典文学，而于郁诗不顾了。黄清华在 1984 年至 1987 年的短短几年时间里也一连写出过 5 篇文章，其后据说为官也无暇郁研了。1990 年代之后，正像前述的郁诗研究趋冷一样，研究的队伍也不太成气候，多是散兵游勇，偶一为之，稍有韧性持久之人不多。这期间，有一些研究生走入郁诗研究队伍，且时有佳作，也为郁诗研究增添了新生力量。

三、未来走向

郁诗研究已经走过了一百年，未来的一百年怎么走？我非神算，难测百年，就现在郁诗研究的状况，来看将来的郁诗研究，我以为应当把握这几点：

（一）要拓宽领域

郁达夫诗词的题材还是相当宽泛的，目前的研究尚局限于爱国诗、爱情诗之类，许多领域有待开拓。比如论诗诗，是反映郁达夫的诗学思想的，仅蒋祖怡一文，其他则无人论及。除了《毁家诗纪》《乱离杂诗》两组诗外，郁达夫还有很多的组诗，异域风情诗（如日本竹枝词）等，也无人进行分类的专题研究。这些都有待开拓。

（二）要接通古代

关于郁达夫诗的渊源，多有论及，但都相似重复之论，而少有深入比较之文。郁达夫与中国古代诗人的比较，也仅见屈原、李商隐、黄仲则；而说到郁达夫受到古代诗人的影响能列出一大串，却无具体的比较。比如郁达夫与李白，郁达夫与杜牧，即未见人写。郁达夫说"依诗粉本出青莲"，明说是出自李白；又说"销魂一卷樊川集"，又明说是深爱杜牧。至于与清代诗人吴梅村更是关系不浅，"忽遇江南吴祭酒，梅花雪里学诗初"，等等。这方面的研究尚不是深入，而是阙如。郁达夫与传统文化或说与中国古代诗人，论皆提及，而无深论，是远远不够的。

（三）要纵向深入

郁达夫诗词研究的整体水平，还远不及对其小说、散文的研究，虽然，论者如郭沫若、刘海粟等人认为郁达夫的诗要好于他的小说，但对于郁诗研究却并未紧紧跟上，像曾华鹏、范伯群那样的《郁达夫论》、董易那样的《郁达夫的小说创作初探》这样的鸿篇巨作，在郁诗研究论文中尚未出现。所以，郁达夫诗词的研究尚须深入，在各个题材领域都要深入，只有纵向深入，深入挖掘郁达夫诗词的内在意蕴，才能提高郁诗研究的水平与程度，才不至于跛脚而成为小说散文研究的陪衬。

诗要承传统，当代要好诗。一场承续中国传统文化的热潮正在中华大地掀起。郁达夫诗词虽是旧体的，却赶上了好时运。相信，今后的郁诗研究一定会开出绚丽之花，结出累累硕果。

主要参考文献

1. 郁达夫著：《郁达夫文集》第 1～12 卷，广州花城出版社 1982、1984 年版。

2. 郁达夫著：《郁达夫全集》第 1～12 卷，浙江大学出版社 2007 年版。

3. 郁风编：《郁达夫海外文集》，生活·读书·新知三联书店 1990 年版。

4. 王观泉编：《达夫书简——致王映霞》，天津人民出版社 1982 年版。

5. 于听、周艾文编：《达夫诗词抄》，浙江人民出版社 1981 年版。

6. 郁达夫：《郁达夫诗全编》，浙江文艺出版社 1989 年版。

7. 蒋祖怡、蒋祖勋编著：《郁达夫旧体组诗笺注》，杭州大学出版社 1993 年版。

8. 许清友编著：《郁达夫诗词解析》，吉林文史出版社 1999 年版。

9. 詹亚园笺注：《郁达夫诗词笺注》，上海古籍出版社 2006 年版。

10. 陈子善、王自立编：《回忆郁达夫》，湖南文艺出版社 1986 年版。

11. 孙百刚著：《郁达夫外传》，浙江文艺出版社 1983 年版。

12. 郁云著：《郁达夫传》，福建人民出版社 1984 年版。

13. 于听著：《郁达夫风雨说》，浙江文艺出版社 1991 年版。

14. 曾华鹏、范伯群著：《郁达夫评传》，百花文艺出版社 1983 年版。

15. 王观泉：《席卷在最后的黑暗中——郁达夫传》，天津人民出版社 1986 年版。

16. 刘炎生著：《郁达夫传》，百花州文艺出版社 1996 年版。

17. 方忠著：《郁达夫传》，团结出版社 1999 年版。

18. ［日］小田岳夫、稻叶昭二著：《郁达夫传记两种》，浙江文艺出版社 1984 年版。

19. ［日］铃木正夫著，李振声译：《苏门答腊的郁达夫》，上海远东出版社 1996 年版。

20. 许子东著：《郁达夫新论》，浙江文艺出版社 1984 年版。

21. 王自立、陈子善编：《郁达夫研究资料》（上、下册），天津人民出版社 1982 年版。

22. 陈子善、王自立编：《郁达夫研究资料》（海外版），三联书店香港分店、花城出版社 1986 年版。

23. 《创造社资料》（上、下册），福建人民出版社 1985 年版。

24. 陈其强著：《郁达夫年谱》，浙江大学出版社1989年版。

25. 郭文友著：《千秋饮恨——郁达夫年谱长编》，四川人民出版社1996年版。

26. 王映霞著：《王映霞自传》，安徽黄山书社2008年版。

27. 鲁迅著：《鲁迅全集》第1、4、5、6、8卷，人民文学出版社1981年版。

28. 王瑶著：《王瑶全集》第5卷，河北教育出版社2000年版。

29. 郑子瑜著：《郑子瑜学术论著自选集》，首都师范大学出版社1994年版。

30. 郑子瑜著：《诗论与诗纪》，友谊出版公司1983年版。

31. 章克标著：《章克标文集》，上海社会科学院出版社2003年版。

32. 郁曼陀、陈碧岑著：《郁曼陀陈碧岑诗抄》，上海学林出版社1983年版。

33. 庞朴：《文化的民族性与时代性》，中国和平出版社1988年版。

34. 刘明华著：《杜甫研究论集》，重庆出版社2004年版。

35. 马华、陈正宏著：《隐士生活探秘》，山东文艺出版社1992年版。

36. ［日］西乡信纲等著，佩珊译：《日本文学史》，人民文学出版社1978年版。

37. ［日］木宫泰彦著，胡锡年译：《日中文化交流史》，商务印书馆1980年版。

38. ［日］中村新太郎著，卞立强、俊子译：《日本近代文学史话》，北京大学出版社1986年版。

39. 杨伯峻：《论语译注》，中华书局1980年版。

40. 杨伯峻：《孟子译注》，中华书局2004年版。

41. 陈子展：《诗经直解》，复旦大学出版社1983年版。

42. 黄灵庚：《楚辞章句疏证》（第1册），中华书局2007年版。

43. ［汉］司马迁撰：《史记》，上海古籍出版社1997年版。

44. ［汉］班固撰：《汉书》，岳麓书社1993年版。

45. ［宋］范晔撰：《后汉书》，岳麓书社1994年版。

46. ［晋］陈寿撰：《三国志》，岳麓书社2002年版。

47. 余嘉锡笺疏：《世说新语笺疏》，上海古籍出版社1993年版。

48. 逯钦立辑：《先秦汉魏晋南北朝诗》，中华书局1983年版。

49. 《全唐诗》，上海古籍出版社1986年版。

50. ［宋］计有功辑撰：《唐诗纪事》（上、下册），上海古籍出版社2008年版。

51. ［清］厉鹗辑撰：《宋诗纪事》（1－4册），上海古籍出版社2008年版。

52. ［清］何文焕辑：《历代诗话》，中华书局1981年版。

53. 《先秦诗鉴赏辞典》，上海辞书出版社1998年版。

54. 《汉魏六朝诗鉴赏辞典》，上海辞书出版社1992年版。

55. 《唐诗鉴赏辞典》，上海辞书出版社1983年版。

56. 《宋诗鉴赏辞典》，上海辞书出版社1987年版。

57.《元明清诗鉴赏辞典》，上海辞书出版社 1994 年版。

58. 逯钦立校注：《陶渊明集》，中华书局 1979 年版。

59.［清］王琦注：《李太白全集》，中华书局 1977 年版。

60.［清］钱谦益笺注：《钱注杜诗》，中华书局 1961 年版。

61. 陶敏、陶红雨校注：《刘禹锡全集校注》，岳麓书社 2003 年版。

62. 顾学颉校点：《白居易集》，中华书局 1979 年版。

63. 杨军笺注：《元稹集编年笺注》，三秦出版社 2002 年版。

64. 王国安笺释：《柳宗元诗笺释》，上海古籍出版社 1993 年版。

65.［清］冯浩笺注：《玉溪生诗集笺注》，上海古籍出版社 1979 年版。

66. 吴在庆校注：《杜牧集系年校注》，中华书局 2008 年版。

67. 刘学锴校注：《温庭筠全集校注》，中华书局 2007 年版。

68.［清］黄景仁著：《两当轩集》，上海古籍出版社 1983 年版。

69. 刘逸生注：《龚自珍己亥杂诗注》，中华书局 1980 年版。

70. 郭沫若：《望远镜中看故人——序〈郁达夫诗词抄〉》，载《光明日报·东风》1962 年 8 月 4 日。

71. 胡迈：《对〈郁达夫诗词抄〉的补正》，载《新文学史料》1983 年第 1 期。

72. 蒋祖怡：《读郁达夫论诗诗〈李义山〉》，载《浙江学刊》1988 年第 3 期。

73. 吴世昌：《郁达夫旧诗用僻典》，载《诗与画》1985 年第 15 期。

74. 曾华鹏：《论郁达夫的旧体诗》，载《东吴学术》2012 年第 4 期。

75. 赵寿珍：《漫谈郁达夫诗》，载台北《浙江月刊》1977 年第 9 卷。

76. 陈子善：《郁达夫的德文诗》，载《新文学史料》1981 年第 4 期。

77. 钱璱之：《漫天风雨听鸡鸣——读郁达夫爱国诗词》，载《内蒙古师范大学学报》1983 年第 2 期。

78. 徐荣街：《郁达夫诗词论》，载《徐州师范学院学报》1985 年第 1 期。

79. 伍立杨：《愁如大海酒边生——论郁达夫的旧体诗》，载《海南师范学院学报·社科版》2003 年第 4 期。

80. 蒋寅：《郁达夫佚文〈将之日本别海棠〉（有序）浅解》，载《中国现代文学研究丛刊》1984 年 9 月第 3 辑。

81. 黄世中：《郁达夫〈毁家诗纪〉史料新证》，载《绍兴文理学院学报·哲学社会科学版》2011 年第 5 期。

82. 许凤才：《〈毁家诗纪〉的多维解释——写在郁达夫遇难 60 周年之际》，载《中州学刊》2005 年第 3 期。

83. 黄清华：《邈邈离别意 悠悠故园情——郁达夫〈乱离杂诗〉的立体抒情》，载《名作欣赏》1986 年第 6 期。

84. 张钧：《郁达夫早期诗七首笺注》，载《福州师专学报》2000 年第 2 期。

85. 何坦野:《郁达夫〈西归杂咏十首〉补笺》,载《嘉兴高等专科学报》2000 年第 4 期。

86. 詹亚园:《郁达夫诗出唐诗考》,载《浙江海洋大学学报》2001 年第 3 期。

87. 刘麟:《郁达夫诗出自唐诗考》,载《中国现代文学研究丛刊》2002 年第 2 期。

再版后记

本书于 2011 年由中国文史出版社出版，次年即获江苏省高校第八届哲学社会科学三等奖，现由中国书籍出版社再版。

值此再版之际，对拙著作了必要的修订，主要是增补了两章，即《郑子瑜先生的郁达夫旧体诗研究及其贡献》和《郁达夫旧体诗研究百年史述》，并把全书分为三辑：第一辑着重研究郁达夫的思想，第二辑着重研究郁达夫的旧体诗，第三辑则是研究之研究。郑子瑜先生是郁诗研究之大家，贡献至伟，具有开山之功。郁诗研究亦有百年之久，然至今尚无一篇对其进行全面史述的文章，故本人不揣浅陋，以补空白。

拙著出版后，承蒙一些读者厚爱。华中农业大学哲学博士萧洪恩教授，南通大学硕士生导师王志清教授分别撰写了书评，给拙著以很好的评价，并提出十分中肯的意见。此次再版即采纳了他们的某些建议；而有的，诚如志清兄所说"此著为什么不能分成两本书来做呢：一本是郁达夫的思想研究，一本是郁达夫的诗词研究"，则一时难以做到，只能让志清兄"翘首以待"了。现征得作者同意，将两篇评文略作修改，收入本书，以之为序，并向两位先生表示衷心的感谢。

蒋成德

2016 年 1 月 24 日